AF882954

Europäisches Tarifrecht?

Schriften zum Recht der Arbeit

Herausgegeben von Olaf Deinert und Rüdiger Krause

Band 4

PL ACADEMIC RESEARCH

Maximilian Federhofer

Europäisches Tarifrecht?

Zum Verhältnis von Grundfreiheiten und Grundrechten im Hinblick auf nationale Sachverhalte mit Tarifbezug

PL ACADEMIC RESEARCH

Bibliografische Information der Deutschen Nationalbibliothek
Die Deutsche Nationalbibliothek verzeichnet diese Publikation in der Deutschen Nationalbibliografie; detaillierte bibliografische Daten sind im Internet über http://dnb.d-nb.de abrufbar.

Zugl.: Erlangen-Nürnberg, Univ., Diss., 2013

Umschlaggestaltung:
© Olaf Gloeckler, Atelier Platen, Friedberg

Gedruckt auf alterungsbeständigem,
säurefreiem Papier.

D 29 (n 2)
ISSN 2191-4079
ISBN 978-3-631-64415-7 (Print)
E-ISBN 978-3-653-03017-4 (E-Book)
DOI 10.3726/978-3-653-03017-4

© Peter Lang GmbH
Internationaler Verlag der Wissenschaften
Frankfurt am Main 2013
Alle Rechte vorbehalten.
PL Academic Research ist ein Imprint der Peter Lang GmbH.

Peter Lang – Frankfurt am Main · Bern · Bruxelles · New York · Oxford · Warszawa · Wien

Das Werk einschließlich aller seiner Teile ist urheberrechtlich geschützt. Jede Verwertung außerhalb der engen Grenzen des Urheberrechtsgesetzes ist ohne Zustimmung des Verlages unzulässig und strafbar. Das gilt insbesondere für Vervielfältigungen, Übersetzungen, Mikroverfilmungen und die Einspeicherung und Verarbeitung in elektronischen Systemen.

www.peterlang.de

Vorwort

Die vorliegende Arbeit wurde im Wintersemester 2012/2013 vom Fachbereich Rechtswissenschaften der Friedrich-Alexander-Universität Erlangen-Nürnberg als Dissertation angenommen. Literatur und Rechtsprechung sind bis Februar 2013 berücksichtigt.

Die Rechtsordnungen der Mitgliedstaaten werden zusehends von unionsrechtlichen Vorgaben beeinflusst. Diese Erkenntnis und das während meines Studienaufenthalts in Brüssel und Straßburg gewachsene Interesse an der zunehmenden Europäisierung des Rechts waren der Anlass zur Verfassung dieser Arbeit.

Mein besonderer Dank gilt meinem Doktorvater Herrn Professor Dr. Steffen Klumpp für die hervorragende Betreuung der Arbeit. Er hat das Thema der Schrift angeregt und diese in allen Phasen intensiv begleitet. Die Tätigkeit als wissenschaftlicher Mitarbeiter an seinem Lehrstuhl für Bürgerliches Recht, Arbeits- und Sozialrecht wird mir als eine äußerst lehrreiche und in jeglicher Hinsicht bereichernde Zeit in Erinnerung bleiben.

Mein Dank gilt auch Herrn Professor Dr. Klaus Armbrüster, Richter am Bundesarbeitsgericht a. D., für die Bereitschaft zur Übernahme des Zweitgutachtens. Zudem bedanke ich mich bei Herrn Professor Dr. Rüdiger Krause und Herrn Professor Dr. Olaf Deinert für die freundliche Aufnahme in diese Schriftenreihe.

Die Veröffentlichung dieser Arbeit wurde durch einen Förderpreis der Johanna-und-Fritz-Buch-Gedächtnisstiftung unterstützt, wofür ich mich sehr herzlich bedanke. Mein ausdrücklicher Dank gilt auch der Hanns-Seidel-Stiftung, die mich sowohl während meiner Studienzeit als auch in der Promotionsphase intensiv begleitet und großzügig gefördert hat.

In besonderem Maße bin ich den Menschen in meinem persönlichen Umfeld zu Dank verpflichtet, die mich während meiner Ausbildung und im Rahmen der Erstellung dieser Arbeit auf vielfältige Weise unterstützt haben und deren Rückhalt ich immer gewiss sein kann.

Neumarkt i. d. OPf., im April 2013 *Maximilian Federhofer*

Inhaltsverzeichnis

Abkürzungsverzeichnis

a. A.	andere(r) Ansicht
ABl	Amtsblatt der Europäischen Union
AcP	Archiv für die civilistische Praxis
AEntG	Gesetz über zwingende Arbeitsbedingungen für grenzüberschreitend entsandte und für regelmäßig im Inland beschäftigte Arbeitnehmer und Arbeitnehmerinnen (Arbeitnehmerentsendegesetz)
AEUV	Vertrag über die Arbeitsweise der Europäischen Union
AöR	Archiv des öffentlichen Rechts
APuZ	Aus Politik und Zeitgeschichte
AuR	Arbeit und Recht
BAG	Bundesarbeitsgericht
BayVerfGH	Bayerischer Verfassungsgerichtshof
BB	Betriebsberater
BeckRS	Beck-Rechtsprechung (Online-Datenbank)
BVerfG	Bundesverfassungsgericht
EG	Vertrag zur Gründung der Europäischen Gemeinschaft
EGMR	Europäischer Gerichtshof für Menschenrechte
EMRK	Europäische Menschenrechtskonvention
ESC	Europäische Sozialcharta
EU	Europäische Union
EuGH	Gerichtshof der Europäischen Union
EuGRZ	Europäische Grundrechte-Zeitschrift
EuR	Europarecht (Zeitschrift)
EUV	Vertrag über die Europäische Union
CMLRev	Common Market Law Review

DB	Der Betrieb
DÖV	Die öffentliche Verwaltung
DRdA	Das Recht der Arbeit
DVBl	Deutsches Verwaltungsblatt
EHRLR	European Human Rights Law Review
ELJ	European Law Journal
ELR	European Law Reporter
ELRev	European Law Review
EuGRZ	Europäische Grundrechte-Zeitschrift
EuR	Europarecht
EuZA	Europäische Zeitschrift für Arbeitsrecht
EuZW	Europäische Zeitschrift für Wirtschaftsrecht
EWS	Europäisches Wirtschafts- und Steuerrecht
GG	Grundgesetz
GewArch	Gewerbearchiv
GRC	Charta der Grundrechte der Europäischen Union in der angepassten Fassung vom 12. Dezember 2007
HRLJ	Human Rights Law Journal
IAO	Internationale Arbeitsorganisation
IJCLLIR	International Journal of Comparative Labour Law and Industrial relations
ILJ	Industrial Law Journal
i. S. d.	im Sinne des/der
JA	Juristische Ausbildung
JZ	Juristenzeitung
NJW	Neue Juristische Wochenschrift

NVwZ	Neue Zeitschrift für Verwaltungsrecht
NZA	Neue Zeitschrift für Arbeitsrecht
NZBau	Neue Zeitschrift für Baurecht und Vergaberecht
NZG	Neue Zeitschrift für Gesellschaftsrecht
ÖJZ	Österreichische Juristen-Zeitung
RdA	Recht der Arbeit
RJS	Revue de jurisprudence sociale
RTDE	Revue Trimestrielle de Droit Européen
RUDH	Revue Universelle des droits de l'homme
SAE	Sammlung Arbeitsrechtlicher Entscheidungen
St. Rspr.	Ständige Rechtsprechung
TVG	Tarifvertragsgesetz
VG	Verwaltungsgericht
VVDStRL	Veröffentlichungen der Vereinigung der Deutschen Staatsrechtslehrer
wbl	wirtschaftsrechtliche blätter
WiVerw	Wirtschaft und Verwaltung
ZESAR	Zeitschrift für europäisches Sozial- und Arbeitsrecht
ZEuS	Zeitschrift für europarechtliche Studien
ZfA	Zeitschrift für Arbeitsrecht
ZfBR	Zeitschrift für deutsches und internationales Bau- und Vergaberecht
ZfR	Zeitschrift für Rechtspolitik
ZfRV	Zeitschrift für Rechtsvergleichung, Internationales Privatrecht und Europarecht
ZHR	Zeitschrift für das gesamte Handelsrecht und Wirtschaftsrecht

ZIAS	Zeitschrift für ausländisches und internationales Arbeits- und Sozialrecht
ZIP	Zeitschrift für Wirtschaftsrecht
ZÖR	Zeitschrift für öffentliches Recht
ZRP	Zeitschrift für Rechtspolitik
ZTR	Zeitschrift für Tarifrecht
ZUR	Zeitschrift für Umweltrecht

1 Einführung

Der frühere französische Staatspräsident Georges Pompidou hat die Europäische Gemeinschaft einmal etwas pejorativ als „Gemeinschaft der Kaufleute und Krämer" bezeichnet.[1] Einer der Gründerväter der Europäischen Union, Robert Schuman, hatte bereits knapp 30 Jahre zuvor diese Kritik seines Landsmanns entkräftet: „Europa lässt sich nicht mit einem Schlage herstellen und auch nicht durch eine einfache Zusammenfassung: Es wird durch konkrete Tatsachen entstehen, die zunächst eine Solidarität der Tat schaffen."[2] Beide haben sicher nicht geahnt, welchen Integrationsgrad das europäische Projekt einst erreichen und welch dominante Rolle das Unionsrecht dabei einnehmen wird. Inzwischen erhielten viele Mitgliedsländer mit dem Euro eine gemeinsame Währung, der Europäische Kapitalmarkt wurde komplett novelliert und die Europäischen Verträge einer umfassenden Reform unterzogen. Längst genügt nicht mehr der Griff nach einem Buch, um sich einen Überblick über das Europäische Recht zu verschaffen.[3] Rund 60 Jahre nach der historischen Rede von Robert Schuman wagt der Präsident der Europäischen Kommission, José Manuel Barroso, einen erneuten Blick in die Zukunft und prophezeit die Vereinigen Staaten von Europa.[4] Ob diese immer wieder aufblitzende Vision eines Tages Realität wird, mag angesichts der Dynamik der europäischen Integration wohl niemand vorhersagen. Die rechtlichen Rahmenbedingungen aus heutiger Sicht sprechen zwar gegen eine solche Entwicklung, jedoch zeigt die Vergangenheit, wie schnell sich diese ändern können. Die zunehmende Europäisierung des Rechts hat jedenfalls längst begonnen.

---

1 Zitiert nach Karpenstein, in: Merten/Pitschas, S. 158; Kingreen, EuR-Beiheft, 43 (74).

2 Auszug aus der Erklärung des ehemaligen französischen Außenministers Robert Schuman vom 09.05.1950, „L'Europe ne se fera pas d'un coup, ni dans une construction d'ensemble: elle se fera par des réalisations concrètes créant d'abord une solidarité de fait...". In der Originalfassung verfügbar unter http://europa.eu/abc/symbols/9-may/decl_fr.htm (zuletzt abgerufen am 13.03.2013).

3 Riesenhuber, Vorwort, S. VII.

4 Interview mit EU-Kommissionspräsident José Manuel Barroso, Focus Nr. 16/2012, 16.04.2012, S. 200. In seiner Rede zur Lage der Union am 12.09.2012 konkretisierte Barroso seine Vorstellungen in der Weise, dass er „keineswegs einen Superstaat, sondern eine demokratische Staatenföderation [meine], die [...] Probleme mittels der gemeinsamen Ausübung von Souveränität [....] bewältigen kann". In der Originalfassung verfügbar unter http://europa.eu/rapid/pressReleasesAction.do?reference=SPEECH/12/596 (zuletzt abgerufen am 13.03.2013).

1.1 Problemstellung

Das Unionsrecht ist von einem Komplementärverhältnis zwischen Akteur in Form des Europäischen Rates als eigentlichem Rechtssetzungsorgan und Souffleur in Form des EuGH als Motor der Integration geprägt.[5] Der EuGH wusste die Grundfreiheiten als Stützpfeiler der gemeinschaftsrechtlichen Wirtschaftsverfassung[6] einzusetzen und ermöglichte somit das Zusammenwachsen der mitgliedstaatlichen Märkte, indem protektionistische Tendenzen abgebaut und der grenzüberschreitende Verkehr von Produkten, Personen, Dienstleistungen und Kapital konsequent durchgesetzt wurde[7]. Doch kein Licht ohne Schatten: Die Forcierung wirtschaftlicher Märkte mündet zunehmend in einen Lohnkostenwettbewerb zwischen den Mitgliedstaaten.[8] Da es kaum vorstellbar ist, dass ein Staat für einen seinem Recht entsprechenden Streik verurteilt wird, wird der Ruf nach einem europäischen Modus Operandi zur Herstellung eines gerechten Gleichgewichts zwischen den wirtschaftlichen Zielsetzungen und den sozialen Anliegen der Union deutlicher hörbar.[9] Im Jahr 2007 erreichte die Problematik transnationaler Lohnkostenkonkurrenz den Europäischen Gerichtshof. Die Hoffnungen auf eine überzeugende Lösung aus Luxemburg haben sich jedoch nicht erfüllt. Hingegen ist spätestens seit den EuGH-Urteilen zum Tarif- und Arbeitskampfrecht ein intensiver Diskurs um den unionsrechtlichen Schutz von Koalitions- und Streikfreiheit entbrannt.[10] Offenbar rissen die Urteile eine alte, nie verheilte Wunde bei derjenigen auf, welche den Ruf nach wirtschaftlichen Freiheiten als ein Codewort für den Abbau national geschützter sozialer Rechte verstehen.[11] Die Kritik ging sogar soweit, im Sinne eines *quis custodiet ipsos custodes* die Einführung eines neuen Kompetenzgerichts zu fordern.[12]

Im Fokus steht die Frage nach dem Einfluss der europäischen Grundfreiheiten ins nationale Tarif- und Arbeitskampfrecht und die damit verbundene Rolle

---

5 Kingreen-von Bogdandy/Bast, S. 711.

6 Ehlers-Ehlers, § 7, S. 209, Rn. 1.

7 Näher dazu Löwisch, S. 19.

8 So auch Kocher, AuR 2008, 13.

9 Le Friant, NZA 2008, 75 (89) m. w. N.

10 Statt aller Rebhahn, ZESAR 2008, 109 ff, Wissmann, AuR 2009, 149 ff; Temming, ZESAR 2008, 231 ff; Wedl, DRdA 2008, 291 ff; Wendeling-Schröder, GS Zachert, 147 ff.

11 Monti, Bericht an den Präsidenten der Europäischen Kommission „Eine neue Strategie für den Binnenmarkt" v. 09.05.2010, S. 80 f, abrufbar unter http://ec.europa.eu/bepa/pdf/monti_report_final_10_05_2010_de.pdf (zuletzt abgerufen am 13.03.2013).

12 Herzog/Gerken, Stoppt den EuGH, FAZ v. 09.09.2008, S. 8.

eines Unionsgrundrechts auf Kollektivverhandlungen und Kollektivmaßnahmen. Die Kritik erschöpft sich jedoch meist darin, der EuGH habe in geradezu manisch anmutender Exzessivität den Grundfreiheiten den Vorzug gegenüber der Koalitionsfreiheit gewährt.[13] Die Diskussion reduziert sich daher auf den Widerstreit zwischen europäischen Marktöffnungs- und nationalen Marktschließungspolitiken.[14] Eine Einordnung in den größeren Kontext mit Blick auf die Perspektiven eines europäischen Tarifrechts und eines gerechten Gleichgewichts zwischen den wirtschaftlichen Zielsetzungen und den sozialen Rechten in der Europäischen Union ist dagegen bisher unterblieben.

1.2 Vorgehensweise und Zielsetzung

Auch nach den Verdikten des EuGH mit Bezügen zum Tarif- und Arbeitskampfrecht ist die Rechtslage auf europäischer Ebene alles andere als geklärt. Ziel ist es, einen Beitrag zur Systematisierung der vielen Einzelfragen im Bereich des Tarif- und Arbeitskampfrechts auf europäischer Ebene zu leisten und aufzuzeigen, welchen Platz die Tarifautonomie im Unionsrecht künftig neben den Grundfreiheiten einnehmen kann und auch muss. Die vorliegende Untersuchung geht daher der Frage nach, ob das Tarifrecht von Einflüssen des Unionsrechts unbehelligt bleibt oder sich inzwischen Tendenzen für eine Europäisierung des Koalitions- und Streikrechts ausmachen lassen, an deren Ende ein Europäisches Tarifrecht stehen könnte. Ausgehend von der Kompetenzregelung des Art. 153 Abs. 5 AEUV werden die Vorgaben für eine derartige Entwicklung ins Visier genommen und untersucht, welchen Einflüssen das nationale Tarifrecht trotz des unionsrechtlichen Regelungsausschlusses unterliegt. Anschließend wird die Rolle der seit 1. Dezember 2009 rechtsverbindlichen Charta der Grundrechte und insbesondere dem in Art. 28 GRC normierten Recht auf Kollektivverhandlungen und Kollektivmaßnahmen näher beleuchtet. Dabei werden auch die Bezüge zur Europäischen Menschenrechtskonvention und der Europäischen Sozialcharta für eine umfassende Koalitions- und Streikgarantie auf europäischer Ebene hergestellt.

---

13 Kocher, AuR 2009, 332 sieht „katastrophale Signale in sozialpolitischer Hinsicht"; Mayer, GS Zachert, 51 (56) mit Verweis auf Sunnus, AuR 2008, 1 (9) sieht in den Urteilen die „Gefahr einer Schieflage zulasten der Arbeitnehmer"; Sciarra, GS Zachert, 105 (119) spricht von einer „direction of revival of ordo-liberal ideas; Krebber, RdA 2009, 224 (236) meint, es sei kein Ruhmesblatt, „dass die Stärke der Grundfreiheit gegenüber dem sozialen Recht nicht Ergebnis einer rechtspolitischen Auseinandersetzung um die materielle Gewährleistung gemeinschaftsrechtlicher sozialer Rechte ist".

14 Kocher, Juridikum 2010, 465 (466).

Im Fortgang geraten die unionsrechtlichen Grundfreiheiten ins Blickfeld. Neben dem Potential, ins nationale Tarifrecht einzustrahlen, wird vor allem ihr Wirkungsgrad für nationale Gewerkschaften untersucht. Durch die zunehmende Europäisierung ökonomischen Handelns waren die Grundfreiheiten Auslöser für einige Entscheidungen des EuGH zum Streik- und Koalitionsrecht in der jüngeren Vergangenheit. Diese Entscheidungen werden zunächst systematisiert und kritisch beleuchtet, um sie anschließend in einen übergreifenden Kontext einzuordnen und die Antworten der europäischen Rechtsprechung auf den transnationalen Lohnkostenwettbewerb innerhalb der Europäischen Union herauszuarbeiten. Bereits in diesem Stadium werden eigene Lösungsansätze entwickelt, um im letzten Teil die daraus resultierenden Fragestellungen an ein Europäisches Tarifrecht aufzuwerfen und einer möglichen Lösung zuzuführen. An dieser Stelle sei vorweggeschickt, dass der Ausgleich zwischen wirtschaftlichen Interessen und sozialen Zielsetzungen auf Unionsebene bereits aufgrund des Binnenmarktprojekts nicht mit dem aus dem nationalen Recht bekannten Vorgehen identisch sein kann.

2 Tarif- und Arbeitskampfrecht als mitgliedstaatliche Aufgabe?

2.1 Überschaubarer Bestand europäischer Kollektivarbeitsrechtsnormen

Die meisten europäischen Regelungen zum kollektiven Arbeitsrecht auf europäischer Ebene finden sich im Bereich der Mitbestimmung. Erwähnenswert sind die europäische Betriebsräterichtlinie 94/45/EG vom 22.9.1994[15] und die Richtlinie zur Mitbestimmung in der Europäischen Aktiengesellschaft 2001/86/EG vom 8.10.2001[16] sowie ferner die Richtlinie zur Information und Konsultation 2002/14/EG vom 11.03.2002[17].[18] Daneben gibt es in zahlreichen Einzelrichtlinien Regelungen zu Informations-, Anhörungs- und Beratungspflichten der Arbeitnehmervertretungen nach nationalem Recht. Da sich die Untersuchung vornehmlich mit dem Tarif- und Koalitionsrecht beschäftigen wird, soll der bereits dezidiert geregelte Bereich der Mitbestimmung vorliegend nicht berücksichtigt werden. Vielmehr soll der Bereich des Koalitions-, des Arbeitskampf- und Tarifvertragsrechts eingehend beleuchtet werden.

2.2 Acquis communautaire als Essenz des Tarifrechts der einzelnen Mitgliedstaaten?

2.2.1 Gravierende Unterschiede in den einzelstaatlichen Tarifrechtsordnungen

In jedem Mitgliedstaat existieren Regelungen zum Abschluss und Inhalt von Tarifwerken sowie zur Gründung und Betätigung von Gewerkschaften. In diesem Zusammenhang stellt sich die Frage, ob sich ein für alle Mitgliedstaaten verbindlicher Regelungskatalog im Tarifrecht finden lässt und somit ein tarifrechtlicher acquis communautaire existiert.[19] Ausgehend von der wörtlichen Übersetzung des unionsrechtlichen Terminus acquis communautaire als „Errun-

---

15 ABl. Nr. L 254/64 v. 30.09.1994.

16 ABl. Nr. L 294/22 v. 10.11.2001.

17 ABl. Nr. L 80/29 v. 23.03.2002.

18 Thüsing, Europäisches Arbeitsrecht, § 10, S. 273, Rn. 3.

19 Däubler, in: Hekimler/Ring, 9 (10) stellt zutreffend fest, dass auch das Tarifrecht unionsrechtlichen Einflüssen nicht entzogen ist.

genschaften der Gemeinschaft“ könnte dazu möglicherweise an gemeinsame Rechtstraditionen im Tarifrecht angeknüpft werden.

Rechtsvergleichend erweist sich diese Überlegung jedoch als Trugschluss. Die Unterschiede zwischen den Tarifordnungen der einzelnen Mitgliedstaaten sind zu erheblich, als dass ein gemeinsames Begriffsverständnis möglich erscheint. In Slowenien etwa werden Tarifverträge von Kammern abgeschlossen, in denen praktisch alle Arbeitgeber Mitglied sind, wohingegen in Deutschland oder Italien die Tarifbindung vom freiwilligen Beitritt zu einem Verband abhängig ist.[20] Bereits die Ausgangsbedingungen differieren zwischen der deutschen Diskussion eines bestimmten Verständnisses von Art. 9 Abs. 3 GG, dem von den Vereinigten Staaten geprägten Einfluss ins britische Tarifsystem und der dem spanischen Recht unbekannten fundamentalen deutschen Unterscheidung zwischen Tarifsystem und Betriebsverfassung.[21] Zudem steht das kontinentale Modell verbindlicher Normenverträge konträr zum britischen Ansatz, bei dem Tarifnormen nur als Bestandteil des Arbeitsvertrags Verbindlichkeit erlangen.[22] Auch behandeln die Mitgliedstaaten das Phänomen des Arbeitskampfs und die Zulässigkeit von Streikmaßnahmen so unterschiedlich, dass ein gemeinsamer Streikbegriff kaum denkbar ist.[23] Diese Beispiele ließen sich beliebig fortsetzen[24], beweisen aber bereits an dieser Stelle, dass die Rechtsvergleichung angesichts dieser gravierenden Unterschiede kaum den Boden für eine Vereinheitlichung des Tarifrechts in Europa bereiten kann.[25] Ein tarifrechtlicher acquis communautaire ist damit nicht erkennbar, vielmehr müssten zur Vereinheitlichung des Tarifrechts auf europäischer Ebene bestehende Systeme von Grund auf neu geordnet werden.[26]

---

20 Vgl. den kurzen Überblick bei Däubler, in: Hekimler/Ring, 9.

21 Junker, RdA-Beilage 2009, 4 (10).

22 Dazu Däubler, in: Hekimler/Ring, 9 (10).

23 Junker, in: Rieble/Junker/Giesen, ZAAR-Schriftenreihe, 155 (156) mit Verweis auf Tomandl, ZfA 1974, 187. Wagner, S. 218, stellt zutreffend fest, dass der Arbeitskampf kein unmittelbarer Gegenstand des Unionsrechts sein kann.

24 Vgl. dazu die detaillierte rechtsvergleichende Analyse bei Rebhahn, NZA 2001, 763, 764 ff.

25 Zutreffend Junker, in: Rieble/Junker/Giesen, ZAAR-Schriftenreihe, 155 (156), der eine Vereinheitlichung des Arbeitskampfrechts in Europa als wünschenswert erachtet.

26 So auch Rieble/Kolbe, EuZA 2008, EuZA 2008, 453 (458).

2.2.2 Begriffsbestimmung „Europäisches Tarifrecht“

Lässt sich keine unionsrechtliche Definition für das Tarifrecht finden, gilt es zunächst zu klären, was unter dem Begriff „Europäisches Tarifrecht“ zu verstehen ist. Dabei befasst sich die vorliegende Untersuchung nicht mit der Frage des Rechtsrahmens supranationaler Kollektivvertragsbeziehungen und der Kodifikation einer eigenständigen unionsrechtlichen Kollektivvertragsordnung zur Schaffung grenzüberschreitender Tarifverträge.[27] Am Rande sei bemerkt, dass ein europäisches System transnationaler Kollektivverhandlungen zwar als Denkanstoß zu begrüßen ist, jedoch notgedrungen die in Art. 153 Abs. 5 AEUV genannten Bereiche aussparen müsste.[28] In diesem Zusammenhang sind häufig die Begriffe „Europäische Kollektivvertragsordnung“ oder „Europäisches Kollektivvertragsstatut“ zu lesen[29], wobei eine übereilte Verrechtlichung auf Unionsebene kontraproduktiv wirken kann und letztlich auf wenig Akzeptanz bei den Normunterworfenen stoßen wird.[30]

Mit dem vorliegend verwendeten Terminus „Europäisches Tarifrecht“ sind vielmehr die vom Unionsrecht determinierten nationalen Bereiche umfasst, welche die Begründung, das Zustandekommen und die Beendigung einer kollektivrechtlichen Vereinbarung zwischen Arbeitgebern und Arbeitnehmern betreffen. Der Begriff Tarifrecht umfasst dabei sowohl das Tarifvertragsrecht als auch das Recht der arbeitsrechtlichen Koalitionen in Form von Arbeitskampfmaßnahmen. Die Zulässigkeit und Wahl der Mittel zur Ausübung von Druck auf die Gegenseite mittels Streikaktionen obliegt dabei den nach dem jeweiligen mitgliedstaatlichen Recht gegründeten Koalitionen. Das Europäische Tarifrecht befasst sich folglich nicht mit eigenständigen unionsrechtlichen Regelungen, sondern mit dem Einfluss unionsrechtlicher Vorgaben auf national geregeltes Tarifvertrags- und Arbeitskampfrecht. Daraus resultiert die Frage, inwieweit sich Modifikationen für nationale Tarifrechts- und Arbeitskampfordnungen ergeben können.

2.3 Lange Tradition des Regelungsausschlusses im Unionsrecht

Der Regelungsausschluss in Art. 153 Abs. 5 AEUV in seiner heutigen Form war bereits in früheren Entwicklungsstufen der Union im Primärrecht enthalten und

27 Vgl. dazu ausführlich Kowanz, Europäische Kollektivvertragsordnung.

28 So auch Rieble/Kolbe, EuZA 2008, 453 (464) (480).

29 Dazu vgl. Kowanz, Europäische Kollektivvertragsordnung, S. 50 ff.

30 Rieble/Kolbe, EuZA 2008, 453 (480).

sollte die Befürchtung vor allem Großbritanniens zerschlagen, die Europäische Union erhalte eine zu starke Regelungskompetenz im Bereich der Sozialpolitik.[31] Gemäß Art. 153 Abs. 5 AEUV sind das Arbeitsentgelt, das Koalitionsrecht, das Streik- und Aussperrungsrecht und damit ein erheblicher Teil des kollektiven Arbeitsrechts einer unionsrechtlichen Lösung entzogen. Die Vorschrift verwendet mit dem Koalitionsrecht, dem Streikrecht sowie dem Aussperrungsrecht Begriffe, die in den Mitgliedstaaten unterschiedlich interpretiert werden.[32] Diese Begriffe sind jedoch allumfassend zu verstehen, da sonst Streit unter den Mitgliedstaaten droht, welche kollektiven Aktivitäten einer unionsrechtlichen Regelungskompetenz entzogen sind.[33] Damit scheint sich auf den ersten Blick eine klare Aussage über das Verhältnis zwischen mitgliedstaatlicher Rechtsordnung und Unionsrecht im Bereich des Tarif- und Arbeitskampfrechts treffen zu lassen. Die Kompetenzzuweisung darf jedoch nicht zu dem voreiligen Schluss verleiten, das Tarif- und Arbeitskampfrecht sei eine europarechtsfreie Zone. Vielmehr bedarf es eines intensiven Blicks auf die Fragestellung, inwieweit Tarif- und Streikrecht durch europäische Vorgaben determiniert werden und ob sich daraus trotz Regelungsausschluss ein europäisches Tarif- und Arbeitskampfrecht konturieren lässt.[34] Eine eigene Regelungskompetenz der Europäischen Union[35], die sensiblen Bereiche des Arbeitsentgelts, des Koalitions- sowie des Streik- und Aussperrungsrechts in Form von Sekundärrecht auszugestalten, ist somit durch Art. 153 Abs. 5 AEUV ausgeschlossen.[36]

Trotz des engen Sachzusammenhangs mit dem Streikrecht ist das Tarifvertragsrecht nicht unter die Ausschlussklausel des Art. 153 Abs. 5 AEUV zu subsumieren.[37] Zwar ist das Tarifrecht im Grundsatz ein Bestandteil des Koalitionsrechts und weist erhebliche Berührungspunkte mit dem Arbeitskampfrecht auf[38], allerdings würde bei einem Ausschluss des Tarifrechts Art. 153 Abs. 1 lit. f)

---

31 Dazu näher Ryan, IJCLLIR 1997, 305 (309).

32 Calliess/Ruffert-Krebber, Art. 153 AEUV Rn. 10 f.

33 So auch Frenz, Handbuch Europarecht, Band 4, S. 1107, Rn. 3693.

34 Zu dieser Einschätzung gelangt auch Joussen, ZESAR 2008, 333.

35 Ist im Folgenden lediglich von Union die Rede, so ist damit die Europäische Union als Rechtsnachfolgerin der Europäischen Gemeinschaften gemeint. Gemäß Artikel 1 Abs. 3 des Vertrags über die Europäische Union in seiner durch den Vertrag von Lissabon geänderten Fassung ist seit dem 01.12.2009 anstelle der Europäischen Gemeinschaft die Europäische Union als Vertragspartei aller völkerrechtlichen Verträge, deren Vertragspartner vorher die Europäische Gemeinschaft war, anzusehen.

36 Jeschke, S. 35.

37 Frenz, Europarecht, Band 4, S. 1107, Rn. 3694; Hilbrandt, in: Heselhaus/Nowak, § 35, Rn. 11; a. A. Calliess/Ruffert-Krebber, Art. 153 AEUV Rn. 12.

38 Gomien/Harris/Zwaak, S. 390; Deinert, S. 454.

AEUV leerlaufen[39]. Außerdem sind Ausnahmetatbestände wie Art. 153 Abs. 5 grundsätzlich eng auszulegen.[40] Rechtlich wäre damit die Schaffung von Regeln über Tarifverhandlungen und die Wirkungsweise von Tarifverträgen denkbar[41], wenngleich Art. 153 Abs. 2 Satz 3 AEUV nur einstimmige Entscheidungen im Ministerrat zulässt. Angesichts der Größe der Gemeinschaft und der daraus resultierenden unterschiedlichen Interessenslagen dürfte diese Voraussetzung wohl jedoch nie erfüllt sein.[42]

2.4 Keine unionsrechtliche Abschottung des Tarifrechts

Art. 153 Abs. 5 AEUV einen Ausnahmebereich hinsichtlich der Anwendbarkeit des Unionsrechts im kollektiven Arbeitsrecht zu entnehmen, erscheint jedoch zu weit gegriffen.[43] Damit würde die Intention des Regelungsausschlusses überdehnt, da die Regelung nur auf eine klare Begrenzung des Umfangs der unionsrechtlichen Regelungskompetenzen abzielt, nicht aber eine Limitierung der Reichweite des Unionsrechts in seiner Integrationswirkung beabsichtigt.[44] Rechtspolitisch erklärt Art. 153 Abs. 5 AEUV das Tarif- und Arbeitskampfrecht zum Kompetenzbereich der Mitgliedstaaten[45], befreit diese aber nicht von der Beachtung unionsrechtlicher Vorgaben. Beim Koalitions- und Arbeitskampfrecht handelt es sich zudem um eine entwicklungsoffene und disparate Rechtsmaterie, die mit Blick auf die Fortentwicklung des Unionsrechts nicht von der Grundfreiheitenkontrolle ausgenommen werden kann.[46] Mit Blick auf die Europarechtsfreundlichkeit des Grundgesetzes kann das nationale Arbeitskampfrecht nicht gegen unionsrechtliche Einflüsse abgeschottet werden.

Mit Art. 153 Abs. 5 AEUV existiert somit ein juristisches Stoppschild[47], das unionsrechtlichen Vorstößen einer Vereinheitlichung der nationalen Streik- und

---

39 Zutreffend Frenz, Europarecht, Band 4, S. 1107, Rn. 3694.

40 Hilbrandt, in: Heselhaus/Nowak, § 35, Rn. 31.

41 So auch Rieble/Klumpp, in: MüArbR, Band 2, § 192, Rn. 2.

42 Däubler, in: Hekimler/Ring, S. 11.

43 So auch Kocher, in: Europäische Gesellschaftsverfassung, 161 (175); Herresthal, EuZA 2011, 3 (10); a. A. Blanke, AuR 2006, 1 (5).

44 Ebenso Joussen, ZESAR 2008, 333 (334); Kocher, in: Europäische Gesellschaftsverfassung, 161 (175).

45 Thüsing, RdA 2007, 307 (308) bezeichnet diese Materien als „domain reservé“ der Mitgliedstaaten.

46 Zutreffend Herresthal, EuZA 2011, 3 (10).

47 Kocher, in: Europäische Gesellschaftsverfassung, 161 (174).

Tarifrechtssysteme eine Absage erteilt. Der Vorschrift ist somit ein Zurückhaltungsgebot des Unionsrechts im Tarif- und Streikrecht zu entnehmen.[48] Gleichzeitig haben mit Rechtsverbindlichkeit der Charta der Grundrechte mit Art. 28 GRC kollektive Handlungskompetenzen einen festen Platz im Primärrecht erhalten. Dies muss rechtliche Konsequenzen haben, wenngleich der Union im Tarif- und Arbeitskampfrecht Zurückhaltung auferlegt ist. Art. 153 Abs. 5 AEUV steht damit symbolisch für die politische Brisanz, die tarif- und arbeitskampfrechtliche Fragen auf Ebene des Unionsrechts in sich bergen.[49] Diese Fragen sind untrennbar mit der Kompetenzverteilung in der Union und der Reichweite der Einwirkung des Unionsrechts in den mitgliedstaatlichen Rechtsordnungen verbunden. Damit existieren die juristischen Leitplanken eines europäischen Tarif- und Arbeitskampfrechts bereits: Einerseits verhelfen die europäischen Grundrechte kollektivem Handeln in den Arbeitsbeziehungen zu rechtlicher Legitimität, andererseits zeigt Art. 153 Abs. 5 AEUV die Grenze zwischen mitgliedstaatlichen und europäischen Sozialordnungen auf.[50]

---

48 Thüsing, RdA 2007, 307 (308).

49 Dazu auch Maeßen, S. 26.

50 Kocher, in: Europäische Gesellschaftsverfassung, 161 (175) spricht in diesem Zusammenhang von einem „Rechtsrahmen einer europäischen Arbeitsverfassung“.

3 Garantie der Koalitionsfreiheit und Tarifautonomie im Unionsrecht

3.1 Koalitionsgarantie als gemeinsamer Nenner in den Mitgliedstaaten

Ob das europäische Recht ein Recht zur Koalitionsbildung, zum Beitritt zu einer Gewerkschaft und zur Betätigung innerhalb dieser anerkennt, war lange Zeit umstritten.[51] Die meisten Mitgliedstaaten schützen Tarifautonomie und Arbeitskampf in ihren Rechtsordnungen, wobei die Art der Garantien und der Umfang der Gewährleistungen erhebliche Divergenzen im europäischen Rechtsvergleich aufweist. So sind die Verhältnisse innerhalb der Gewerkschaften in den einzelnen Mitgliedstaaten keineswegs einheitlich.[52] Auch zeigen sich Unterschiede bei der Frage, auf welcher Ebene innerhalb der Normenpyramide das Recht auf Arbeitskampf und Tarifautonomie gewährleistet wird.[53] Während beispielsweise ein in den Niederlanden geführter Arbeitskampf seine Legitimation aus der völkerrechtlichen Norm des Art. 6 Nr. 4 der Europäischen Sozialcharta findet[54], können sich etwa die spanischen Gewerkschaften direkt auf Art. 28 Abs. 2 der nationalen Verfassung berufen[55]. Im europäischen Rechtsvergleich stellt man jedoch fest, dass das Koalitionsrecht in den meisten Mitgliedstaaten auf Verfassungsebene verankert ist.[56] So enthält Art. 9 Abs. 3 des deutschen Grundgesetzes ein Abwehrrecht und zugleich eine Institutsgarantie, insbesondere für den Kernbestand eines Tarifvertragssystems[57], und auch in Österreich ist das Koalitionsrecht verfassungsrechtlich abgesichert[58].

---

51 Fuchs/Marhold, S. 371.

52 Vgl. zu einer knappen Charakterisierung der Gewerkschaftsbewegung in Europa Barnard, S. 555.

53 Sagan, S. 25.

54 Rebhahn, GS Heinze, 649 (652); van Gijzen-Henssler/Braun, S. 870, Rn. 239.

55 Weber, S. 534.

56 Vgl. dazu die Zusammenstellung bei Rixen-Tettinger/Stern, Art. 28 vor Rn. 1.

57 Jarass/Pieroth, Art. 9 Rn. 30.

58 Fuchs/Marhold, S. 370 ff.

3.2 Charta der Grundrechte der EU als verbindlicher Grundrechtskatalog

3.2.1 Notwendigkeit eines transnationalen Schutzsystems als Ausgangspunkt

Die wachsende Bedeutung des europäischen Rechts und die damit verbundene Verdrängung, Überlagerung oder Ergänzung nationalen Rechts betrifft nicht nur die Mitgliedstaaten, sondern auch die Bürger selbst.[59] Dabei geht es vor allem um die Frage der Rechtspositionen der Bürger in einer immer weiter fortschreitenden europäischen Integration. Insgesamt sind heute 27 Nationalstaaten von vornherein in ein Geflecht transnationaler Rechtsprinzipien und Rechtsverpflichtungen involviert. Damit ergibt sich aber auch die Notwendigkeit eines transnationalen Schutzsystems. Bei der Gründung der Gemeinschaften wurde die Notwendigkeit eines Grundrechtskatalogs offenbar nicht gesehen oder deren Bedeutung als zu gering eingeschätzt.[60] Dabei war es nicht beabsichtigt, die Gemeinschaften von grundrechtlichen Restriktionen freizustellen, vielmehr lag die Grundrechtsrelevanz des Gemeinschaftshandelns noch nicht im Blickfeld.[61] Durch die Ausstattung mit eigenen Organen, mit Rechts- und Geschäftsfähigkeit und mit den ihr übertragenen Kompetenzen vermag die Europäische Union für die Bürger unmittelbare Rechte und Pflichten zu begründen.[62] Die Bestrebungen nach einem Grundrechtskatalog als Schutz gegenüber den Handlungen der Europäischen Union waren daher von elementarer Bedeutung.[63]

3.2.2 Rolle der Grundrechte des Grundgesetzes

3.2.2.1 Kein Rückgriff auf nationale Grundrechte

Grundsätzlich kann Unionsrecht nicht am Maßstab des nationalen Rechts gemessen werden.[64] Daher hat der EuGH bereits frühzeitig und vehement einem eventuellen Rückgriff auf die nationalen Grundrechtskataloge mit dem Hinweis auf die einheitliche Geltung des Unionsrechts und dessen Vorrang gegenüber nationalem Verfassungsrecht eine Absage erteilt.[65] Dies hielt jedoch die nationa-

59 Ehlers-Ehlers, Vorwort, S. VII.
60 Nicolaysen, EuR 2003, 719 (721).
61 Bahlmann, EuR 1982, 1 (3).
62 EuGH v. 05.02.1963 - Rs. 26/62 - Van Gend en Loos - Slg. 1963, 1 (25).
63 Epping, S. 448, Rn. 1030.
64 Ehlers-Ehlers, § 14, S. 452, Rn. 18.
65 EuGH v. 15.07.1964 - Rs. 6/64 - Costa/E.N.E.L. - Slg. 1964, 1141, (1253, 1269 f).

len Verfassungsgerichte in Teilen nicht davon ab, in Grundsatzentscheidungen das Recht für sich zu reklamieren, sekundäres Unionsrecht für unanwendbar zu erklären, wenn und soweit es mit den nationalen Grundrechten kollidiert.[66] Damit steht das Verhältnis von Unionsgrundrechten und den Grundrechten des Grundgesetzes auch in Zusammenhang mit dem Verhältnis des Bundesverfassungsgerichts zum Europäischen Gerichtshof. Die Aufgabenteilung scheint diesbezüglich eindeutig zu sein: Das BVerfG wacht über die Einhaltung des deutschen Verfassungsrechts[67], der EuGH über die Einhaltung des Unionsrechts[68]. Dies schließt jedoch Berührungspunkte zwischen BVerfG und EuGH nicht aus. Dabei war das Verhältnis beider Gerichte zueinander nicht immer unproblematisch.[69]

3.2.2.2 Solange-I-Entscheidung

Vor dem Inkrafttreten des Vertrags von Maastricht enthielt Art. 24 Abs. 1 GG die Kompetenz des Bundes, Hoheitsrechte auf zwischenstaatliche Einrichtungen zu übertragen. Zugespitzt hatte sich die Kontroverse dabei an der Frage des Vorrangs des Unionsrechts gegenüber den Grundrechten des Grundgesetzes. In seinem so genannten Solange-I-Beschluss bemängelte das BVerfG das Fehlen eines kodifizierten Grundrechtekatalogs, dessen Garantien der Bürger zuverlässig einfordern kann.[70] Solange auf europäischer Ebene kein adäquater Grundrechtsschutz gewährleistet ist, behält sich das BVerfG im Widerspruch zum Vorrang des Unionsrechts eine Prüfung europäischen Rechts am Maßstab der Grundrechte vor.[71]

3.2.2.3 Solange-II-Entscheidung

Im Jahre 1986 erfuhr die Rechtsprechung des Bundesverfassungsgerichts eine Kehrtwende. In seinem Solange-II-Beschluss erkannte das BVerfG an, dass mittlerweile im Hoheitsbereich der Europäischen Gemeinschaft ein Maß an Grundrechtsschutz erwachsen ist, welches nach Konzeption, Inhalt und Wirkungsweise dem Grundrechtsstandard des Grundgesetzes im Wesentlichen

---

66 Zum Vorgehen in den einzelen Mitgliedstaaten vgl. Grabenwarter-von Bogdandy/Bast, S. 123 ff.

67 Pieroth/Schlink, Staatsrecht II, S. 317, Rn. 1276.

68 Oppermann/Classen/Nettesheim, § 5, S. 67, Rn. 152.

69 Limbach, NJW 2001, 2913 (2914).

70 BVerfG v. 29.05.1974 - 2 BvL 52/71 - BVerfGE 37, 271 (280) - Solange I.

71 Epping, S. 448, Rn. 1031.

gleich zu achten ist.[72] Solange auf Unionsrechtsebene der wirksame Schutz der Grundrechte generell verbürgt sei, übt das BVerfG seine im Solange-I-Beschluss postulierte Prüfungskompetenz nicht mehr aus.[73] Das BVerfG reagierte damit auf den damals bereits erreichten unionsgrundrechtlichen Standard, für dessen Entwicklung sich vor allem die Rechtsprechung des EuGH verantwortlich zeichnete.[74]

3.2.2.4 Maastricht-Entscheidung

In der Maastricht-Entscheidung[75] von 1993 wurde nicht mehr Art. 24 GG als Prüfungsmaßstab angewendet, sondern der neue Art. 23 GG.[76] Mit dieser Entscheidung hob das Gericht die Zusammenarbeit mit dem EuGH hervor. Danach übt das BVerfG seine Gerichtsbarkeit über die Anwendbarkeit von abgeleitetem Unionsrecht in einem Kooperationsverhältnis zum EuGH aus, indem dieser den Grundrechtsschutz in jedem Einzelfall für das gesamte Gebiet der EG garantiert und sich das BVerfG deshalb auf eine generelle Gewährleistung des unabdingbaren Grundrechtsstandards beschränken kann.[77] Mit dieser Entscheidung erkennt das BVerfG die europäische Gerichtsbarkeit hinsichtlich deren Aufgaben an und akzeptiert den mittlerweile durch die Rechtsprechung erreichten Grundrechtsstandard.[78] Unklar blieb die Frage, wie sich das BVerfG sein Kooperationsverhältnis zum EuGH vorstellte.[79]

3.2.2.5 Bananenmarktentscheidung

Weitere sieben Jahre später präzisierte das BVerfG im Bananenmarktbeschluss[80] sein Verständnis bezüglich des Kooperationsverhältnisses und zog hieraus Konsequenzen in prozessualer Hinsicht. Verfassungsbeschwerden und Vorlagen von Gerichten sind damit unzulässig, wenn ihre Begründung nicht darlegt, dass die europäische Rechtsentwicklung einschließlich der Rechtsprechung des EuGH

---

72 BVerfG v. 22.10.1986 - 2 BvR 197/83 - BVerfGE 73, 339, (378) - Solange II.

73 BVerfG v. 22.10.1986 - 2 BvR 197/83 - BVerfGE 73, 339, (387) - Solange II.

74 Gersdorf, AöR 1994, 400 (401).

75 BVerfG v. 12.10.1993 - 2 BvR 2134/92, 2 BvR 2159/92 - BVerfGE 89, 155 (174 f) - Maastricht.

76 Möller, Jura 2006, 91 (92).

77 BVerfG v. 12.10.1993 - 2 BvR 2134/92, 2 BvR 2159/92 - BVerfGE 89, 155 - Maastricht.

78 Nicolaysen, EuR 2003, 719 (732).

79 Götz, JZ 1993, 1081 (1083).

80 BVerfG v. 07.06.2000 - 2 BvL 1/97 - BVerfGE 102, 147 - Bananenmarktordnung.

unter den erforderlichen Grundrechtsstandard abgesunken ist.[81] Deshalb muss eine Verfassungsbeschwerde, die eine Verletzung in Grundrechten des Grundgesetzes durch sekundäres Unionsrecht geltend macht, im Einzelnen darlegen, dass der jeweils als unabdingbar gebotene Grundrechtsschutz auf europäischer Ebene generell nicht mehr gewährleistet ist.[82] Bemerkenswert ist dabei das Erfordernis, nachzuweisen, dass der EuGH nicht nur im konkreten Fall, sondern insgesamt den Anforderungen eines grundrechtlichen Schutzes nicht gerecht geworden ist.[83]

3.2.2.6 Abschließende Beurteilung

Auch in Grundrechtsfragen ist der Vorrang des Unionsrechts maßgebend, womit sich ein direkter Rückgriff auf die nationalen Grundrechtskataloge verbietet. Dies belegte der EuGH mit der Abweisung von Rügen, die sich auf die Verletzung nationaler Grundrechte stützten, wodurch die Luxemburger Richter den Eindruck mangelnder Grundrechtssensibilität erweckten.[84] Dieses Vorgehen war jedoch dogmatisch zwingend, da der Gerichtshof nationale Vorschriften weder auslegen, noch gegenüber dem Unionsrecht anwenden kann.[85] Da sich die grundrechtlich-sozialstaatliche Lücke des europäischen Rechtskonzepts immer deutlicher abzeichnete[86], hat der EuGH mit Blick auf seine in Art. 220 EGV (welcher im Wesentlichen durch Art. 19 EUV ersetzt wurde) normierte Kompetenz zur Wahrung des Rechts einen auf Richterrecht basierenden Grundrechtskatalog geschaffen[87]. Während im deutschen Recht mit dem Grundgesetz ein geschriebener Grundrechtskatalog existiert, stellte der Grundrechtsschutz auf Unionsebene somit ein Konglomerat aus Richterrecht auf der Basis allgemeiner Rechtsgrundsätze mit Bezug zur EMRK dar. Wie der EuGH dogmatisch dabei vorging, machen die Ausführungen des Generalanwalts Römer im Anschluss an das Urteil Stauder[88] deutlich: Durch wertende Rechtsvergleichung sind gemeinsame Wertvorstellungen des nationalen Verfassungsrechts, insbesondere der nationalen Grundrechte, zu ermitteln, die dann als ungeschriebener Bestandteil

---

81 BVerfG v. 07.06.2000 - 2 BvL 1/97 - BVerfGE 102, 147 - Bananenmarktordnung.
82 Möller, Jura 2006, 91 (92).
83 Möller, Jura 2006, 91 (92).
84 Vgl. etwa EuGH v. 15.07.1960 - Rs. 36/59 - Ruhrkohlen-Verkaufsgesellschaft - Slg. 1960, 887 (920 f); EuGH v. 01.04.1965 - Rs. 40/64 - Sgarlata - Slg. 1965, 296 (312).
85 Walter-Ehlers, § 1, S. 10, Rn. 26.
86 Kempen, GS Zachert, 15 (16).
87 Calliess/Ruffert-Calliess, Art. 6 EUV Rn. 34.
88 EuGH v. 12.11.1969 - Rs. 29/69 - Stauder - Slg. 1969, 419 = NJW 1970, 1016.

des Unionsrechts betrachtet werden müssen.[89] Zwar stützt sich der EuGH auf die nationalen Grundrechte, wendet diese aber nicht direkt an.[90] Obgleich dem EuGH für die richterrechtliche Entwicklung eines unionsrechtlichen Grundrechtskatalogs großer Respekt gezollt werden muss, ist trotz intensiver Bemühungen kein verlässliches System grundrechtlich gesicherter Handlungsbereiche auf Unionsebene entstanden.[91] Die Unionsgrundrechte spielten in der Rechtsprechung eine ungleich geringere Rolle als die Grundfreiheiten.[92] So wurden Maßnahmen des europäischen Gesetzgebers bislang nur selten mit der Begründung eines Verstoßes gegen Unionsgrundrechte für ungültig erklärt[93], wohingegen Parlamentsgesetze in Deutschland nicht selten für unvereinbar mit den Grundrechten erklärt werden. Da es erst einer konkreten Vorlage an den EuGH bedurfte, damit das jeweilige Grundrecht durch die Judikatur des EuGH Einzug ins Unionsrecht halten konnte, dauerte es somit bis zum Jahr 2007, ehe das Streik- und Koalitionsrecht richterrechtlich vom EuGH anerkannt wurde.[94] Das Vorgehen des EuGH im Bereich der Absicherung unionsrechtlichen Grundrechtsschutzes gleicht letztlich immer dem Versuch, sich von Fall zu Fall an den eigenen Haaren aus dem Sumpf zu ziehen.[95] Trotz der Bemühungen des EuGH erwies sich der Grundrechtsschutz im Unionsrecht mangels Verbürgungen im geschriebenen Primärrecht als defizitär.[96]

Mit Rechtsverbindlichkeit des Vertrags von Lissabon am 1. Dezember 2009 gleicht die Charta der Grundrechte als erstes kodifiziertes Grundrechtswerk im Unionsrecht dieses Defizit aus. Ursprünglich war im Verfassungsvertrag angedacht, die GRC direkt in das neue Vertragswerk zu inkorporieren. Nach Scheitern der Verfassungsreferenden in den Niederlanden und Frankreich wird die GRC im Reformvertrag von Lissabon durch einen Verweis in Art. 6 Abs. 1 EUV zum unmittelbaren Bestandteil des Primärrechts erhoben. Damit wird den Unionsbürgern unionsrechtlicher sowie nationaler Grundrechtsschutz gleicher-

---

89 Generalanwalt Römer, Schlussanträge v. 29.10.1969 - EuGH v. 12.11.1969 - Rs. 29/69 - Stauder - Slg. 1969, 419 (427 f).

90 Dieser Ansatz wurde in der EuGH-Rechtsprechung in den Folgejahren bestätigt, vgl. u. a. EuGH v. 17.12.1970 - Rs. 11/70 - Internationale Handelsgesellschaft - Slg. 1970, 1125, Rn. 4 = NJW 1971, 343.

91 So auch Kempen, GS Zachert, 15 (19).

92 Ehlers-Ehlers, § 14, S. 444, Rn. 4.

93 So auch Craig/de Búrca, S. 389 ff.

94 EuGH v. 18.12.2007 - Rs. C-341/05 - Laval un Partneri - Slg. 2007, I-11767 = NZA 2008, 159; EuGH v. 11.12.2007 - Rs. 438/05 - Viking Line - Slg. 2007, I-10779 = EuZW 2008, 246.

95 Diese Metapher mit Blick auf den EuGH verwendet Kempen, GS Zachert, 15 (19).

96 So auch Schilling, EuGRZ 2000, 3 (6).

maßen zuteil. Mit der Charta der Grundrechte sind die Bestrebungen zur Schaffung eines umfassenden Grundrechtsschutzes auf Unionsebene jedoch keinesfalls abgeschlossen, da es die umfassenden Garantien nun juristisch auszugestalten gilt.

3.2.3 Recht auf Kollektivverhandlungen und Kollektivmaßnahmen

3.2.3.1 Art. 28 GRC als europäische Koalitions- und Streikgarantie

Mit Art. 28 GRC garantiert die Charta auch ein Recht auf Kollektivverhandlungen und Kollektivmaßnahmen. Darin heißt es: „Die Arbeitnehmerinnen und Arbeitnehmer sowie die Arbeitgeberinnen und Arbeitgeber oder ihre jeweiligen Organisationen haben nach dem Unionsrecht und den einzelstaatlichen Rechtsvorschriften und Gepflogenheiten das Recht, Tarifverträge auf den geeigneten Ebenen auszuhandeln und zu schließen sowie bei Interessenkonflikten kollektive Maßnahmen zur Verteidigung ihrer Interessen, einschließlich Streiks, zu ergreifen." Damit wird im Unionsrecht Arbeit nicht mehr nur als ökonomische Größe begriffen, vielmehr rückt die Schutzbedürftigkeit des Arbeitnehmers in den Fokus europäischer Politik.[97] Die Konsequenzen der Determinierung eines Rechts auf Kollektivverhandlungen und Kollektivmaßnahmen und dessen Inhalt gilt es somit näher in den Blick zu nehmen.

3.2.3.2 Grundrechtsverpflichtete von Art. 28 GRC

3.2.3.2.1 Verpflichtung der Europäischen Union durch Art. 28 GRC

3.2.3.2.1.1 Verstoß gegen Art. 153 Abs. 5 AEUV

Aus Art. 51 Abs. 1 GRC folgt eine vollumfängliche Bindung der Organe und Einrichtungen der Europäischen Union an die Unionsgrundrechte.[98] Damit kann sich in den Bereichen, in welchen die Union regelungsbefugt ist, eine Bindung an Art. 28 GRC ergeben.[99] Zugleich kann ein Unionsorgan unter Verletzung von Art. 153 Abs. 5 AEUV eine Art. 28 GRC tangierende Maßnahme treffen.[100]

---

97 Weiss, FS Hromadka, 493 (496).

98 Rixen-Tettinger/Stern, Art. 28 Rn. 20. Vgl. allgemein Jarass, GRC, Art. 28 Rn. 3; zum integrationsgeschichtlichen Hintergrund Mock et al., Human Rights in Europe, S. 316 ff.

99 Mager, EuR-Beiheft 2004, 41 (54) spricht von einer „Kompetenz-Akzessorietät" der Grundrechte.

100 Sagan, S. 78.

Bereits aus Art. 51 Abs. 1 GRC ergibt sich, dass jeder Verstoß gegen die Kompetenznorm des Art. 153 Abs. 5 AEUV zugleich auch einen Verstoß gegen die Unionsgrundrechte und damit gegen Art. 28 GRC nach sich zieht.[101] Dies gilt auch für sonstige Kompetenzüberschreitungen der Union, da Art. 51 Abs. 1 GRC eine vollumfängliche Bindung der Union an ihre Grundrechte festschreibt.[102]

Daraus folgt, dass kompetenzwidrige Maßnahmen gleichzeitig einen Verstoß gegen die Unionsgrundrechte bedeuten, gegen den die Grundrechtsträger vorgehen können.[103] Überschreitet die Union mit einer Maßnahme ihre Kompetenzen, bedeutet dies gleichzeitig einen unionsgrundrechtswidrigen Akt des Unionsrechts. Art. 28 GRC ist folglich notwendigerweise verletzt, wenn sich die Union anschickt, eine der ihr in Art. 153 Abs. 5 AEUV entzogenen Materien zu regeln.[104] Neben dem Schutz mitgliedstaatlicher Kompetenzen in den durch Art. 153 Abs. 5 AEUV dem Unionsrecht entzogenen Bereichen, besteht die Intention der Regelung vor allem darin, die autonome Regelungsmacht für Löhne und Gehälter bei den einzelstaatlichen Koalitionen zu belassen.[105] Die Bedeutung dieses Schritts beweist die Tatsache, dass sich nationale Arbeitgeber und Arbeitnehmer, sowie ihre jeweiligen Zusammenschlüsse nicht auf den nationalen Grundrechtsschutz gegenüber der Union berufen können.[106] Unionsrechtliche Regelungen im Bereich des Koalitions-, Streik- und Aussperrungsrechts würden damit nicht nur in sensible Bereiche der mitgliedstaatlichen Rechtsordnungen eindringen, sondern gleichzeitig die Handlungskompetenzen nationaler Sozialpartner empfindlich schmälern.[107] Vor diesem Hintergrund regelt Art. 153 Abs. 5 AEUV den Schutz der nationalen Arbeitgeber- und Arbeitnehmerorganisationen im Verhältnis der Union zu den Mitgliedstaaten. Damit droht vonseiten sekundärrechtlicher Regelungen künftig wenig Gefahr für die nationale Koalitionsautonomie.

---

101 Art. 153 Abs. 5 AEUV verweist auf das im Primärrecht in Artikel 5 Abs. 3 EUV normierte Subsidiaritätsprinzip. Rengeling/Szczekalla, Rn. 51 folgern aus dem Subsidiaritätsprinzip ein Abwehrrecht gegen Rechtsakte der Union, die dieses Grundprinzip verletzen.

102 Sagan, S. 92.

103 Rengeling/Szczekalla, Rn. 440.

104 So auch Sagan, S. 92.

105 Dazu Wisskirchen, FS-Arbeitsgerichtverband, 653 (658 f).

106 Sagan, S. 87.

107 So auch Deinert, S. 455.

3.2.3.2.1.2 Zusammenspiel zwischen Art. 153 Abs. 5 AEUV und Art. 28 GRC

Der nationale Grundrechtsschutz durch Art. 9 Abs. 3 GG versagt jedoch im Rahmen der Anwendung der unionsrechtlichen Grundfreiheiten. Bislang stand den Trägern des nationalen Grundrechts kein den Grundfreiheiten adäquates Recht zur Verfügung, ihre Position gegenüber dem Unionsrecht zu verteidigen. Es zeigte sich, dass in Zeiten des „kooperativen Verfassungsstaats“[108] rein nationaler Grundrechtsschutz nicht mehr ausreicht. In dieses Vakuum stößt nun Art. 28 GRC und gibt den nationalen Tarifpartnern eine unionsrechtliche Rechtsposition zur Durchsetzung von Kollektivverhandlungen und Kollektivmaßnahmen an die Hand.[109] Diese Konstellation ist nicht mit der Anwendung der Unionsgrundrechte in den Mitgliedstaaten im Rahmen der Beschränkung von Grundfreiheiten zu verwechseln. In diesem Fall begrenzen die Mitgliedstaaten die Grundfreiheiten auf Ebene des nationalen Rechts, während sich die Kollision von Grundfreiheiten und Art. 28 GRC auf Ebene des Unionsrechts abspielt.[110] Dennoch hat die Kollision von Grundfreiheiten und Art. 28 GRC erhebliche Folgen für das nationale Recht. Auch der EuGH hatte sich bereits vor Rechtsverbindlichkeit der Charta der Grundrechte mit dieser Konstellation zu befassen. Der Ausgleich der widerstreitenden Rechte hat mit dem Vertrag von Lissabon zusätzlich an Brisanz gewonnen. Ein überzeugender Weg zur Auflösung der Kollision der Grundfreiheiten mit Art. 28 GRC steht noch aus, weshalb der Klärung dieser Frage eine zentrale Rolle für die vorliegende Untersuchung zukommt.

3.2.3.2.2 Verpflichtung der Mitgliedstaaten durch Art. 28 GRC

3.2.3.2.2.1 Fallgruppen zur unionsrechtlichen Bindung der Mitgliedstaaten

Bislang überaus umstritten und ungeklärt ist die Frage, inwieweit auch die Mitgliedstaaten an die Unionsgrundrechte gebunden sind.[111] Einigkeit besteht derzeit nur darüber, dass die Unionsgrundrechte auf rein innerstaatliche Sachverhalte und Maßnahmen keine Anwendung finden.[112] Der EuGH bejaht eine Bindung der Mitgliedstaaten an die europäischen Grundrechte, wenn sie „im Anwendungsbereich des Unionsrechts“ handeln oder die mitgliedstaatlichen Maßnah-

---

108 Vgl. den gleichnamigen Beitrag von Häberle, FS Schelsky, 141.

109 Zutreffend Sagan, S. 88 mit Verweis auf Hervey/Kenner-Kenner, S. 21.

110 Vgl. Sagan, S. 96.

111 Allgemein dazu Jones, S. 40 ff; Cirkel, S. 190 ff. Speziell mit der Charta befassen sich Ranacher, ZÖR 2003, 21 ff; Knook, CMLRev. 2005, 367 ff.

112 Meyer-Borowsky, GRC, Art. 51 Abs. 1 Rn. 24.

men eine „unionsrechtlich geregelte Situation“ betreffen.[113] Zwei deutlich konturierte Fallgruppen sind aus dieser etwas schwammigen Formulierung mittlerweile hervorgegangen: Zum einen sollen die Unionsgrundrechte bei Durchführung des Unionsrechts, zum anderen im Rahmen der Beeinträchtigung von Grundfreiheiten zur Anwendung gelangen.[114]

3.2.3.2.2.2 Anwendbarkeit bei Durchführung des Unionsrechts

Die Legislative sowie die Exekutive der Mitgliedstaaten ist im Rahmen der normativen oder administrativen Durchführung von Unionsrecht an Art. 28 GRC gebunden.[115] Die Transformation von Unionsrecht ins nationale Recht geschieht entweder bei Verordnungen auf direktem Weg oder bei Richtlinien mittels eines nationalen Umsetzungsgesetzes. Folglich sind die Mitgliedstaaten an Art. 28 GRC gebunden, sofern sie europäische Richtlinien umsetzen oder unionsrechtliche Verordnungen vollziehen.[116] Damit wird der Herausforderung begegnet, im Rahmen der Durchführung des Unionsrechts einen einheitlichen Mindestgrundrechtsschutz einzuführen.[117] Ins mitgliedstaatliche Recht transferierte sekundärrechtliche Vorgaben des Unionsrechts unterfallen damit dem Grundrechtsschutz von Art. 28 GRC.

3.2.3.2.2.3 Anwendbarkeit im Rahmen der Beeinträchtigung von Grundfreiheiten

Aus Sicht des EuGH existiert eine mitgliedstaatliche Bindung an die Unionsgrundrechte auch im Rahmen der Einschränkung von Grundfreiheiten durch nationale Maßnahmen.[118] Diese Einschätzung sieht sich jedoch zu Recht erheblicher Kritik ausgesetzt.[119] Gegen eine solche Annahme spricht auch, dass bereits in der Neuformulierung des damaligen Art. 46 EUV durch den Vertrag von Amsterdam lediglich die Kompetenz des EuGH zur Grundrechtskontrolle gegenüber der Union angesprochen, die grundrechtliche Kontrolle der Mitglied-

---

113 Vgl. EuGH v. 18.06.1991 - Rs. C-260/89 - ERT - Slg. 1991, I-2925 (2964, Rn. 42); siehe auch Schwarze/Hatje, Art. 51, Rn. 15 ff.

114 Dazu Meyer-Borowsky, GRC, Art. 51 Abs. 1 Rn. 24; ausführlich zum Meinungsstand Nusser, S. 9 ff.

115 Vgl. dazu Möllers, EuR 2002, 483 ff.

116 Sagan, S. 95.

117 Ladenburger-Tettinger/Stern, Art. 51 Rn. 26; ähnlich auch Remmert, Jura 2003, 13 (17).

118 Vgl. etwa EuGH v. 18.06.1991 - Rs. C-260/89 - ERT - Slg. 1991, I-2925 (2964, Rn. 43) = NJW 1992, 2621.

119 Ausführlich dazu mit anschaulichem Beispielfall Sagan, S. 95 ff.

staaten jedoch nicht einmal erwähnt wurde.[120] Die Durchführung des Rechts der Union liegt zweifelsfrei vor, wenn das Handeln der Mitgliedstaaten durch verbindliche Vorgaben des europäischen Rechts determiniert wird.[121] Eine einzelstaatliche Regelung zur Beschränkung der Grundfreiheiten an den Unionsgrundrechten zu messen, geht jedoch entschieden zu weit und würde regelmäßig einen Kompetenzübergriff der Union zulasten der Mitgliedstaaten nach sich ziehen.[122] Mitgliedstaatliche Beschränkungen von Grundfreiheiten unterfallen somit weiterhin dem Prüfungsmaßstab der nationalen Grundrechte.[123]

3.2.3.2.3 Umfang der Bindung für Privatrechtssubjekte

3.2.3.2.3.1 Gleichlauf mit den Grundfreiheiten als Folge der Gleichsetzung

Im Gegensatz zu den Grundfreiheiten hat der EuGH zur Frage, ob die Unionsgrundrechte auch zwischen Privaten gelten, noch keine Tendenz erkennen lassen respektive zu diesem Problem noch nicht explizit Stellung bezogen.[124] Dies mag auch daran liegen, dass die Charta der Grundrechte erst mit Ratifizierung des Vertrags von Lissabon Einzug ins Primärrecht gehalten hat. Bei Lichte betrachtet kann Art. 28 GRC als drittwirkend verstanden werden, obgleich die Grundrechte der Charta gemäß Art. 51 Abs. 1 S. 1 GRC grundsätzlich nur die Organe der Europäischen Union und die Mitgliedstaaten verpflichten.[125]

Im Rahmen der Grundfreiheiten hat der EuGH zwei gegenläufige Begründungsansätze entwickelt, welche das Handeln Privater als Beschränkung der betreffenden Grundfreiheit qualifizieren.[126] Die mittelbare Drittwirkung beschreibt die Situation, in welcher der Staat im Rahmen einer sich aus der Grundfreiheit ergebenden Schutzpflicht gegen ein die Grundfreiheit beeinträchtigendes Verhalten Privater vorgeht.[127] Demgegenüber steht eine unmittelbare Wirkung, bei der die Privatrechtssubjekte selbst zu Normadressaten der Grundfreiheiten oder Grundrechte werden.[128] Durch die Verankerung der Unionsgrundrechte im

---

120 Siehe zu dieser Deutung von Art. 46 lit. d EUV („Handlungen der Organe") Knook, CMLRev. 2005, 367 (382); Mock et al., Human Rights in Europe, S. 317.

121 Callies/Ruffert-Kingreen, Art. 51 GRC Rn. 8; Herresthal, EuZA 2011, 3 (18).

122 Zutreffend Sagan, S. 101.

123 Schilling, EuGRZ 2000, 3 (34); Störmer, AöR 1998, 541 (567).

124 Calliess/Ruffert-Kingreen, Art. 51 GRC Rn. 18; Engels, ZESAR 2008, 475 (480); Suerbaum, EuR 2003, 390 (393).

125 Magiera, DöV 2000, 1017 (1025).

126 Maeßen, S. 113 mit Blick auf die Grundfreiheiten.

127 Pießkalla, NZA 2007, 1144 (1145); Temming, ZESAR 2008, 231 (237); Junker, EWS 2007, 49 (53) spricht von einer „Gewährleistungspflicht des Staates".

128 Dazu näher Canaris, in: Umwelt, Wirtschaft und Recht, 31 (33 f).

Primärrecht mit dem Vertrag von Lissabon kommt der Wunsch nach der Weiterentwicklung der EU von einer Grundrechtsgemeinschaft zu einer Schutzgemeinschaft zum Ausdruck.[129] Diesem Wunsch trägt auch die Gleichstellung der Unionsgrundrechte mit den Grundfreiheiten auf einer Normebene Rechnung, womit eine Gleichbehandlung beider Garantien geboten erscheint. Fraglich ist daher, ob die Begründungsansätze zur Wirkung der Grundfreiheiten zwischen Privaten auf die Unionsgrundrechte im Sinne eines Gleichlaufs beider Garantien übertragbar sind. Trotz der differenzierten Schutzrichtungen von Unionsgrundrechten und Grundfreiheiten liegt in der Einbeziehung von Privaten als Berechtigten durch beide Primärrechte eine Parallele in ihrer Wirkungsweise.[130] Den ursprünglich im Gegensatz zu den Unionsgrundrechten nicht als subjektive Abwehrrechte konzipierten Grundfreiheiten eine Schutzpflichtendimension zu entnehmen, ohne dies auf die Unionsgrundrechte zu übertragen, erscheint außerdem wenig konsequent und nur schwer nachvollziehbar.[131] Über die Grundfreiheiten hinaus hat der EuGH zudem bei einer nichtstaatlichen Bedrohung eines Unionsgrundrechts die Annahme einer staatlichen Schutzpflicht erkennen lassen.[132] Damit spricht vieles für eine Übertragung der in der Rechtsprechung zu den Grundfreiheiten entwickelten Drittwirkung auf die Unionsgrundrechte.

3.2.3.2.3.2 Schutzpflichtendimension als vorzugswürdiger Ansatz

Da bei einer mittelbaren Drittwirkung ein gesetzgeberisches Unterlassen in Rede steht und demgemäß zunächst eine entsprechende Handlungspflicht begründet werden muss, geht die mittelbare Drittwirkung in ihren rechtlichen Wirkungen wesentlich weniger weit als die unmittelbare Drittwirkung.[133] Aus einer mittelbaren Drittwirkung lässt sich insbesondere keine automatische Verpflichtung der Mitgliedstaaten ableiten, das Privatrecht so auszugestalten, dass die effektive Verwirklichung der unionsrechtlichen Vorgaben in jeder Hinsicht gewährleistet wird.[134] Dagegen wäre der betreffende Mitgliedstaat bei unmittelbarer Wirkung stets zu einem Einschreiten gegen Handlungen Privater verpflichtet.[135] Proble-

---

129 So auch Suerbaum, EuR 2003, 390.

130 Maeßen, S. 205.

131 Suerbaum, EuR 2003, 390 (396).

132 Vgl. EuGH v. 04.07.1989 - Rs. 326/86 - Frankreichsconi u. a. - Slg. 1989, 2087 = NJW 1991, 630; EuGH v. 30.04.1996 - Rs. C-13/94 - P/S und Cornwall County Council - Slg. 1996, I-2143 = NZA 1996, 695.

133 Canaris, in: Umwelt, Wirtschaft und Recht, 31 (52).

134 Neumann/Ogorek, NZG 2008, 892 (897).

135 Pießkalla, NZA 2007, 1144 (1145).

matisch wäre dies, wenn das betreffende Verhalten Privater zugleich eine Ausübung von Grundfreiheiten darstellt und damit ein Unterlassen von Gegenmaßnahmen gerechtfertigt sein könnte. Damit würde eine unmittelbare Wirkung der Unionsgrundrechte weitreichende rechtliche Konsequenzen haben[136] und die Rechte des Einzelnen gegenüber der öffentlichen Gewalt zu Pflichten gegenüber allen Mitbürgern erstarken lassen, womit die Privatautonomie weitgehend behindert würde[137].

Zielführender ist dagegen die Begründung einer Schutzpflicht[138] als wichtigste Ausprägung der leistungsrechtlichen Funktion der Grundrechte und Weiterentwicklung der mittelbaren Drittwirkung.[139] Durch die grundrechtliche Schutzpflicht sind die Mitgliedstaaten als Adressaten gehalten, aktiv für den Bestand des geschützten Schutzguts einzutreten.[140] Die allgemeine Schutzpflicht kann sich somit zu einem konkreten Schutzanspruch in Form eines entsprechenden Schutzrechts verdichten[141]. Für die Begründung entsprechender Schutzpflichten spricht auch die EMRK als grundrechtliche Vergleichsquelle, welche ebenfalls keine unmittelbare Wirkung zwischen Privaten entfaltet[142] aber durchaus Schutzpflichten der Unterzeichnerstaaten begründet[143]. Aufgrund der erst seit kurzem bestehenden Rechtsverbindlichkeit der Charta der Grundrechte hatte der EuGH bisher zwar nur wenig Gelegenheit, zur Drittwirkung der Unionsgrundrechte Stellung zu beziehen, für eine direkte Bindung der Koalitionspartner liefert Art. 28 GRC aber keine hinreichenden Anhaltspunkte.[144] Der überwiegende Teil der Literatur versteht Art. 28 GRC daher primär als subjektives Abwehrrecht gegen staatliche Eingriffe.[145] Art. 28 GRC ist jedoch zudem eine schutzrechtliche Dimension zu entnehmen, welche die Normadressaten anhält, im Rahmen ihrer Kompetenzen, Kollektivverhandlungen sowie Kollek-

---

136 So auch Maeßen, S. 128.

137 Zutreffend Ehlers-Ehlers, § 14, S. 469, Rn. 54.

138 Allgemein zu den Unionsgrundrechten Schutzpflichten Dietlein, S. 87.

139 Ausführlich und die unionsrechtliche Dimension in den Blick nehmend Calliess, Rechtsstaat und Umweltstaat, S. 262 ff, 437 ff.

140 Calliess/Ruffert-Kingreen, Art. 51 GRC Rn. 23.

141 Pieroth/Schlink, Staatsrecht II, S. 28, Rn. 101.

142 Grabenwarter/Pabel, EMRK, § 19, Rn. 8; Jaeckel, S. 117 ff.; Szczekalla, S. 900 ff.; Ehlers-Ehlers, § 2, S. 53, Rn. 48.

143 Dazu Szczekalla, S. 712 ff.

144 So auch Jarass, GRC, Art. 28 Rn. 3.

145 So etwa Rixen-Tettinger/Stern, Art. 28 Rn. 17, der von einem Abwehrrecht gegen staatliche Beeinträchtigungen ausgeht; vgl. auch Jarass, GRC, Art. 28 Rn. 2, der von einem Abwehr- und Freiheitsgrundrecht spricht; bei Meyer-Rixen, Vorb. zu Titel IV, Rn. 33, S. 405 ist von einem „Freiheitsrecht mit sozialrechtlichem Bezug“ die Rede.

tivmaßnahmen gegen Behinderungen auch durch private Dritte zu schützen.[146] Dies hat beispielsweise zur Folge, dass der Staat die Organisatoren eines von Art. 28 GRC geschützten Arbeitskampfs vor privatrechtlichen Schadensersatzansprüchen schützen muss.[147] Auch muss sichergestellt werden, dass die Teilnahme an einem Arbeitskampf nicht als Verletzung der Arbeitspflicht qualifiziert wird.[148] Private sind hingegen nicht an die Inhalte von Art. 28 GRC gebunden[149], vielmehr muss der Staat im Rahmen seiner Schutzpflicht gegen Beeinträchtigung von Art. 28 GRC von Privaten vorgehen.

Damit existiert mit Art. 28 GRC im Unionsrecht ein Schutz- und Abwehrrecht, welches hinsichtlich seines Schutzguts in Form des Rechts auf Kollektivverhandlungen und Kollektivmaßnahmen umfassend vor Beeinträchtigungen des Staats und Privater gleichermaßen schützt.

3.2.3.2.4 Nebeneinander von Art. 28 GRC und Art. 9 Abs. 3 GG als Konsequenz

Sekundärrechtliche Regelungen im Tarif- und Arbeitskampfrecht sind aufgrund des Kompetenzausschlusses in Art. 153 Abs. 5 AEUV von unionsrechtlicher Seite künftig nicht zu erwarten. Vielmehr nimmt die Vorschrift die unionsrechtlichen Akteure in die Pflicht, die nationalen Regelungen zu respektieren. Art. 9 Abs. 3 GG bleibt damit bei ausschließlich auf Deutschland bezogenen Sachverhalten weiterhin die entscheidende Norm im Tarif- und Arbeitskampfrecht. Im Rahmen der Grundfreiheiten verhilft Art. 9 Abs. 3 GG den nationalen Tarifparteien jedoch nicht zu ihrem Grundrecht auf Tarif- und Arbeitskampffreiheit. Diese Lücke schließt Art. 28 GRC mit einem unionsrechtlichen Grundrecht auf Kollektivverhandlungen und Kollektivmaßnahmen. Damit sollten insoweit keinerlei „secteurs exclus" im Grundrechtsschutz mehr bestehen.[150]

---

146 Zachert, NZA 2001, 1041 (1044); Abrantes, S. 91 ff.

147 Rebhahn, GS Heinze, 649 (653); Rixen-Tettinger/Stern, Art. 28 Rn. 17; vgl. zur kritischen Auseinandersetzung der Streikfolgen auf europäischer Ebene auch Reich, EuZW 2010, 454 ff.

148 Rebhahn, GS Heinze, 649 (653), siehe hierzu auch die Darstellung der Empfehlungspraxis des Ministerkommitees des Europarats zur Europäischen Sozialcharta bei Harris/Darcy, S. 110 f.

149 Zutreffend Herresthal, EuZA 2011, 3 (27).

150 Mit Blick auf die Bedeutung der Charta der Grundrechte Borowsky-Leiße, S. 148.

3.2.3.3 Grundrechtsberechtigte von Art. 28 GRC

3.2.3.3.1 Hintergrund des individualfreiheitlichen Kerns von Art. 28 GRC

Art. 28 GRC steht seinem Wortlaut nach nicht nur Koalitionen, sondern auch Einzelpersonen zu. Die Gewährleistung enthält ausdrücklich eine individualfreiheitliche Dimension und schützt neben den Organisationen der Tarifpartner auch die Rechte der einzelnen Arbeitnehmer und Arbeitgeber.[151] Damit können sich, anders als im Rahmen von Art. 9 Abs. 3 GG, nicht nur Gewerkschaften, sondern auch Einzelpersonen auf das Streikrecht berufen.[152] Dieses individualfreiheitliche Verständnis ist Ausdruck der unionsrechtlichen Dimension von Art. 28 GRC, da im Gegensatz zum deutschen Recht in den romanischen Ländern das Streikrecht als individuelles Recht begriffen wird und damit nicht streng funktional an die Tarifautonomie gebunden ist.[153] Die Konzeption von Art. 28 GRC als Individualrecht ist eng mit der Binnenmarktorientierung des Unionsrechts und den Grundfreiheiten als Nukleus des Binnenmarktkonzepts verwoben.[154] Die Sozialpolitik wurde lange Zeit als bloßes Anhängsel des Binnenmarktprojekts verstanden, das keinen eigenen Bedeutungsgehalt hatte.[155] Das Unionsrecht erfasste die sozialen Rechte des einzelnen Unionsbürgers nur insoweit, als diese den ökonomischen Zielen der Gemeinschaften dienlich waren.[156] Mit Art. 28 GRC wird die Nutzung der Vorteile des Binnenmarkts auch auf den Arbeitsmarkt bezogen und erstmals unionsrechtlich die Bündelung von Individualinteressen auf Arbeitnehmer- und Arbeitgeberseite primärrechtlich abgesichert. Dieser Schritt war überfällig, um die zuvor nur nationale Koalitionsfreiheit nicht bis auf einen eng verstandenen Kern hinter die höherrangigen Grundfreiheiten zurücktreten zu lassen und eine Abwägung beider Gewährleistungen zu ermöglichen.[157]

3.2.3.3.2 Arbeitnehmer und Arbeitgeber als Grundrechtsträger

Da Art. 28 GRC eine derart individualrechtliche Komponente enthält, stellt sich die Frage, ob im Rahmen von Art. 28 GRC ein unionsrechtsautonomer Arbeitnehmerbegriff erforderlich ist, oder ob auf die Definition des jeweiligen mit-

---

151 Zachert, NZA 2001, 1041.

152 Meyer-Riedel, GRC, Art. 28 Rn. 28.

153 Rixen-Tettinger/Stern, Art. 28 Rn. 10; Zachert, NZA 2001, 1041 (1045).

154 So auch Herresthal, EuZA 2011, 3 (14).

155 Kingreen, EuR-Beilage 2007, 43.

156 Grabitz, S. 68.

157 Herresthal, EuZA 2011, 3 (16) spricht in diesem Zusammenhang von einer „Hochzonung der Koalitionsfreiheit zu einem Unionsgrundrecht“.

gliedstaatlichen Rechts zurückgegriffen werden kann.[158] Wäre es den Mitgliedstaaten im Anwendungsbereich von Art. 28 GRC möglich den Arbeitnehmerbegriff beliebig zu verengen, bestünde die Gefahr, dass die Gewährleistung zu einer leeren Hülle verkommt. Aus diesem Grund erscheint eine unionsrechtsautonome Definition des Arbeitnehmerbegriffs grundsätzlich sinnvoll, jedoch nicht für alle Bereiche notwendig. Eine Nivellierung der mitgliedstaatlichen Arbeitnehmerbegriffe mittels einer insgesamt verbindlichen unionsrechtlichen Definition, die den Mitgliedstaaten auch in autonomen Regelungsbereichen das Verständnis des Arbeitnehmerbegriffs vorschreibt, wäre kompetenzrechtlich nur schwer zu begründen.[159] Der EuGH hat Tendenzen für einen einheitlichen unionsrechtlichen Begriff erkennen lassen, indem er als Arbeitnehmer diejenigen qualifiziert hat, welche während einer bestimmten Zeit für einen anderen nach Weisung Leistungen erbringen und dafür als Gegenleistung eine Vergütung erhalten.[160] Danach fallen grundsätzlich auch Beamte und andere Beschäftige im öffentlichen Dienst in den Gewährleistungsbereich von Art. 28 GRC.[161] Inwieweit ihnen die Rechte tatsächlich zugestanden werden, entscheiden durch den Verweis auf das Unionsrecht und die einzelstaatlichen Vorschriften der europäische und nationale Gesetzgeber.[162] Ein einheitlicher Arbeitnehmerbegriff kann mit Blick auf die Kompetenzverteilung im Kollektiven Arbeitsrecht daher nur bedeuten, dass die Union für die Zwecke ihrer eigenen Regelungen den persönlichen Anwendungsbereich durch eine unionsautonome Definition des Arbeitgeberbegriffs festlegt.[163] Für die Bereiche, in denen der Union keine Regelungskompetenz zukommt, bleibt es folglich beim jeweiligen mitgliedstaatlichen Arbeitnehmerbegriff. Sind Arbeitnehmer aus Nicht-EU-Staaten in einem EU-

---

158 Vgl. dazu Riesenhuber, Europäisches Arbeitsrecht, § 1, S. 3, Rn. 2.

159 Riesenhuber, Europäisches Arbeitsrecht, § 1, S. 4, Rn. 5.

160 St. Rspr. EuGH v. 03.07.1986 - Rs. 66/85 - Lawrie-Blum - Slg. 1986, 2121 (2144, Rn. 17); EuGH v. 21.06.1988 - Rs. 197/86 - Brown - Slg. 1988, 3205 (3244, Rn. 21); EuGH v. 26.02.1992 - Rs. C-357/89 - Raulin - Slg 1992, I-1027 (1059, Rn. 10). Auch die Definition von Wank, EuZA 2008, 172 (191) kann zur unionsrechtlichen Begriffsbestimmung herangezogen werden: „Arbeitnehmer ist, wer auf privatrechtlicher Grundlage im Dienste eines anderen nach dessen Weisung beschäftigt und in dessen Unternehmensorganisation eingegliedert ist. Weisungsbindung bedeutet das Fehlen eines eigenen unternehmerischen Entscheidungsspielraums mit Zurechnung des Ergebnisses an den Beschäftigten. An einem eigenen unternehmerischen Spielraum fehlt es insbesondere, wenn der Beschäftigte nach dem zugrunde liegenden Vertrag keine eigenen Mitarbeiter und keine unternehmerische Organisation einsetzen darf oder einsetzen kann.“

161 Rixen-Tettinger/Stern, Art. 28 Rn. 7.

162 Frenz, Handbuch Europarecht, Band 4, S. 1118, Rn. 3727.

163 Riesenhuber, Europäisches Arbeitsrecht, § 1, S. 4, Rn. 5.

Mitgliedstaat tätig, profitieren auch sie von Art. 28 GRC, da dieser nicht auf Unionsbürger beschränkt ist.[164] Auch Arbeitgeber können sich auf Art. 28 GRC berufen, solange sie Arbeitgeberfunktionen ausüben.[165] Ist der Staat als Arbeitgeber tätig, kann sich dieser nicht auf das Unionsgrundrecht berufen, da Art. 28 GRC ein Abwehrrecht gegen den Staat darstellt, welches nicht gleichzeitig dem Staat als Abwehrgegner zustehen kann.

Die Auswirkungen des individualfreiheitlichen Verständnisses von Art. 28 GRC sind im deutschen Koalitionsrecht dagegen nicht spürbar. Vielmehr dürfen sich daraus keine Konsequenzen für die nationale Rechtslage ergeben, da die Ausgestaltung des Rechts auf kollektive Maßnahmen ausdrücklich den Mitgliedstaaten vorbehalten bleibt. Die klare Kompetenzzuweisung in Art. 153 Abs. 5 AEUV darf nicht durch eine materielle Aufladung von Art. 28 GRC konterkariert werden.[166] Zwar ist der deutsche Weg, das Streikrecht nur Koalitionen zuzugestehen, bereits früh ins Kreuzfeuer der Kritik geraten[167], eine Modifikation durch Art. 28 GRC ergibt sich daraus jedoch nicht.

3.2.3.3.3 Arbeitgeberverbände und Gewerkschaften als Grundrechtsträger

Auch Arbeitgeberorganisationen und Gewerkschaften sind Grundrechtsträger.[168] Als Organisationen werden dabei alle Einrichtungen und Vereinigungen von Arbeitnehmer- und Arbeitgeberseite verstanden, die nach den einzelstaatlichen Rechtsvorschriften Tarifverträge aushandeln und abschließen können.[169] Rein staatliche Arbeitgeberorganisationen wie etwa die Tarifgemeinschaft deutscher Länder, sind nicht grundrechtsberechtigt, da Art. 28 GRC als Freiheitsrecht den Einfluss staatlicher Stellen gerade verhindern und somit autonome Tarifverhandlungen gewährleisten soll.[170]

3.2.3.4 Eigener Garantiegehalt oder Verweis auf mitgliedstaatliche Garantien?

3.2.3.4.1 Relativierung des eigenständigen Gehalts von Art. 28 GRC

Die mitgliedstaatlichen Regelungen zu Tarifverträgen sind in Bezug auf Rechtsqualität, Wirkungen, zulässige Ebenen und Regelungsgegenstände in den Mit-

164 Rixen-Tettinger/Stern, Art. 28 Rn. 7.
165 Frenz, Handbuch Europarecht, Band 4, S. 1119, Rn. 3731.
166 Ebenso Herresthal, EuZA 2011, 3 (15).
167 Vgl. dazu Däubler, AuR 1998, 144 ff.
168 Holoubek, in: Schwarze/Becker/Hatje/Schoo, Art. 28 Rn. 12.
169 Jarass, GRC, Art. 28 Rn. 11; Meyer-Riedel, GRC, Art. 28 Rn. 21.
170 Frenz, Handbuch Europarecht, Band 4, S. 1120, Rn. 3737.

gliedstaaten nicht einheitlich.[171] Nur in der deutschen Übersetzung wird der Begriff „Tarifvertrag" verwendet, während beispielsweise in der französischen Fassung von „conventions collectives" und in der englischen von „collective agreements" die Rede ist und darunter andere Vereinbarungen als im deutschen Recht zu verstehen sind.[172] Auch zeugt die Diskussion um die explizite Erwähnung des Streikrechts in der Charta der Grundrechte von einem unterschiedlichen Verständnis in den einzelnen Mitgliedstaaten.[173] Eine Vereinheitlichung der in Art. 28 GRC genannten Bereiche erscheint vor diesem Hintergrund nur schwer vorstellbar.

Dem Wortlaut von Art. 28 GRC zufolge, sind sowohl Verhandlungen zum Abschluss von Tarifverträgen als auch Arbeitskampfmaßnahmen zu deren Durchsetzung „nach dem Gemeinschaftsrecht und den einzelstaatlichen Rechtsvorschriften und Gepflogenheiten" geschützt. Damit ist die Ausgestaltung der Reichweite und der Modalitäten des Schutzbereichs von Art. 28 GRC den europäischen und den nationalen Gesetzgebern gleichermaßen übertragen.[174] Diese legen fest, unter welchen Voraussetzungen, in welchem Umfang und mit welchem Inhalt die Grundrechtsberechtigten das Recht haben, Tarifverträge auszuhandeln und bei Konflikten die entsprechenden Durchsetzungsmaßnahmen in Form von Streiks zu treffen. Bereits in den Erläuterungen zur Charta der Grundrechte finden sich Hinweise, dass die Modalitäten und Grenzen für die Durchführung von Kollektivmaßnahmen durch die einzelstaatlichen Rechtsvorschriften und Gepflogenheiten geregelt werden.[175] Den Normgebern wird dabei ein weiter Handlungsspielraum eingeräumt[176], womit auch sie über die strittigen Fragen wie etwa nach den Voraussetzungen für rechtmäßige Streiks oder der Wirkung eines Tarifvertrags entscheiden[177]. Folglich scheint der eigenständige Gehalt der Garantie weitgehend relativiert.[178]

---

171 Rebhahn, GS Heinze, 649, 654; ausführlich ders., NZA 2001, 763 ff.

172 Frenz, Handbuch Europarecht, S. 1120, Rn. 3739.

173 Zur heftigen Diskussion im Grundrechtskonvent vgl. Lörcher, NZA 2003, 184 (191). Nach intensiver Diskussion sprach sich jedoch eine deutliche Mehrheit für die Aufnahme des Begriffs aus, vgl. Meyer-Riedel, GRC, Art. 28 Rn. 11 ff. mit Hinweisen zu den unterschiedlichen Argumenten pro und contra einer expliziten Erwähnung in der Charta; näher dazu auch Bernsdorff/Borowsky, S. 324.

174 So auch Frenz, Handbuch Europarecht, Band 4, S. 1124, Rn. 3751.

175 Erläuterungen zur Charta der Grundrechte, ABl. Nr. C 303/26 v. 14.12.2007.

176 Rebhahn, GS Heinze, 649 (655).

177 Calliess/Ruffert-Krebber, Art. 28 GRC Rn. 3.

178 Pache, EuR 2001, 475 (481); Hilbrandt, in: Heselhaus/Nowak, § 35, Rn. 21.

3.2.3.4.2 Art. 28 GRC als Transmissionsriemen des nationalen Rechts

Art. 28 GRC nun als inhaltslose Norm zu disqualifizieren, wird der Bedeutung der Vorschrift jedoch nicht gerecht.[179] Es wird übersehen, dass der Vorbehalt das Zusammenwirken von Unionsrecht und nationalem Recht im kollektiven Arbeitsrecht deutlich zum Ausdruck bringt und letztlich Ausfluss der Kompetenzzuweisung in Art. 153 Abs. 5 AEUV ist. Die Verankerung der Koalitionsfreiheit im Primärrecht war zwingend geboten, um zu verhindern, dass das Recht auf Koalitionsfreiheit unter dem Einfluss der höherrangigen Grundfreiheiten auf einen eng verstandenen Kern zusammenschrumpft.[180] Art. 9 Abs. 3 GG eröffnet Arbeitnehmern die Möglichkeit, zur Verfolgung ihrer Interessen Vereinigungen zu bilden und damit das drohende Marktungleichgewicht im Vergleich zur Arbeitgeberseite auszugleichen. Da aufgrund der Marktstruktur grenzüberschreitend tätige und marktstarke Unternehmer als Nachfrager der Arbeitskraft auftreten, findet sich diese Situation auch im europäischen Binnenmarkt.[181] Ein dem nationalen Art. 9 Abs. 3 GG vergleichbares Grundrecht fehlte jedoch im Unionsrecht, womit eine elementare Voraussetzung zur Herstellung von Verhandlungsparität zwischen Arbeitgeber- und Arbeitnehmerseite im Unionsrecht nicht gegeben war. Art. 28 GRC stellt diese Parität her, indem er die national gewährleisteten Garantien ins Unionsrecht transkribiert. Zwar hat das Unionsgrundrecht[182] des Art. 28 GRC keinen eigenen Regelungsgehalt, verpflichtet jedoch, das Recht auf kollektive Maßnahmen in seiner konkreten Ausgestaltung des betroffenen Mitgliedstaats in die Abwägung mit der betroffenen Grundfreiheit des Arbeitgebers einzustellen.[183] Damit kommt dem nationalen Normgeber die elementare Aufgabe zu, das Recht auf Kollektivverhandlungen und Kollektivmaßnahmen in der Form auszugestalten, dass eine verhältnismäßige Abwägung mit kollidierenden, gleichrangigen Rechten möglich erscheint.[184] Trotz des weiten Gestaltungsspielraums resultiert für den nationalen und den europäischen Gesetzgeber aus Art. 28 GRC die Verpflichtung, Kollektivver-

179 Calliess/Ruffert-Krebber, Art. 28 GRC Rn. 3 sieht Art. 28 GRC als überflüssige Norm.

180 Zutreffend Herresthal, EuZA 2011, 3 (16).

181 Herresthal, EuZA 2011, 3 (23).

182 Vgl. dazu Frenz, Handbuch Europarecht, Band 4, S. 1113, Rn. 3710 f.

183 So auch Herresthal, EuZA 2011, 3 (17).

184 Als Beispiel für eine derartige mitgliedstaatliche Ausgestaltung kann Art. 26 Abs. 2 der Verfassung der Republik Zypern dienen, der an ein Gesetz zur Ausgestaltung von Tarifverträgen die Anforderung eines adäquaten Schutzes der Rechte anderer Personen stellt, unabhängig davon, ob diese am Zustandekommen der Regelung beteiligt sind oder nicht.

handlungen und Kollektivmaßnahmen zu ermöglichen.[185] Die Norm geht über eine inhaltsleere Gewährleistung hinaus, schützt den materiellen Gehalt der Koalitionsautonomie im Unionsrecht und schafft einen europaweiten Konsens über ein Recht auf Kollektivmaßnahmen und Kollektivverhandlungen.[186] Der Handlungsspielraum des europäischen Gesetzgebers im Bereich der Kollektivverhandlungen und Kollektivmaßnahmen bleibt mit Blick auf Art. 153 Abs. 5 AEUV dagegen erheblich eingeschränkt. Lediglich im Bereich des Tarifvertragsrechts sind europarechtliche Regelungen denkbar. Der Wirkungskreis des größten Teils der mitgliedstaatlichen Regelungen im Bereich der Kollektivverhandlungen und des gesamten Arbeitskampfrechts wird durch die Brücke des Art. 28 GRC ins Unionsrecht ausdehnt. Die Mitgliedstaaten bleiben damit Herrn des Streik- und großer Teile des Koalitionsrechts.

Eine Vereinheitlichung des Arbeitskampfrechts in Europa liegt damit in weiter Ferne.[187] Lediglich eine europarechtliche Konkretisierung des Tarifrechts erscheint denkbar.[188]

3.3 Bedeutung der Europäischen Konvention für Menschenrechte

3.3.1 Bisherige Bedeutung der EMRK im Unionsrecht

Seit rund 30 Jahren wird die Idee eines Beitritts der Europäischen Union zur EMRK diskutiert.[189] Diese Diskussion könnte sich bald erübrigen, da der Vertrag von Lissabon ausdrücklich einen solchen Beitritt forciert und zugleich die rechtlichen Grundlagen dazu im Unionsrecht schafft. Als Ziel wird dabei immer wieder die Herstellung von Kohärenz zwischen EMRK und Unionsrecht angeführt.[190] Sinnvoll erscheint ein Beitritt aber vor allem aufgrund der Angleichung der materiell-rechtlichen Grundlage des unionsrechtlichen Grundrechtsschut-

185 Rixen-Tettinger/Stern, Art. 28 Rn. 14; a. A. Calliess/Ruffert-Krebber, Art. 28 GRC, Rn. 3 ff, der Art. 28 GRC keine Gewährleistung entnimmt.

186 Zutreffend Herresthal, EuZA 2011, 3 (17).

187 So auch Junker, in: Rieble/Junker/Giesen, ZAAR-Schriftenreihe, 155 (156).

188 So auch Löwisch/Rieble, in: MüArbR, Band 2, § 154, Rn. 17; Rieble/Klumpp, in: MüArbR, Band 2, § 192, Rn. 2; a. A. Calliess/Ruffert-Krebber, Art. 28 GRC Rn. 7 f, der die Möglichkeit zu einer Konkretisierung des Tarifvertragsrechts für nicht von Art. 153 Abs. 5 AEUV gedeckt hält.

189 Schneiders, S. 248.

190 Krüger/Polakiewicz, EuGRZ 2001, 92 (94); Weiß, Zeus 2005; 323 (348).

zes[191] und der direkten Überprüfbarkeit von Maßnahmen der Institutionen der EU durch den Europäischen Gerichtshof für Menschenrechte[192]. Damit stellt sich die Frage, welche Rolle die EMRK für ein europäisches Grundrecht auf Koalitionsfreiheit und Koalitionsbetätigung augenblicklich spielt und welches Potential der Konvention nach einem Beitritt der EU künftig zukommt.

Trotz bisher mangelnder Mitgliedschaft der Europäischen Union entfaltet die Europäische Menschenrechtskonvention in der Unionsrechtsordnung erhebliche Rechtswirkungen.[193] Während sich der Grundrechtsschutz im Rahmen des Unionsrechts mit der Frage, wie Grundrechte gegenüber einer nicht-staatlichen Hoheitsgewalt gesichert werden können, beschäftigt[194], zielt die EMRK darauf ab, den grundrechtlichen Mindeststandard in den Rechtsordnungen der Mitgliedstaaten durchzusetzen[195]. Damit hat die EMRK eine andere Grundausrichtung als die Charta der Grundrechte. Im Recht der Europäischen Union galt die EMRK bisher als Rechtserkenntnisquelle für europäische Gemeinschaftsgrundrechte und wurde zur Beurteilung der Handlungen der EG-Organe herangezogen.[196] Somit vermochte die EMRK zwar keine unmittelbaren Bindungswirkungen im Unionsrecht zu erzeugen, gilt aber als wichtige Grundlage für die Entscheidungsfindung des EuGH.[197] Mit dem Vertrag von Lissabon ist nun der Weg frei, mit der EMRK den unionsrechtlichen Grundrechtsschutz weiter auszubauen und möglicherweise mehr Transparenz ins Grundrechtsgeflecht zu bringen.

3.3.2 Geplanter Beitritt der EU zur EMRK

3.3.2.1 Auf dem Weg in Richtung Inkorporation

Neben der Verbindlichkeit der Charta der Grundrechte stellt die Schaffung der primärrechtlichen Grundlage[198] für einen Beitritt der EU zur EMRK das zweite zentrale Novum des Vertrags von Lissabon im Grundrechtsbereich dar.[199] Art. 6 Abs. 2 Satz 1 EUV gilt als Ermächtigungsgrundlage für den anvisierten Beitritt

---

191 So auch Fischbach, in: Heusel, Grundrechtscharta und Verfassungsentwicklung, 125 (127).

192 Krüger/Polakiewicz, EuGRZ 2001, 92 (95).

193 Nowak, S. 140, Rn. 13.

194 Nicolaysen, EuR 2003, 719 (729).

195 Dazu Walter-Ehlers, § 1, S. 6 ff, Rn. 16 f.

196 Vgl. Bieber, in: Bieber/Boillat/Borghi, S. 11.

197 Ehlers-Ehlers, § 14, S. 451, Rn. 14.

198 Eine solche wird für erforderlich erachtet: EuGH v. 28.03.1996 - Gutachten 2/94 - Slg. 1996, I-1759; Pache, EuR 2004, 393 (413 f).

199 Pache/Rösch, EuZW 2008, 519 (520).

der EU zur EMRK. Ein Beitritt der EU zur EMRK brächte gemäß Art. 1 EMRK die völkerrechtliche Verpflichtung der Union zur Achtung der in der Konvention enthaltenen Menschenrechte mit sich.[200]

Soweit die EMRK-Garantien den in der Charta der Grundrechte niedergelegten Rechten entsprechen, haben diese gemäß Art. 52 Abs. 3 Satz 1 GRC die gleiche Bedeutung und Tragweite.[201] Damit wird die EMRK gewissermaßen in das Primärrecht der Union inkorporiert.[202] Ursprünglich war diese Regelung als Mindestsicherungsklausel gedacht, um zu gewährleisten, dass der Schutzstandard der Charta nicht hinter dem der EMRK zurückbleibt.[203] Mit dem in Art. 6 Abs. 2 EUV vorgesehenen Beitritt der EU zur EMRK wird dieser Normzweck obsolet, womit die Anwendbarkeit von Art. 52 Abs. 3 GRC entfallen dürfte.[204] In diesem Zusammenhang ist auch Art. 6 Abs. 3 EUV zu berücksichtigen, wonach die Gewährleistungen der EMRK Teil des Unionsrechts sind. Dies entspricht weitgehend der bisherigen Grundrechtsrechtsprechung des EuGH, der zur Überwindung grundrechtsspezifischer Lücken in den Gründungsverträgen auf die EMRK und die mitgliedstaatlichen Verfassungsüberlieferungen im Wege einer wertenden Rechtsvergleichung zurückgegriffen hat.[205] Auch wenn die Union bisher noch nicht unmittelbar an die EMRK gebunden ist, attestiert der EuGH der EMRK in diesem Zusammenhang immer wieder eine hervorgehobene Bedeutung.[206] Da der anvisierte Beitritt der EU zur EMRK in Form eines völkerrechtlichen Vertrags nach Art. 215 AEUV zu erfolgen hat, ist die Europäische Menschenrechtskonvention nach einem Beitritt unmittelbar in die Unionsrechtsordnung integriert. Allerdings nimmt die EMRK auch nach einem Beitritt nicht den gleichen Rang wie die Verträge ein, sondern rangiert normhierarchisch unterhalb des Primärrechts und damit auch unterhalb der Grundrechte der GRC.[207] Die Gewährleistungen der EMRK sind damit integrierter Bestandteil des Unionsrechts und stehen im Rang zwischen Primär- und Sekundärrecht.

---

200 Zur Frage, wie sich die völkerrechtliche Verpflichtung auf die EU und deren Mitgliedstaaten verteilt, vgl. Köngeter, in: Becker, Die Europäische Verfassung, 230 (243 ff).

201 Schneiders, S. 155 ff.

202 Näher dazu Uerpmann-Wittzack-von Bogdandy/Bast, S. 222 ff.

203 Meyer-Borowsky, GRC, Art. 52 Rn. 10.

204 So auch Willemsen/Sagan, NZA 2011, 258 (262), die in diesem Zusammenhang auf den Grundsatz „cessante ratione legis cessat lex ipsa“ verweisen.

205 Nowak, S. 141, Rn. 13.

206 EuGH v. 15.05.1986 - Rs. 222/84 - Johnston - Slg. 1986, 1651 (1682, Rn. 18); EuGH v. 06.03.2001 - Rs. C-274/99 P - Connolly/Kommission - Slg. 2001, I-1611 (1675, Rn. 37); EuGH v. 22.10.2002 - Rs. C-94/00 - Roquette Frères - Slg. 2002, I-9011 (9052, Rn. 23).

207 Pache/Rösch, EuZW 2008, 519 (521).

Statt einer bisherigen Rechtserkenntnisquelle wird die EMRK zu einer unmittelbar rechtsverbindlichen Rechtsquelle im unionsrechtlichen Grundrechtssystem.[208] In der Folge kann sich jeder Unionsbürger künftig gegenüber der Union sowohl auf Grundrechte der GRC als auch auf die Gewährleistungen der EMRK berufen. Das Rangverhältnis beider Garantien spielt dabei keine Rolle, da beide Garantien parallel zur Anwendung kommen.[209]

Vor diesem Hintergrund ist das Grundrechtsverständnis des EuGH von immenser Bedeutung. So wird die Auslegung des Art. 28 GRC im Lichte des Art. 11 EMRK besonders zu beobachten sein, da es für das Verhältnis von Wirtschaftsinteressen zu Beschäftigteninteressen entscheidend darauf ankommt, wie der EuGH die sozialen Grundrechte der Charta der Grundrechte einordnen, anwenden und auslegen wird.[210] Als Quintessenz ist damit festzuhalten, dass sowohl Art. 28 GRC als auch Art. 11 EMRK in Zukunft die ausschlaggebenden Normen für eine Garantie der Kollektivverhandlungen und Kollektivmaßnahmen im Unionsrecht darstellen.

3.3.2.2 Interdependenz zwischen EuGH und EGMR als logische Konsequenz

Der Mehrwert eines Beitritts der EU zur EMRK erschließt sich nicht auf den ersten Blick. Bereits heute steht der Europäische Gerichtshof für Menschenrechte mit dem EuGH und den mitgliedstaatlichen Verfassungsgerichten in einem interdependenten Dreiecksverhältnis.[211] Da die Vertragsparteien der EMRK gemäß Art. 1 EMRK dazu verpflichtet sind, die Rechte und Freiheiten derselben zu wahren, stellt sich die Frage, welchem Gericht künftig das letzte Wort in unionsrechtlichen Grundrechtsfragen hinsichtlich der EMRK zukommt.[212] Art. 1 EMRK diente dem EGMR bereits als Ansatzpunkt, Unionsrecht in beschränktem Umfang einer Prüfung an der EMRK zu unterziehen.[213] Den bisher deutlichsten Konflikt zwischen den beiden europäischen Gerichtsbarkeiten hat der EGMR durch klageabweisende Entscheidung entschärft.[214]

---

208 So auch Pache/Rösch, EWS 2009, 393 (398); Schulte-Herbrüggen, ZEuS 2009, 343 (362).

209 Schneiders, S. 254.

210 So auch Schubert/Jerchel, EuZW 2010, 687 (693).

211 Dazu Bergmann, EuR 2006, 101 ff.; Knauff, DVBl 2010, 533 ff.

212 Weiß, ZEuS 2005, 323 (348).

213 Oster, JA 2007, 96 (99).

214 EGMR v. 10.03.2004 - Nr. 56672/00 - Senator Lines = NJW 2004, 3617, 3619.

Bei Betrachtung der jüngeren Judikatur des EGMR zeigt sich jedoch, dass auch die Europäische Union nicht vor EMRK-Verstößen gefeit ist.[215] Bei einem Beitritt der EU zur EMRK ist damit zu rechnen, dass auch das Primärrecht der Gemeinschaft der direkten Kontrolle des EGMR unterliegen wird und es erstmals zu einer direkten richterlichen Kontrolle des Primärrechts kommen wird.[216] Schon heute kommt dem EGMR die Rolle eines mittelbaren Kontrolleurs der EU zu. Könnte sich nämlich eine Vertragspartei der EMRK durch Übertragung von Hoheitsrechten auf die EU der Bindung an die Konvention entledigen, würde die Intention der EMRK konterkariert. Dem steuert der Europäische Gerichtshof für Menschenrechte aktiv entgegen. So hat der EGMR etwa die im Direktwahlakt der damaligen EG vorgesehene Vorenthaltung des Wahlrechts zum Europaparlament für britische Staatsangehörige mit Wohnsitz in Gibraltar für konventionswidrig erklärt.[217] Damit scheuen sich die Straßburger Richter nicht, auch konventionswidrige Missstände im Unionsrecht anzuprangern. Mithin erscheint der im Vertrag von Lissabon vorbereitete Konventionsbeitritt in Kombination mit Verbindlichkeit der Charta der Grundrechte als ein wichtiger Schritt hin zur umfassenden Stärkung des Grundrechtsschutzes in der Europäischen Union.[218]

3.3.3 Kohärenzbestrebungen zwischen Charta der Grundrechte und EMRK

3.3.3.1 Verhältnis zwischen EuGH und EGMR konturierungsbedürftig

Da die Charta der Grundrechte und die EMRK parallel zur Anwendung kommen, wird argumentiert, dass beide kohärent sein müssen.[219] Wird der im Vertrag von Lissabon ausdrücklich vorgesehene Beitritt der EU zur EMRK Realität, erhält die Union neben der Charta der Grundrechte einen weiteren Grundrechtskatalog. Dies ist der entscheidende Unterschied zur Situation in den einzelnen Mitgliedstaaten. Trotz eigener Grundrechtskataloge ist es für die EU-Mitgliedsländer selbstverständlich, auch der EMRK beigetreten zu sein.[220] Das

215 Schwarze, NJW 2005, 3459 (3462).

216 Interview mit Dr. Maria Berger, Richterin am EuGH, in: ÖJZ 2010, Nr. 49, S. 431.

217 EGMR v. 18.02.1999 - Nr. 24833/94 - Matthews = EuGRZ 1999, 200.

218 So auch Ladenburger, in: Amato/Witte/Bribosia, 311 ff.

219 Dies fordern etwa Carruthers, EHRLR 2004, 424 (433); Goldsmith, in: Heusel, Grundrechtscharta und Verfassungsentwicklung, 35 (39).

220 Schneiders, S. 146.

Verhältnis zwischen EMRK und GRC ist damit nicht mit dem Verhältnis der mitgliedstaatlichen Grundrechtsordnungen zur EMRK vergleichbar. Dies spielt auch eine elementare Rolle bei der Beurteilung des Verhältnisses von EuGH und EGMR.[221] Ist das Verhältnis der einzelstaatlichen Gerichte zum EGMR und die damit verbundene Autonomie der einzelstaatlichen Rechtsordnungen weitestgehend geklärt[222], wird im Blick auf das Verhältnis von EuGH und EGMR angeführt, dass dem EuGH aufgrund der Autonomie des Unionsrechts die Letztauslegungskompetenz zukommen muss[223].

3.3.3.2 Drohende Spaltung des europäischen Grundrechtssystems

Die Forderung nach Kohärenz von GRC und EMRK wird zunächst mit dem identischen Charakter der EMRK und der Charta der Grundrechte als internationale Instrumente des Grundrechtsschutzes begründet.[224] Ziel müsse es sein, eine Spaltung des europäischen Grundrechtsschutzes zu verhindern.[225] Aufgrund der adäquaten Funktion der GRC und der EMRK könne die Charta der Grundrechte nur dann einen spürbaren Vorteil bringen, wenn sie über die Garantien der EMRK hinausgehe.[226] Die Charta der Grundrechte steht in einem Dreiecksverhältnis zur EMRK und zu den nationalen Grundrechtsordnungen. In diesem Grundrechtsdiskurs ist eine ständige Konturierung und Systematisierung des Grundrechtsschutzes erforderlich.[227] Unterbleibt dies, besteht die Gefahr eines Sammelsuriums verschiedener Grundrechtsgarantien, welches in einem Bermudadreieck unterschiedlicher Gerichtsbarkeiten[228] seine Wirkung verfehlt. Es gilt daher den Charakter der GRC und deren Rolle zwischen nationalen Grundrechten und den völkerrechtlich ausgestalteten Garantien der EMRK herauszuarbeiten. Ein Blick in die Struktur der EU erscheint dazu hilfreich.

Die nationalen Grundrechte können im Unionsrecht keine Wirkung entfalten, weshalb die Unionsgrundrechte ihre Rolle auf EU-Ebene ausfüllen. Zudem übt die Union die ihr durch die Mitgliedstaaten übertragenen Hoheitsrechte nicht kraft eigener Hoheitsgewalt, sondern nur anstelle der Nationalstaaten aus. Damit passt die GRC strukturell eher in die Kategorie der mitgliedstaatlichen Grund-

---

221 Alber/Widmaier, EuGRZ 2006, 113 (121).

222 Dehousse/García Martinez, in: Studia Diplomatica 2003, 77 (91).

223 Alber/Widmaier, EuGRZ 2006, 113 (120). Vgl. dazu auch Hoffmann-Riem, EuGRZ 2002, 473 (478), der vor einem Primat des EGMR warnt.

224 Goldsmith, in: Heusel, Grundrechtscharta und Verfassungsentwicklung, 35 (39).

225 Philippi, S. 44.

226 Schermers, in: Heusel, Grundrechtscharta und Verfassungsentwicklung, 99 (101).

227 Von der Gröben/Schwarze-Beutler, Art. 6 EUV Rn. 40.

228 Limbach, EuGRZ 2000, 417.

rechtsordnungen.[229] Die Garantien der GRC und die nationalen Grundrechte bilden eine mehrschichtige Einheit, die der EMRK als zusätzlichem völkerrechtlichem Grundrechtsschutzsystem gegenüberstehen.[230] Differenzen zwischen den in der GRC gewährten Rechten und denen der EMRK stellen grundsätzlich kein unüberwindbares Problem dar, sondern sind vielmehr Ausdruck der unterschiedlichen Ausrichtung beider Garantien. Ein Gleichlauf beider Grundrechtskataloge ist damit nicht zwingend.[231] Dort, wo sich Rechte neben der Charta der Grundrechte auch in der EMRK finden, kommen diese in der Auslegung durch den EGMR als Mindestvorgaben im Unionsrecht zum Tragen.[232] Die EMRK steht damit autonom neben dem Rechtssystem der Europäischen Union, womit eine Gleichsetzung der Garantien mit der Charta der Grundrechte systemfremd erscheint. Zudem wäre Art. 52 Abs. 3 Satz 2 GRC bei einer Gleichsetzung beider Garantien obsolet. Die Charta der Grundrechte kann in ihrem Gewährleistungsumfang weiter als die EMRK gehen, deren Schutzumfang jedoch keinesfalls unterschreiten.[233] Damit wird der EuGH auch nach einem Beitritt zur EMRK eigenständig über die Auslegung und Anwendung der in der GRC gewährten Rechte befinden, hat jedoch die Judikatur des EGMR in seiner Rechtsfindung zu berücksichtigen.[234]

3.3.3.3 Rechtliches Dilemma für die Mitgliedstaaten

Neben einer möglichen Gefahr der Spaltung des europäischen Grundrechtsschutzes wird als weiteres Argument für die Notwendigkeit einer Kohärenz zwischen GRC und EMRK ein mögliches rechtliches Dilemma[235] für die EU-Mitgliedstaaten angeführt. Da alle Mitgliedstaaten der EU der EMRK beigetreten sind[236], unterliegen sie bei Durchführung von Unionsrecht zusätzlich auch der GRC[237], wodurch es zu Differenzen kommen kann. Dabei stehen sich EMRK und GRC grundsätzlich dergestalt gegenüber, dass die Grundrechte bei-

---

229 Von einer mit den nationalen Rechtsordnungen vergleichbaren „Bill of Rights“ sprechen etwa Dehousse/García Martinez, Studia Diplomatica 2003, 77 (87).

230 Schneiders, S. 147.

231 So auch Hoffmann-Riem, EuGRZ 2002, 473.

232 Interview mit Dr. Maria Berger, Richterin am EuGH, in: ÖJZ 2010, Nr. 49, S. 431.

233 Grabenwarter, EuGRZ 2006, 563 (566); Craig/de Búrca, S. 385 f.

234 Vgl. dazu Streinz/Michl-Streinz, EUV/AEUV, Art. 52 GRC, Rn. 12.

235 In dieser Weise äußert sich Schneiders, S. 147.

236 Zu den 47 Mitgliedsländern des Europarats zählen alle 27 Mitgliedstaaten der Europäischen Union, womit die EMRK für alle Mitgliedstaaten verbindlich ist.

237 Art. 51 Abs. 1 GRC.

der Kataloge kumulativ beachtet werden müssen.[238] Zunächst scheinen daraus keine unmittelbaren Widersprüche zu resultieren.[239] Ein Konflikt kann jedoch für die von der EMRK erfassten Mitgliedstaaten, mithin auch Deutschland, dann entstehen, wenn sie zur Durchführung konventionswidrigen Unionsrechts verpflichtet sind. Der EGMR hat dazu festgestellt, dass ein Konventionsstaat nicht alleine deswegen von der Verantwortlichkeit für einen innerstaatlichen Rechtsakt entbunden ist, weil damit lediglich Vorgaben des Unionsrechts umgesetzt werden.[240] Allerdings hat der EGMR auch festgestellt, dass der betreffende Staat seiner Verpflichtung aus der Konvention nachkommt, solange der Grundrechtsschutz auf Unionsebene in einer der EMRK gleichwertigen Form gewährleistet ist.[241] Gleichwertigkeit ist in diesem Zusammenhang nicht in Form von Kongruenz, sondern lediglich im Sinne von Vergleichbarkeit zu verstehen.[242] Eine endgültige Definition des Rangverhältnisses zwischen EMRK und GRC ist erst mit dem Beitritt der EU zur EMRK zu erwarten. Eine Gleichsetzung der sich entsprechenden Chartagrundrechte und EMRK-Rechte erscheint jedoch nicht angezeigt.

Ein Gleichlauf der sich entsprechenden Rechte auf Kollektivverhandlungen und Kollektivmaßnahmen in Art. 11 EMRK und Art. 28 GRC wäre aufgrund der unterschiedlichen Funktion und Wirkungsweise beider Garantien außerdem nur schwer möglich und erschiene nicht sachgerecht. Art. 28 GRC orientiert sich am mitgliedstaatlichen Garantieumfang und fungiert als Gegenpol zu der auf den Grundfreiheiten basierenden wirtschaftlichen Ausrichtung der Europäischen Union. Dagegen garantiert Art. 11 Abs. 1 EMRK seinem Wortlaut nach nur das Recht, zum Schutz der eigenen Interessen Gewerkschaften zu gründen und Gewerkschaften beizutreten. Hauptfunktion der Europäischen Menschenrechtskonvention als völkerrechtlichem Vertrag ist die Einhaltung der Menschenrechte in den Mitgliedstaaten.

---

238 Schneiders, S. 148.

239 Vgl. Schmitz, JZ 2001, 833 (836 f), der zwar eine mögliche Kollision von Schutzpflichten der GRC und Abwehrrechten der EMRK erkennt, jedoch keine greifbaren Anhaltspunkte für eine derartige Kollision ausfindig macht.

240 EGMR v. 15.11.1996 - Nr. 17862/91, Rn. 30 - Cantoni = EuGRZ 1999, S. 193.

241 EGMR v. 30.06.2005 - Nr. 45036/98 - Bosphorus = NJW 2006, S. 197; dazu auch Bröhmer, EuZW 2006, 71 ff.

242 Ehlers-Ehlers, § 2, S. 50, Rn. 43.

3.3.4 Gewährleistung des Koalitionsrechts in der EMRK

3.3.4.1 Art. 11 Abs. 1 EMRK als völkerrechtliches Pendant zu Art. 28 GRC

Gemäß Art. 52 Abs. 3 GRC haben Chartagrundrechte, welche ein Pendant in der EMRK haben, die gleiche Bedeutung und Tragweite. Um welche Unionsgrundrechte es sich dabei handelt, findet sich in den Erläuterungen des Präsidiums des Europäischen Konvents.[243] Danach entsprechen sich Art. 11 EMRK und Art. 28 GRC nur zum Teil, was auf mögliche Unterschiede beider Rechte hindeutet. Unter der Überschrift „Versammlungs- und Vereinigungsfreiheit" gewährt Art. 11 Abs. 1 EMRK folgendes Recht: „Jede Person hat das Recht, sich frei und friedlich mit anderen zu versammeln und sich frei mit anderen zusammenzuschließen; dazu gehört auch das Recht, zum Schutz seiner Interessen Gewerkschaften zu gründen und Gewerkschaften beizutreten." Diese Regelung scheint auf den ersten Blick nur die Versammlungs- und allgemeine Vereinigungsfreiheit zu schützen und das Recht, sich gewerkschaftlich zu organisieren, als bloßen Unterfall der Versammlungsfreiheit zu behandeln.[244]

Auch im deutschen Recht scheinen die gewerkschaftlichen Rechte ebenfalls einen Unterfall des allgemeinen Vereinigungsrechts zu bilden. Da im deutschen Recht einfachgesetzliche Vorgaben fehlen, hat die nationale Rechtsprechung Art. 9 Abs. 3 GG als einen Ausgestaltungsauftrag zur Ausformung des Arbeitskampfrechts verstanden. Dagegen hat der EGMR von einer Konkretisierung der etablierten Arbeitsrechtssysteme in den Konventionsstaaten abgesehen.[245] Auch die ersten Entscheidungen des EGMR zur Vereinigungsfreiheit deuten darauf hin, dass die Gewerkschaftsfreiheit nur eine Form respektive einen Teilaspekt der allgemeinen Vereinigungsfreiheit darstellt.[246] Gleichzeitig stellt der EGMR aber fest, dass die Konvention die Freiheit garantiert, berufliche Interessen durch gewerkschaftliche Maßnahmen zu schützen. Die Ausgestaltung und die Wahl der Mittel zur Entfaltung der Garantie überlassen die Straßburger Richter jedoch den Einzelstaaten.[247] Dies hat zur Folge, dass alle EMRK-Mitgliedstaaten Tätig-

---

243 Ehlers-Ehlers, § 14, S. 450, Rn. 15.

244 Sagan, S. 52.

245 Mowbray, S. 563.

246 EGMR v. 27.10.1975 - Nr. 4464/70, Rn. 38 - National Union of Belgian Police = EuGRZ 1975, 562; EGMR v. 06.02.1976 - Nr. 5614/72, Rn. 39 - Swedish Engine Drivers´ Union; EGMR v. 06.02.1976 - 5589/72, Rn. 34 - Schmidt und Dahlström; EGMR v. 02.07.2002 - Nr. 30668/96, Rn. 42 - Wilson u. a. = AuR 2003, 77.

247 EGMR v. 27.10.1975 - Nr. 4464/70, Rn. 39 - National Union of Belgian Police = EuGRZ 1975, 562; EGMR v. 06.02.1976 - 5614/72, R. 40 - Swedish Engine Drivers´

keiten der Gewerkschaften zulassen und eine wirksame Interessensvertretung ermöglichen müssen.[248] Mit dem Beitritt der EU zur EMRK greift diese Verpflichtung auch im Unionsrecht.

3.3.4.2 Umfassende Streikgarantie

Ob die Koalitionsbetätigungsgarantie in Art. 11 Abs. 1 EMRK auch die Tarifautonomie und das Streikrecht umfasst, war lange Zeit unklar.[249] Der EGMR hat zunächst darauf verwiesen, dass durch Art. 11 Abs. 1 EMRK nicht bereits das Streikrecht an sich geschützt ist[250], den Streik aber als eines der wichtigsten Instrumente der Gewerkschaften zur Durchsetzung der Interessen der Mitglieder qualifiziert[251]. Der Schutz des Rechts sollte davon abhängen, ob durch eine Beschränkung des Arbeitskampfrechts eine effektive Interessenswahrnehmung verhindert wird.[252]

Den grundlegenden Wandel im Verständnis der Koalitionsfreiheit vollzog der EGMR mit zwei Urteilen im Jahre 2008[253] und 2009[254], mit welchen er Art. 11 Abs. 1 EMRK weiter konkretisierte.[255] Der EGMR stellte fest, dass ein Verbot von Gewerkschaften des öffentlichen Dienstes, Tarifverhandlungen und Arbeitskämpfe zu führen, in die durch die EMRK gewährleistete Koalitionsfreiheit eingreift.[256] Dabei verdient weniger das Ergebnis als vielmehr die Begründung besondere Beachtung.[257] Im Rahmen der Auslegung der EMRK greifen die Straßburger Richter auf die IAO-Übereinkommen Nr. 87, 98 und 151, Art. 6 Abs. 2 ESC und den damals noch nicht rechtverbindlichen Art. 28 GRC in Verbindung mit dem nationalen Arbeitsrecht der EMRK-Mitgliedstaaten zurück und stellen fest, dass auch Beschäftigten des öffentlichen Dienstes ein Recht auf Kollektivverhandlungen zuzugestehen ist.[258] Die zur Entscheidungsbegründung

---

Union; EGMR v. 06.02.1976 - Nr. 5589/72, Rn. 36 - Schmidt und Dahlström; EGMR v. 02.07.2002 - Nr. 30668/96, Rn. 42 - Wilson u. a. = AuR 2003, 77.

248 Meyer-Ladewig, EMRK-Kommentar, Art. 11 Rn. 16.

249 Rieble, Verfassungsfragen der Tarifeinheit, § 6, S. 160, Rn. 429.

250 EGMR v. 06.02.1976 - Nr. 5589/72, Rn. 36 -Schmidt und Dahlström.

251 EGMR v. 02.07.2002 - Nr. 30668/96, Rn. 45 - Wilson u. a. = AuR 2003, 77.

252 EGMR v. 10.01.2002 - Nr. 53574/99, Rn. 34 - Unison/Vereinigtes Königreich.

253 EGMR v. 12.11.2008 - Nr. 34503/97 - Demir und Baykara/Türkei = AuR 2009, 269.

254 EGMR v. 21.04.2009 - Nr. 68959/01 - Enerji Yapi-yol Sen/Türkei = AuR 2009, 274.

255 Franzen, EuZA 2010, 453 (455).

256 EGMR v. 12.11.2008 - Nr. 34503/97 - Demir und Baykara/Türkei = AuR 2009, 269.

257 So auch Franzen, EuZA 2010, 453 (455).

258 Fütterer, EuZA 2011, 505 (512) mit Verweis auf EGMR v. 12.11.2008 - Nr. 34503/97 - Demir und Baykara/Türkei = AuR 2009, 269.

herangezogenen internationalen Rechtsgrundlagen begreift der EGMR im Verständnis der jeweils für diese Rechtsgrundlagen zuständigen Sachverständigenausschüsse, also auch des Sachverständigenausschusses und Ministerkomitees der Europäischen Sozialcharta.[259] Im zweiten Urteil stellt der EGMR fest, dass das Streikrecht der Beamten von Art. 11 Abs. 1 EMRK umfasst ist und folglich ein allgemeines Streikverbot für Angehörige des öffentlichen Dienstes unverhältnismäßig ist und keinem dringenden sozialen Bedürfnis entspricht.[260] Gleichzeitig konzediert das Gericht aber, dass das Streikrecht für hoheitliche Befugnisse ausübende Beamte eingeschränkt werden kann.[261] Im Ergebnis ist damit festzuhalten, dass Art. 11 Abs. 1 EMRK den nationalen Gewerkschaften eine Arbeitskampfgarantie zur Durchsetzung der Interessen ihrer Mitglieder einräumt[262] und das Streikrecht nunmehr einen integralen Bestandteil der Koalitionsfreiheit gemäß Art. 11 Abs. 1 EMRK darstellt[263].

3.3.4.3 Garantie der Tarifautonomie

Dem Wortlaut nach erfasst Art. 11 Abs. 1 EMRK neben der Gründung von Gewerkschaften auch den Beitritt zu einer Interessensvertretung. Wenngleich nicht explizit erwähnt, können sich auch Arbeitgeberverbände auf die Garantie berufen.[264] Mit dem geschützten Gewerkschaftszweck der Wahrnehmung der „Interessen“ geht Art. 11 Abs. 1 EMRK sogar über Art. 9 Abs. 3 GG hinaus, der den Schutzbereich auf die „Förderung der Arbeits- und Wirtschaftsbedingungen“ begrenzt.[265] Der EGMR relativiert den Unterschied zur Formulierung im deutschen Grundgesetz jedoch insoweit, als er einen Bezug zu den Arbeitsbedingungen der Vertretenen fordert.[266] Auch die negative Koalitionsfreiheit und damit das Recht einer Gewerkschaft fernzubleiben ist von Art. 11 Abs. 1 EMRK umfasst.[267] Daher sind so genannte Closed Shop-Vereinbarungen, denen zufolge die

---

259 Franzen, EuZA 2010, 453 (455).

260 EGMR v. 21.04.2009 - Nr. 68959/01 - Enerji Yapi-yol Sen/Türkei = AuR 2009, 274.

261 Franzen, EuZA 2010, 453 (456).

262 So auch Meyer-Ladewig, EMRK-Kommentar, Art. 11 Rn. 16; Marauhn-Ehlers, § 4, Rn. 87; Sagan, S. 55.

263 Ebenso Fütterer, EuZA 2011, 505 (512).

264 Frowein/Peukert, Art. 9, Rn. 1.

265 Rieble, Verfassungsfragen der Tarifeinheit, § 6, S. 160, Rn. 427.

266 Rieble, Verfassungsfragen der Tarifeinheit, § 6, S. 160, Rn. 427.

267 Meyer-Ladewig, EMRK-Kommentar, Art. 11 Rn. 14.

Mitgliedschaft in einer Gewerkschaft eine Arbeitsplatzvoraussetzung darstellt, mit der EMRK nicht vereinbar.[268]

Welcher Maßstab an die Garantie der Tarifautonomie anzulegen ist, wurde bisher nur wenig konkretisiert. Jedenfalls sind tarifliche Ungleichbehandlungen nicht generell unzulässig, sofern sie aus Gründen gewerkschaftlicher Solidarität erfolgen, oder wenn der Staat aus Effektivitätsgründen nur Verhandlungen mit durchsetzungsfähigen Gewerkschaften führt.[269] Die EMRK vermag es aber nicht, konkrete Vorgaben zu machen, sondern beschränkt sich auf einen grundsätzlichen Schutz der Bildung und Betätigung von Koalitionen.[270]

3.4 Bedeutung der Europäischen Sozialcharta

Impulse für das Arbeitskampf- und Koalitionsrecht in Europa kommen neben der EMRK auch durch die Europäische Sozialcharta. Als völkerrechtlich verbindliches Abkommen garantiert die ESC innerhalb der Unterzeichnerstaaten umfassende soziale Rechte. Die Garantie des Streikrechts findet sich in Art. 6 Nr. 4 ESC. Wie auch die EMRK ist die Europäische Sozialcharta von allen EU-Mitgliedstaaten ratifiziert worden[271] und als völkerrechtlicher Vertrag bei der Gewinnung von Unionsgrundrechten zu berücksichtigen.[272] Daher beachtet das BAG durch den Grundsatz der völkerrechtsfreundlichen Auslegung die Vorgaben der Europäischen Sozialcharta im Rahmen der Rechtsfortbildung.[273] Die Empfehlungen des Ministerkomitees auf Basis des Sachverständigenausschusses sind zwar für nationale Gerichte nicht bindend, dennoch sind diese gehalten, bei Auslegung und Lückenschließung innerstaatlichen Rechts diese Vorgaben zu beachten.[274] Diese Empfehlungen können durchaus im Konflikt zum deutschen Recht stehen. Mit dem Verbot des nichtgewerkschaftlichen Streiks und der Beschränkung der statthaften Streikziele auf tarifvertraglich regelbare Ziele stellte eine individuelle Empfehlung des Ministerkomitees zentrale Aussagen des deutschen Streikrechts in Frage.[275] Dies nahm das BAG zum Anlass, in einem Urteil

268 EGMR v. 11.01.2006 - Nr. 52562/99 Nr. 65 ff - Sörensen und Rasmussen = ÖJZ 2006, S. 550.

269 Rieble, Verfassungsfragen der Tarifeinheit, § 6, S. 161, Rn. 431.

270 Greiner, S. 178.

271 Vgl. dazu die Internetseite des Europarates www.coe.int/DefaultDE.asp (zuletzt abgerufen am 13.03.2013)

272 EuGH v. 15.06.1978 - Rs. 149/77- Defrenne - Slg. 1978, 1365 (1379, Rn 26 ff).

273 Franzen, EuZA 2010, 453 (454).

274 Bepler, FS Wissmann, 97; Engels, S. 371.

275 Bepler, FS Wissmann, 97 (107).

darauf hinzuweisen, dass die pauschale Aussage, Streiks seien nur zur Durchsetzung tariflich regelbarer Ziele zulässig, mit Blick auf die Empfehlung des Ministerkomitees problematisch ist.[276] Letztlich warf die Empfehlung die Frage auf, ob nun mit einer grundlegenden Regelung der deutschen gesetzesvertretenden Rechtsprechung zum Streikrecht zu rechnen, respektive ob eine solche Änderung sogar von Rechts wegen unumgänglich ist.[277] Auch diente die Streikgarantie in Art. 6 Abs. 4 ESC als wichtiges Argument zur Anerkennung des Solidaritätsarbeitskampfs im deutschen Recht.[278] Die ESC ist damit durchaus im Stande Wirkungen im Koalitionsrecht der Signatarstaaten zu erzeugen.

Auf europäischer Ebene diente Art. 6 ESC als Vorbild für Art. 28 GRC und stellt in einigen Mitgliedstaaten der EU, wie etwa den Niederlanden, die zentrale Rechtsquelle für den Streik dar.[279] Die Vorschrift gilt jedoch nicht uneingeschränkt in den mitgliedstaatlichen Rechtsordnungen. So haben Österreich, Griechenland und Luxemburg einen Vorbehalt gegenüber der Vorschrift erklärt[280] und Deutschland, Spanien, die Niederlande und Portugal aufgrund nationaler Vorschriften eine Wirkung für Beamte, Soldaten und öffentliche Bediensstete ausgeschlossen[281]. Damit stellt Art. 6 Nr. 4 ESC keine europaweit einheitliche Vorgabe dar, hat jedoch eine wichtige Signalwirkung. Auch der Wortlaut des Art. 6 ESC ist nicht klar, wodurch die Vorschrift einige Fragen aufwirft. In diesem Zusammenhang wird das in der ESC vorgesehene Expertenkomitee kritisiert, welches Art. 6 ESC in den letzten Jahren unter anderem ein Recht zum Streik im öffentlichen Dienst oder ein Recht zum Streik auch außerhalb eines Kollektivvertrags entnommen hat.[282] Allerdings hat der EGMR in seinen erwähnten Urteilen zum Koalitionsrecht in Art. 11 Abs. 1 EMRK ausdrücklich Bezug auf die Interpretation des Expertenkomittees genommen.[283] Da aber Art. 11 Abs. 1 EMRK und insbesondere Art. 28 GRC handfestere Gewährleistungen und Ausgestaltungen eines unionsweiten Rechts auf Kollektivverhandlungen

---

276 Franzen, EuZA 2010, 453 (455) mit Verweis auf BAG v. 10.12.2002 - 1 AZR 96/02 - BAGE 104, 155.

277 Zum Streitstand Bepler, FS Wissmann, 97 (107).

278 BAG v. 19.06.2007 - 1 AZR 396/06 - BAGE 123, 134 = NZA 2007, 1055.

279 Rebhahn, GS Heinze, 649 (652).

280 Sagan, S. 56.

281 Vgl. Hervey/Kenner-Ryan, S. 74.

282 Rebhahn, GS Heinze, 649 (652), der von einer derart extensiven Auslegung spricht, dass der notwendige Argumentationsaufwand in keinem Verhältnis zum Ergebnis stehe.

283 Vgl. EGMR v.12.11.2008 - Nr. 34503/97 - Demir und Baykara/Türkei = AuR 2009, 269 ff; EGMR v. 21.04.2009 - Nr. 68959/01 - Enerji Yapi-yol Sen/Türkei = AuR 2009, 274f.

und Kollektivmaßnahmen liefern, kann Art. 6 Nr. 4 ESC in diesem Zusammenhang keinen zusätzlichen Erkenntnisgewinn liefern.

3.5 Kooperatives Garantieverhältnis oder veritabler Grundrechtsdschungel?

Beim Vergleich von Art. 11 Abs. 1 EMRK mit Art. 28 GRC ist festzustellen, dass Art. 28 GRC einen höheren Gewährleistungsstandard aufweist und konkreter ausgestaltet ist. Auch im Rahmen der Rechtsverbindlichkeit ist die Charta der Grundrechte derzeit einen Schritt voraus, da ein Beitritt der Europäischen Union zur Europäischen Menschenrechtskonvention noch aussteht. Im Vertrag von Lissabon findet sich mit Art. 52 Abs. 3 Satz 1 GRC ein sinnvoller Bezug der Charta der Grundrechte zur EMRK. Die Norm sichert bis zu einem Beitritt der EU zur EMRK ein Mindestniveau im Schutzumfang und hat mit der Inkorporation der EMRK ins Unionsrecht ihren Zweck erfüllt. Die Frage nach dem Verhältnis der EMRK zu den Grundrechten der GRC ist damit eine nach der Zulässigkeit eines höheren unionsrechtlichen Grundrechtsstandards. Einer solchen Erweiterung und Konkretisierung des Grundrechteumfangs steht rechtlich nichts im Wege. Im Gegenteil, erwächst doch aus der Charta der Grundrechte nun auch die Verantwortung, unter Rückgriff auf die EMRK ein vollwertiges unionsrechtliches Recht auf Kollektivverhandlungen und Kollektivmaßnahmen auszuformen, zu gewährleisten und diesem gegebenenfalls auch zur Wirkung zu verhelfen. Betrachtet man das Verhältnis historisch, ist es nachvollziehbar, die Europäische Menschrechtskonvention als ersten internationalen Grundrechtskatalog als Untergrenze für einen Grundrechtsschutz auf Unionsebene zu betrachten. Mit der Überantwortung der Ausgestaltung auf die Vertragsstaaten und dem Rückgriff auf die mitgliedstaatlichen Rechtsordnungen weist Art. 11 Abs. 1 EMRK eine hohe Similarität zu Art. 28 GRC auf, hat jedoch mit der Etablierung einer internationalen Streik- und Koalitionsgarantie eine andere Funktion im internationalen Grundrechtssystem.

Damit bilden die Vorgaben für das Koalitions- und Arbeitskampfrecht im Zusammenhang mit den nationalen Grundrechtsordnungen ein komplexes Vielebenensystem im europäischen Recht.[284] Es bleibt abzuwarten, ob die Charta der Grundrechte in diesen veritablen Grundrechtsdschungel[285] mehr Licht bringt, die zuständigen Akteure auf nationaler und internationaler Ebene Augenmaß im

284 Ebenso Franzen, EuZA 2010, 453 (456).

285 Jaeger/Broß, in: Humanistische Union, S. 9.

Umgang mit den ihnen anvertrauten Rechtsquellen halten und damit eine drohende Überregulierung vermieden wird.[286]

286 So auch Franzen, EuZA 2010, 453 (456).

4 Grundfreiheiten als Schranken des nationalen Tarifrechts

4.1 Zielkonflikt zwischen ökonomischer Freiheit und sozialen Rechten

4.1.1 Umfangreicher Schutz wirtschaftlicher Tätigkeiten im Unionsrecht

Programmatisch verkündet Art. 26 Abs. 2 AEUV einen Binnenmarkt, der den freien Verkehr von Waren, Personen, Dienstleistungen und Kapital gewährleistet.[287] Zur Schaffung dieses gemeinsamen Markts finden sich im AEUV die Grundfreiheiten.[288] Als prägende Säulen der unionsrechtlichen Wirtschaftsverfassung[289] schaffen sie die Grundlage für eine Wirtschafts- und Währungsunion und räumen den Wirtschaftsverkehr behindernde Regelungen aus dem Weg.[290] Die Warenverkehrsfreiheit bezieht sich in erster Linie auf die grenzüberschreitende Mobilität von Produkten.[291] Damit sind körperliche oder sonst handelbare Gegenstände gemeint.[292] Die Waren müssen dabei nach Art. 28 Abs. 2 AEUV aus der Gemeinschaft stammen oder sich im freien Verkehr eines Mitgliedstaats befinden. Garantiert wird sowohl nach Art. 34 AEUV die Einfuhr als auch gemäß Art. 35 AEUV die Ausfuhr. Die Freiheit des Personenverkehrs teilt sich in die Garantie der Freizügigkeit der Arbeitnehmer (Art. 45 AEUV) und die Niederlassungsfreiheit (Art. 49 AEUV). Diese ist einschlägig, wenn Unionsbürger (Art. 20 AEUV) oder, hinsichtlich der Niederlassung, auch Gesellschaften (Art. 54 AEUV) mit der Intention einer wirtschaftlichen Betätigung in einen anderen Mitgliedstaat umsiedeln möchten.[293] Die Arbeitnehmerfreizügigkeit hingegen gewährt etwa das Recht, sich um Stellen in anderen Mitgliedstaaten zu bewer-

---

287 Ohler, JA 2006, 839.

288 Dieser Begriff findet sich zwar nicht explizit im Primärrecht, jedoch hat sich dieser im deutschsprachigen Schrifttum mittlerweile etabliert, vgl. dazu und zu Termini im nichtdeutschen Raum etwa Kingreen-von Bogdandy/Bast, S. 705 ff; Tryfonidou, ELRev. 35, 36 ff. Zudem verwendet auch die EuGH-Rechtsprechung den Begriff der Grundfreiheiten, so etwa EuGH v. 11.12.2007 - Rs. C-438/05 - Viking Line - Slg. 2007, I-10779 (10830, Rn. 59) = BB 2008, 75.

289 Kingreen, Struktur der Grundfreiheiten, S. 13.

290 Ehlers-Ehlers, § 7, S. 209, Rn. 1 mit Beispielen.

291 Jarass, EuR 1995, 202 (205).

292 Ehlers, Jura 2001, 266 (267).

293 Ehlers, Jura 2001, 266 (267).

ben und sich zu diesem Zweck dort frei zu bewegen.[294] Zudem können sich sowohl Familienangehörige des Arbeitnehmers[295] als auch der Arbeitgeber[296] auf diese Freiheit berufen. Die Freizügigkeit der Arbeitnehmer schützt dabei vor allem die Beschäftigten selbst[297], die Niederlassungsfreiheit wendet sich dagegen an die selbständig Erwerbstätigen[298] und erstreckt sich dabei auch auf die Gründung und Leitung von Unternehmen sowie Zweigniederlassungen im Ausland[299]. Die Berechtigten werden dabei sowohl vor Reglementierungen des Wegzugstaats[300] als auch des Zuzugsstaats[301] geschützt. Die Dienstleistungsfreiheit umfasst in der Regel entgeltlich erbrachte Leistungen, soweit sie nicht den Vorschriften über freien Waren- und Kapitalverkehr sowie über die Freizügigkeit der Person unterliegen.[302] Da nicht nur die Dienstleistungen selbst, sondern auch Leistungserbringer und Leistungsempfänger die Grenze überqueren können, um dort eine Leistung zu erbringen, garantiert die Dienstleistungsfreiheit folglich auch den freien Personenverkehr.[303] Die Kapitalverkehrsfreiheit schließlich stellt die Übertragung von Geld und anderen Finanzmitteln über die Grenzen eines Mitgliedstaats der Gemeinschaft sicher. Der Freiheit des Zahlungsverkehrs unterfallen dabei alle Zahlungen mit grenzüberschreitendem Bezug.[304]

4.1.2 Koalitionstätigkeit als potentieller Störfaktor des Binnenmarkts

Erklärtes Ziel der Europäischen Union ist die Schaffung eines gemeinsamen Binnenmarkts, in dem Waren und Dienstleistungen ohne Hemmnisse die Grenzen der europäischen Mitgliedstaaten überqueren können. Als Grundlage dazu dienen die Grundfreiheiten, die Ausdruck eines Konzepts sind, welches die

294 Art. 45 Abs. 3 lit. a, b, d AEUV.

295 Aussage bzgl. der Kinder bei EuGH v. 17.09.2002, Rs. C-413/99, Baumbast, Slg. 2002, I-7091 (7157, Rn. 52).

296 EuGH v. 07.05.1998 - Rs. C-350/96 - Clean Car - Slg. 1998, I-2521 (2544 ff).

297 Vgl. Art. 1 I VO (EWG) Nr. 1612/68, ABl. Nr. 257/2 v. 19.10.1968 („Tätigkeit im Lohn- oder Gehaltsverhältnis").

298 Ehlers, Jura 2001, 266 (267).

299 EuGH, v. 09.03.1999 - Rs. C-212/97 - Centros - Slg. 1999, I-1459 = NJW 1999, 2027.

300 EuGH v. 11.03.2004 - Rs. C-9/02 - de Lasteyrie du Saillant - Slg. 2004, I-2409 = EuZW 2004, 273.

301 EuGH v. 30.09.2003 - Rs. C-167/01 - Inspire Art - Slg. 2002, I-10155 = NvWZ 2004, 208.

302 Müller-Graff-Streinz, EUV/AEUV, Art. 56 AEUV, Rn. 15 ff.

303 Ehlers, Jura 2001, 266 (267).

304 Sedlaczeck-Streinz, EUV-AEUV, Art. 63 AEUV, Rn. 22 ff.

Freiheit der ökonomischen Betätigung gewährleistet und grenzüberschreitend[305] sichert.[306] Ein Blick in die Praxis zeigt, dass in einem europäischen Binnenmarkt auch die Ware Arbeit und die damit verbundenen Lohnkosten einem verschärften Wettbewerb unterliegen. Die Dienstleistungsfreiheit gemäß Art. 56 bis Art. 62 AEUV ermöglicht hingegen Anbietern gewerblicher, kaufmännischer, handwerklicher und freiberuflicher Tätigkeiten den freien Zugang zu den Dienstleistungsmärkten aller Mitgliedstaaten der Europäischen Union. Im Rahmen der Erbringung von Dienstleistungen in einem anderen EU-Staat können Unternehmen Arbeitskräfte aus einem Niedriglohnland in einen Mitgliedstaat mit höherem Lohnniveau entsenden und damit die inländische Konkurrenz durch günstige Lohnkosten unter Druck setzen.[307] Eine dauerhafte Verlagerung von Arbeitsplätzen kann mit der in Art. 49 bis Art. 55 AEUV garantierten Niederlassungsfreiheit einhergehen, die es europäischen Unternehmen ermöglicht, sich in jedem Mitgliedstaat der Europäischen Union niederzulassen. Ebenso wie die Dienstleistungsfreiheit beabsichtigt die Niederlassungsfreiheit die Beseitigung von Handelshemmnissen innerhalb der Europäischen Union.

Diese ökonomischen Freiheiten stehen jedoch diametral zu den Forderungen der betroffenen Arbeitnehmer. Um dem Bestreben nach höheren Löhnen, Arbeitsplatzsicherheit und anderen sozialen Forderungen Nachdruck zu verleihen, haben Koalitionsmaßnahmen meist Auswirkungen auf die Wirtschaftstätigkeit zum Ziel und bilden letztlich geradezu den Zweck gewerkschaftlicher Tätigkeit. In der Konsequenz kann dies einen Zielkonflikt zwischen ungehinderter Wirtschaftstätigkeit und Maßnahmen einer Gewerkschaft zur Durchsetzung ihrer Forderungen zur Folge haben. Die Koalitionsfreiheit in Gestalt des Art. 9 Abs. 3 GG als nationale Legitimationsgrundlage für Tarifverhandlungen und Koalitionsmaßnahmen der in Deutschland beschäftigten Arbeitnehmer trifft dann auf die unionsrechtlichen Grundfreiheiten, welche die grenzüberschreitende wirtschaftliche Tätigkeit umfassend absichern. Die Ausübung der Koalitionsfreiheit und deren Ausgestaltung durch die Mitgliedstaaten stehen damit potentiell auf dem unionsrechtlichen Prüfstand.[308] Ausgehend von der Grundannahme, dass Art. 28 GRC und die Grundfreiheiten auf derselben normhierarchischen

---

305 Dazu Möstl, EuR 2002, 318 (328 ff).

306 Herresthal, EuZA 2011, 3 (8).

307 So geschehen in Finnland, vgl. EuGH v. 23.05.2007 - Rs. C-341/05 - Laval un Partneri - Slg. 2007, I-11767.

308 Zwanziger, RdA-Beilage 2009, 10 (12).

Stufe angesiedelt sind[309], bleibt eine Kollision beider Garantien nicht aus und die Grundfreiheiten können zur Schranke von Art. 28 GRC werden[310].

Einige Beispiele mögen die Problematik verdeutlichen[311]: Werden etwa durch einen Fernfahrerstreik in Österreich die Transitrouten blockiert, können ausländische Lieferungen ihr Ziel in anderen Mitgliedstaaten wie Italien oder Ungarn zunächst nicht erreichen. Wird der Hafen in Rotterdam lahmgelegt oder streiken die Fluglotsen in Spanien, können Tourismus oder Geschäftsverkehr auch grundsätzlich nicht betroffener Staaten erheblich in Mitleidenschaft gezogen werden. Auch könnten inländische Arbeitnehmer eine Baustelle blockieren und so verhindern, dass Arbeitnehmer aus einem anderen Mitgliedstaat dort arbeiten[312], womit die Durchsetzung der Dienstleistungsfreiheit des Arbeitgebers gefährdet wäre. Spätestens dann stellt sich die Frage nach der Durchsetzung der in den Grundfreiheiten gewährten Garantien und den Konsequenzen für das nationale Tarifrecht.

Überspitzt könnte man fragen: Darf es bei grenzüberschreitenden Sachverhalten überhaupt noch ein nationales Tarifrecht geben?

4.2 Bereichsausnahme für das nationale Tarifrecht

4.2.1 Übertragung der Tarifvertragsausnahme aus dem Wettbewerbsrecht

4.2.1.1 Rechtssache Albany als Ausgangsfall

Wäre das nationale Tarifrecht nicht an den Grundfreiheiten zu messen, würden die obigen Konflikte vermieden und das nationale Tarifrecht bliebe von europarechtlichen Vorgaben unbehelligt. Eine Bereichsausnahme ist dabei nicht als Schranke einer Grundfreiheit zu verstehen, vielmehr entzieht sie das Tarifrecht gänzlich dem Anwendungsbereich der Grundfreiheiten.[313] Klingt diese Variante zunächst danach, europakritischen Stimmen das Wort zu reden, so können für eine Bereichsausnahme durchaus Argumente angeführt werden. Der EuGH hatte sich bereits mit der Frage zu befassen, inwieweit Tarifvereinbarungen an Art. 101 ff AEUV (ex-Art. 81 ff. EG) zu messen sind. In diesem Zusammenhang hat

309 So auch Skouris, RdA-Beilage 2009, 25 (27).

310 Heuschmid-Däubler, Arbeitskampfrecht, § 11, S. 177, Rn. 67.

311 Vgl. Birk, FS BAG, 1165.

312 So geschehen in Finnland, vgl. EuGH v. 18.12.2007- Rs. C-341/05 - Laval un Partneri - Slg. 2007, I-11767 = EuZW 2008, 775.

313 Streinz, Europarecht, § 11, S. 316, Rn. 836.

der Gerichtshof auch zweimal Tarifverträge einer gerichtlichen Kontrolle unterzogen. Inwieweit dieses Vorgehen auch für eine Bereichsausnahme hinsichtlich der Anwendung der Grundfreiheiten fruchtbar gemacht werden kann, ist allerdings fraglich.

Ausgangspunkt für diese Frage bildet die Rechtssache Albany[314]. Die lokale Gewerkschaft und der Arbeitgeberverband eines Industriezweigs in den Niederlanden hatten durch Tarifvertrag ein Zusatzrentensystem geschaffen und zu diesem Zweck einen Betriebsrentenfonds, vergleichbar mit einer Gemeinsamen Einrichtung in Deutschland, etabliert. Durch einen Pflichtmitgliedschaftenerlass, ähnlich der deutschen Allgemeinverbindlichkeitserklärung, ordnete die Regierung eine Zwangsmitgliedschaft aller Unternehmer und Arbeitnehmer in dem genannten Rentenmodell. Gegen diese Zwangsmitgliedschaft wendeten sich die Albany International Corp. und weitere Unternehmen.[315]

Der EuGH war nun mit der Frage befasst, ob Holland mit der umstrittenen Regelung gegen Art. 81 Abs. 1 EGV (heute: Art. 101 Abs. 1 AEUV) i. V. m. Art. 10 EG (vor Inkrafttreten des Vertrags von Lissabon die Norm für den Effektivitätsgrundsatz, heute im Wesentlichen in Art. 4 Abs. 3 EU geregelt) verstoßen hatte. Im Fokus stand dabei die Überlegung, ob der gemeinsame Antrag der Sozialpartner auf Vornahme eines Pflichtmitgliedschaftenerlasses Art. 81 Abs. 1 EG (heute Art. 101 Abs. 1 AEUV) und damit dem EG-Wettbewerbsrecht unterfällt. Da diesem Antrag ein Tarifvertrag über die Gründung eines Betriebsrentenfonds zugrunde lag, stand letztlich die Frage im Raum, ob Kollektivverträge zwischen Arbeitgeber- und Arbeitnehmervereinigungen dem europarechtlichen Kartellverbot unterliegen.[316]

Anhand dieser Ausgangssituation nahm der EuGH eine Abwägung zwischen den Wettbewerbsvorschriften und den in Art. 2 EGV und Art. 3 Abs. 1 lit. j EGV (heute: Art. 3 EUV) verankerten Zielen der Sozialpolitik und des sozialen Schutzes vor.[317] Das Ergebnis fiel eindeutig aus: „Bei einer sachgerechten und zusammenhängenden Auslegung der Bestimmungen [...] ergibt sich, dass die im Rahmen von Tarifverhandlungen zwischen den Sozialpartnern im Hinblick auf diese Ziele geschlossenen Verträge aufgrund ihrer Art und ihres Gegenstandes

---

314 EuGH v. 21.09.1999 - Rs. C-67/96 - Albany International - Slg. 1999, I-5751; gleichzeitig ergingen die im Kern gleichlautenden Urteile EuGH v. 21.09.1999 - Rs. C-219/97 - Maatschappij Drijvende Bokken - Slg. 1999, I-6121 = EuR 2000, 403 ff sowie die miteinander verbundenen Rechtssachen EuGH v. 21.09.1999 - Rs. C-115/97 bis Rs. C-117/97 - Brentjens' Handelsonderneming BV - Slg. 1999, I-6025.

315 Vgl. dazu auch die Inhaltszusammenfassung bei Weiss, FS Hromadka, 493 (499).

316 Schiek, S. 200, Rn. 60.

317 EuGH v. 21.09.1999 - Rs. C-67/96 - Albany - Slg. 1999, I-5751 (5881, Rn. 54).

nicht unter Art. 81 Abs. 1 EGV (heute: Art. 101 Abs. 1 AEUV) fallen."[318] Die Begründung erforderte dagegen erheblichen Argumentationsaufwand.[319] So erscheint es zunächst nicht klar, ob der EuGH die gesamte Sozialpolitik als wettbewerblich privilegiert ansieht[320], oder nur Tarifverträge als solche einer Prüfung durch das Wettbewerbsrecht entzogen sein sollen. Ersteres wird nach umfänglichen Überlegungen im Schlussbericht von Generalanwalt Jacobs[321] mit dem Argument abgelehnt, es finde sich keine Ausnahmeregelung im Vertrag, weshalb eine Freistellung des Sozialbereichs gerade nicht gewollt sei.[322] Mit Blick auf die nicht selten ins Kreuzfeuer der Kritik geratene, exzessive Vertragsauslegungspraxis der Verträge durch den EuGH mutet diese Argumentation formalistisch an, ist jedoch hinsichtlich der vertraglichen Grundlagen folgerichtig. Mit einer umfassenden Bereichsausnahme für den gesamten Bereich der Sozialpolitik hätte sich der EuGH zudem auch in erhebliche Erklärungsnot gebracht, da andere sozialpolitische Regelungen durchaus am Wettbewerbsverbot gemessen wurden.[323] Ein oft übersehenes Argument in diesem Zusammenhang ist die Frage der Rechtssicherheit. Da der Begriff der Sozialpolitik nur schwer greifbar ist, wären Unsicherheiten beim Umfang der Bereichsausnahme vorprogrammiert gewesen. Folglich ist eine vollumfängliche Bereichsausnahme bezüglich der gesamten Sozialpolitik abzulehnen.

4.2.1.2 Übertragung auf die Kollision von Grundfreiheiten und Tarifautonomie

Die Konstellation in der Albany-Entscheidung kann als Beispielfall für die sich ergebende Normenkollision zwischen unionsrechtlich garantierter Koalitionsfreiheit und den Grundfreiheiten dienen. Die Albany-Entscheidung gilt als wichtiger Durchbruch[324], da sie dem Tarifvertrag auch im Unionsrecht zur bereits in den Mitgliedstaaten existierenden Legitimität durch Abschottung von Wettbe-

318 EuGH v. 21.09.1999 - Rs. C-67/96 - Albany - Slg. 1999, I-5751 (5882, Rn. 60).

319 Weiss, FS Hromadka, 493 (498) spricht in diesem Zusammenhang von einem „dornenreichen Weg", der mit Blick auf das Ergebnis aber notwendig sei.

320 So etwa Blanke, AuR 2000, 1 (30).

321 Ausführlich dazu Schiek, S. 200, Rn. 60.

322 Weiss, FS Hromadka, 493 (498) kritisiert dies als sehr formal anmutende Begründung.

323 Vgl. dazu etwa EuGH v. 15.12.1995 - Rs. C-415/93 - Bosman - Slg. 1995, I-4921 = NVwZ 1996, 365; EuGH v. 25.10.2001 - verb. Rs. C-49/98 u. a. - Finalarte - Slg. 2001, I-7831 = NZA 2001, 1377; EuGH v. 16.11.1995 - Rs. C-244/94 - FFSA u. a. - Slg. 1995, I-4013.

324 Sciarra, in: Hepple, 95 ff.

werbsregeln verholfen hat[325]. In seinen Entscheidungsgründen stellte der Gerichtshof fest, dass mit Tarifverträgen zwischen Arbeitnehmer- und Arbeitgeberorganisationen zwangsläufig gewisse, den Markt beschränkende Effekte verbunden seien.[326] Zudem sei die Durchsetzung der mit einem Tarifvertrag angestrebten sozialpolitischen Ziele ernsthaft gefährdet, wenn für die Sozialpartner bei der Suche nach Verbesserungsmöglichkeiten von Beschäftigungs- und Arbeitsbedingungen die Wettbewerbsvorschriften Geltung hätten.[327] Damit hat der EuGH Tarifverträge von einer Überprüfung am Wettbewerbsrecht entbunden.

Die in der Albany-Entscheidung für das Verhältnis von Wettbewerbsrecht und Tarifautonomie entwickelten Grundsätze könnte man nun in der Weise übertragen, das Arbeitskampfrecht auch aus dem Anwendungsbereich der Grundfreiheiten auszunehmen und diesem damit Vorrang vor unionsrechtlichen Vorgaben zu gewähren. Der EuGH hat diese Überlegung und damit die Schaffung einer weiteren Bereichsausnahme für das Tarifrecht hinsichtlich der Niederlassungs- und Dienstleistungsfreiheit jedoch eine Absage erteilt.[328] Im Wesentlichen stützt sich der Gerichtshof in seiner Argumentation darauf, dass mit der Wahrnehmung der Koalitionsfreiheit selbst oder der Durchführung von kollektiven Maßnahmen nicht notwendigigerweise eine Beeinträchtigung der genannten Grundfreiheiten verbunden sei.[329] Dem kann entgegengehalten werden, dass genauso wie das Wettbewerbsrecht die schematische Anwendung der Grundfreiheiten auf das Streikreicht die sozialpolitischen Ziele der Union gefährdet.[330] Die Kritik erscheint hinsichtlich der Verwendung des potentiell weiten Begriffs der „Beeinträchtigung" bei der Anwendung der Grundfreiheiten zwar berechtigt, ist im Ergebnis aber nicht überzeugend.[331] Werden Kollektivverhandlungen und -maßnahmen rechtlich anerkannt, macht es keinen Sinn, sie dem Kartellrecht zu unterstellen.[332] In diesem Punkt stimmen Unionsrecht und deutsche Rechtslage überein.[333] Nun könnte man argumentieren, diese Situation sei bei Arbeitskämpfen und Tarifverhandlungen, welche die Grundfreiheiten

---

325 Weiss, FS Hromadka, 493 (499).

326 Heuschmid-Däubler, Arbeitskampfrecht, § 11, S. 191, Rn. 100.

327 EuGH v. 21.09.1999 - Rs. C-67/96 - Albany - Slg. 1999, I- 5751 (5882, Rn. 59).

328 EuGH v. 11.12.2007 - Rs. C-438/05 - Viking Line - Slg. 2007, I-10779 (10827, Rn. 49 ff) = BB 2008, 75.

329 Zwanziger, RdA-Beilage 2009, 10 (13).

330 Heuschmid-Däubler, Arbeitskampfrecht, § 11, S. 191, Rn. 101.

331 Ähnlich auch Zwanziger, RdA-Beilage 2009, 10 (13).

332 Zwanziger, RdA-Beilage 2009, 10 (13).

333 BAG v. 27.06.1989 - 1 AZR 404/88 - BAGE 62, 171 = AP Nr. 113 zu Art. 9 GG Arbeitskampf, unter II. 3. der Gründe.

tangieren, vergleichbar. Allerdings wird dabei übersehen, dass bei Tarifmaßnahmen die Grundfreiheiten allenfalls mittelbar betroffen sind. Dagegen sind Tarifverträge und auf ihren Abschluss gerichtete Maßnahmen von Natur aus wettbewerbsbeschränkend.[334] Allein aufgrund der Möglichkeit einer Kollision von Grundfreiheiten und Kollektivverhandlungen respektive -maßnahmen ist eine so rigide Maßnahme wie die völlige Ausnahme aus dem Anwendungsbereich nicht gerechtfertigt und auch nicht angezeigt. Wäre das nationale Arbeitskampfrecht auf solche Weise gemeinschaftsfest, würde dies Grundentscheidungen wie den Anwendungsvorrang des Unionsrechts umdrehen und wäre zugleich nur schlecht mit dem Effektivitätsgebot in Einklang zu bringen. Der Zweck der Grundfreiheiten würde unterlaufen und einer Art Immunsierung des nationalen Rechts gegen unionsrechtliche Vorgaben Vorschub geleistet.[335] Der Übertragung der Ausnahme aus dem Wettbewerbsrecht ist daher eine Absage zu erteilen.

4.2.2 Generierung einer Bereichsausnahme aus Art. 153 Abs. 5 AEUV

Auch aus Art. 153 Abs. 5 AEUV könnte eine Bereichsausnahme für das Koalitions- und Arbeitskampfrecht bei der Anwendung der Grundfreiheiten generiert werden. Der EuGH hat diese Überlegung zwar zurückgewiesen[336], jedoch verdient der Gedanke zumindest kurze Beachtung. Würde man aus einer mangelnden Gesetzgebungszuständigkeit auch eine Ausnahme von der Bindung des nationalen Rechts an die Grundfreiheiten herleiten, so ginge dies am Ziel vorbei und widerspräche zudem der Konzeption des Unionsrechts.

Das Primärrecht als Grundlage der EU und ihres Handelns basiert auf Verträgen, die der Europäischen Union einen Korpus geben. Auf Basis des Primärrechts können sekundärrechtliche oder tertiärrechtliche Regelungen ergehen. Da die Union keine Kompetenz-Kompetenz zur Schaffung von eigenen Regelungen besitzt, ist sie auf die Ermächtigung durch ihre Mitgliedstaaten angewiesen. Man spricht in diesem Zusammenhang vom Prinzip der begrenzten Einzelermächtigung.[337] Damit dürfen Regelungen aufgrund primärrechtlicher Kompetenzbeschränkungen nur auf den der EU zugewiesen Gebieten ergehen. Ginge man nun

334 Zwanziger, RdA-Beilage 2009, 10 (13).

335 Birk, FS BAG, 1165 (1168).

336 EuGH v. 11.12.2007 - Rs. C-438/05 - Viking Line - Slg. 2007, I-10779 (10825, Rn. 39 ff) = EuZW 2008, 246; EuGH v. 18.12.2007 - Rs. C-341/05 - Laval un Partneri - Slg. 2007, I-11767 (11883, Rn. 86 ff) = EWiR 2008, 175.

337 Näher dazu Streinz, Europarecht, § 6, S. 195, Rn. 539 f.

aufgrund von Art. 153 Abs. 5 AEUV von einer Bereichsausnahme bezüglich der im Primärrecht verankerten Grundfreiheiten aus, gliche dies einem Zirkelschluss. Daher kann auch Art. 153 Abs. 5 AEUV nicht über den Grundsatz hinweghelfen, dass die Mitgliedstaaten auch in den Bereichen an die Grundfreiheiten gebunden sind, in welchen die Union keine Gesetzgebungszuständigkeit hat.[338] Als Beispiel dazu kann etwa das Steuerrecht angeführt werden[339], das sich den Grundfreiheiten gerade nicht entziehen kann. Ein Ausnahmetatbestand hinsichtlich der Prüfung des nationalen Koalitions- und Arbeitskampfrechts anhand der unionsrechtlichen Grundfreiheiten kann daher Art. 153 Abs. 5 AEUV nicht entnommen werden.

4.3 Grundfreiheiten als Diskriminierungs- und Beschränkungsverbote

4.3.1 Das Diskriminierungsverbot der Grundfreiheiten

Ein Binnenmarkt funktioniert nur, wenn alle Marktbürger gleichgestellt sind und eine selektive Beschränkung wirtschaftlicher Aktivitäten durch die jeweiligen Mitgliedstaaten ausgeschlossen ist.[340] Daher fungierten die Grundfreiheiten zunächst als reine Diskriminierungsverbote, die das Zusammenwachsen der Märkte erleichtern sollten.[341] Die Grundfreiheiten nehmen dazu Bezug auf Maßnahmen zwischen den einzelnen Mitgliedstaaten und kommen im Gegensatz zu den Unionsgrundrechten nur bei grenzüberschreitenden Sachverhalten zum Einsatz.[342] Sowohl das nationale Recht als auch das Unionsrecht gelten zunächst als eigene Rechtsordnungen, weshalb die Grundfreiheiten bei rein innerstaatlichen Sachverhalten keine Beachtung finden. Grundvoraussetzung für die Anwendbarkeit der Grundfreiheiten ist damit das Vorliegen eines grenzüberschreitenden Sachverhalts und ein über die Grenzen des einzelnen Mitgliedstaats hinaus weisender Bezug zum Binnenmarkt.[343] Voraussetzung ist ein tatsächlicher Grenzübertritt, die rein hypothetische Möglichkeit reicht für die Geltendmachung

338 Zwanziger, RdA-Beilage 2009, 10 (13).

339 EuGH v. 11.03.2004 - Rs. C-9/02 - Lasteyrie du Saillant - Slg. 2004, I-2409 (2452, Rn. 44) = ZIP 2004, 662.

340 Kempen, GS Zachert, 15 f.

341 Heuschmid-Däubler, Arbeitskampfrecht, § 11, S. 177, Rn. 68.

342 Vgl. etwa EuGH v. 05.11.1991 - Rs. C-332/90 - Steen - Slg. 1992, I-341 (356, Rn. 9); EuGH v. 16.06.1994 - Rs. C-132/93 - Steen II - Slg. 1994, I-2715 (2724, Rn. 9).

343 Kutzscher, S. 15.

einer Grundfreiheit dagegen nicht aus.[344] Im Umkehrschluss bedeutet dies, dass bei rein innerstaatlichen Sachverhalten die Grundfreiheiten nicht anwendbar sind. Anhand des Kriteriums des grenzüberschreitenden Sachverhalts werden die jeweilige Eigenständigkeit und die Kompetenzverteilung zwischen mitgliedstaatlicher und supranationaler Rechtsordnung besonders deutlich.[345]

Mit dem Erfordernis eines grenzübergreifenden Sachverhalts wird gleichzeitig impliziert, dass den Mitgliedstaaten eine ausschließliche Inländerdiskriminierung durch die Grundfreiheiten nicht untersagt ist.[346] Als Beispiel sei das deutsche Reinheitsgebot für Bier nur für deutsche Brauereien angeführt.[347] Damit untersagt das Diskriminierungsverbot der Grundfreiheiten nur eine Schlechterstellung von EU-Ausländern gegenüber Inländern.[348] Das Diskriminierungsverbot kommt jedoch insofern auch Inländern zugute, als ihre Lage mit den Personen vergleichbar ist, die in den Genuss der durch den Vertrag garantierten Rechte und Freiheiten kommen.[349] Hat etwa ein Angehöriger eines Mitgliedstaats in einem anderen Mitgliedstaat eine Berufsqualifikation erlangt, kann er sich auf die Personenverkehrsfreiheiten gegenüber seinem Mitgliedstaat berufen, um in seinem Land den jeweiligen Beruf zu ergreifen.[350] Laut EuGH enthält das Diskriminierungsverbot ein Schlechterstellungsverbot, das dem nationalen Recht oder Rechtsanwender untersagt, einen grenzüberschreitenden Vorgang schlechter zu behandeln als einen rein inländischen.[351] Verboten sind sowohl offene als auch versteckte Diskriminierungen.[352] Dabei kann sich die Diskriminierung einerseits direkt aus einer zwischen inländischen und grenzüberschreitenden Waren oder Personen unterscheidenden Regelung ergeben[353], andererseits die

344 EuGH v. 28.06.1984 - Rs. 180/83 - Moser - Slg. 1984, 2539 (2547, Rn. 18) = NJW 1985, 540.

345 So auch Kutzscher, S. 16.

346 Vgl. etwa Streinz, Europarecht, § 11, S. 312, Rn. 822.

347 Vgl. EuGH v. 12.03.1987 - Rs. 178/84 - Kommission/Deutschland - Slg. 1987, 1227 = NJW 1987, 1133.

348 Dazu näher Ehlers-Ehlers, § 7, S. 220, Rn. 24.

349 EuGH v. 07.02.1979 - Rs. 115/78 - Knoors - Slg. 1979, 399 (410, Rn. 24) = NJW 1979, 1761.

350 EuGH v. 06.10.1981 - Rs. 246/80 - Broekmeulen - Slg. 1981, 2311 (2329, Rn. 19) = NJW 1982, 502.

351 So etwa EuGH v. 02.02.1989 - Rs. 186/87 - Cowan - Slg. 1989, 195 (219, Rn. 10 ff) = NJW 1989, 2183.

352 Ehlers, Jura 2001, 266 (270).

353 Ehlers, Jura 2001, 266 (270).

Produkte oder Personen ausländischer Herkunft stärker als inländische betroffen sein[354].

4.3.2 Die Grundfreiheiten als Beschränkungsverbote

Neben diskriminierenden Regelungen kann der freie Waren- und Personenverkehr auch dadurch tangiert werden, dass In- und Ausländer durch innerstaatliche Regelungen in gleicher Weise betroffen werden. Würde etwa die Voraussetzung einer bestandenen Meisterprüfung[355] für das Betreiben eines Handwerksbetriebs auf EU-Ausländer ausgedehnt, wäre aufgrund mangelnder Meisterausbildung in den meisten Mitgliedstaaten der Marktzutritt für andere Unionsbürger faktisch nicht möglich.[356] Derartige Vorschriften finden zwar unterschiedslos Anwendung und diskriminieren insofern nicht, schränken aber dennoch die Freiheit wirtschaftlicher Betätigung unverhältnismäßig ein.[357] Daher hat der EuGH den Grundfreiheiten neben einem Diskriminierungsverbot auch ein Beschränkungsverbot entnommen.[358]

Den Anfang machte der EuGH im Jahre 1974, als er jede Handelsregelung, die geeignet ist, den innergemeinschaftlichen Handel unmittelbar oder mittelbar zu behindern, als Maßnahme gleicher Wirkung i. S. d. Art. 28 EGV (heute: Art. 34 AEUV) bezeichnete.[359] Anforderungen, die geeignet sind, die Tätigkeit des Leistenden zu unterbinden, zu behindern oder weniger attraktiv zu machen, sind als Beschränkungen der Dienstleistungsfreiheit zu werten.[360] Strittig war lange Zeit, ob auch Personenverkehrsfreiheiten als Beschränkungsverbote ausgelegt werden können.[361] In einem Urteil bezüglich des Transfersystems im Profifußball hat der EuGH die Frage für die Arbeitnehmerfreizügigkeit positiv beantwortet.[362] Beschränkungsverbote bezüglich der Freiheit des Kapital- und Zahlungs-

---

354 EuGH v. 23.05.1996 - Rs. C-237/94 - O'Flynn - Slg. 1996, I-2617 (2637 f).

355 Vgl. §§ 1, 7 Handwerksordnung (HandwO).

356 Ehlers-Ehlers, § 7, S. 220, Rn. 24.

357 Ohler, JA 2006, 839.

358 Ehlers, Jura 2001, 266 (270).

359 EuGH v. 11.07.1974 - Rs. 8/74 - Dassonville - Slg. 1974, 837 (852, Rn. 5) = NJW 1975, 515.

360 EuGH v. 03.12.1974 - Rs. 33/74 - van Binsbergen - Slg. 1974, 1299 (1309, Rn. 10 ff) = NJW 1975, 1095.

361 Aussage pro Beschränkungsverbote etwa bei Ehlers, NVwZ 1990, 810 (811); Behrens, EuR 1992, 145 (151 ff).

362 EuGH v. 15.12.1995 - C-415/93 - Bosman - Slg. 1995, I-4921 (5068, Rn. 92 ff) = NJW 1996, 505.

verkehrs resultieren dagegen schon aus dem eindeutigen Wortlaut der Norm.[363] Resümierend lässt sich festhalten, dass von einer Beschränkung der Grundfreiheiten auszugehen ist, wenn nationale Maßnahmen die Ausübung der Grundfreiheiten behindern oder weniger attraktiv machen.[364] Neben Abwehrrechten ergeben sich aus den Grundfreiheiten damit auch Freiheitsrechte.[365]

4.3.3 Beschränkungsbegriff und tatbestandliche Reduktion

Da Diskriminierungs- wie auch Beschränkungsbegriff sehr weit verstanden werden, ist immer noch nicht vollständig geklärt, wie weit das Beschränkungsverbot sachlich-gegenständlich reicht.[366] Im Jahr 1993 hat der EuGH das weit zu verstehende Beschränkungsverbot jedoch im Rahmen der Warenverkehrsfreiheit tatbestandlich reduziert.[367] Danach sollen vom Beschränkungsverbot Verkaufsmodalitäten nicht mehr erfasst sein, wenn sie für alle Wirtschaftsteilnehmer gelten und den Absatz inländischer Erzeugnisse und solcher aus anderen EU-Staaten rechtlich wie tatsächlich gleich berühren.[368] Die Übertragbarkeit dieser Rechtsprechung und damit die Einschränkung der Grundfreiheiten ist grundsätzlich anerkannt.[369] Der EuGH hat dies zwar nicht ausdrücklich erklärt[370], jedoch lässt sich im Ergebnis feststellen, dass für alle Grundfreiheiten eine Bereichsausnahme vom Beschränkungsverbot existiert[371].

Als Reaktion auf die weite Auslegung der Grundfreiheiten unterliegen diese Schranken. Geschriebene Schrankenregelungen finden sich bezüglich jeder einzelnen Grundfreiheit im Vertag fixiert. Diese Schrankenregelungen, die sowohl für Diskriminierungen als auch Beschränkungen gelten, sind meistens textlich eng gefasst.[372] Neben den geschriebenen Schranken hat der EuGH auch

---

363 Ehlers-Ehlers, § 7, S. 219, Rn. 22.

364 EuGH v. 23.11.1999 - Rs. C-369/96 und C-376/96 - Arblade - Slg. 1999, I- 8453 (8513, Rn. 33) = NJW 2000, 1553.

365 Vgl. Ehlers, Jura 2001, 266 (270).

366 Ohler, JA 2006, 839 (842).

367 EuGH v. 24.11.1993 - Rs. C-267/91 und 268/91 - Keck und Mithouard - Slg. 1993, I-6097 (6131, Rn. 15) = BB 1994, 76.

368 EuGH v. 24.11.1993 - Rs. C-267/91 und 268/91 - Keck und Mithouard - Slg. 1993, I-6097 (6131, Rn. 15).

369 Ohler, JA 2006, 839 (842).

370 Vgl. EuGH, 10.05.1995 - Rs. C-384/93 - Alpine Investments - Slg. 1995, I-1141 (1176, Rn. 33 ff) = NJW 1995, 2541.

371 Ohler, JA 2006, 839 (843).

372 Epping, S. 457, Rn. 1043.

eine ungeschriebene Schranke entwickelt. Danach sind Beschränkungen und versteckte Diskriminierungen[373], nicht jedoch offene Diskriminierungen[374] dann gerechtfertigt, wenn diese notwendig sind, um zwingenden Erfordernissen gerecht zu werden[375]. Als zwingende Erfordernisse gelten etwa der Umwelt- oder Gesundheitsschutz sowie der Schutz kollidierender Unionsgrundrechte.[376] Mit dem Erfordernis der Notwendigkeit ist zugleich die wesentliche Schranken-Schranke angesprochen[377], wonach ein Eingriff in die Grundfreiheit nur notwendig ist, wenn er hinsichtlich des verfolgten Zieles verhältnismäßig ist[378].

4.4 Unmittelbare Anwendbarkeit und Anwendungsvorrang als Grundprinzipien

4.4.1 Die unmittelbare Anwendbarkeit respektive Wirkung des Unionsrechts

Die Grundfreiheiten gehören seit Jahrzehnten zu den bedeutsamsten Funktionsgarantien der europäischen Wirtschaftsverfassung.[379] Diese Entwicklung war aufgrund zweier auf den EuGH zurückgehenden grundlegenden Strukturentscheidungen möglich: der unmittelbaren Geltung des Unionsrechts in den mitgliedstaatlichen Rechtsordnungen und dem Anwendungsvorrang des Unionsrechts vor nationalem Recht.

Die unmittelbare Anwendbarkeit respektive Wirkung des Gemeinschaftsrechts[380] folgt aus der bereits angeführten Eigenständigkeit der Unionsrechts-

---

373 Dazu Gundel, Jura 2001, 79 (82).

374 Ausnahmen macht die Rechtsprechung bei im Vertrag besonders hervorgehobenen Zielen, so etwa EuGH v. 13.03.2001 - Rs. C-379/98 - PreussenElektra - Slg. 2001, I-2099 (2184, Rn. 69 ff) = NJW 2001, 3695.

375 EuGH v. 20.02.1979 - Rs. 120/78 - Cassis de Dijon - Slg, 1979, 649 (662, Rn. 8) = NJW 1979, 1766; EuGH v. 26.06.1997 - Rs. C-368/95 - Familiapress - Slg. 1997, I-3689 (3713, Rn. 8) = EuZW 1997, 211.

376 EuGH, 12.06.2003 - Rs. C-112/00 - Schmidberger - Slg. 2003, I-5659 (5717, Rn. 70 ff) = NJW 2003, 3185.

377 Epping, S. 457, Rn. 1043.

378 EuGH v. 01.02.2001 - Rs. C-108/96 - Mac Quen u. a. - Slg. 2001, I-837 (867, Rn. 30 f) = EuZW 2001, 282.

379 Nowak, S. 211, Rn. 29.

380 Die Begriffsbildung diesbezüglich ist weder in der Rechtsprechung noch in der Literatur einheitlich. Statt vieler dazu nur Jarass/Beljin, S. 55 ff.

ordnung.[381] Darunter ist zu verstehen, dass die Normen des Unionsrechts mit Zeitpunkt ihres Inkrafttretens geltendes Recht in den Mitgliedstaaten werden.[382] Einerseits wird dies aus der Eigenständigkeit der Unionsrechtsordnung[383], andererseits aus der Übertragung von Hoheitsgewalt durch die Mitgliedstaaten[384] abgeleitet. Um unionsrechtliche Regelungen im nationalen Recht unmittelbar anwenden zu können, kommt es darauf an, ob die in Rede stehende unionsrechtliche Regelung den Bürgern und sonstigen Privatpersonen unmittelbar Rechte oder Pflichten begründet.[385] Dies ist bei den Grundfreiheiten der Fall, weshalb diese im innerstaatlichen Rechtskreis direkt anwendbar sind.[386] Man könnte in diesem Zusammenhang von einer Inkorporation des Unionsrechts ins nationale Recht sprechen. Dies wäre jedoch unscharf, da das Unionsrecht nicht zum nationalen Recht transformiert wird, sondern Unionsrecht bleibt.[387] Dieser Aspekt kommt vor allem beim so genannten Anwendungsvorrang des Unionsrechts zum Tragen. Die praktischen Auswirkungen der unmittelbaren Anwendbarkeit des Unionsrechts im nationalen Recht werden in Bezug auf den Rechtsschutz sehr deutlich: Obwohl die Gemeinschaft auch selbst an die Grundfreiheiten gebunden ist, werden hauptsächlich nationale Regelungen an den Grundfreiheiten gemessen.[388] Rechtsschutz aufgrund von Verstößen gegen das Unionsrecht, explizit den Grundfreiheiten, ist daher zunächst vor nationalen Gerichten zu suchen,

---

381 Borchardt, § 4, S. 95, Rn. 134.

382 Dazu EuGH v. 09.03.1978 - Rs. 106/77 - Simmenthal - Slg. 1978, 629 (643, Rn. 14 f) = NJW 1978, 1741 ff.

383 Vgl. hierzu EuGH v. 15.07.1964 - Rs. 6/64 - Costa/E.N.E.L. - Slg. 1964, 1141 = NJW 1964, 2371.

384 In Deutschland erfolgt dies durch Art. 23 Abs. 1 Satz 2 GG.

385 Borchardt, § 4, S. 95, Rn. 135.

386 Ehlers-Ehlers, § 7, S. 213, Rn. 7. Der EuGH hat in seiner Judikatur die unmittelbare Wirkung für alle Grundfreiheiten ausdrücklich bestätigt: Warenverkehrsfreiheit: EuGH v. 22.03.1977 - Rs. 74/76 - Ianelli & Volpi/Meroni - Slg. 1977, 557 (576, Rn. 13); EuGH v. 29.11.1978 - Rs. 83/78 - Pigs Marketing Board/Redmond - Slg. 1978, 2347 (2374, Rn. 66 f) = NJW 1979, 1093; Arbeitnehmerfreizügigkeit: EuGH v. 08.04.1976 - Rs. 48/75 - Royer - Slg. 1976, 497 (511, Rn. 19/23 f) = DVBl 1976, 705; Niederlassungsfreiheit: EuGH v. 21.06.1974 - Rs. 2/74 - Reyners - Slg. 1974, 631 (652, Rn. 24/28 f) = NJW 1975, 513; Dienstleistungsfreiheit: EuGH v. 03.12.1974 - Rs. 33/74 - van Binsbergen - Slg. 1974, 1299 (1311, Rn. 24/26 ff) = NJW 1975, 1095.

387 Borchardt, § 4, S. 95, Rn. 134.

388 Vgl. etwa EuGH v. 13.09.2001 - Rs. C-169/99 - Schwarzkopf - Slg. 2001, I-5901 (5938, Rn. 37) = NJW 2002, 2377.

welche die Grundfreiheiten als unmittelbar geltendes Recht zum Maßstab ihrer Prüfung machen müssen.[389]

4.4.2 Vormachtstellung des Unionsrechts kraft Anwendungsvorrang

Um die einheitliche Durchsetzung des Unionsrechts in den Mitgliedstaaten sicherzustellen und damit eine nachlässige Umsetzung, Anwendung oder gar Umgehung der unionsrechtlichen Vorgaben durch nationale Gesetzgeber, Gerichte oder Behörden zu verhindern[390], kann nationales Recht, welches in Widerspruch zum Unionsrecht steht, nicht zur Anwendung kommen[391]. Andernfalls wäre die einheitliche Geltung des Unionsrechts nicht sichergestellt.[392] Entgegen der Lehre vom Geltungsvorrang, welcher entgegenstehendes nationales Recht in einem Kollisionsfall für nichtig erklärt, wird der Anwendungsvorrang[393] dem Bestreben nach einheitlicher Geltung des Unionsrechts jedoch durchaus gerecht.[394] Der Vollständigkeit halber sei noch erwähnt, dass die Rechtsquelle anzuwenden ist, welche dem konkreten Fall am nächsten steht.[395] Damit entfalten die Grundfreiheiten ihre Wirkung nur, wenn keine abschließende sekundärrechtliche Regelung existiert.[396] Da vorliegend nur das Verhältnis von Primärrecht zu nationalem Recht, expressis verbis zwischen Grundfreiheiten und nationalem Tarifrecht von Interesse ist, bleiben solche Konstellationen vorliegend außen vor.

4.4.3 Starke Stellung zur Etablierung eines gemeinsamen Markts

Damit ist festzuhalten, dass die Grundfreiheiten ohne weitere Voraussetzungen im nationalen Recht anwendbar sind und zugleich nationale Regelungen bei Entgegenstehen der Grundfreiheiten aufgrund des Anwendungsvorrangs verdrängen können. Da die unmittelbare Wirkung aber nicht auf das Verhältnis

---

389 Epping, S. 457, Rn. 1044.

390 Körber, S. 788.

391 Streinz, Europarecht, § 3, S. 77, Rn. 220.

392 Epping, S. 446, Rn. 1027.

393 Dazu Schweizer, Rn. 68 ff.

394 Streinz, Europarecht, § 3, S. 77, Rn. 220.

395 EuGH v. 20.02.1979 - Rs. 120/78 - Cassis de Dijon - Slg. 1979, 649 (662, Rn. 8) = NJW 1979, 1766; EuGH v. 12.10.1993 - Rs. C-37/92 - Vanacker - Slg. 1993, I-4947 (4978, Rn. 9) = BB 1994, 87.

396 Ehlers-Ehlers, § 7, S. 213, Rn. 7.

zwischen Staat und Bürger beschränkt ist, wirkt sich das Unionsrecht auch auf die Beziehungen zwischen den Bürgern aus.[397] Auch wenn der deutsche Tarifvertrag als privatrechtlicher Vertrag qualifiziert wird[398], kann sich dieser damit unionsrechtlichen Bindungen nicht entziehen. Inwieweit die Grundfreiheiten unmittelbare Drittwirkung für Gewerkschaften entfalten oder diese nur mittelbar an die Grundfreiheiten gebunden sind, wird noch eigens zu untersuchen sein. Doch auch bei Ablehnung einer unmittelbaren Drittwirkung für Gewerkschaften kommen die nationalen Gerichte angesichts ihrer Pflicht zur unionsrechtskonformen Auslegung des nationalen Rechts nicht umhin, auch nationale Tarifnormen einer unionsrechtlichen Prüfung zu unterziehen.[399] Bereits aufgrund einer effektiven Umsetzung des Unionsrechts im Sinne des effet utile-Grundsatzes[400], kann sich das nationale Tarifrecht den Einflüssen dieser supranationalen Rechtsmaterie nicht entziehen.

Die Eigenständigkeit der Unionsrechtsordnung ist für den Bestand der EU von elementarer Bedeutung, da nur so eine Aushöhlung durch nationales Recht verhindert und die einheitliche Geltung des Unionsrechts gewährleistet werden kann.[401] Dies hat auch der EuGH in seiner frühen Rechtsprechung klargestellt.[402] Das Unionsrecht und das nationale Recht stehen aber nicht isoliert nebeneinander, was sich daran zeigt, dass einerseits dem Unionsrecht nur durch nationalen Vollzug zur Durchschlagskraft verholfen werden kann, andererseits das Unionsrecht dem nationalen Recht Grenzen setzt.[403] Damit stellt sich zunächst die Frage, welche Rolle nationalen Tarifverträgen im Unionsrecht zukommt und wie diese konkret aussieht.

397 Schiek-Däubler, TVG, S. 140, Rn. 340.
398 Dazu Schiek-Däubler, TVG, S. 145, Rn. 361 ff.
399 Dies bestätigt auch Schiek-Däubler, TVG, S. 141, Rn. 380.
400 Ausführlich dazu Streinz, FS Everling, 1491 ff.
401 Borchardt, § 4, S. 93, Rn. 128.
402 EuGH v. 05.02.1963 - Rs. 26/62 - Van Gend en Loos - Slg. 1963, 3 (24 ff).
403 Streinz, Europarecht, § 3, S. 72, Rn. 200.

4.5 Unionsrechtliche Stellung nationaler Tarifnormen

4.5.1 Respektierungspflicht bezüglich nationaler Tarifnormen im Unionsrecht

Die Frage der Rechtsnormqualität von Tarifvertragsklauseln ist im Unionsrecht noch nicht abschließend geklärt, zumal diesbezüglich auch Divergenzen in den nationalen Rechtsordnungen der Mitgliedstaaten bestehen. Jedoch geht die Mehrheit der kontinentaleuropäischen Rechtsordnungen von einer Mindestnormwirkung des Tarifvertrags aus, während einzig nach der britischen Rechtsordnung Tarifnormen unverbindlich sein sollen.[404] In den meisten Mitgliedstaaten hängt die Verbindlichkeit eines Tarifvertrags nicht von einer individuellen Zustimmungserklärung ab und erfordert oft auch nicht zwangsläufig eine Gewerkschaftsmitgliedschaft.[405] Trotz der abweichenden britischen Rechtslage kann somit davon ausgegangen werden, dass nationale Tarifnormen auch verbindlich im Unionsrecht wirken.[406] Damit wird man ebenfalls der Intention gerecht, welche mit Verankerung der Kollektivvertragsautonomie im Unionsrecht erreicht werden sollte. Teilweise wurde bereits im Vorfeld der Verbindlichkeit der GRC von einem Schutznormeffekt[407] nationaler Tarifverträge bezüglich der Kollektivvertragsautonomie gesprochen. Angesichts des Verhältnisses zwischen nationalem Recht und Unionsrecht erscheint es fraglich, ob dieser Effekt von selbst eintreten wird. Daher erscheint es im Sinne einer gewollten Durchschlagskraft von Art. 28 GRC zielführender zu sein, von einer Verpflichtung des Unionsrechts auf Respektierung der auf nationaler Ebene existierenden Ausgestaltungen des Tarifrechts auszugehen.[408]

---

404 Schiek-Däubler, TVG, S. 148, Rn. 367.

405 Nielssen, S. 87 ff; Rebhahn, RdA 2002, 214 f.

406 Dies bestätigt auch Kowanz, S. 85.

407 Von einem „Schutznormeffekt des Tarifvertrags“ bzgl. der Anerkennung der Kollektivvertragsautonomie als allgemeinen Rechtsgrundsatz im Vorfeld der Verbindlichkeit der GRC spricht auch Schiek-Däubler, TVG, S. 148, Rn. 367.

408 Eine solche Respektierungsverpflichtung sieht auch Däubler, FS Hanau, 489 (495 f).

4.5.2 Qualifikation nationaler Tarifnormen im Unionsrecht

4.5.2.1 Keine verstärkte Bindungswirkung für Tarifparteien

Im Gegensatz zum deutschen Recht erfolgte im Unionsrecht bezüglich der Qualifikation von Tarifverträgen noch keine klare Festlegung. Dies erscheint vor dem Hintergrund der Kompetenzzuweisung des Art. 153 Abs. 5 AEUV auch nicht zwingend erforderlich. Um Rechtssicherheit zu gewährleisten, wird man aber gewisse Mindestanforderungen stellen müssen, um einer Regelung Tarifnormcharakter zuschreiben zu können. Rein unverbindliche Absprachen können auch auf Unionsebene keinen Tarifvertrag darstellen. Auch muss auf Arbeitnehmerseite eine Organisation die Vereinbarung abgeschlossen haben, der eine vergleichbare Durchsetzungskraft zukommt wie sie im deutschen Recht vorausgesetzt wird.[409] Mit Blick auf das bei der Ausübung von Grundfreiheiten geltende unionsrechtliche Diskriminierungsverbot wird man auch das aus dem deutschen Recht in den §§ 97 f. ArbGG geregelte Verfahren zur Klärung der Tariffähigkeit diesbezüglich zu übertragen haben.

Geht man von der soeben ausgeführten Respektierungsverpflichtung des Unionsrechts aus, muss eine Rückkopplung an das nationale bzw. deutsche Recht erfolgen. Da dem Regelungsausschluss des Art. 153 Abs. 5 AEUV nach hier vertretender Ansicht das Tarifrecht nicht unterfällt, erscheint dieses Vorgehen nicht zwingend, jedoch mit Blick auf den bereits zu Art. 28 GRC ausgeführten Rückgriff auf das nationale Recht konsequent. Nationale Tarifnormen sind folglich im Unionsrecht dem Privatrecht zuzuordnen und genießen gegenüber staatlicher Regelung einen Autonomievorsprung.[410] Aufgrund der äußerst beschränkten eigenen Regelungskompetenz ist damit das Unionsrecht verpflichtet, den kollektiv-privatautonomen Charakter deutscher Tarifverträge anzuerkennen, womit deutsche Tarifverträge auch nach europäischem Recht als privatautonome Vereinbarungen im Rahmen einer grundrechtlich garantierten Selbstbestimmungsordnung anzusehen sind.[411]

In der Folge sind die Tarifparteien im Unionsrecht analog zum nationalen Recht zu behandeln. Daran kann auch die durch die §§ 1 Abs. 1, 4 Abs. 1 TVG angeordnete Normwirkung nichts ändern, welche es nicht vermag, aus Tarifverträgen staatliche Regelungen i. S. d. Gemeinschaftsrechts zu machen.[412] Eine verstärkte Bindung an das Unionsrecht ist aus Autonomiegründen auch nicht

---

409 Vgl. zur Tariffähigkeit BAG v. 08.03.2006 - 1 ABR 58/04 - BAGE 117, 308.

410 Schiek-Däubler, TVG, S. 148, Rn. 368.

411 Schiek-Däubler, TVG, S. 148, Rn. 368.

412 Jacobs/Krause/Oetker, S. 58, Rn. 116.

angezeigt und würde wohl nur schwerlich mit Art. 153 Abs. 5 AEUV in Einklang zu bringen sein.

4.5.2.2 Konsequenz einer Allgemeinverbindlichkeitserklärung

Wird ein Tarifvertrag dagegen für allgemeinverbindlich erklärt, haben die betroffenen Arbeitgeber weit weniger Einflussmöglichkeiten auf die Vertragsgestaltung als etwa bei einem Firmentarifvertrag. Daher wird vorgebracht, dass diese wegen des hoheitlichen Aktes ihrer Geltungserweiterung auf sonst nicht tarifgebundene Arbeitgeber und Arbeitnehmer wie Rechtsakte des nationalen Gesetzgebers behandelt werden müssen.[413] Man könnte in diesem Zusammenhang zwar anführen, dass dem betreffenden Tarifvertrag vor seiner Ausweitung quasi als Nukleus eine einzelvertragliche Regelung zugrundeliegt. Da bei Erstreckung eines Tarifvertrags durch Allgemeinverbindlichkeitserklärung jedoch der Geltungsbereich eines Tarifvertrags auf zunächst nicht tarifgebundene Unternehmen und Arbeitgeber durch einen hoheitlichen Akt faktisch zwangsausgeweitet wird[414], stellt sich die Frage, ob es im Verhältnis von allgemeinverbindlichen Tarifverträgen zum Unionsrecht zu einer verstärkten Bindung der Tarifpartner an das Unionsrecht kommen muss.

Zunächst ist in diesem Zusammenhang Art. 18 AEUV zu nennen, der jegliche Diskriminierung aus Gründen der Staatsangehörigkeit untersagt. Bereits aus diesem Verbot muss konsequenterweise folgen, dass eine Allgemeinverbindlichkeitserklärung, die gegenüber der Anwendung eines inländischen Tarifvertrags subsidiär ist, auch gegenüber der Anwendung eines ausländischen Tarifvertrags zurücktreten muss.[415] Im Umkehrschluss gilt dann aber auch, dass bei Verdrängung eines inländischen Tarifvertrags durch eine Allgemeinverbindlichkeitserklärung dies auch gegenüber einem ausländischen Tarifvertrag gelten muss. Zwar hat der EuGH in seiner Judikatur bereits Stellung zur unionsrechtlichen Qualifikation von allgemeinverbindlichen Tarifverträgen genommen, jedoch ist eine klare Linie bislang nicht erkennbar.[416] Zum einen sind in diesem Zusammenhang die Entscheidungen zur Frage, ob Tarifverträge am EU-Wettbewerbsrecht zu messen sind[417], zu nennen. Diese befassten sich

---

413 Schaub, FS Wissmann, 578 (580).

414 Schaub, FS Wissmann, 578 (580).

415 Rebhahn, wbl 2008, 63 (65).

416 Dies bemängelt auch Schiek-Däubler, TVG, S. 148, Rn. 369.

417 EuGH v. 21.9.1999 - Rs. C-67/96 - Albany International BV - Slg. I-5751 = ZIP 2000, 34; gleichzeitig ergingen die im Kern gleichlautenden Urteile EuGH v. 21.9.1999 - Rs. C-219/97 - Maatschappij Drijvende Bokken - Slg. I-6121 = EuR 2000, 403 sowie die

ausschließlich mit allgemeinverbindlichen Tarifverträgen und können demnach Aufschluss über die Sichtweise des EuGH geben. Hätte man erwartet, dass das Urteil auf die Besonderheiten im Rahmen einer Allgemeinverbindlichkeitserklärung eingeht, so wird man enttäuscht. Im Gegenteil, der EuGH verzichtet in seinen Urteilen gänzlich auf eine Differenzierung[418], wodurch der Eindruck entsteht, dass der EuGH eine Differenzierung für nicht für notwendig erachtet:

> „Bei einer sachgerechten und zusammenhängenden Auslegung [...] ergibt sich, dass die Verträge, die im Rahmen von Tarifverhandlungen zwischen den Sozialpartnern geschlossen worden sind, um sozialpolitische Ziele wie die Verbesserung der Beschäftigungs- und Arbeitsbedingungen zu erreichen, aufgrund ihrer Art und ihres Gegenstands nicht unter Artikel 85 Abs. 1 EGV [heute: Art. 101 AEUV] fallen.“[419]

Zum anderen hat der EuGH klargestellt, dass es eine nicht gerechtfertigte Beschränkung der Dienstleistungsfreiheit darstellt, wenn ein inländischer Arbeitgeber den in einem allgemeinverbindlichen Tarifvertrag festgelegten Mindestlohn durch einen spezielleren Firmenvertrag umgehen kann, während diese Option einem in einem anderen Mitgliedstaat ansässigen Arbeitgeber bei Entsendung von Arbeitnehmern nach Deutschland verwehrt bleibt.[420] Ohne näher darauf einzugehen, behandeln die Luxemburger Richter in ihrem Urteil einen für allgemeinverbindlich erklärten Tarifvertrag im Gegensatz zu den eben genannten Urteilen wie ein Gesetz, welches die Dienstleitungsfreiheit beeinträchtigt. Diese Verfahrensweise ist auch in einigen neueren Judikaten zu beobachten.[421] Die Tatsache, dass die entsprechende allgemeinverbindliche Regelung ihren Ausgangspunkt als Tarifvertrag genommen hat, wird mit Blick auf das gewünschte Ergebnis geflissentlich verschwiegen. Letztlich wird übersehen, dass die Allgemeinverbindlichkeitserklärung kein staatliches Recht schafft und die Rechtswirkungen des Tarifvertrags weder verändert noch ergänzt werden.[422] Geltungsgrund für die Norm ist und bleibt der Tarifvertrag, auch wenn dieser durch eine staatliche Stelle auf einen größeren Personenkreis ausgeweitet wird. Trotz Ausweitung des Wirkungsbereiches verändert sich der privatrechtliche Charakter der Tarifnorm nicht, womit dieser kollektives, autonomes privates

---

miteinander verbundenen Rechtssachen EuGH v. 21.09.1999 - Rs. C-115/97 bis C-117/97 - Brentjens' Handelsonderneming BV - Slg. I-6025 = NZA 2000, 201.

418 So auch Schiek-Däubler, TVG, S. 148, Rn. 369.

419 EuGH v. 21.9.1999 - Rs. C-67/96 - Albany - Slg. 1999, I-5751, (5882, Rn. 60).

420 Greiner, S. 162 in seiner Zusammenfassung von EuGH v. 24.1.2002 - Rs. C- 164/99 - Portugaia Construções - Slg. 2002, I-787 = NZA 2002, 207.

421 Vgl. dazu die Darstellung bei Schiek-Däubler, TVG, S. 153, Rn. 381 ff.

422 Wank-Wiedemann, TVG, § 5, Rn. 145.

Recht bleibt.[423] Die Allgemeinverbindlichkeitserklärung von Tarifverträgen stellt somit einen Rechtsetzungsakt sui generis zwischen autonomer Regelung und staatlicher Rechtsetzung dar, der seine Grundlage in Art. 9 Abs. 3 GG findet.[424]

Gemäß § 5 Abs. 1, Satz 1 TVG erfolgt die Allgemeinverbindlichkeitserklärung auf Antrag einer Tarifvertragspartei, womit der Staat in persona des/r Bundesministers/in für Arbeit und Soziales nicht von sich aus oder gegen den Willen beider Tarifparteien agieren kann.[425] Weitere Voraussetzung ist, dass der Tarifvertrag nur für allgemeinverbindlich erklärt werden kann, wenn in dessen Geltungsbereich mindestens 50 Prozent der Arbeitnehmer bei tarifgebundenen Arbeitgebern beschäftigt sind.[426] Werden diese Voraussetzungen jedoch erfüllt, kommt es durch einen staatlichen Akt zu einer Zwangsverpflichtung aller Arbeitgeber einer Branche oder mitunter eines gesamten Industriezweigs. Auch wenn der Staat, wie bei einem Gesetz, nicht autonom tätig werden kann, so handelt er dennoch gesetzähnlich. Damit können staatliche Stellen in nicht unerheblichem Maße in privatautonomes Handeln eingreifen, womit etwa ein gravierender Unterschied zu einem Firmentarifvertrag zu erkennen ist. Der Staat regelt damit bei der Entscheidung über die Allgemeinverbindlichkeitserklärung nicht Normsetzungsrechte der antragstellenden Tarifparteien, sondern bringt ein eigenes Rechtsetzungsverfahren zum Abschluss, an dem die Tarifvertragsparteien lediglich beteiligt sind.[427] Ob der EuGH in seiner eingangs angeführten Rechtsprechung es für den konkreten Sachverhalt für nicht notwendig erachtete, die Frage nach der unionsrechtlichen Qualifikation zu klären, oder ob diese Frage bewusst ausgespart wurde, kann angesichts ebenso gegenteilig existierender Judikatur des EuGH dahingestellt bleiben. Der EuGH ist eine eindeutige Klärung des Problems bislang schuldig geblieben.

Betrachtet man den Ablauf des Verfahrens der Allgemeinverbindlichkeitserklärung, scheint der Staat als verlängerter Arm zumindest einer Tarifpartei zu handeln. Damit greift der Staat massiv in die Rechte so genannter Außenseiter[428] ein und drängt diese durch staatliche Intervention in eine Tarifbindung. Durch den hoheitlichen Akt der Geltungserweiterung auf nicht Tarifgebundene muss die Allgemeinverbindlichkeitserklärung wie ein Rechtsakt des nationalen Ge-

---

423 Gamillscheg, § 19, S. 889.

424 Berg/Platow/Schoof/Unterhinninghofen, § 5, Rn. 30; BVerfG v. 24.05.1977 - 2 BvL 11/74 - BVerfGE 44, 322 = NJW 1977, 2255.

425 Jacobs/Krause/Oetker, Tarifvertragsrecht, § 6, S. 333, Rn. 76.

426 Thüsing/Braun, S. 421, Rn. 73.

427 Löwisch/Rieble, TVG, § 5, Rn. 60.

428 Lakies-Däubler, TVG, § 5, S. 1325, Rn. 1.

setzgebers behandelt werden[429] und unterliegt somit einer verstärkten Bindung an das Unionsrecht. Aus Gründen des europarechtlichen Effektivitätsgrundsatzes können sich Tarifpartner nicht darauf berufen, dass eine privatautonome Regelung in Form eines Tarifvertrags Ausgangspunkt der Regelung ist. Dies kann gleichzeitig aber nicht dazu führen, dass nur aufgrund einer Allgemeinverbindlichkeitserklärung der gesamte Tarifvertrag durch die Hintertür wie ein staatliches Gesetz behandelt wird. Somit muss eine klare Differenzierung zwischen dem staatlichen Teil in Form der Allgemeinverbindlichkeitserklärung und der privatautonomen Vereinbarung in Form des Ausgangstarifvertrags erfolgen. In der Folge ist die Allgemeinverbindlichkeitserklärung für sich betrachtet als mitgliedstaatlicher Akt bei Verstößen gegen das Unionsrecht aufgrund des Anwendungsvorrangs als nicht erfolgt anzusehen, während der zugrundeliegende Tarifvertrag weiter bestehen bleibt, sofern seine Gültigkeit nicht von der Allgemeinverbindlichkeitserklärung abhängt.[430]

---

429 Schaub, FS Wissmann, 578 (587).

430 Für diese Lösung auch Schiek-Däubler, TVG, S. 149, Rn. 369.

5 Wirkungsgrad der Grundfreiheiten im nationalen Tarifrecht

5.1 Eingeschränkte Bindungskraft der Grundfreiheiten als Ausgangsproblem

Kollektive Maßnahmen aus dem Anwendungsbereich der Grundfreiheiten per se auszunehmen, stellt aufgrund der genannten Aspekte keine geeignete Lösungsvariante dar. Als Stützpfeiler der gemeinschaftsrechtlichen Wirtschaftsverfassung[431] kommt den Grundfreiheiten somit auch für das nationale Tarifrecht eine objektiv-rechtliche Bedeutung[432] zu. Folglich muss auch das nationale Tarifrecht als Teil der mitgliedstaatlichen Rechtsordnung grundfreiheitskonform ausgelegt werden.[433] Ein Blick in Art. 49 AEUV zeigt, dass das Verbot der Beschränkung der Niederlassungsfreiheit keinen konkreten Verbotsadressaten bezeichnet, was darauf hindeuten könnte, dass die Niederlassungsfreiheit nicht nur für Mitgliedstaaten gilt.[434] Dabei würde freilich übersehen, dass Verpflichtungsadressaten der Grundfreiheiten unstrittig in erster Linie die Mitgliedstaaten sind.[435] Da es widersprüchlich wäre, wenn die Union den Mitgliedstaaten Pflichten auferlegen könnte, welche für sie selbst nicht gelten, sind auch die Organe der Europäischen Union an die Grundfreiheiten gebunden.[436] Zudem müssen die Grundfreiheiten von allen Institutionen beachtet werden, deren Verhalten einem Mitgliedstaat durch dessen Einflussnahme zugerechnet werden kann. Dies ist etwa der Fall, wenn Mitglieder einer nichtstaatlichen Einrichtung von staatlichen Stellen ernannt oder finanziert werden.[437]

---

431 Ehlers-Ehlers, § 7, S. 209, Rn. 1; Wernicke, S. 225, spricht den Grundfreiheiten „fundamentale Bedeutung für den Binnenmarkt" zu; Preedy, S. 17, nennt sie die „fundamentalen Grundlagen der Union".

432 Ehlers, Jura 2001, 266 (272).

433 Dazu auf das mitgliedstaatliche Recht insgesamt Bezug nehmend Jarass, EuR 1995, 202 (211).

434 Schlachter, FS Birk, 809 (818).

435 Dazu Streinz/Leible, EuZW 2000, 459 (461); Ehlers-Ehlers, § 7, S. 234, Rn. 48; EuGH v. 04.12.1974 - Rs. 41/74 - Van Duyn - Slg. 1974, 1337 (1349, Rn. 13/14) = NJW 1975, 2165; vgl. auch Remmert, JURA 2003, 13.

436 EuGH v. 09.08.1994 - Rs. C-51/93 - Meyhui - Slg. 1994, I-3879 (3898, Rn. 11) = BB 1994, 883; Löwisch, S. 20; Fallon, S. 111; Schwemer, S. 45; zudem ausführlich Körber, S. 81.

437 Vgl. EuGH v. 12.12.1990 - Rs. 302/88 - Hennen Olie - Slg. 1990, I-4625 (4643, Rn. 15 f).

All diese Optionen treffen jedoch weder auf Gewerkschaften noch auf Arbeitgeberverbände zu. Es entspricht geradezu deren Auftrag und Selbstverständnis, unabhängig von staatlicher Einflussnahme Tarifpolitik zu betreiben. Hauptadressaten der Grundfreiheiten sind damit die Mitgliedstaaten. Als Hoheitsträger verfügen sie über eine ausreichende legislative oder administrative Macht, um grenzüberschreitende Wirtschaftsaktivitäten behindern zu können.[438] Dagegen sind Tarifparteien als nichtstaatliche Akteure den Grundfreiheiten grundsätzlich nicht direkt unterworfen. In der Vergangenheit hat sich aber gezeigt, dass auch rein private Maßnahmen eine Gefahr für die Entfaltung des mit den Grundfreiheiten anvisierten europäischen Binnenmarkts darstellen können.[439] Sollte ein den freien Personen- und Warenverkehr beschränkendes Verhalten nichtstaatlicher Akteure nicht von den Grundfreiheiten erfasst sein, entstünde eine Lücke im Binnenmarktschutz.[440] Soweit das Verhalten Privater eine Gefahr für die Ausübung der Grundfreiheiten bedeuten kann[441], hat der EuGH daher im Ausnahmefall eine Dritt- oder Horizontalwirkung[442] der Grundfreiheiten für Handlungen privater Marktteilnehmer anerkannt. Vor diesem Hintergrund entstand der Begriff der intermediären Gewalten, welche als privatrechtliche Akteure in Verfolgung öffentlicher Interessen normschöpferisch tätig sind und deren Regelung sich nicht entzogen werden kann.[443] Da die Gewerkschaften im Rahmen ihrer Tarifautonomie kollektive Regelungen schaffen, könnten sie als intermediäre Gewalten direkt an die Grundfreiheiten gebunden sein. Das genaue Ausmaß einer Drittwirkung der Grundfreiheiten wirft viele Fragen auf und ist noch nicht abschließend geklärt. Fraglich ist, inwieweit und in welcher Weise die Grundfreiheiten des Arbeitgebers im Rechtsstreit zwischen den Gewerkschaften zu berücksichtigen sind.

Grundsätzlich existieren zwei Alternativen: Eine unmittelbare Drittwirkung der Grundfreiheiten hätte bei Vorliegen der übrigen Voraussetzungen zur Folge, dass gewerkschaftliche Aktionen und Regelwerke einer direkten Prüfung anhand der Grundfreiheiten unterstehen. Von unmittelbarer Wirkung kann aber nur dann gesprochen werden, wenn die Grundfreiheiten auch tatsächlich private Wirt-

---

438 Pießkalla, NZA 2007, 1144.

439 Vgl. etwa EuGH v. 12.06.2003 - Rs. C-112/00 - Schmidberger - Slg. 2003, I-5659 = EuZW 2003, 592.

440 Löwisch, S. 22.

441 Pießkalla, NZA 2007, 1144.

442 Diese Begriffe werden oft synonym gebraucht, wobei dies nicht ganz korrekt ist. Für die vorliegende Untersuchung ist diese Differenzierung jedoch nicht von Bedeutung. Zur Begrifflichkeit vgl. Löwisch, S. 30 ff.

443 Burgi, EWS 1999, 327 (331); Roth, FS Everling, 1231 (1246 f).

schaftsteilnehmer binden, die sich in Ausübung ihrer Privatautonomie gegenüberstehen.[444] Bei einer mittelbaren Drittwirkung der Grundfreiheiten wären dagegen die Mitgliedstaaten verpflichtet, entsprechende Maßnahmen einzuleiten, um einen unionsrechtswidrigen Zustand zu unterbinden.

5.2 Unmittelbare Drittwirkung als Lösungsansatz der Rechtsprechung

5.2.1 Extensive Ausdehnung der Grundfreiheiten auf Private

Der EuGH hat zur Frage einer unmittelbaren Drittwirkung der Grundfreiheiten für Private bereits mehrfach Stellung bezogen.[445] Dabei ging der EuGH mit den Entscheidungen Angonese[446] und in der Folge Raccanelli[447] sogar soweit, die Arbeitnehmerfreizügigkeit auf rein Private auszudehnen.[448] Eine solche und möglicherweise auf weitere Grundfreiheiten sich ersteckende Erweiterung des Geltungsbereichs der Grundfreiheiten[449] ist wohl nur schwer zu rechtfertigen und würde der den Grundfreiheiten zugedachten Funktion als Schwert gegen staatliche Marktbeschränkungen nicht mehr gerecht. An der teilweise sehr hitzigen Diskussion diesbezüglich soll sich jedoch an dieser Stelle nicht beteilgt werden, wobei die angebrachte Kritik in einigen Punkten jedoch durchaus nachvollziehbar ist.[450]

Unabhängig von einer Wirkung der Grundfreiheiten für rein Private geht es vorliegend um die Frage, ob die Grundfreiheiten aufgrund einer Vergleichbarkeit mit staatlichen Maßnahmen gegenüber sogenannten intermediären Gewal-

---

444 So auch Ganten, S. 24.

445 Vgl. etwa EuGH v. 14.07.1976 - Rs. 13/76 - Donà - Slg. 1976, 1333 (1340, Rn. 17/18 ff). Zur Warenverkehrsfreiheit EuGH v. 22.01.1981 - Rs. 58/80 - Dansk Supermarket - Slg. 1981, 181 (195, Rn. 16 ff) = NJW 1981, 1893.

446 EuGH v. 06.06.2000 - Rs. C-281/98 - Angonese - Slg. 2000, I-4139 (4173, Rn. 36); Temming, ZESAR 2008, 231 (237).

447 EuGH v. 17.07.2008 - Rs. C-94/07 - Raccanelli - Slg. 2008, I-5939 = EuZW 2008, 529.

448 Detailliert zur berechtigten Kritik an dieser Praxis Heuschmid-Däubler, Arbeitskampfrecht, § 11, S. 188, Rn. 94.

449 Temming, ZESAR 2008, 231 (237) spricht davon, dass der endgültige „Dammbruch" diesbezüglich noch nicht vollzogen sei.

450 Zur detaillierten Analyse der EuGH-Rechtsprechung vgl. Roth, FS Everling, 1231 (1233 ff); Parpart, S. 87 ff; Jaensch, S. 62 ff.

ten[451] unmittelbar Anwendung finden sollen.[452] Damit sind solche privaten Organisationen gemeint, welche quasi staatliche Regelungsbefugnisse besitzen[453] und durch eine vom Staat überlassene Möglichkeit rechtsetzend tätig werden können[454]. Der EuGH hat in mehreren Fällen eine solche Drittwirkung anerkannt, um zu verhindern, dass Beschränkungen, welche Mitgliedstaaten verboten sind, durch Handlungen Privater in Ausnutzung ihrer Vertragsfreiheit errichtet werden können.[455] In diesen Fällen wird über eine unmittelbare Drittwirkung einem Einzelnen Schutz durch die Grundfreiheiten vor der Macht privater Verbände gewährt.[456] Diese besondere Machtstellung rechtfertige es, solche und nur diese staatsähnlichen Verbände und Organisationen an die Grundfreiheiten zu binden.[457] Durch private Vertragsverhandlungen und damit verbundene kollektive Maßnahmen kommen zwischen den Tarifparteien kollektive Regelungen in Form von Tarifverträgen zustande, welche dann die Beschäftigungsbedingungen für möglicherweise zehntausende Beschäftigte einer Branche regeln. Daraus könnte man nun schließen, dass Gewerkschaften und im Gegenzug auch Arbeitgeberverbände unmittelbar an die Grundfreiheiten gebunden sind, da ihnen möglicherweise quasi staatliche Regelungsbefugnisse zukommen.

Mit seinen Verdikten Viking Line[458] und Laval[459] hat der EuGH zu dieser Frage Stellung bezogen und Maßnahmen von Gewerkschaften zur kollektiven Interessenswahrung unmittelbar an der Niederlassungs- und Dienstleistungsfreiheit gemessen. Zwar ging es in beiden Fällen nicht um die Beeinträchtigung der Dienstleistungs- und Niederlassungsfreiheit durch kollektive Regelungen, allerdings dienten sie der Durchsetzung von Tarifforderungen und stehen somit in engem Kontext mit den kollektiv wirkenden Tarifverträgen.[460] Damit hat der Gerichtshof die Gewerkschaften einer intermediären Gewalt gleichgestellt und zugleich die zur Erreichung eines Tarifvertrags eingesetzten Mittel als potentiel-

---

451 Genauer zu diesem Begriff Rauer, S. 19 f.

452 Jarass, FS Everling, 593 (594); Jaensch, S. 263 ff.

453 Schlachter, FS Birk, 809 (818).

454 Jarass, EuR 2000, 705 (715); Ganten, S. 90; Streinz/Leible, EuZW 2000, 459 (464).

455 Ehlers-Ehlers, § 7, S. 236, Rn. 52; EuGH v. 12.12.1974 - Rs. 36/74 - Walrave - Slg. 1974, 1405 (1419, Rn. 16/19) = NJW 1975, 1093; EuGH v. 15.12.1995 - Rs. C-415/93 - Bosman - Slg. 1995, I-4921 (5066, Rn. 83); vgl. auch Davies, ILJ 2006, 77.

456 Witzke, S. 50.

457 Franck, S. 33.

458 EuGH v. 11.12.2007 - Rs. C-438/05 - Viking Line - Slg. 2007, I-10779 = NZA 2008, 124.

459 EuGH v. 18.12.2007 - Rs. C-341/05 - Laval un Partneri - Slg. 2007, I-11767 = DVBl 2008, 400 (Ls.).

460 Schubert, RdA 2008, 289 (291).

le Beschränkung einer Grundfreiheit qualifiziert.[461] Zwar überrascht diese Entscheidung nicht, ist aber revolutionär.[462] Mit den in diesem Zusammenhang vom Gerichtshof angeführten Argumenten gilt es sich daher kritisch auseinanderzusetzen und diese auf ihre Stichhaltigkeit hin zu untersuchen.

5.2.2 Anknüpfung an die Rechtsprechung zu den intermediären Gewalten

5.2.2.1 Rechtssetzungsmacht als vergleichendes Moment

Der EuGH führt in seiner Urteilsbegründung dazu knapp aus, dass nach ständiger Rechtsprechung die Art. 39 EG, 43 EG und 49 EG (heute: Art. 45, 49 und 56 AEUV) nicht nur für Akte der staatlichen Behörden Geltung beanspruchten, sondern sich auch auf Regelwerke anderer Art, welche die abhängige Erwerbstätigkeit, die selbständige Arbeit und die Erbringung von Dienstleistungen kollektiv regeln sollen, erstreckten.[463] Der EuGH geht noch einen Schritt weiter und betont, dass diese Auslegung nicht auf quasi-öffentliche Einrichtungen oder auf Vereinigungen beschränkt sei, welche eine Regelungsfunktion wahrnehmen und über mit der Legislative vergleichbare Befugnisse verfügen.[464] Der Gerichtshof stellt in diesem Zusammenhang fest, dass gewerkschaftliche Organisationen der Arbeitnehmer durch die ihnen aufgrund der Koalitionsfreiheit zustehende autonome Befugnis, mit den Arbeitgebern und berufsständischen Organisationen über die Arbeits- und Vergütungsbedingungen der Arbeitnehmer zu verhandeln, an der Gestaltung der Verträge zur kollektiven Regelung der abhängigen Erwerbstätigkeit mitwirken.[465]

Der EuGH verweist pauschal auf seine Entscheidungen, in denen er eine unmittelbare Drittwirkung der Art. 45, 49 und 56 AEUV (vormals: Art. 39, 43 und 49 EGV) nicht nur auf staatliche Akte, sondern auch für Regelwerke von sogenannten intermediären Gewalten bejaht hatte.[466] Damit macht der Gerichtshof klar, dass er bei kollektiven Maßnahmen den Grundfreiheiten nach Art. 45,

---

461 Heuschmid-Däubler, Arbeitskampfrecht, § 11, S. 189, Rn. 96.

462 Temming, ZESAR 2008, 231 (237); von einer „revolution in the interpretation oft the fundamental freedoms" spricht auch Mestre, ELR 2008, 2 (8).

463 EuGH v. 11.12.2007 - Rs. C-438/05 - Viking Line - Slg. 2007, I-10779 (10823, Rn. 33).

464 EuGH v. 11.12.2007 - Rs. C-438/05 - Viking Line - Slg. 2007, I-10779 (10831, Rn. 64).

465 EuGH v. 11.12.2007 - Rs. C-438/05 - Viking Line - Slg. 2007, I-10779 (10831, Rn. 65).

466 EuGH, 12.12.1974 - Rs. 36/74 - Walrave und Koch - Slg. 1974, 1405 (1419, Rn. 14 ff); EuGH v. 11.04.2000 - Rs. C-51/96 u. C-191/97 - Deliège - Slg. 2000, I-2549 (2614, Rn. 47ff); EuGH v. 06.06.2000 - Rs. C-281/98 - Angonese - Slg. 2000, I-4139 (4172, Rn. 34).

49 und 56 AEUV unmittelbare horizontale Wirkung beimisst.[467] Die Fälle, auf welche Bezug genommen wird, betrafen aber keine Gewerkschaften, sondern Sport- und Berufsverbände, welchen durch ihre Marktmacht die einer staatlichen Institution vergleichbare Möglichkeit einer Beschränkung der grenzüberschreitenden Wirtschaftsbeziehungen zukommt.[468] Nach Ansicht des Gerichtshofs stellen die betreffenden kollektiven Maßnahmen der Gewerkschaften jedoch eine vergleichbare Beschränkung der Niederlassungsfreiheit respektive Dienstleistungsfreiheit dar und haben damit das Potential, Art. 45 AEUV bzw. Art. 56 zuwider zu laufen.

5.2.2.2 Kollektive Maßnahme statt kollektiver Regelung

Die Entscheidungen, auf welche der EuGH in seinen Judikaten Viking Line und Laval Bezug nimmt, hatten eine Gemeinsamkeit: Immer ging es um ein kollektives Regelwerk, gegen welches sich der Kläger mit der Begründung einer Verletzung einer Grundfreiheit erhob. So wurden etwa in der Rechtssache Bosman[469] die bis dahin gültigen Transferregelungen und Ausländerbeschränkungen in den Mannschaftssportarten für ungültig erklärt. Diese durch nationale Fußballverbände geschaffenen kollektiven Regelungen regelten einen Bereich wie etwa den Spielertransfer abschließend und waren aus Sicht des EuGH mit einem staatlichen Gesetz vergleichbar. Nimmt man die Intention der Grundfreiheiten ernst, ist dieser Sichtweise grundsätzlich zuzustimmen. Ob die betreffende Verbandsregelung nun Fußballspieler an einem Vereinswechsel innerhalb der Europäischen Union hindert oder sich ein Rechtsanwalt gegen die Reglementierung durch die Anwaltskammer wehrt - es kann nicht sein, dass eine nichtstaatliche Organisation marktbeschränkende Hürden errichtet und durch die Hintertür die marktöffnende Ausrichtung der Grundfreiheiten konterkariert.

Diese Rechtsprechung zur Drittwirkung von mit staatlichen Einrichtungen vergleichbaren Organisationen will der EuGH nun auch auf Gewerkschaften übertragen und begründet dies mit dem kollektiven Charakter der angestrebten Regelung in Form des Tarifvertrags. Dazu verleiht der Gerichtshof den Gewerkschaften den Status einer intermediären Gewalt, womit diese in der Konsequenz an die Grundfreiheiten gebunden sein sollen.[470] Dies bedeutet eine Kehrtwende im Vergleich zur bisherigen Vorgehensweise des EuGH im Bereich der unmit-

---

467 Preedy, S. 55.

468 EuGH v. 15.12.1995 - Rs. C-415/93 - Bosman - Slg. 1995, I-4921 (5066, Rn. 84, 96) = ZIP 1996, 42.

469 EuGH v. 15.12.1995 - Rs. C-415/93 - Bosman - Slg. 1995, I-4921.

470 EuGH v. 11.12.2007 - Rs. C-438/05 - Viking Line - Slg. 2007, I-10779 (10829, Rn. 55).

telbaren Drittwirkung der Grundfreiheiten.[471] Hat sich der EuGH in der genannten Rechtsprechung bisher auf eine mögliche Verletzung der Grundfreiheiten durch eine kollektive Regelung selbst bezogen, unterzieht er nun auch kollektive Maßnahmen wie etwa Streikaktionen einer richterlichen Überprüfung.[472] Alle Handlungen, welche zum Abschluss einer kollektiven Regelung führen sollen, können mit dem Argument der Verletzung einer Grundfreiheit angegriffen werden.[473] Dies bedeutet, dass nicht nur die kollektive Regelung selbst auf dem gemeinschaftsrechtlichen Prüfstand stehen soll, sondern auch die Maßnahmen welche zu deren Abschluss geführt haben. Bildlich gesprochen steht damit nicht nur das Endprodukt auf dem Prüfstand, sondern der gesamte Entstehungsprozess. Diese extensive Ausweitung seiner Rechtsprechung auf Maßnahmen im Vorfeld der Entstehung einer kollektiven Regelung führt der EuGH auf den kollektiven Charakter der angestrebten Regelung zurück. Die Brücke von den kollektiven Regelungen hin zu kollektiven Maßnahmen schlägt er dadurch, dass alle Maßnahmen letztlich nur dem Abschluss eines Kollektivvertrags dienen und somit nur Mittel zum Zweck kraft der den Gewerkschaften verliehenen rechtlichen Autonomie darstellen.[474] Betrachtet man den Tarifvertrag als eine solche kollektive Regelung, so kann diese durchaus in einigen Mitgliedstaaten normative Wirkung für die Arbeitsbedingungen der Mitglieder entfalten und somit Ausdruck besonderer Machtbefugnisse sein.[475] Dies rechtfertigt jedoch nicht, einer Streikandrohung oder -maßnahme im Entstehungsprozess zur Durchsetzung eines intendierten Vertragsschlusses bereits eine Regelungsfunktion zu unterstellen.[476] Erst der abgeschlossene Tarifvertrag entfaltet letztendlich weitere Vertragswirkungen.[477] Selbst der zuständige Generalanwalt Paolo Mengozzi räumt in seinen Schlussanträgen zur Rechtssache Laval ein, dass sich die Konstellation im Gegensatz zur Aussage im Urteil durchaus von den bisherigen Entscheidungen zur Drittwirkung der Grundfreiheiten für intermediäre Gewalten unterscheidet. Mengozzi stellt dazu fest, dass es in diesen Rechtssachen um die

---

471 So auch Heuschmid-Däubler, Arbeitskampfrecht, § 11, S. 189, Rn. 95.

472 EuGH v. 11.12.2007 - Rs. C-438/05 - Viking Line, Slg. 2007, I-10779 (10829, Rn. 57); EuGH v. 18.12.2007 - Rs. C-341/05 - Laval un Partneri - Slg. 2007, I-11767 (11886, Rn. 98).

473 Bercusson, S. 668.

474 Kamanabrou, EuZA 2010, 157 (168) bezugnehmend auf EuGH v. 11.12.2007 - Rs. C-438/05 - Viking Line - Slg. 2007, I-10779 (10830, Rn. 60) und die diesbezüglich nicht ganz so aussagekräftige Entscheidung EuGH v. 18.12.2007 - Rs. C-341/05 - Laval un Partneri - Slg. 2007, I-11767 (11886, Rn. 99).

475 Schlachter, FS Birk, 809 (818).

476 So auch Bercusson, S. 668.

477 Herresthal, EuZA 2011, 3 (26).

Prüfung von Verordnungen oder anderer Regeln ging, welche durch die fraglichen Einrichtungen aufgestellt wurden, wohingegen es in den genannten Fällen um die Ausübung des Rechts auf Durchführung kollektiver Maßnahmen durch Gewerkschaften mit dem Ziel des Abschlusses eines Tarifvertrags ging.[478] Doch auch er betrachtet den Unterschied nur als insoweit bedeutsam, als es um die Feststellung geht, ob die fraglichen kollektiven Maßnahmen den freien Dienstleistungsverkehr behindern.[479]

Dem ist jedoch zu widersprechen, da eine kollektive Maßnahme nicht mit dem Regelwerk einer privaten Organisation vergleichbar ist, welchem die in dem entsprechenden Autonomiebereich tätigen Marktbürger unterworfen sind.[480] Kann ein Sportverband oder eine Anwaltskammer eine die Berufsausbildung seiner Mitglieder beschränkende Regelung aufstellen, gleicht dies nicht zwangsläufig der Durchsetzung von Tarifzielen einer Gewerkschaft.[481] Auch der Gerichtshof selbst scheint von seinem Argument nicht vollends überzeugt, wenn er in der Rechtsache Viking Line selbst ausführt, dass es für eine direkte Wirkung der Grundfreiheiten für Gewerkschaften nicht auf die Intention einer kollektiven Regelung ankommen soll.[482] Im soeben angesprochenen Urteil Laval spricht der Gerichtshof das Merkmal der Kollektivität dann auch erst zur Begründung der Beschränkung an.[483] Kurz zuvor führt der EuGH noch an, dass Maßnahmen zur Erreichung eines Tarifvertrags aufgrund des kollektiven Charakters der Regelung ebenso wie die Regelung selbst an den Grundfreiheiten zu messen ist. Damit wird die Inkonsistenz der Argumentation deutlich, mit welcher der Gerichtshof versucht, kollektive Maßnahmen einer kollektiven Regelung gleichzustellen. Es wird schlichtweg nicht deutlich, ob es dem Gerichtshof auf die faktischen Wirkungen kollektiver Regelungsmacht oder auf die rechtliche Gestaltungswirkung von Tarifverträgen ankommt.[484] Daraus resultiert dann auch die Frage, was für Arbeitskämpfe gelten soll, die gar nicht den Abschluss

---

478 Generalanwalt Mengozzi, Schlussanträge v. 23.05.2007 - EuGH v. 18.12.2007 - Rs. C-341/05 - Laval un Partneri - Slg. 2007, I-11767 (11810, Rn. 158).

479 Generalanwalt Mengozzi, Schlussanträge v. 23.05.2007 - EuGH v. 18.12.2007 - Rs. C-341/05 - Laval un Partneri - Slg. 2007, I-11767 (11811, Rn. 159).

480 So auch Langenfeld, FS Isensee, 815 (823); Rebhahn, ZESAR 2008, 109 (113 f).

481 So auch Schlachter, FS Birk, 809 (818).

482 Rebhahn, ZESAR 2008, 109 (113) mit Verweis auf EuGH v. 11.12.2007 - Rs. C-438/05 - Viking Line - Slg. 2007, I-10779 (10831, Rn. 64 f).

483 Rebhahn, ZESAR 2008, 109 (113) mit Verweis auf EuGH v. 18.12.2007 - Rs. C-341/05 - Laval un Partneri - Slg. 2007, I-11767 (11885, Rn. 96 ff).

484 Heuschmid-Däubler, Arbeitskampfrecht, § 11, S. 189, Rn. 96 mit Verweis auf Kocher, in: Europäische Gesellschaftsverfassung, 161 (176).

eines Tarifvertrags zum Ziel haben.[485] Als Beispiel sei hier die Besetzung eines Betriebes zur Verhinderung einer Produktionsverlagerung in einen anderen Mitgliedstaat genannt.[486] Sollen solche Maßnahmen, die nicht auf den Abschluss eines Tarifvertrags gerichtet sind, auch den Grundfreiheiten unterfallen, würde die Argumentation der Unterwerfung gewerkschaftlicher Aktionen unter die Grundfreiheiten aufgrund des ihnen eingeräumten Autonomiebereichs mit verbindlicher Regelungsbefugnis[487] zumindest nicht mehr tragen. Dazu müsste zunächst begründet werden, warum für das Anstreben einer Regelung dasselbe gelten soll, wie für die Regelung selbst.[488]

Damit überzeugt die Übertragung der Rechtsprechung bezüglich der direkten Anwendbarkeit der Grundfreiheiten für intermediäre Gewalten auf gewerkschaftliche Aktionen nicht. Vielmehr gleicht der vom EuGH gewählte Weg einem krampfhaften Überstülpen einer Argumentationslinie, um eine Begründung für ein scheinbar vorgefertigtes Ergebnis zu finden.

5.2.2.3 Mitgestaltungsmöglichkeit statt aufoktroyierter Kollektivregelung

Überträgt man die Rechtsprechung des EuGH ins nationale Recht, so würde dies bedeuten, dass ein Arbeitskampf gegen einen Einzelarbeitgeber an der Unternehmerfreiheit des Arbeitgebers zu messen, als Eingriff in diese zu bewerten und letztendlich zu rechtfertigen ist.[489] Diese Vorgehensweise passt nicht zur aus dem deutschen Recht bekannten Konzeption eines Aushandelns von Arbeitsbedingungen auf Augenhöhe. So hatten die bisherigen Entscheidungen zur Bindung kollektiver Regelungen an die Grundfreiheiten Verbandsregelungen zum Gegenstand, welche das Potential hatten, außenstehende Dritte in ihren Grundfreiheiten zu beeinträchtigten.[490] Die sich auf die Grundfreiheit berufende Partei stand dabei außen vor und konnte keinen Einfluss auf die Ausgestaltung der jeweiligen Regelung nehmen.[491] Dies könnte man bei Arbeitskampfmaßnahmen mit dem Ziel des Beitritts eines Arbeitgebers zu einem bestehenden Tarifver-

---

485 Franzen, FS Buchner, 231 (237), zu beachten ist dabei vor allem, dass nicht alle Rechtsordnungen den Abschluss einer tariflichen Regelung als Zulässigkeitsvoraussetzung für einen Streik fordern, vgl. dazu etwa Jeschke, S. 183; Jacobs, in: Blanpain, 659 ff.

486 Rebhahn, ZESAR 2008, 109 (113).

487 Diesen Begriff verwendet Franzen, FS Buchner, 231 (237).

488 Rebhahn, ZESAR 2008, 109 (114).

489 Kamanabrou, EuZA 2010, 157 (169).

490 Kamanabrou, EuZA 2010, 157 (168).

491 Heuschmid-Däubler, Arbeitskampfrecht, § 11, S. 189, Rn. 96.

trag[492] möglicherweise noch als zutreffend erachten, jedoch passt dies keineswegs bei gewerkschaftlichen Maßnahmen zum Abschluss eines Kollektivvertrags[493]. Da beim Abschluss von Tarifverträgen in der Regel der Adressat der Regelung auch gleichzeitig Verhandlungspartner ist, passt die Rechtsprechung des EuGH für die Situation einer Bekämpfung von Einzelarbeitgebern nicht bzw. ist mit dieser nicht vergleichbar. Zwar mag sie auf verbandsangehörige Arbeitgeber und Gewerkschaftsmitglieder übertragbar sein, wobei die zur Verbandsrechtsprechung parallele Konstellation beim verbandsangehörigen Arbeitgeber nicht die Klage gegen die kollektive Maßnahme selbst, sondern eine Klage gegen Klauseln des Tarifvertrags wäre.[494] Damit greift einer der Tarifpartner die erzielte Regelung, welche er zuvor am Verhandlungstisch mitgestaltet hat, an bzw. richtet sich gegen Maßnahmen, welche zum Abschluss einer solchen Regelung führen sollen.

Hinterfragt man die Intention, mit welcher der EuGH bei Sportverbänden oder einer Anwaltskammer die Geltung der Grundfreiheiten auf private Organisationen erweitert hat, ging es dem Gerichtshof offenbar darum, die durch ihren marktbeherrschenden Einfluss quasi-staatliche Stellung der jeweiligen Einrichtung einzudämmen und eine Art Gegengewicht in Form einer unmittelbaren Wirkung der Grundfreiheiten für diese Institutionen zu schaffen. Diese Überlegung trifft in den vom EuGH entschiedenen Konstellationen auch durchaus zu, da den Betroffenen eine kollektive Regelung oktroyiert wurde. Dieser Schutzgedanke läuft beim Abschluss von Tarifverträgen aber leer, da die betroffenen Arbeitgeber bzw. Arbeitgeberverbände unmittelbaren Einfluss auf den Inhalt des Tarifvertrags nehmen können und somit nicht in einer adäquaten Weise schutzbedürftig respektive -würdig sind.[495]

5.2.3 Gefährdung der einheitlichen Anwendung des Unionsrechts

Der EuGH führt zugunsten einer unmittelbaren Drittwirkung der Grundfreiheiten für intermediäre Gewalten zudem an, dass bestimmte Bereiche in manchen Mitgliedstaaten von staatlicher Seite geregelt werden, wohingegen diese in anderen Mitgliedstaaten der Privatautonomie überlassen bleiben.[496] Der EuGH

492 So bei EuGH v. 18.12.2007 - Rs. C-341/05 - Laval un Partneri - Slg. 2007, I-11767.

493 So bei EuGH v. 11.12.2007 - Rs. C-438/05 - Viking Line - Slg. 2007, I-10779.

494 Kamanabrou, EuZA 2010, 157 (169).

495 Heuschmid-Däubler, Arbeitskampfrecht, § 11, S. 189, Rn. 96.

496 Körber, S. 785.

sieht in einem solchen Fall die einheitliche Anwendung der Grundfreiheiten als gefährdet an, außer sie finden auch Anwendung gegenüber Regelungen Privater.[497] Allerdings fehlt diesem in den Sportverbandsfällen entwickelten Einheitlichkeitsargument bereits der rechtstheoretische Hintergrund, da die betreffenden Ausländerklauseln und Transferregelungen in keinem Mitgliedstaat gesetzlich normiert bzw. durch staatliche Vorgaben beeinflusst waren.[498] Da es sich bei den Sportverbandssatzungen zudem um ausschließlich von Arbeitgeberseite ausgestaltete Regelungen handelte, sind diese auch nicht mit Kollektivregelungen von Tarifpartnern vergleichbar.[499] Dennoch qualifiziert der EuGH diese als kollektive Regelungen im Arbeits- und Dienstleistungsbereich[500] respektive als kollektive Regelungen, welche der unselbständigen Arbeit dienen.[501] Das Argument der einheitlichen Anwendung des Gemeinschaftsrechts trägt damit bereits in den Sportsatzungsfällen nicht.

Auf Tarifverträge übertragen scheint das Argument einer notwendigen einheitlichen Anwendung des Unionsrechts zur Begründung einer unmittelbaren Drittwirkung der Grundfreiheiten jedoch überzeugend, da die nationalen Arbeitsrechtsordnungen in der Tat von Verschiedenartigkeit geprägt sind: Während etwa Frankreich auf ein überwiegend staatlich geregeltes Tarifsystem setzt[502], existiert in Deutschland eine Mischform aus autonomer Regelungsmöglichkeit durch die Tarifvertragsparteien und staatlicher Geltungserweiterung von Tarifnormen durch das Instrument der Allgemeinverbindlichkeitserklärung[503]. In Schweden ist dagegen das Aushandeln von Tarifverträgen vollkommen den Tarifparteien überlassen und damit staatlicher Einflussnahme gänzlich entzogen.[504] Damit scheint die Befürchtung begründet, dass aufgrund dieser unterschiedlichen Reichweite staatlicher und privater Normsetzung ein Staat sich der Anwendung der Grundfreiheiten entledigen könnte, indem er die Regelung von

---

497 EuGH v. 12.12.1974 - Rs. 36/74 - Walrave und Koch - Slg. 1974, 1405 (1419, Rn. 16/19) = NJW 1975, 1093; EuGH v. 15.12.1995 - Rs. C-415/93 - Bosman - Slg. 1995, I-4921 (5066, Rn. 84) = DB 1996, 98; EuGH v. 06.06.2000 - Rs. C-281/98 - Angonese - Slg. 2000, I-4139 (4172, Rn. 33) = EuZW 2000, 468.

498 Körber, S. 785.

499 Befürwortend dagegen Jarass, FS-Everling, 593 (594).

500 EuGH v. 12.12.1974 - Rs. 36/74 - Walrave und Koch - Slg. 1974, 1405 (1419, Rn. 16/19); EuGH v. 06.06.2000, Rs. C-281/98 - Angonese - Slg. 2000, I-4139 (4172, Rn. 31).

501 EuGH v. 15.12.1995 - Rs. C-415/93 - Bosman - Slg. 1995, I-4921 (5066, Rn. 84).

502 Näher dazu Termin-Soccol/Welter-Henssler/Braun, S. 407, Rn. 261 ff.

503 Vgl. §§ 3 ff. TVG.

504 Näher dazu Nördlöf/Farhat-Henssler/Braun, S. 1265, Rn. 175 ff.

Tarifnormen gänzlich Privaten überlässt.[505] Der EuGH führt in diesem Zusammenhang seine Argumentation zur unmittelbaren Drittwirkung für intermediäre Gewalten an. Die Beseitigung der Hindernisse für die Freizügigkeit und den freien Dienstleistungsverkehr zwischen den Mitgliedstaaten ist aus seiner Sicht gefährdet, wenn die Abschaffung der Schranken staatlichen Ursprungs durch Hindernisse neutralisiert werden könnte, die nicht dem öffentlichen Recht unterliegende Vereinigungen und Einrichtungen im Rahmen ihrer rechtlichen Autonomie setzen.[506] Dementsprechend sieht der Gerichtshof auch kein Problem mit der Regelungssperre aus Art. 153 Abs. 5 AEUV und beruft sich in diesem Zusammenhang lediglich darauf, dass schließlich auch die Mitgliedstaaten bei nationalen Regelungen an die Grundfreiheiten gebunden seien.[507] Aufgrund der unterschiedlichen Reichweite staatlicher und privater Normsetzung in den einzelnen Mitgliedstaaten könnten somit Ungleichheiten zwischen den Mitgliedstaaten die Folge sein.[508]

Dieser Ansatz ist jedoch verfehlt und verläuft geradezu diametral zur eigentlichen Zielrichtung der Grundfreiheiten. Könnte allein der Umstand, dass einer der Mitgliedstaaten die Arbeitsbedingungen durch Gesetze und Verordnungen normiert, bereits rechtfertigen, vergleichbare private Regelungen in einem anderen Mitgliedstaat in den Anwendungsbereich der Grundfreiheiten zu bringen, würde aus dem Gebot der Gleichbehandlung der Mitgliedstaaten ein Gebot der Gleichbehandlung von Staat und Privaten.[509] Eine Begrenzung der Privatautonomie durch einen Mitgliedstaat hätte zwangsläufig eine europarechtliche Einschränkung der Privatautonomie zur Folge, da privates Verhalten in Staaten mit einer liberalen Ausrichtung nun aus Gründen der Gleichbehandlung an den Grundfreiheiten zu messen wäre.[510] Die Grundfreiheiten, die das Herzstück des marktwirtschaftlichen Prinzips[511] der Europäischen Union bilden, würden somit zur Triebfeder eines Regulierungswettlaufs zwischen den einzelnen Mitglied-

505 Dieses Argument hinsichtlich einer unmittelbaren Drittwirkung anführend Franzen, FS Buchner, 231 (236).

506 EuGH v. 11.12.2007 - Rs. C-438/05 - Viking Line - Slg. 2007, I-10779 (10829, Rn. 57); bzgl. der Dienstleistungsfreiheit gemäß Art. 56 AEUV (ex-Art. 49 EG) führt der EuGH die gleichen Argumente an EuGH v. 18.12.2007 - Rs. C-341/05 - Laval un Partneri - Slg. 2007, I-11767 (11861, Rn. 20).

507 Ricken, in: MüArbR, Band 2, § 197, S. 376, Rn. 10.

508 So auch Franzen, FS Buchner, 231 (236), der mit diesem Argument dem EuGH zustimmt und eine Drittwirkung auch Maßnahmen zur Erzielung eines Tarifabschlusses direkt an den Grundfreiheiten überprüft wissen will.

509 So auch Körber, S. 786.

510 Körber, S. 787.

511 Näher zur Zielsetzung der Grundfreiheiten: Wimmer/Müller, S. 102.

staaten. Damit würde die Zielsetzung der Grundfreiheiten ins Gegenteil verkehrt. Überdies müssten diejenigen Mitgliedstaaten, welche auf Deregulierung setzen und statt eigener Organe Träger privater Autonomie agieren lassen, dafür den Preis der unmittelbaren Drittwirkung bezahlen.[512] Damit würde der geradezu paradoxe Effekt einsetzen, dass ein Ausrichten an der grundsätzlichen Zielrichtung der Grundfreiheiten die Folge einer unmittelbaren Drittwirkung nach sich ziehen soll, welche im Vertrag nicht vorgesehen ist.

Bei genauerer Betrachtung spricht das Einheitlichkeitsargument gerade gegen eine unmittelbare Drittwirkung: Eine Gleichbehandlung aller Mitgliedstaaten bezüglich der Grundfreiheiten ist nämlich nur dann sichergestellt, wenn sie einheitlich nur gegenüber Mitgliedstaaten Anwendung findet.[513] Überlässt ein Staat die Regelung Privaten, trifft ihn eine Garantenpflicht bezüglich der Sicherstellung der Einhaltung der Grundfreiheiten.[514] Werden die Arbeitsbedingungen dagegen von den Mitgliedstaaten selbst geregelt, finden diese direkt gegenüber dem jeweiligen Staat als Rechtsurheber Anwendung.[515] Diese Lösung überlässt den Mitgliedstaaten die Möglichkeit und den notwendigen Freiraum zur Abstimmung ihrer Rechtsordnungen mit den Anforderungen des Freiverkehrs. Das Bestehen eines solchen Spielraums auf dem Gebiet des Tarifrechts hat der EuGH in seiner Rechtsprechung[516] selbst betont.

5.2.4 Abwägungsproblematik als Hürde einer unmittelbaren Drittwirkung

Durch den Vertrag von Lissabon verlieren die Grundfreiheiten ihr Alleinstellungsmerkmal als fundamentale Werte des geschriebenen Primärrechts.[517] Mit Art. 28 GRC existiert ein geschriebenes und den Grundfreiheiten gleichrangiges Recht auf Kollektivverhandlungen und Kollektivmaßnahmen auf Unionsebene.

---

512 Burgi, EWS 1999, 327 (331).

513 Körber, S. 787.

514 Burgi, EWS 1999, 327 (331). Vgl. dazu auch EuGH v. 09.12.1997 - Rs. C-265/95 - Kommission/Frankreich - Slg. 1998, I-6959 (6998, Rn. 30 ff) = NJW 1998, 1931.

515 Körber, S. 787.

516 EuGH v. 21.09.1999 - Rs. C-67/96 - Albany - Slg. 1999, I-5751 (5897, Rn. 122) = EWiR 2000, 483.

517 Die Überbetonung der Grundfreiheiten aufgrund des bis dato fehlenden verbindlichen Grundrechtskatalogs kritisiert etwa Rebhahn, in: Scholz/Becker, 17. Dieser weist in diesem Zusammenhang auch darauf hin, dass aufgrund der fehlenden Grundrechtsdogmatik des EuGH den Grundfreiheiten zu großer Raum im Vergleich zu den Grundrechten eingeräumt wird.

Damit rückt ein weiteres Argument gegen eine unmittelbare Drittwirkung der Grundfreiheiten ins Blickfeld: das Fehlen einer Abwägungsmöglichkeit zwischen Grundfreiheiten und Unionsgrundrechten für Private.[518] In seiner Entscheidung zugunsten einer unmittelbaren Drittwirkung der Grundfreiheiten für Gewerkschaften verweist der EuGH in pauschaler Weise unter anderem auf sein Vorgehen im Fall Bosman. Dieser Verweis ist jedoch wenig hilfreich, da bereits dieses Urteil hinsichtlich einer gleichberechtigten Abwägung zwischen Freizügigkeit und dem entgegenstehenden (damals noch nicht verbindlichen) Unionsgrundrecht nicht überzeugt. Zwar betont der Gerichtshof in der Urteilsbegründung, dass auch die Vereinigungsfreiheit europarechtlich gewährleistet ist, jedoch ist für den EuGH entscheidend, ob die durch die Sportverbände aufgestellten Regeln erforderlich sind, um die Ausübung der Vereinigungsfreiheit sicherzustellen.[519] Diesen Ansatz wählt der Gerichtshof auch bei der Abwägung zwischen dem Recht auf Kollektivverhandlungen und Kollektivmaßnahmen mit einer Grundfreiheit. Dieses Vorgehen zeugt jedoch gerade nicht von einer gleichwertigen Abwägung zwischen den widerstrebenden Interessen. Die Grundfreiheiten bieten eben keine Rechtfertigungsgründe, die auf private Maßnahmen wie solche der Gewerkschaften zugeschnitten sind.[520] Da hilft es auch wenig weiter, dass der EuGH darauf verweist, dass die Rechtfertigungsgründe in Bezug auf die öffentliche Ordnung, Sicherheit und Gesundheit auch von Privatpersonen geltend gemacht werden können.[521] Dies ist zwar theoretisch möglich, jedoch werden Privatrechtssubjekte wohl kaum in der Lage sein, sich darauf zu berufen, weshalb diese sich in den Grundfreiheiten findende Schranke in vergleichbarer Weise wie bei den Grundrechten auf Staatsgerichtetheit hinweisen.[522]

Nun könnte man anführen, die Gewerkschaften dienten mit ihrer Lohnpolitik und ihrem Bestreben nach einer Verbesserung der Arbeitsbedingungen letztlich auch der Sicherung der öffentlichen Ordnung, weshalb die geschriebenen Rechtfertigungsgründe in den Grundfreiheiten auf sie passen. Dazu wäre jedoch ein nicht unproblematisches, sehr extensives Verständnis des Begriffs der öffentlichen Ordnung vonnöten. Dies ist jedoch insoweit gar nicht erforderlich. Da jede tarifliche Regelung zwangsläufig die Berufsfreiheit der Arbeitgeberseite tangiert, liefe eine unmittelbare Grundfreiheitsbindung nämlich faktisch auf eine

518 Mit Blick auf die EuGH-Entscheidung im Fall Bosman kritisiert dies auch Gramlich, DÖV 1996, 801 (810).

519 Canaris, in: Umwelt, Wirtschaft und Recht, 31 (45).

520 So auch Roth, FS Everling, 1231 (1241 f); Weber, RdA 1996, 107 (108).

521 EuGH v. 15.12.1995 - Rs. C-415/93 - Bosman - Slg. 1995, I-4921 (5066, Rn. 86).

522 Canaris, in: Umwelt, Wirtschaft und Recht, 31 (44).

umfassende Prüfung von Tarifverträgen anhand der Kriterien Geeignetheit, Erforderlichkeit und Verhältnismäßigkeit hinaus.[523] Letztendlich würde dieser Ansatz in die Nähe einer durch Art. 9 Abs. 3 GG gerade ausgeschlossenen Tarifzensur führen und liefe somit Gefahr, das sensible und labile Gleichgewicht zwischen Geben und Nehmen zu gefährden.[524] Ein solcher, zum nationalen Recht konträrer Ansatz wäre auch hinsichtlich der eindeutig beschränkten Kompetenz in Art. 153 Abs. 5 AEUV nur schwer vertretbar und indes auch nicht notwendig, da eine unmittelbare Wirkung der Grundfreiheiten im AEUV gerade nicht vorgesehen ist.

5.2.5 Parallelen zur Grundrechtsbindung von Tarifparteien im nationalen Recht

Da sich die Grundfragen im Gemeinschaftsrecht und im deutschen Verfassungsrecht teilweise sehr ähneln, lohnt ein Blick darauf, welche Aspekte aus der verfassungsrechtlichen Diskussion in Deutschland in die gemeinschaftsrechtliche Parallelproblematik mutatis mutandis übertragen werden können.[525] Daher soll an dieser Stelle der Fokus auf die Bindung der Tarifparteien an die Grundrechte der deutschen Verfassung gelegt und mögliche Übereinstimmungen in der europarechtlichen Diskussion aufgezeigt werden. Dabei fällt auf, dass tatsächlich einige Argumente aus der deutschen Diskussion um die Frage nach der Grundrechtsbindung der Tarifvertragsparteien zu einer Lösung des vorliegenden Problems auf unionsrechtlicher Ebene beitragen können. Ob man die Grundfreiheiten nun als spezielle Form der Grundrechte qualifiziert[526] oder ihnen einen eigenständigen Charakter zubilligt, kann an diesem Punkt noch dahingestellt bleiben, da wohl Konsens darüber herrscht, dass die Grundfreiheiten zumindest grundrechtsähnliche Rechte auf Unionsebene sind. Als entscheidende Parallele ist grundsätzlich festzustellen, dass beide Garantien nur unmittelbare Wirkung

523 Kritsch diesbezüglich bereits Canaris, AcP 1984, 201 (244).

524 Jacobs/Krause/Oetker, S. 20, Rn. 39.

525 Canaris, in: Umwelt, Wirtschaft und Recht, 31 weist darauf hin, dass die Problematik der unmittelbaren Drittwirkung der Grundfreiheiten bisher weit weniger intensiv durchdacht worden ist als bezüglich der Grundrechte des Grundgesetzes und führt weitere Aspekte aus der Diskussion um eine unmittelbare Drittwirkung der Grundrechte an. Da vorliegend der Fokus jedoch auf der konkreten Frage einer unmittelbaren Direktwirkung der Grundfreiheiten für Gewerkschaften liegen soll, werden diese treffenden Argumente allgemeiner Art gegen eine unmittelbare Drittwirkung der Grundfreiheiten hier nicht näher beleuchtet.

526 So etwa Ehlers-Ehlers, § 7, S. 217, Rn. 18.

gegenüber dem Gesetzgeber entfalten, während eine direkte Wirkung für Private nicht vorgesehen ist und damit die klare Ausnahme darstellt.

Im deutschen Recht war lange die Sichtweise vorherrschend, die Tarifparteien seien unmittelbar an die Grundrechte gebunden, was vornehmlich damit begründet wurde, dass Tarifnormen als Gesetze i.S.v. Art. 1 Abs. 3 GG zu qualifizieren seien.[527] Das Bundesarbeitsgericht führte dazu aus, dass Tarifnormen Gesetze im materiellen Sinn seinen, weil sie in ihren Arbeitsbedingungen objektives Recht für die Arbeitsverhältnisse der Beteiligten setzten.[528] In diesem Zusammenhang wurde außerdem angeführt, die Rechtsetzungsmacht der Tarifparteien beruhe auf staatlicher Delegation und leite sich damit von direkt grundrechtsgebundenen Hoheitsträgern ab.[529] Dies erinnert stark an die Diskussion hinsichtlich der Drittwirkung der Grundfreiheiten, bei der mit einem vergleichbaren Gedankengang argumentiert wird. Besonders auffällig ist aber, dass zur Begründung der unmittelbaren Drittwirkung der Grundrechte für Tarifparteien die soziale Mächtigkeit der Tarifparteien angeführt wird.[530] Dieses Argument wird bei der Frage hinsichtlich des Wirkungsgrads der Grundfreiheiten geradezu identisch zur Begründung einer unmittelbaren Drittwirkung für die Tarifparteien gebraucht.

Die Diskussion in Deutschland hat sich indes gedreht. Dies beruht auf einer Grundentscheidung im deutschen Tarifrecht. Danach sind Tarifparteien nicht der staatlichen Gewalt zuzurechnen, womit auch die durch sie ausgehandelten Regelungen nicht Gesetze im materiellen Sinn darstellen. Tarifparteien werden vielmehr privatrechtlich tätig und setzen dabei kollektive Regelungen. Das ihnen dazu an die Hand gegebene Werkzeug der Tarifautonomie ist somit als verfassungsrechtlich verankerte kollektive Privatautonomie zu qualifizieren.[531] Der Tarifvertrag als Produkt dieser kollektiv ausgeübten Privatautonomie[532] unterliegt damit keiner unmittelbaren Überprüfung an den Grundrechten des Grund-

---

527 BAG v. 15.01.1955 - 1 AZR 305/54 - BAGE 1, 258 = NJW 1955, 684; BAG v. 06.04.1955 - 1 AZR 365/54 - BAGE 1, 348 = NJW 1955, 1005; Dörrwächter, S. 195 ff.; Schwarze, ZTR 1996, 1 ff.

528 Schliemann, FS Hanau, 577 (582) bezugnehmend auf BAG v. 15.01.1955 - 1 AZR 305/54 - BAGE 1, 258.

529 BAG v. 23.03.1957 - 1 AZR 329/56 - AP Nr. 16 zu Art. 3 GG = BAGE 4, 240.

530 Gamillscheg, § 16, S. 668 f; Wiedemann, RdA 1997, 297 (302).

531 Jacobs/Krause/Oetker, S. 20, Rn. 39.

532 Dazu etwa Zachert, DB 1990, 986 (987); Zöllner, S. 24 ff; Dieterich, FS Schaub, 117 (121).

gesetzes[533]. In der Konsequenz bedeutet dies, dass die staatliche Rechtsordnung einen grundrechtlichen Mindestschutz zu gewährleisten hat, Tarifverträge jedoch nicht derart intensiv an den Grundrechten zu messen sind, als wenn es sich um einen staatlichen Eingriff handle.[534] Eine unmittelbare Bindung der Tarifparteien an die Grundrechte hingegen widerspräche zum einen dem privatautonomen Charakter der Normsetzung, zum anderen liefe ein solcher Ansatz der Ableitung der Tarifautonomie aus dem Freiheitsrecht der Koalitionsfreiheit zuwider.[535] Vor allem aber die Deutung der Tarifautonomie als verfassungsrechtlich gewährleistete kollektive Privatautonomie spricht eindeutig gegen eine unmittelbare Bindung der Tarifparteien an die Grundrechte.[536] Damit hat sich die Diskussion in Deutschland mit überzeugenden Argumenten von dem Grundansatz einer unmittelbaren Wirkung der Grundrechte für die Tarifparteien verabschiedet.

Mit Blick auf Art. 153 Abs. 5 AEUV und die eingeschränkte unionsrechtliche Regelungskompetenz ist diese Sichtweise auch maßgebend auf die europarechtliche Parallelproblematik einer unmittelbaren Wirkung der Grundfreiheiten für die nationalen Tarifparteien. Geht man von einer unmittelbaren Drittwirkung aus, würde die nationale Qualifikation der Tarifautonomie als verfassungsrechtlich gewährleistete kollektive Privatautonomie geradezu konterkariert. Eine Betriebsblockade mit dem Ziel des Abschlusses eines Tarifvertrags müsste auf rein nationaler Ebene keiner direkten Überprüfung mit der in Art. 12 GG zum Ausdruck kommenden Unternehmerfreiheit standhalten, wohingegen bei grenzübergreifendem Verhalten der Streik aufgrund der unmittelbaren Wirkung der Grundfreiheiten direkt an der Niederlassungsfreiheit zu messen wäre. Der Prüfungsumfang ist somit bezüglich ein und derselben Maßnahme unterschiedlich und nimmt den Mitgliedstaaten letztlich die Möglichkeit, die Beziehungen pri-

---

533 So ausdrücklich bereits Kühling, AuR 1994, 126 (127); für eine mittelbare Wirkung der Grundrechte für die Tarifparteien auch Bayreuther, S. 236 ff; Dieterich, FS Schaub, 117 (120 ff); Schliemann, FS Hanau, 577 (583 ff); Canaris, AcP 1984, 201 (243 ff).

534 Jacobs/Krause/Oetker, S. 20, Rn. 39; auch das Bundesarbeitsgericht folgt inzwischen dieser Sichtweise BAG v. 25.02.1998 - 7 AZR 641/96 - BAGE 88, 118 = NZA 1998, 715; BAG v. 11.03.1998 - 7 AZR 700/96 - BAGE 88, 162 = NZA 1998, 716; BAG v. 27.11.2002 - 7 AZR 414/01 = NZA 2003, 812; BAG v. 27.05.2004 - 6 AZR 129/03 - BAGE 111, 8 = NZA 2004, 1399.

535 Jacobs/Krause/Oetker, S. 20, Rn. 39.

536 Löwisch/Rieble, TVG, § 1, S . 107, Rn. 219 führen dazu aus, die Tarifautonomie als privatautonome Selbstregelung eigener Arbeitsbedingungen auf kollektiver Ebene könne nur eine mittelbare Grundrechtsbindung im Wege staatlicher Schutzpflicht ermöglichen.

vater Wirtschaftsteilnehmer der Privatautonomie zu überlassen.[537] Damit entzieht der EuGH den Mitgliedstaaten ihren Handlungsspielraum und an die Stelle des nationalen Privatrechts tritt immer mehr das Unionsrecht, womit die Rolle des nationalen Gesetzgebers partiell auf den EuGH übergeht.[538] Dabei lässt der EuGH zwar eine Berufung des privaten Verbotsadressaten, namentlich der nationalen Gewerkschaften, auf zwingende Erfordernisse des Allgemeininteresses zu, dennoch ist eine Gleichbehandlung von Mitgliedstaaten und Privaten auf der Rechtfertigungsebene weder sachgerecht noch wird sie den kompetenzrechtlichen Anforderungen gerecht.[539] Eine unmittelbare Drittwirkung der Grundfreiheiten für die Tarifparteien bedeutet nämlich faktisch eine Qualifikation von kollektiven Maßnahmen und Regelungswerken als staatliche Handlungen, womit die identischen Anforderungen wie bei einer mitgliedstaatlichen Handlung gestellt werden. Genau diese Gleichsetzung wird jedoch im nationalen Recht abgelehnt, was bereits vor dem Hintergrund von Art. 153 V AEUV nicht ignoriert werden darf.

5.2.6 Allgemeinverbindlichkeitserklärung als scheinbarer Ausnahmefall

Mit Blick auf die ablehnende Argumentation einer unmittelbaren Drittwirkung der Grundfreiheiten aufgrund des privatrechtlichen Charakters der durch die Tarifparteien geschaffenen Normen stellt sich die Frage, ob dies auch bei Allgemeinverbindlichkeitserklärung eines Tarifvertrags gilt. Gemäß § 5 TVG kann ein Tarifvertrag für allgemeinverbindlich erklärt werden, was zur Folge hat, dass die Rechtsnormen dieses Tarifvertrags auch für alle sonst nicht tarifgebundenen Arbeitgeber und Arbeitnehmer innerhalb des sachlichen und räumlichen Geltungsbereichs des Tarifvertrags verbindlich werden.[540] Diese Erklärung erfolgt durch den/die Bundesarbeitsminister/in und damit durch ein Exekutivorgan des Staats, womit der Staat die Tarifvertragsnormen in seinen Willen aufnimmt[541]. Zwar stellt der für allgemeinverbindlich erklärte Tarifvertrag noch immer ein Produkt kollektiv ausgeübter Privatautonomie dar, jedoch verhilft nun staatliches Handeln zur Erweiterung seines Geltungsbereichs. Der Staat zieht also die ihm verbliebene Normsetzungsmacht unter Berücksichtigung des Vorrangs der

537 Körber, S. 783.

538 Diese Gefahr sieht Burgi, EWS 1999, 327 (330).

539 Körber, S. 784.

540 Lakies-Däubler, TVG, § 5, S. 1325, Rn. 1.

541 Körber, S. 647; Dieterich, FS Schaub, 117 (132); Lakis-Däubler, TVG, § 5, S. 1325, Rn. 1.

Tarifautonomie wieder an sich, wodurch er zum Kooperationspartner der Gewerkschaft avanciert.[542] Auf Initiative der Gewerkschaft entsteht somit eine Art Kondominium der Rechtsetzungsmacht.[543] Die Erstreckung der Normwirkung auf Außenseiter stellt mithin einen staatlichen Rechtsetzungsakt dar, welchen neben den Tarifparteien auch das zuständige Ministerium zu verantworten hat. Auch wenn dies auf Initiative der Gewerkschaft und damit eines Privaten erfolgt, muss die vollziehende Gewalt als Grundrechtsadressat im Rahmen ihrer Ermessensentscheidung sicherstellen, dass die Grundrechte der Außenseiter nicht unverhältnismäßig im Sinne des Übermaßverbots beschränkt werden.[544] Neben den Inhalts-, Abschluss- und Beendigungsnormen gelten Betriebsnormen gemäß § 3 Abs. 2 TVG sogar qua Gesetz für alle Betriebe, deren Arbeitgeber tarifgebunden sind, womit diese im Ergebnis ebenfalls dem Staat zuzurechnen sind und einer Kontrolle am Maßstab der Grundfreiheiten unterfallen.[545]

Im Ergebnis ist festzuhalten, dass es sich im Rahmen eines allgemeinverbindlichen Tarifvertrags freilich nicht um eine unmittelbare Drittwirkung der Grundfreiheiten für die Tarifparteien handelt. Zwar entstammen die zugrunde liegenden Tarifnormen quasi der Feder privatrechtlicher Organisationen, dennoch geraten sie erst dadurch in den Anwendungsbereich der Grundfreiheiten, indem der Staat ihnen zur Geltung gegenüber Dritten verhilft.[546] Nimmt der Staat in dieser Weise privat-, verbands- oder tarifautonom geschaffene Regelungen in seinen Willen auf, können sich damit alle ihnen unterworfenen Privatrechtssubjekte diesen gegenüber auf den Schutz der Grundfreiheiten berufen.[547]

5.3 Schutzpflichtenlehre als Weiterentwicklung der mittelbaren Drittwirkung

Zweifelsfrei sind Konstellationen denkbar, die aufgrund der Stärke und Strategie einer nationalen Gewerkschaft das Potenzial besitzen, die Unternehmensseite nachhaltig und effektiv von der Wahrnehmung ihrer Grundfreiheit abzuhalten, respektive in welchen keine entsprechenden Marktalternativen zur Verfügung stehen.[548] In einer solchen Lage kann der Schutz der Grundfreiheiten freilich

542 So auch Gamillscheg, FS Bae-Hyung Kim, 35 (38).
543 Isensee, in: Die Zukunft der sozialen Partnerschaft, 159 ff.
544 Dieterich, FS Schaub,117 (132).
545 Näher dazu Körber, S. 647.
546 Ausführlich dazu Wernicke, S. 203.
547 Körber, S. 647.
548 Bücker, NZA 2008, 212 (214).

nicht daran scheitern, dass deren Beeinträchtigung durch private Rechtsträger erfolgt.[549] Die Rechtsprechung des EuGH oszilliert in dieser Frage zwischen einer unmittelbaren Anwendbarkeit der Grundfreiheiten[550] einerseits und einer nur mittelbaren Wirkung[551] andererseits.[552] Angesichts der angeführten Kritikpunkte ist eine Abkehr von der unmittelbaren Direktwirkung der Grundfreiheiten für Gewerkschaften notwendig.[553] Eine Alternative zur viel gescholtenen unmittelbaren Drittwirkung der Grundfreiheiten für Private hat der EuGH in den Rechtssachen Schmidberger[554] aufgezeigt. Hier griff der Gerichtshof auf die Schutzpflichtenlehre als dogmatische Weiterentwicklung der Lehre der mittelbaren Drittwirkung zurück.[555] Danach verhelfen die Mitgliedstaaten mittels ihrer Gesetzgebung oder Rechtsprechung den Grundfreiheiten zu ihrer Durchsetzung gegenüber Privaten.[556] Anstatt einer unmittelbaren Bindung Privater kommt es zu einer indirekten Drittwirkung der Grundfreiheiten[557], in deren Konsequenz die Mitgliedstaaten verpflichtet sind, dafür zu sorgen, dass ihre Privatrechtsordnung im Einklang mit den Grundfreiheiten steht[558]. Folglich sind nicht Arbeitnehmerorganisationen, sondern der betreffende Mitgliedstaat bzw. die Union Anspruchsgegner.[559] Einschränkend muss aber bereits an dieser Stelle betont werden, dass nicht jegliches faktische Verhalten Privater untereinander an den Grundfreiheiten überprüft werden kann, da dies zu tief in die Kompetenzen der Mitgliedstaaten eingreifen würde.[560]

Damit bleibt festzuhalten, dass bei diskriminierendem privatautonomem Handeln die Grundfreiheiten ähnlich der nationalen Grundrechte nur Ansprüche

---

549 Konzen, FS Buchner, 461 (467).

550 EuGH v. 12.12.1974 - Rs. 36/74 - Walrave - Slg. 1974, 1405 = NJW 1975, 1093; EuGH v. 15.12.1995 - Rs. C-415/93 - Slg. 1995, I-4921 = NVwZ 1996, 365; EuGH v. 06.06.2000 - Rs. C-281/98 - Slg. 2000, I-4139 = NJW 2000, 3634; EuGH v. 19.02.2002 - Rs. C-309/99 - Wouters - Slg. 2002, I-1577 = BB 2002, 469.

551 EuGH v. 09.12.1997 - Rs. C-265/95 - Kommission/Frankreich - Slg. 1997, I-6959 = EuZW 1998, 84; EuGH v. 12.06.2003 - Rs. C-112/00 - Schmidberger - Slg. 2003, I-5659 = EuZW 2003, 592 ff.

552 Krause, S. 119.

553 So auch Graber, S. 249.

554 EuGH v. 12.06.2003 - Rs. C-112/00 - Schmidberger - Slg. 2003, I-5659 = EuZW 2003, 592 ff.

555 Die Zuordnung der Schutzpflichtenlehre zur Drittwirkungsproblematik wird unterschiedlich beurteilt, vgl. dazu Ruffert, S. 144 f.

556 Konzen, FS Buchner, 461 (467).

557 Ganten, S. 90 ff.

558 Remmert, Jura 2003, 13 (14 ff).

559 Heuschmid-Däubler, Arbeitskampfrecht, § 11, S. 206, Rn. 141.

560 Witzke, S. 51.

gegen den Staat bzw. die Union vermitteln.[561] Kompetenztechnisch betrachtet hat die Lösung über Schutzpflichten den Vorzug, dass es zu bedeutend weniger Eingriffen in den Souveränitätsbereich der Mitgliedstaaten kommt, da die Handlungskompetenz zum Ausgleich der unterschiedlichen privaten Interessen bei den Mitgliedstaaten verbleibt.[562]

5.4 Grundfreiheiten als Betätigungsgarantien der Gewerkschaften

Berechtigte der Grundfreiheiten sind sowohl die Staatsangehörigen der Mitgliedstaaten als auch kraft ausdrücklicher Anordnung gemäß Art. 54 Abs. 1, 62 AEUV Gesellschaften im Bereich der Dienstleistungs- und Niederlassungsfreiheit.[563] Im Wesentlichen macht das jeweilige Tarif- und Arbeitskampfrecht bislang an den Staatsgrenzen Halt.[564] Berufen sich Gewerkschaften anderer Mitgliedstaaten als Dienstleister ihrer Mitglieder auf die Dienstleistungsfreiheit und verlangen Zutritt zum deutschen Koalitions- und Tarifsystem, könnten sie sich gegen übermäßige Zutrittserschwerungen richten und damit die Grundfreiheiten als Hebel gegen das nationale Koalitions- und Tarifsystem nutzen.[565]

Fraglich ist jedoch, ob die grenzüberschreitende Koalitionsbetätigung überhaupt von der Dienstleistungsfreiheit erfasst respektive die Koalitionsbetätigung überhaupt als Dienstleistung im Sinne von Art. 56, 57 AEUV zu qualifizieren ist.[566] Bevor jedoch eine Qualifikation der Koalitionstätigkeit als mögliche Dienstleistung im Sinne von Art. 56 AEUV vorgenommen werden kann, muss diese von der Niederlassungsfreiheit gemäß Art. 49 AEUV abgegrenzt werden.[567] Gründet eine Gewerkschaft eine Niederlassung in einem anderen Mitgliedstaat, greift die Niederlassungs- und nicht die Dienstleistungsfreiheit.[568] Zur Frage, ob die grenzübergreifende Koalitionstätigkeit von Art. 56 AEUV erfasst

561 Ehlers-Ehlers, § 7, S. 237, Rn. 53.

562 Heuschmid-Däubler, Arbeitskampfrecht, § 11, S. 206, Rn. 142; Kocher, in: Europäische Gesellschaftsverfassung, 161 (178).

563 Ehlers-Ehlers, S. 230, Rn. 40 ff.

564 Gerber, ZfA 2008, 311 (316).

565 Greiner, S. 161, weist darauf hin, dass diese Konstellation zwar noch nicht relevant wurde, aber durchaus denkbar erscheint. Kocher, AuR 2008, 13 (14) befürchtet einen Missbrauch der Grundfreiheiten als „Angriffshebel gegen die mitgliedstaatlichen Sozialmodelle".

566 Greiner, S. 166.

567 Allgemein zur Abgrenzung Tietje-Ehlers, § 10, S. 342, Rn. 26.

568 Greiner, S. 166.

wird, hat das BAG in einem Urteil zur Tariffähigkeit bereits Stellung bezogen und eine Anfrage an den EuGH aufgrund mangelnder Eröffnung des Anwendungsbereichs der Dienstleistungsfreiheit abgelehnt.[569] Die Richter stellten fest, das Erfordernis der Mächtigkeit einer Gewerkschaft tangiere die Dienstleistungsfreiheit im Sinne von Art. 49 EG (heute: Art. 56 AEUV) nicht in der Weise, als dass Arbeitnehmervereinigungen aus anderen Mitgliedstaaten die Tätigkeit in der Bundesrepublik Deutschland erschwert werde und lehnten eine diesbezügliche Anfrage beim EuGH ab.[570] Aus Sicht des BAG scheitert es damit schon am Anwendungsbereich von Art. 49 EG (heute: Art. 56 AEUV), da die Gewerkschaften gegenüber ihren Mitgliedern in der Hauptsache keine Dienstleistungen im Sinne der Dienstleitungsfreiheit erbringen. Europarechtsfreundlicher erscheint es dagegen, Art. 56 AEUV bei grenzüberschreitender Tätigkeit von Koalitionen anzuwenden und auf Rechtfertigungsebene dem nationalen Gesetzgeber als Ausfluss von Art. 153 Abs. 5 AEUV einen weiten Handlungsspielraum einzuräumen.[571]

5.5 Erhöhter transnationaler Lohnkostenwettbewerb als Zwischenbilanz

Auf einige Urteile des EuGH im Zusammenhang mit kollektiven Maßnahmen und dem Abschluss von Tarifverträgen wurde bereits verwiesen. In diesem Zusammenhang wurden die entscheidenden Vorfragen geklärt, um sich nun der Frage zuwenden zu können, wie sowohl der Tarifautonomie als Betätigungsgarantie der Gewerkschaften auf der einen als auch den Grundfreiheiten als unionsrechtliche Ausprägung der Unternehmerfreiheit auf der anderen Seite Rechnung getragen werden kann. Da die Anforderungen für staatliches und privates Handeln unterschiedlich sind, muss dabei berücksichtigt werden, ob sich der Sachverhalt zwischen rein Privaten abspielt oder der Staat involviert ist.

Erklärtes Ziel der Grundfreiheiten ist die Schaffung eines europäischen Binnenmarkts, in dem unternehmerische Tätigkeiten grenzüberschreitender Art ungestört von staatlichen Einflüssen und Restriktionen möglich sind. Diese der Intention eines gemeinsamen Markts zuträgliche Grundentscheidung bedingt aber auch einen erhöhten transnationalen Lohnkostenwettbewerb. Dabei können Unternehmen zur Erbringung von Dienstleistungen ihre Mitarbeiter in andere Mitgliedstaaten entsenden oder aus Kostenersparnisgründen ihr Unternehmen in

---

569 BAG v. 28.03.2006 - 1 ABR 58/04 - BAGE 117, 308 = NZA 2006, 1112 ff.

570 BAG v. 28.03.2006 - 1 ABR 58/04 - BAGE 117, 308 = NZA 2006, S. 1117, Rn. 49.

571 Ähnlich auch Greiner, S. 170 ff.

einen anderen Mitgliedstaat verlagern. Die Arbeitnehmerentsendung und die Standortverlagerung stellen somit die Grundkonstellationen transnationalen Lohnkostenwettbewerbs dar.[572] Die europäische Rechtsprechung hatte bereits Gelegenheit, zu beiden Konstellationen Stellung zu nehmen. Bereits an dieser Stelle sei vermerkt, dass die durch den Europäischen Gerichtshof in diesem Bereich ergangenen Judikate nur teilweise zu überzeugen vermögen.

---

572 Kocher, in: Europäische Gesellschaftsverfassung, 161 (165).

6 Standortverlagerungen als Ausfluss der Niederlassungsfreiheit

6.1 Arbeitskämpfe gegen Unternehmensverlagerungen

Die unionsrechtlichen Grundfreiheiten finden nur Anwendung, wenn die betroffenen Personen bzw. Unternehmen von ihrem unionsrechtlich verbürgten Niederlassungs- oder Dienstleistungsrecht Gebrauch machen.[573] Folglich kann es vorliegend nur um Arbeitskämpfe gehen, welche Berührungspunkte mit dem Unionsrecht haben und nicht ausschließlich innerstaatliche Bezüge aufweisen.[574] Zudem sind Sachverhalte, welche Drittstaaten betreffen, ebenfalls nicht vom Unionsrecht umfasst. Als Beispiel seien die Verweigerung der Abfertigung eines Billig-Schiffes aus Panama in einem europäischen Hafen oder die Verlagerung eines niederländischen Unternehmens ins chinesische Shenzhen genannt.[575] Berührungspunkte von Arbeitskampfmaßnahmen und Tarifverhandlungen mit den Grundfreiheiten sind danach im Rahmen einer geplanten Standortverlagerung in einen anderen Mitgliedstaat denkbar. Bei inzwischen 27 Mitgliedsländern und einem entsprechenden Gefälle im Rahmen der Arbeitskosten und Steuerabgaben kann es für einen Unternehmer durchaus attraktiv erscheinen, seine Produktion in einen anderen Mitgliedstaat der Europäischen Union zu verlagern. Dabei spielt die Niederlassungsfreiheit als eine der Grundfreiheiten eine ausschlaggebende Rolle. Entscheidet sich ein Unternehmen, einem Mitgliedstaat den Rücken zu kehren, bleibt dies selbstverständlich nicht ohne Folgen für die Arbeitnehmer im Ursprungsland. Gehen die betroffenen Arbeitnehmer mit einem Arbeitskampf gegen die geplante Standortverlagerung ins europäische Ausland vor[576], könnte ein nationaler Arbeitskampf eine potentielle Bedrohung für die Niederlassungsfreiheit des Arbeitgebers darstellen. Die Entscheidung Viking Line bildet diesbezüglich einen wichtigen Anknüpfungspunkt und gibt

---

573 Borchardt, § 10, S. 475, Rn. 1102.

574 Vgl. zum Merkmal des grenzüberschreitenden Bezugs im Rahmen der Niederlassungsfreiheit etwa EuGH v. 26.01.1993 - Rs. C-112/91 - Werner - Slg. 1993, I-429 = NJW 1993, 995.

575 Detailliert zu dieser Problematik Däubler, AuR 2008, 409 (410 f).

576 So geschehen im Fall EuGH v. 11.12.2007 - Rs. C-438/05 - Viking Line - Slg. 2007, I-10779 = EuZW 2008, 246.

Aufschluss darüber, wie die europäische Rechtsprechung in solchen Fällen verfährt.[577]

6.2 Die Rechtssache Viking Line

An der Viking Line-Entscheidung des Europäischen Gerichtshofs waren auf Gewerkschaftsseite die Internationale Transportarbeiter-Föderation (ITF) und die finnische Gewerkschaft Finnish Seamen´s Union (FSU) beteiligt. Das skandinavische Fährunternehmen Viking Line ABP und seine hundertprozentige estnische Tochtergesellschaft OÜ Viking Line Eesti machten eine Verletzung von Art. 43 EGV (heute: Art. 49 AEUV) geltend. Dreh- und Angelpunkt der Entscheidung war die Frage, inwieweit nationale Arbeitskampfmaßnahmen das Potential haben, die Niederlassungsfreiheit eines Arbeitgebers zu beeinträchtigen und wie in solchen Fällen zu verfahren ist. Das durch Viking Line betriebene Fährschiff namens Rosella verkehrte zwischen dem estnischen Tallinn und dem finnischen Helsinki. Da das Schiff unter finnischer Flagge fuhr, wurde die Besatzung nach finnischen Tariflöhnen bezahlt. Um Kosten zu sparen, plante Viking Line, das Fährschiff von Finnland nach Estland umzuflaggen, um in diesem Zuge statt finnischer Gesetze und Tarifverträge estnisches Recht auf die Arbeitsverhältnisse der Arbeitnehmer anwenden zu können. Damit erhoffte sich das Unternehmen, das Schiff mit niedrigeren Kosten betreiben zu können und somit einen Lohnkostenvorteil gegenüber den Konkurrenten zu erlangen. Die finnische Gewerkschaft FSU wendete sich erwartungsgemäß entschieden gegen dieses Vorhaben und drohte mit Arbeitskampfmaßnahmen. Erklärte Intention der FSU war der Abschluss eines Tarifvertrags, welcher der Reederei auch nach Umflaggung des Schiffes vorschreibt, finnisches Arbeitsrecht anzuwenden. Somit hätte es auch wenig Sinn gemacht, das finnische Personal durch estnische Kollegen zu ersetzen. Zudem sollte tarifvertraglich erklärt werden, dass auf die Entlassung finnischer Arbeitnehmer verzichtet wird. Neben dieser Streikandrohung bat die FSU die Kollegen der Internationalen Transportarbeiter-Föderation (ITF) um Unterstützung. Die ITF als ein globaler Gewerkschaftsverband mit mehr als 750 Gewerkschaften im Bereich Transport und Verkehr organisiert eigenen Angaben zufolge solidarische Unterstützung auf internationaler Ebene, falls Verkehrsgewerkschaften in einem Land mit Arbeitgebern oder der Regierung in Konflikt geraten und direkte Hilfe von Gewerkschaften in anderen Län-

577 EuGH v. 11.12.2007 - Rs. C-438/05 - Viking Line - Slg. 2007, I-10779 = EuZW 2008, 246.

dern benötigen.[578] In der Folge des Hilfeersuchens der nationalen Gewerkschaft FSU rief die ITF in einem Rundschreiben alle Mitgliedsorganisationen auf, bis auf weiteres keine Tarifverhandlungen mit dem Unternehmen Viking Line zu führen und drohte für den Fall der Nichtbeachtung Sanktionen an. Dem Aufruf der ITF kamen alle Mitgliedsgewerkschaften ohne Ausnahme nach.

Nachdem Viking Line vor einem finnischen Gericht unterlegen war, leitete das Unternehmen aufgrund des Sitzes der ITF in London ein Verfahren vor den englischen Gerichten ein. Von der ITF wurde dabei begehrt, ihr Rundschreiben zurückzuziehen. Die FSU sollte dagegen zur Unterlassung von Maßnahmen verpflichtet werden, welche die Niederlassungsfreiheit von Viking Line beeinträchtigen. Der High Court of Justice folgte zunächst dem Antrag von Viking Line. Im anschließenden Berufungsverfahren setzte der Court of Appeal das Verfahren aus und legte den Rechtsstreit dem Europäischen Gerichtshof zur Vorabentscheidung vor.

6.3 Die Entscheidung des EuGH im Fall Viking Line

Der EuGH wendet sich in seiner Begründung zunächst grundsätzlichen Fragen zu und stellt fest, dass Tarifverträge sowie gewerkschaftliche Maßnahmen zu ihrer Durchsetzung nicht vom Anwendungsbereich des Art. 43 EGV (heute: Art. 49 AEUV) ausgenommen sind.[579] Dazu stellt der Gerichtshof fest, dass nicht nur staatliches Handeln von der Niederlassungsfreiheit erfasst werde, sondern auch für kollektive Regelwerke gelte, welche die abhängige Beschäftigung regeln.[580] Aus Sicht des EuGH lässt auch der Regelungsausschluss in Art. 137 Abs. 5 EGV (heute: Art. 153 Abs. 5 AEUV) diesbezüglich keinen anderen Schluss zu.[581] Die Luxemburger Richter verweisen in diesem Zusammenhang ergänzend auf den Anwendungsvorrang des Gemeinschaftsrechts und stellen fest, dass die Grundfreiheiten auch in den Bereichen gelten, in welchen die Gemeinschaft nicht zuständig ist.[582]

Gegenteiliges ergibt sich aus Sicht des EuGH auch nicht aus der Anerkennung des Rechts auf Durchführung einer kollektiven Maßnahme einschließlich

578 Näher dazu http://www.itfglobal.org/about-us/moreabout.cfm (zuletzt abgerufen am 13.03.2013).

579 EuGH v. 11.12.2007 - Rs. C-438/05 - Viking Line - Slg. 2007, I-10779 (10823, Rn. 32).

580 EuGH v. 11.12.2007 - Rs. C-438/05 - Viking Line - Slg. 2007, I-10779 (10823, Rn. 33).

581 EuGH v. 11.12.2007 - Rs. C-438/05 - Viking Line - Slg. 2007, I-10779 (10825, Rn. 39).

582 EuGH v. 11.12.2007 - Rs. C-438/05 - Viking Line - Slg. 2007, I-10779 (10823, Rn. 33).

eines Streiks als unionsrechtliches Grundrecht.[583] Außerdem macht er EuGH klar, dass er eine Übertragung der Grundsätze aus seiner Albany-Entscheidung[584] und damit eine Bereichsausnahme in diesem Zusammenhang ablehnt.[585] Mit der Anerkennung einer unmittelbaren Drittwirkung der Grundfreiheiten stellt der EuGH eine entscheidende Weiche für seine weitere Argumentation. Danach ist Art. 43 EGV (heute: Art. 49 AEUV) geeignet, einem Privatunternehmen Rechte zu verleihen, auf die es sich gegenüber einer Gewerkschaft oder einem Gewerkschaftsverbund berufen könne.[586] Zur Begründung der Direktwirkung der Grundfreiheiten verweist der Gerichtshof auf seine Rechtsprechung zur unmittelbaren Drittwirkung der Arbeitnehmerfreizügigkeit.[587] Begründet wird dies mit den kollektiven Maßnahmen der Gewerkschaft, die auf Abschluss einer Regelung abzielen, welche Arbeitsbedingungen der betroffenen Arbeitnehmer kollektiv regelt.[588] Zudem erblickt der EuGH in den kollektiven Maßnahmen der lokalen Gewerkschaft FSU und des Gewerkschaftszusammenschlusses ITF eine Beschränkung der Niederlassungsfreiheit.[589] Da es Viking Line nicht möglich sei, die im Aufnahmemitgliedstaat vorherrschenden günstigeren Bedingungen gleich den anderen Wirtschaftsteilnehmern für sich zu nutzen, wird aus Sicht des EuGH durch den in Aussicht gestellten Arbeitskampf der Gebrauch der Niederlassungsfreiheit erschwert.[590] Das Rundschreiben der ITF qualifiziert der Gerichtshof als geeignete Maßnahme zur Beschränkung der Ausübung der Niederlassungsfreiheit.[591]

Das abgeleitete Unionsgrundrecht auf kollektive Maßnahmen findet bei der Frage der Rechtfertigung der Beschränkung dagegen keine Erwähnung mehr.[592] Vielmehr führt der Gerichtshof nun den Schutz der Arbeitnehmer als zwingenden Grund des Allgemeininteresses an und stellt diesen in die Abwägung mit der Niederlassungsfreiheit ein.[593] Letztlich überlässt der EuGH diese Abwägungsentscheidung zwar den nationalen Gerichten, lässt es sich aber nicht nehmen,

---

583 EuGH v. 11.12.2007 - Rs. C-438/05 - Viking Line - Slg. 2007, I-10779 (10826, Rn. 43).
584 EuGH v. 21.09.1999 - Rs. C-67/96 - Albany - Slg. 1999, I-5751 (5881, Rn. 54).
585 EuGH v. 11.12.2007 - Rs. C-438/05 - Viking Line - Slg. 2007, I-10779 (10827, Rn. 48).
586 Krieger/Wiese, BB 2010, 568 (569).
587 EuGH v. 11.12.2007 - Rs. C-438/05 - Viking Line - Slg. 2007, I-10779 (10829, Rn. 57).
588 EuGH v. 11.12.2007 - Rs. C-438/05 - Viking Line - Slg. 2007, I-10779 (10830, Rn. 60).
589 EuGH v. 11.12.2007 - Rs. C-438/05 - Viking Line - Slg. 2007, I-10779 (10832, Rn. 68).
590 EuGH v. 11.12.2007 - Rs. C-438/05 - Viking Line - Slg. 2007, I-10779 (10833, Rn. 72).
591 EuGH v. 11.12.2007 - Rs. C-438/05 - Viking Line - Slg. 2007, I-10779 (10833, Rn. 72).
592 EuGH v. 11.12.2007 - Rs. C-438/05 - Viking Line - Slg. 2007, I-10779 (10834, Rn. 75).
593 EuGH v. 11.12.2007 - Rs. C-438/05 - Viking Line - Slg. 2007, I-10779 (10834, Rn. 75-79).

diese mit zahlreichen Vorgaben zu flankieren.[594] Aus Sicht des EuGH muss erwiesen sein, dass die (Arbeitskampf-) Maßnahmen geeignet sind, die Erreichung eines legitimen Ziels zu gewährleisten, wobei diese nicht über das Notwendige zur Erreichung dieses Ziels hinausgehen dürfen.[595] Die Entscheidung, ob im konkreten Fall eine kollektive Maßnahme überhaupt dem Arbeitnehmerschutz dient, soll dem zuständigen nationalen Gericht obliegen.[596] Allerdings wird in der Beurteilung zwischen der Rechtfertigung der kollektiven Maßnahmen der nationalen Gewerkschaft FSU und denen des internationalen Gewerkschaftsverbunds ITF differenziert.

Die Maßnahmen der nationalen Gewerkschaft FSU können laut EuGH als dem Ziel des Arbeitnehmerschutzes dienlich angesehen werden, sofern erwiesen ist, dass die fraglichen Arbeitsplätze oder Arbeitsbedingungen tatsächlich gefährdet oder ernstlich bedroht sind.[597] In diesem Zusammenhang erscheint es inkonsequent, dass sich der EuGH trotz Delegation der Entscheidung auf die nationalen Gerichte dezidiert zum Rechtfertigungsgrund der ernsthaften Gefährdung von Arbeitsplätzen äußert. Dies mag der Tatsache geschuldet sein, dass sich die zehnte Vorlagefrage des nationalen Gerichts mit der Einordnung einer Zusicherung des Arbeitgebers beschäftigte, aus welcher hervorgeht, dass die Arbeitsplätze und die bisherigen Arbeitsbedingungen der Arbeitnehmer nicht gefährdet seien. In diesem Fall würde das Vorlagegericht wohl zunächst aufklären müssen, ob aus einer möglichen Zusicherung der Viking Line auch eindeutig zu folgern ist, dass die Arbeitsplätze und die bisherigen Arbeitsbedingungen nicht gefährdet sind. Eine Erklärung alleine, keine Kündigung vorzunehmen, kann jedoch nicht ausreichen, um eine Bedrohung der Arbeitsplätze auszuschließen. Vielmehr müsste dieser Erklärung dasselbe Maß an Verbindlichkeit wie beim Vorliegen eines Tarifvertrags zugrundeliegen.[598] Dies hat zur Folge, dass bei Nichtvorliegen einer entsprechenden Erklärung es darauf ankommen würde, ob die FSU als tätige Gewerkschaft mildere Mittel gehabt hätte, um die gewünschte Regelung zu erreichen.[599] Damit dürfte der Gefährdungstatbestand in den meisten Fällen erfüllt sein.[600] Im weiteren Verlauf gibt der EuGH den

---

594 EuGH v. 11.12.2007 - Rs. C-438/05 - Viking Line - Slg. 2007, I-10779 (10835, Rn. 80 ff).

595 EuGH v. 11.12.2007 - Rs. C-438/05 - Viking Line - Slg. 2007, I-10779 (10838, Rn. 90).

596 Krieger/Wiese, BB 2010, 568 (569).

597 EuGH v. 11.12.2007 - Rs. C-438/05 - Viking Line - Slg. 2007, I-10779 (10836, Rn. 84).

598 Däubler, AuR 2008, 409 (416).

599 Bücker, NZA 2008, 212 (214) in seiner Abhandlung zum Urteil Viking Line.

600 Bayreuther, EuZA 2008, 395 (402); Däubler, AuR 2008, 409 (416).

nationalen Gerichten auf, die Maßnahme einer Verhältnismäßigkeitsprüfung in Form der Geeignetheit und Erforderlichkeit zu unterziehen.

Im Hinblick auf die Unterstützungsmaßnahmen der ITF in Form des Rundbriefs betont der EuGH, dass deren Politik vor dem Hintergrund der Niederlassungsfreiheit objektiv nicht zu rechtfertigen ist.[601] Das Bestreben der ITF, ein Recht auf Tarifverhandlungen allein der Gewerkschaft des Staats vorzubehalten, in dem der wirtschaftliche Eigentümer eines Schiffs seinen Sitz hat, ist aus Sicht des EuGH nicht zu rechtfertigen.[602] Der Gerichtshof erblickt in den Maßnahmen der ITF eine Art Vereitelungsabsicht hinsichtlich der Niederlassungsfreiheit der betroffenen Reeder, da nicht sichergestellt sei, dass deren Politik nicht auch dann zur Anwendung kommt, wenn es sich um eine Umflaggung in einen Staat mit einem höheren Schutzniveau handelt.[603]

6.4 Kritische Bewertung und Würdigung

6.4.1 Übertragbarkeit auf Betriebsverlagerungen innerhalb der Union

Da Art. 43 EGV (heute: Art. 49 AEUV) die freie Standortwahl innerhalb der Europäischen Union garantiert, ergeben sich aus der Viking Line-Entscheidung unmittelbare Konsequenzen für grenzüberschreitende Standortverlagerungen. Die Kernfrage des Falls lautet: Wird die Niederlassungsfreiheit einer Reederei durch Arbeitskampfmaßnahmen („kollektive Maßnahme“) verletzt, welche zum Ziel haben, die Reederei an der Umflaggung eines Schiffs in einen anderen Mitgliedstaat zu verhindern?[604] Die in der Entscheidung für den Spezialfall des Umflaggens eines Schiffs entwickelten Grundsätze sind selbstverständlich auch auf eine klassische Betriebsverlagerung übertragbar.[605] Dies gilt jedoch nur bei Sachverhalten, bei welchen die Grundfreiheiten Anwendung finden.[606] Nach ständiger Rechtsprechung des EuGH bedeutet dies, dass für rein innerstaatliche Betriebsverlagerungen Art. 49 AEUV keine Anwendung findet.[607] In diesen

601 EuGH v. 11.12.2007 - Rs. C-438/05 - Viking Line - Slg. 2007, I-10779 (10837, Rn. 88 ff).

602 Bücker, NZA 2008, 212 (214) in seiner Abhandlung zum Urteil Viking Line.

603 EuGH v. 11.12.2007 - Rs. C-438/05 - Viking Line - Slg. 2007, I-10779 (10837, Rn. 88 f).

604 Junker, ZfA 2009, 281 (287).

605 Krieger/Wiese, BB 2010, 568 (569).

606 Anders etwa Wedl, DRdA, 291 (299).

607 Calliess/Ruffert-Bröhmer, Art. 49 AEUV Rn. 6.

Fällen ist folglich nur die nationale Rechtsprechung maßgeblich. Für Verlagerungen in Staaten außerhalb der EU greifen die Grundfreiheiten freilich auch nicht. Damit sind die Maßstäbe der Viking Line-Entscheidung nur an Arbeitskampfmaßnahmen gegen Standortverlagerungen innerhalb der Europäischen Union anzulegen.[608] Fraglich ist damit, ob sich aus der EuGH-Entscheidung direkte Unterschiede zwischen rein innerstaatlichen Verlagerungen respektive Verlagerungen in Nicht-EU-Mitgliedstaaten und Betriebsumsiedelungen in einen anderen Mitgliedstaat ergeben. Dies wäre ein erstes Indiz für ein europäisches Tarifrecht.

6.4.2 Arbeitskämpfe um Tarifsozialpläne

6.4.2.1 Differenzen zwischen deutscher und europäischer Rechtsprechung

Tarifverhandlungen aus Anlass von Standortentscheidungen werden vielfach mit der Intention geführt, den Arbeitgeber zu Qualifizierungsmaßnahmen zu bewegen, Abfindungen für die ausscheidenden Mitarbeiter festzulegen, oder die Fristen für betriebsbedingte Kündigungen zu verlängern.[609] Führen die Arbeitnehmer für diese Forderungen einen Arbeitskampf, sehen sie sich oft dem Einwand ausgesetzt, die Tarifforderungen seien so exorbitant, dass sich die beabsichtigte Betriebsänderung letztlich als unwirtschaftlich und damit unmöglich darstellt.

Die deutsche Rechtsprechung ist dieser Argumentation jedoch nicht gefolgt und erachtete derartige Streiks als rechtmäßig.[610] Auch das BAG teilte letztlich diese Ansicht und führt dazu aus, dass der Umfang einer Arbeitskampfforderung, welche auf ein tariflich regelbares Ziel abzielt, aufgrund der durch Art. 9 Abs. 3 GG gewährleisteten Koalitionsbetätigungsfreiheit und im Interesse der Funktionsfähigkeit der Tarifautonomie keiner gerichtlichen Kontrolle unterliegt.[611] Diese Sichtweise wird auch dem verfassungsrechtlichen Verständnis der Tarifautonomie als Ausübung privatautonomer Handlungsfreiheit auf kollektiver Ebene gerecht.[612] Die Tarifautonomie ist den Gewerkschaften an die Hand gegeben, um das strukturelle Ungleichgewicht zwischen Arbeitgeber und Arbeitnehmer auszugleichen. Ein einzelner Arbeitnehmer könnte alleine nur wenig

608 Junker, ZfA 2009, 281 (290).

609 Kühling/Bertelsmann, NZA 2005, 1017 (1020).

610 LAG Schleswig-Holstein v. 27.03.2003 - 5 Sa 137/03 = NZA-RR 2003, 592; LAG Niedersachsen v. 02.06.2004 - 7 Sa 819/04 = NZA-RR 2005, 200.

611 BAG v. 24.04.2007 - 1 AZR 252/06 - BAGE 122, 134 = NJW 2007, 3660.

612 Genauer dazu Dieterich, FS Schaub, 117 (120 ff).

ausrichten, weshalb die Gewerkschaften die Grundrechtspositionen ihrer Mitglieder bündeln und so zu einem einflussreichen Verhandlungspartner avancieren. Ausgehend von diesem Verständnis begegnen sie dem Arbeitnehmer als Vertragspartner auf Augenhöhe. Tarifforderungen als solche üben noch keinen Zwang auf den Verhandlungspartner aus, sondern stellen eine Maximalforderung dar, der die Gegenseite ihr Verhandlungsgewicht entgegensetzen kann. Selbstredend kann dies nur für tariflich regelbare Ziele gelten. Nicht ohne Grund hat der Staat den Tarifvertragsparteien die Regelungskompetenz für den Bereich der Arbeitsbedingungen an die Hand gegeben. Durch eine richterliche Überprüfung der Tarifforderungen wäre diese Grundentscheidung nur Makulatur.[613] Ausgangspunkt der Prüfung des BAG ist die Koalitionsfreiheit der Gewerkschaften und die Frage, ob es sich bei deren Forderungen um ein tariflich regelbares Ziel handelt.[614]

Der EuGH schlägt einen anderen Weg ein und möchte die Streikmaßnahmen anhand der Niederlassungsfreiheit überprüft sehen.[615] Ein generelles Verbot von Arbeitskämpfen gegen Standortverlagerungen ist der Entscheidung zwar nicht zu entnehmen[616], dennoch kann ein Arbeitskampf einen Eingriff in die Niederlassungsfreiheit darstellen und somit zu rechtfertigen sein. Wann ein solcher Eingriff vorliegen soll und welche Konsequenzen sich daraus ergeben, bleibt jedoch weitgehend im Dunkeln oder wird nur sehr oberflächlich behandelt.[617] Laut EuGH ist die Eingriffsschwelle überschritten, wenn eine Arbeitskampfmaßnahme die geplante Standortverlagerung weniger attraktiv oder sogar zwecklos erscheinen lässt.[618] Dazu wird vertreten, dass nicht jede Tarifforderung nach sozialer Absicherung der Arbeitnehmer tatbestandsmäßig sei, sondern nur ein Verlangen, welches das wirtschaftliche Ziel, die beabsichtigte Betriebsverlagerung, faktisch erheblich erschweren oder gar vereiteln würde.[619] Richtig greifbar ist jedoch auch diese Anforderung nicht. Allerdings ergibt sich daraus, dass ein Eingriff in die Niederlassungsfreiheit nicht auf die Forderung nach einer

613 So auch Kühling/Bertelsmann, NZA 2005, 1017 (1020).

614 Krieger/Wiese, BB 2010, 562 (570).

615 Heuschmid-Däubler, Arbeitskampfrecht, § 11, S. 181, Rn. 77.

616 So auch auch Heuschmidt-Däubler, Arbeitskampfrecht, § 11, S. 181, Rn. 77.

617 Bücker, NZA 2008, 212 bemängelt in einer Grundsatzkritik an dem Urteil zu Recht, dass der EuGH mit der Anwendbarkeit der Niederlassungsfreiheit gegenüber gewerkschaftlichen Maßnahmen und der Anerkennung des Streikrechts auf unionsrechtlicher Ebene zwar tiefgreifende Schritte vollzogen hat, jedoch viele Fragen wie etwa nach einem stimmigen Ausgleich zwischen Niederlassungs- und Koalitionsfreiheit oder dem Inhalt eines unionsrechtlichen Streikrechts weitgehend offen geblieben sind.

618 EuGH v. 11.12.2007 - Rs. 438/05 - Viking Line - Slg. 2007, I-10779 (10833, Rn. 72).

619 Franzen, FS Buchner, 231 (237).

Standortgarantie beschränkt ist, sondern auch beim Verlangen nach Qualifizierungsmaßnahmen oder erhöhten Abfindungen gegeben sein kann.[620]

Problematisch ist vor allem die Rechtfertigung eines solchen Eingriffs in die Niederlassungsfreiheit. Wie beschrieben, soll diese laut des Gerichtshofs davon abhängen, ob mit der kollektiven Maßnahme ein berechtigtes und mit den Verträgen in Einklang stehendes Ziel verfolgt wird, welches zudem durch zwingende Gründe des Allgemeinwohls gerechtfertigt ist.[621] Als legitimes Ziel eines Arbeitskampfs sieht der EuGH regelmäßig den Arbeitsschutz an[622], womit sich diesbezüglich keine größeren Probleme ergeben dürften. Damit wird es bei kollektiven Maßnahmen gegen Standortverlagerungen in aller Regel auf das vom EuGH gestellte Erfordernis der Verhältnismäßigkeit ankommen.[623] Der Arbeitskampf muss somit geeignet und erforderlich sein, um die Erreichung des Arbeitnehmerschutzes sicherzustellen.[624] Grundsätzlich hat der Gerichtshof diese Überprüfung den nationalen Gerichten überlassen, macht aber mit seinem Urteil Viking Line klare Vorgaben, wie er sich diese Prüfung vorstellt und lässt dabei deutliche Unterscheide zur deutschen Rechtsprechung erkennen.

Zwar stellt auch das BAG Arbeitskampfmaßnahmen unter das Gebot der Verhältnismäßigkeit.[625] Damit kommt jedoch nur das Ultima-Ratio-Prinzip zum Ausdruck, welches besagt, dass vor Streikaktionen alle Verständigungsmöglichkeiten ausgeschöpft sein müssen.[626] Inzwischen wird das Verhältnismäßigkeitsprinzip im Rahmen von Streikmaßnahmen vornehmlich als Mittel gesehen, um Arbeitskämpfe und die dadurch tangierten Grundrechte des Arbeitgebers zu einem möglichst schonenden Ausgleich zu bringen.[627] Auf Art. 9 Abs. 3 GG kann sich danach nicht mehr berufen werden, wenn in nicht mehr hinnehmbaren Umfang in die Rechte des Arbeitgebers eingegriffen wird.[628] Wie hoch die Hürden diesbezüglich anzusetzen sind, beweist die in diesem Zusammenhang verwendete Formulierung, ein Arbeitskampf dürfe nicht die wirtschaftliche Exis-

620 Junker, ZfA 2009, 281 (291).

621 EuGH v. 11.12.2007 - Rs. C-438/05 - Viking Line - Slg. 2007, I-10779 (10834, Rn. 75).

622 EuGH v. 23.11.1999 - Rs. C-369/96 u. a. - Arblade - Slg. 1999, I-8453 (8514, Rn. 36) = NJW 2000, 1553; EuGH v. 25.10.2001 - verb. Rs. C-49/98 u. a. - Finalarte - Slg. 2001, I-7831 (7899, Rn. 33) = NZA 2001, 1377.

623 Junker, ZfA 2009, 281 (291).

624 EuGH v. 11.12.2007 - Rs. C-438/05 - Viking Line - Slg. 2007, I-10779 (10834, Rn. 75).

625 BAG v. 21.04.1971 - GS 1/68 - AP Nr. 43 zu Art. 9 GG Arbeitskampf Bl. 6R, 7 = BAGE 23, 292.

626 Däubler-Däubler, Arbeitskampfrecht, § 14, S. 265, Rn. 1.

627 BAG v. 19.06.2007 - 1 AZR 396/06 - AP Nr. 173 zu Art. 9 GG Arbeitskampf Tz 25 = BAGE 123, 134.

628 Däubler-Däubler, Arbeitskampfrecht, § 14, S. 226, Rn. 4.

tenz des Gegenspielers vernichten.[629] Das Verhältnismäßigkeitsprinzip dient dem BAG somit als Mittel gegen eindeutig rechtsmissbräuchliches Verhalten, das nur die ökonomische Vernichtung des Gegenspielers im Sinn hat. Die Verhältnismäßigkeit im engeren Sinne bringt nichts anderes als die ohnehin bestehende Notwendigkeit zum Ausdruck, Kollisionen mit Grundrechten des Arbeitgebers auf dem Wege der praktischen Konkordanz zu lösen.[630]

Anders geht der EuGH vor, wenn er fordert, der Arbeitskampf müsse zur Erreichung des Arbeitnehmerschutzes geeignet und erforderlich sein.[631] Damit fordert der Gerichtshof eine gerichtliche Prüfung, ob die Gewerkschaft nach den nationalen Rechtsvorschriften nicht über die Niederlassungsfreiheit weniger beschränkende Alternativen zu einem Streik in Anspruch genommen hat.[632] In der Konsequenz bedeutet dies, dass deutsche Gerichte Arbeitskampfmaßnahmen gegen binnenmarktrelevante Standortverlagerungen in Zukunft einer materiellen Verhältnismäßigkeitsprüfung zu unterziehen haben.[633] Dabei scheidet laut EuGH eine Rechtfertigung von Arbeitskämpfen aus, falls keine ernsthafte Bedrohung von Arbeitsplätzen vorliegt. Eine ernsthafte Bedrohung von Arbeitsplätzen wäre somit etwa nicht gegeben, falls betriebsbedingte Kündigungen ausgeschlossen sind.[634] Da Standortverlagerungen meist mit betriebsbedingten Kündigungen einhergehen bzw. oft sogar den Hauptzweck der Maßnahme darstellen, wird dieser Fall wohl selten eintreten.[635] Auch könnte das betroffene Unternehmen im Vorfeld eine Erklärung abgeben, in der es versichert, dass es zu keinem Verlust von Arbeitsplätzen kommen wird. Wie bereits ausgeführt, wäre bei Vorliegen einer solchen Zusicherung ein Streik wohl mangels legitimen Ziels unzulässig.[636] Damit wird die Gewerkschaft faktisch in die Beweispflicht gedrängt, dass Arbeitsplätze ernsthaft in Gefahr sind. Falls diese, bei einer Standortverlagerung wohl überwindbare, Hürde genommen ist, werden die Kampfmittel nun noch einer richterlichen Verhältnismäßigkeitsprüfung unterzogen. In der Konsequenz bedeutet dies, dass zunächst ein Interessensausgleich sowie das mit der Einigungsstelle zur Verfügung stehende Zwangsschlichtungsverfahren rechtskräftig abgeschlossen sein müssten, bevor ein Arbeitskampf in

629 Näher dazu Kissel, § 29, Rn. 22.
630 Däubler-Däubler, Arbeitskampfrecht, § 14, S. 271, Rn. 20.
631 EuGH v. 11.12.2007 - Rs. C-438/05 - Viking Line - Slg. 2007, I-10779 (10834, Rn. 75).
632 EuGH v. 11.12.2007 - Rs. C-438/05 - Viking Line - Slg. 2007, I-10779 (10837, Rn. 87).
633 Rebhahn, wbl, 63 (68); Junker, ZfA 2009, 281 (291).
634 Rödl, in: Europäische Gesellschaftsverfassung, 145 (147) (160).
635 Däubler, AuR 2008, 409 (416); Bayreuther, EuZA 2008, 395 (402).
636 Bücker, NZA 2008, 212 (214) in seiner Abhandlung zum Urteil Viking Line.

einem binnenmarktrelevanten Sachverhalt zulässig wäre.[637] Zwar wird berechtigterweise angeführt, dass diese Maßnahmen letztendlich einen Arbeitsplatzverlust nicht vermeiden können[638], jedoch stellen diese zweifelsfrei mildere Mittel dar, welche in der Konsequenz der EuGH-Entscheidung vorrangig zu ergreifen wären.

6.4.2.2 Erhöhte Anforderungen für binnenmarktrelevante Streiks

Im Rahmen der Rechtfertigung belegt der EuGH selbst eindrucksvoll, dass es sich bei der zuvor den Grundfreiheiten zugesprochenen Drittwirkung gegenüber Gewerkschaften um eine Fehlentscheidung handelt. Nicht konsistent zu seinen Vorüberlegungen zieht sich der Gerichtshof an dieser Stelle des Urteils[639] auf die für staatliche Eingriffe konzipierte Gebhard-Formel[640] zurück. Danach ist eine Beschränkung der Grundfreiheiten aus zwingenden Gründen des Allgemeinwohls zulässig.[641] Im Schutz der Arbeitnehmer erblickt der EuGH zwar ein solches Allgemeininteresse, jedoch spielt das zuvor anerkannte Streikgrundrecht nur noch eine untergeordnete Rolle. Indem die kollektive Maßnahme lediglich über das Ziel des Arbeitnehmerschutzes als möglicherweise gerechtfertigte Beschränkung einer Grundfreiheit eingeordnet wird, stößt der EuGH somit die Tür zu einer detaillierten Verhältnismäßigkeitsprüfung der einzelnen Arbeitskampfmaßnahme auf.[642] Damit müssen sich private Grundrechtsträger bei Ausübung ihres Freiheitsrechts gemäß Art. 9 Abs. 3 GG nun Einwände gefallen lassen, welche sonst nur als Schranken staatlicher Eingriffe vorkommen. Überspitzt formuliert kommt dies der Idee gleich, der Einzelne dürfe von seiner Religions- oder Meinungsfreiheit nur noch einen verhältnismäßigen Gebrauch machen, wenngleich natürlich eine Abstimmung mit kollidierenden Grundrechten zu erfolgen hat.[643]

Nicht viel anders verfährt der EuGH in der Rechtsache Viking Line, indem er das Verhältnismäßigkeitsprinzip als eine Art allgemeine Streikschranke gebraucht. Die Rechtfertigung der kollektiven Maßnahmen soll davon abhängen,

---

637 So auch Junker, ZfA 2009, 281 (292).

638 Zutreffend Heuschmid-Däubler, Arbeitskampfrecht, § 11, S. 181, Rn. 77.

639 EuGH v. 11.12.2007 - Rs. C-438/05 - Viking Line - Slg. 2007, I-10779 (10834, Rn. 75 ff).

640 EuGH v. 30.11.1995 - Rs. C-55/94 - Gebhard - Slg. 1995, I-4165 (4197, Rn. 35) = NJW 1996, 579.

641 Bayreuther, EuZA 2008, 395 (401).

642 Kamanabrou, EuZA 2010, 157 (173).

643 Däubler-Däubler, Arbeitskampfrecht, § 14, S. 271, Rn. 21; eingehend dazu Kocher, AuR 2008, 13 (16 ff).

ob die verfolgten Ziele dem Schutz der Arbeitnehmer dienen.[644] Inhalt und Rolle des Grundrechts auf kollektive Maßnahmen bleiben weitgehend im Dunkeln.[645] Vielmehr spielt das im Urteil anerkannte und zwischenzeitlich in Art. 28 GRC normierte Unionsgrundrecht in der Rechtfertigung keine Rolle mehr. Stattdessen weicht der Gerichtshof auf das nebulöse Allgemeininteresse des Arbeitnehmerschutzes aus und gelangt so in eine Sackgasse.[646] Da die notwendige schlüssige Grenzziehung zwischen der Niederlassungsfreiheit und der Koalitionsfreiheit unterbleibt, lassen sich aus dem Urteil nur schwerlich allgemeine und verlässliche Differenzierungen für die Zukunft ableiten.[647]

Der EuGH fällt in der Entscheidung Viking Line auf die mittlerweile überholte Denkweise einer auffälligen Überbetonung der Grundfreiheiten als Vehikel zur Umsetzung eines Binnenmarkts mit möglichst wenigen Handelshemmnissen zurück.[648] Damit wird der aus dem nationalen Recht bekannte Weg des paritätischen Verhandlungssystems verlassen. Dagegen wird ein auf einem Hierarchieverhältnis zwischen Grundfreiheit als gesetztem Recht und Grundrecht als begründungsbedürftiger Ausnahme basierendes disparitätisches Verhandlungssystem eingeführt.[649] Die vom EuGH etablierten unionsrechtlichen Vorgaben für Tarifautonomie und Arbeitskampf entsprechen weder den Vorgaben des deutschen Grundgesetzes, noch spiegeln sie die in den anderen Mitgliedstaaten bestehende Struktur wider.[650] Damit wird binnenmarktrelevanten Arbeitskämpfen ein viel engerer Rahmen gesteckt, als er zumindest nach deutschem Recht üblich ist.[651]

6.4.3 Arbeitskämpfe gegen die Betriebsverlagerung an sich

Als zweite Komponente im Fall Viking Line hat die Internationale Transportarbeiter-Föderation ihre Mitgliedsgewerkschaften in einem Rundbrief aufgefordert, das ausschließliche Verhandlungsmonopol der nationalen Gewerkschaft zu respektieren und Tarifverhandlungen mit Unternehmern aus anderen Mitglied-

---

644 EuGH v. 11.12.2007 - Rs. C-438/05 - Viking Line - Slg. 2007, I-10779 (10834, Rn. 75).

645 So auch Rebhahn, ZESAR 2008, 109 (110).

646 Junker, SAE 2008, 209 (216).

647 Bücker, NZA 2008, 212 (215).

648 Eine solche Überbetonung erblickt auch Blanke, Oldenburger Studien, S. 5.

649 Däubler, AuR 2008, S. 409 (414).

650 Vgl. dazu Davies, ILJ 2008, 126 (141); Däubler, AuR 2008, 409 (414).

651 Rebhahn, ZESAR 2008, 109 (116); Blanpain-Schlachter, S. 66 f.; Kamanabrou, EuZA 2010, 157 (173).

staaten zu unterlassen. Das Ansinnen des Klägers bestand nun darin, dass dieses Rundschreiben aufgrund eines Verstoßes gegen die Niederlassungsfreiheit zurückzuziehen ist.

Die Stellungnahme des EuGH diese Maßnahme betreffend wurde oftmals so verstanden, als stelle diese Aufforderung einen klaren Verstoß gegen Unionsrecht dar.[652] Tatsächlich führt der EuGH in seiner Begründung aus, dass die ITF-Politik insoweit keine objektive Rechtfertigung erfahren kann, als diese auf eine reine Verhinderungspolitik hinauslaufe, welche darauf abzielt, die Registrierung von Schiffen in einem anderen Staat als dem des wirtschaftlichen Eigentümers zu vereiteln.[653] Da das konkrete Vorgehen der ITF ausnahmslos und unabhängig von einer Verlagerung in einen Mitgliedstaat mit niedrigerem oder höherem Schutzniveau zur Anwendung kommt, qualifizierte der EuGH dieses Vorgehen als nicht zu rechtfertigende reine Verhinderungspolitik.[654] Weiter wird jedoch angeführt, dass eine solche Maßnahme grundsätzlich dem Schutz und der Verbesserung der Arbeitsbedingungen der Seeleute dient.[655]

Diese Begründung mutet sehr formalistisch und wenig praxisbezogen an[656], erscheint es doch kaum vorstellbar, dass eine Gewerkschaft ihren Mitgliedern ein höheres Schutzniveau versagen wird. Zudem erfolgen Verlagerungen erfahrungsgemäß gerade, um Personalkosten einzusparen, ein Umzug in einen Hochlohnstaat wird somit bereits aus rein ökonomischen Gesichtspunkten die absolute Ausnahme darstellen. Interessant ist aber, dass der EuGH mit dieser Begründung die Möglichkeit eines Streiks gegen eine Standortverlagerung selbst eröffnet. Erfolgt eine deutliche Klarstellung, dass nur bei drohenden Verschlechterungen ein Verhandlungsmonopol zugunsten der nationalen Gewerkschaft des Wegzugstaats bestehen soll, wäre der Gefährdungstatbestand gegeben. Im Kontext kann dies nur bedeuten, dass auch hier eine Rechtfertigungsmöglichkeit seitens des EuGH gesehen wird.[657] Dies bestätigt auch die Tatsache, dass der EuGH das Faktum, dass die nationale Gewerkschaft zunächst einen Verzicht der Verlagerung[658], später jedoch unabhängig von einer Verlagerung nur noch die Forderung postulierte, weiterhin finnisches Recht und die bisherigen Kollektivverträge anzuwenden[659]. Diese Differenzierung fand jedoch mit keinem Wort

652 Bücker, NZA 2008, 212 (214); Rebhahn, ZESAR 2008, 109 (116).
653 EuGH v. 11.12.2007- Rs. C-438/05 - Viking Line - Slg. 2007, I-10779 (10837, Rn. 88).
654 EuGH v. 11.12.2007 - Rs. C-438/05 - Viking Line - Slg. 2007, I-10779 (10838, Rn. 89).
655 EuGH v. 11.12.2007 - Rs. C-438/05 - Viking Line - Slg. 2007, I-10779 (10837, Rn. 88).
656 Anders sieht dies etwa Junker, SAE 2008, 209 (216).
657 So auch Däubler, AuR 2008, 409 (416).
658 EuGH v. 11.12.2007 - Rs. C-438/05 - Viking Line - Slg. 2007, I-10779 (10813, Rn. 13).
659 EuGH v. 11.12.2007 - Rs. C-438/05 - Viking Line - Slg. 2007, I-10779 (10813, Rn. 15).

Eingang in die Urteilsbegründung und lässt darauf schließen, dass eine Unterscheidung aus Sicht des Gerichtshofs nicht erforderlich ist und damit als Streikziel auch die Verhinderung der Verlagerung an sich in Frage kommt.[660] Folglich ist in der gewerkschaftlichen Forderung nach dem Unterlassen der Standortverlagerung eine Beschränkung der Niederlassungsfreiheit zu sehen, die aber gleichzeitig dem Schutz der Arbeitnehmerinnen und Arbeitnehmer und damit einem legitimen Ziel dient.[661] Damit stehen europarechtliche Vorgaben Arbeitskämpfen gegen Standortverlagerungen grundsätzlich nicht entgegen.[662] Ein Arbeitskampf mit dem Ziel, eine Standortverlagerung zu verhindern, ist dagegen im deutschen Recht nur unter gewissen Umständen möglich. Dabei kommt es darauf an, welche Intention mit der Verlagerung verfolgt wird. Erfolgt diese zur Erschließung neuer Märkte oder wegen Unrentabilität der bisherigen Produktionsstätte, soll der Arbeitskampf unzulässig sein, wohingegen ein Streik bei einer räumlichen Veränderung zur bloßen Steigerung des Betriebsergebnisses oder bei einem kostenbedingten Austausch von Arbeitskräften zulässig sein soll.[663] Mit der Möglichkeit, einen Streik direkt gegen die Verlagerung an sich zu richten, bleibt der EuGH zumindest nicht hinter den Vorgaben des nationalen Rechts zurück.[664]

Aus Perspektive des deutschen Arbeitskampfrechts erweitert das Urteil Viking Line die Arbeitskampfbefugnis der Gewerkschaften mittelbar, weil sie dazu beitragen wird, unternehmerische Entscheidungen über Bestand, Fortführung, Verlagerung oder Stilllegung des Betriebs für Arbeitskämpfe zu öffnen.[665] Damit findet auch die Entscheidung des BAG zur Zulässigkeit von Tarifsozialplänen[666] europarechtlichen Widerhall und wird vom EuGH indirekt bestätigt. Doch auch die Tatsache, dass der EuGH die Verhinderung einer Standortverlagerung wegen des legitimen Ziels des Arbeitnehmerschutzes als Streikziel anerkennt, ändert nichts an der Verhältnismäßigkeitsprüfung der Arbeitskampfmaß-

660 Zu diesem Ergebnis gelangt auch Heuschmidt-Däubler, Arbeitskampfrecht, § 11, S. 188, Rn. 77.

661 So auch Kania, ZESAR 2010, 112 (117).

662 Zwanziger, RdA-Beilage 2009, 10 (20); Bayreuther, EuZA 2008, 395 (402); Rebhahn, ZESAR 2008, 109 (116); Kocher, AuR 2009, 332 f; Kania, ZESAR 2010, 112 (117); Heuschmidt-Däubler, Arbeitskampfrecht, § 11, S. 182, Rn. 77; Franzen, FS Buchner, 231 (243); Däubler, AuR 2008, 409 (416).

663 Näher dazu Krause, S. 96 ff.

664 Die Zulässigkeit eines Arbeitskampfs mit dem Ziel, die geplante Standortverlagerung zu verhindern, ist im deutschen Recht sehr umstritten. Vgl. zum Meinungsstand (und im Erg. bejahend) Kühling/Bertelsmann, NZA 2005, 1017 (1021 f).

665 Bayreuther, EuZA 2008, 395 (408).

666 BAG v. 24.04.2007 - 1 AZR 252/06 - BAGE 122, 134= NZA 2007, 987.

nahme selbst. Damit kann zwar das Streikziel weiter als bei einem nationalen Arbeitskampf gefasst werden, an den erhöhten Anforderungen bei der Überprüfung der Maßnahme selbst und dem damit verbundenen Eingriff ins nationale Streikrecht ändert dies jedoch nichts.

7 Arbeitnehmerentsendung als Ausfluss der Dienstleistungsfreiheit

7.1 Hintergrund der Arbeitnehmerentsendung

7.1.1 Staatliche und gewerkschaftliche Strategien gegen Lohnkonkurrenz

Die in Art. 56 AEUV normierte Dienstleistungsfreiheit untersagt Beschränkungen des freien Dienstleistungsverkehrs dergestalt, dass es einem Dienstleister möglich sein muss, in jedem Mitgliedstaat grenzübergreifend und ohne Hindernisse bürokratischer oder sonstiger Natur seine Leistungen anzubieten und zu erbringen. Da ein Unternehmer zur Erbringung von Dienstleistungen in einem anderen Mitgliedstaat wohl in den seltensten Fällen Arbeitskräfte neu einstellen wird, ist diese Garantie für die grenzübereifende Arbeitnehmerentsendung innerhalb der EU von entscheidender Bedeutung. Aufgrund der temporär begrenzten Tätigkeit wird er sich seiner eigenen Arbeitnehmer bedienen und diese zur Leistungserbringung in den betreffenden Mitgliedstaat delegieren. Aufgrund des Lohngefälles innerhalb der Union kann dieses Vorgehen zur Folge haben, dass Arbeitnehmer aus Staaten mit einem hohen Lohnniveau respektive die Unternehmen, bei denen sie beschäftigt sind, aufgrund des Kostendrucks bei einem Auftrag das Nachsehen haben. Mittelfristig stellt die Arbeitnehmerentsendung damit eine Bedrohung für Arbeitsplätze in EU-Hochlohnstaaten dar. Wie auch im Fall Viking Line geht es bei den Konflikten im Rahmen der Arbeitnehmerentsendung letztlich um einen Verdrängungswettbewerb, der vor allem aus dem unterschiedlichen Lohnniveau im EU-Raum resultiert. In beiden Fällen beabsichtigen die Gewerkschaften aus den Hochlohnländern die Billiglohnkonkurrenz aus anderen Mitgliedstaaten abzuwehren. In der Rechtssache Laval[667] ging die Gewerkschaft selbst mit einer Blockade gegen Entsendemaßnahmen aus einem anderen Mitgliedstaat vor, wohingegen der Staat in den Rechtssachen Rüffert[668] und Luxemburg[669] den Arbeitnehmern mit staatlicher Intervention zur Seite sprang.

---

667 EuGH v. 18.12.2007 - Rs. C-341/05 - Laval un Partneri - Slg. 2007, I-11767 = EuZW 2008, 775.

668 EuGH v. 03.04.2008 - Rs. C-346/06 - Rüffert - Slg. 2008, I-1989 = NZA 2008, 537.

669 EuGH v. 19.06.2008 - Rs. C-319/06 - Kommission/Luxemburg, Slg. 2008, I-4323 = NZA 2008, 865.

7.1.2 Einheitlicher Rechtsrahmen für Arbeitnehmerentsendung

Die Dienstleistungsfreiheit untersagt ausdrücklich, dass der Empfangsstaat ausländischen Dienstleistern den Zugang zum inländischen Markt durch Zugrundelegung restriktiverer Maßstäbe als hinsichtlich seiner eigenen Arbeitnehmer erschwert.[670] Sollte dies der Fall sein, so wird der Leistungserbringer aus dem Entsendestaat gegenüber seinen im Aufnahmestaat ansässigen Konkurrenten diskriminiert und die unionsrechtlich garantierte Dienstleistungsfreiheit in unrechtmäßigem Maße beeinträchtigt.[671] Gelten die gesetzlichen Vorgaben dagegen für inländische wie ausländische Unternehmen gleichermaßen, steht einer solchen Regelung europarechtlich grundsätzlich nichts im Wege. Folglich können auch Rechtsvorschriften oder die von den Sozialpartnern geschlossenen Tarifverträge hinsichtlich der Mindestlöhne auf jedermann erstreckt werden.[672] Dem Aufnahmestaat geht es dabei vor allem darum, Billiglohnkonkurrenz aus anderen Mitgliedstaaten zu verhindern oder zumindest einzudämmen. Der EuGH sieht dagegen allein den Schutz der entsandten Arbeitnehmer im Mittelpunkt solcher Bestrebungen, weshalb die Anwendung derartiger Vorschriften zur Erreichung des verfolgten Ziels geeignet sein muss und nicht über das zur Erreichung dieses Ziels erforderliche Maß hinausgehen darf.[673]

Um der Arbeitnehmerentsendung einen einheitlichen Rechtsrahmen zu verleihen, wurden Arbeits- und Beschäftigungsbedingungen für in andere Mitgliedstaaten entsandte Arbeitnehmer mit der Entsenderichtlinie[674] unionsweit geregelt. Regelungen der Mitgliedstaaten, die dem Schutz der Arbeitnehmer dienen, sollten nur dann auf entsandte Arbeitnehmer anwendbar sein, wenn diese in Rechts- oder Verwaltungsvorschriften festgelegt oder in für allgemeinverbind-

---

670 EuGH v. 18.12.2007 - Rs. C-341/05 - Laval un Partneri - Slg. 2007, I-11767 (11873, Rn. 56).

671 EuGH v. 27.03.1990 - Rs. C-113/89 - Rush Portuguesa - Slg. 1990, I-1417 (1443, Rn. 12) = NZA 1990, 653.

672 Vgl. u. a. EuGH v. 03.02.1982 - Rs. 62/81 u. 63/81 - Seco - Slg. 1982, 223 (236, Rn. 14); EuGH v. 24.01.2002 - Rs. C-164/99 - Portugaia Construções - Slg. 2002, I-787 (813, Rn. 21).

673 In diesem Sinne EuGH v. 23.11.1999 - Rs. C-369/96 u. C-376/96 - Arblade u. a. - Slg. 1999, I-8453 (8514, Rn. 35); EuGH v. 14.04.2005 - Rs. C-341/02 - Kommission/ Deutschland - Slg. 2005, I-2733 (2745, Rn. 24).

674 Richtlinie 96/71/EG des Europäischen Parlaments und des Rats vom 16.12.1996 über die Entsendung von Arbeitnehmern im Rahmen der Erbringung von Dienstleistungen, ABl Nr. L 018 v. 21.01.1997. Im Folgenden wird die Richtlinie der besseren Übersicht geschuldet kurz als RL 96/71/EG bezeichnet.

lich erklärten Tarifverträgen enthalten sind.[675] Als nationaler Umsetzungsakt erging in der Bundesrepublik Deutschland das Arbeitnehmerentsendegesetz[676], welches die Festlegung von Mindeststandards für Arbeitsbedingungen in bestimmten Branchen ermöglicht. Um den Vorgaben der Richtlinie gerecht zu werden, fordert das AEntG, dass der jeweilige Tarifvertrag für allgemeinverbindlich erklärt wurde. Der Arbeitnehmerschutz bezieht sich in Entsendefällen auf die entsandten Arbeitnehmer, weshalb die fragliche Regelung diesen einen objektiven Vorteil verschaffen muss, welcher signifikant zu ihrem sozialen Schutz beiträgt.[677] Gleichzeitig darf dieses Interesse nicht durch Vorschriften in dem Mitgliedstaat geschützt sein, in dem der Arbeitgeber ansässig ist.[678] Auch wenn das Gesetz mehr zum Schutz der deutschen Arbeitnehmer genutzt wird und damit als Mittel für einen die inländischen Arbeitnehmer begünstigenden Protektionismus[679] dient, wurde letztlich dem Richtlinienziel der Verhinderung von Sozialdumping aufgrund des differierenden Lohnniveaus in den einzelnen Mitgliedstaaten[680] entsprochen. Die Entsenderichtline dient den Mitgliedstaaten damit als Mittel zur Abfederung der sich aus den unterschiedlichen Lohn- und Arbeitssituationen ergebenden Konflikte.

Im Rahmen der Umsetzung ergaben sich mit Blick auf Art. 3 Abs. 1 der Richtlinie erhebliche Zweifel. Dieser nennt die Aspekte der Arbeits- und Beschäftigungsbedingungen, welche entsandten Arbeitnehmern seitens des Aufnahmestaats zu garantieren sind. Einige Mitgliedstaaten legten die Richtlinie besonders extensiv aus und ermöglichten die Übertragung kompletter Tarifverträge auf ausländische Arbeitnehmer. Für ein derart weites Verständnis könnte auch Art. 3 Abs. 7 der RL 96/71/EG sprechen, welcher klarstellt, dass die Anwendung von für die Arbeitnehmer günstigeren Beschäftigungs- und Arbeitsbedingungen zusätzlich neben den in Art. 3 Abs. 1 genannten Aspekten möglich ist. Andererseits könnte der Regelungskatalog die Schlussfolgerung nahe legen, dass auf den Abschluss von tariflichen Regelungen gerichtete Arbeitskampfmaßnahmen nur zulässig sind, wenn es sich um eine nach dieser Richtlinie gerechtfertigte tarifliche Regelung handelt.[681] Einigkeit scheint nur darüber zu

675 Last/Dähne, Wissenschaftlicher Dienst, Nr. 14/2008.

676 Im Folgenden kurz als AEntG bezeichnet.

677 Vgl. EuGH v. 25.10.2001 - verb. Rs. C-49/98 u. a. - Finalarte - Slg. 2001, I-7831 (7901, Rn. 41 f) = BB 2001, 2648.

678 EuGH v. 23.11.1999 - Rs. C-369/96 - Arblade - Slg. 1999, I-8453 (8513, Rn. 34) = NJW 2000, 1553.

679 Kritisch Fetsch, S. 301.

680 Diese Intention erkennen auch Last/Dähne, Wissenschaftlicher Dienst, Nr. 14/2008.

681 Zwanziger, RdA-Beilage 2009, 10 (16).

bestehen, dass zur Konkretisierung der primärrechtlichen Dienstleistungsfreiheit die RL 96/71/EG in irgendeiner Form Berücksichtigung finden muss.[682] In den Verdikten Laval[683], Rüffert[684] und Luxemburg[685] nahm der EuGH erstmals zur Frage Stellung, ob der Katalog des Art. 3 Abs. 1 der Richtlinie eine abschließende Regelung darstellt. Gleichzeitig hat er damit Vorgaben für Inhalte von Tarifverträgen mit ausländischen Unternehmen und für Maßnahmen zu deren Durchsetzung etabliert.

7.2 Arbeitskampf im Konflikt mit Entsendemaßnahmen

7.2.1 Die Rechtssache Laval

Durch das unterschiedliche Lohngefälle im EU-Raum und den damit verbundenen Kostendruck ist den inländischen Gewerkschaften daran gelegen, den Lohnkostenvorteil ausländischer Kollegen möglichst gering zu halten bzw. diesen zu nivellieren. Ein effektives Mittel zur Erreichung dieses Ziels stellt der Beitritt ausländischer Unternehmen zu einem bestehenden Tarifvertrag im Aufnahmestaat dar. Damit entsteht eine Untergrenze in Form des tariflich vereinbarten Arbeitsentgelts und der Kostenvorteil ausländischer Unternehmen wäre obsolet.

Die lettische Baufirma Laval un partneri (im Folgenden Laval) entsandte Arbeitnehmer aus Lettland zur Durchführung von Bauarbeiten auf eine schwedische Baustelle. Kurz darauf nahmen Laval und die örtliche Bauarbeitergewerkschaft Verhandlungen über die Festlegung der Lohnsätze der entsandten Arbeitnehmer und einen Beitritt von Laval zum Bautarifvertrag auf. Da in Schweden weder ein gesetzlicher Mindestlohn noch ein System zur Allgemeinverbindlichkeitserklärung existiert, sollte dieser Tarifvertrag zur Festsetzung einer Lohnuntergrenze dienen. Da die Tarifverhandlungen scheiterten, schloss Laval einen Tarifvertrag mit einer lettischen Baugewerkschaft, welcher zwei Drittel der entsandten Arbeitnehmer angehörten. Daraufhin leitete die schwedische Baugewerkschaft Streikmaßnahmen in Form einer Blockade sämtlicher Baustellen von

---

682 Junker, ZfA 2009, 281 (292) unter Bezugnahme auf EuGH v. 12.10.2004 - Rs. C-60/03 - Wolff & Müller - Slg. 2004, I-9553 = EuZW 2005, 93.

683 EuGH v. 18.12.2007 - Rs. C-341/05 - Laval un Partneri - Slg. 2007, I-11767 = EuZW 2008, 775.

684 EuGH v. 03.04.2008 - Rs. C-346/06 - Rüffert - Slg. 2008, I-1989 = NZA 2008, 537.

685 EuGH v. 19.06.2008 - Rs. C-319/06 - Kommission/Luxemburg - Slg. 2008, I-4323 = NZA 2008, 865.

Laval in Schweden ein. Dazu wurden Warenlieferungen auf die Baustellen boykottiert und mittels Streikposten der Zugang zu den Baustellen verhindert. Infolge der Unterbrechung der Arbeiten wurde schließlich die schwedische Tochtergesellschaft von Laval für insolvent erklärt und die entsandten Arbeitnehmer nach Lettland zurückgerufen.[686] Die Gewerkschaft konnte dabei ihr Vorgehen auf das nationale Gesetz über die Mitbestimmung im Arbeitsleben (MBL) stützen, welches in § 42 S. 3 die zwingend zu beachtende Friedenspflicht der Gewerkschaften auf Unternehmen beschränkte, welche an einen schwedischen Tarifabschluss gebunden waren.[687] Danach war es nach nationalem Recht zulässig, ein ausländisches Unternehmen, unabhängig von der Frage, ob im Heimatstaat bereits ein Tarifvertrag besteht, mittels Kampfmaßnahmen dazu zu zwingen, einen Tarifvertrag zu schwedischen Konditionen abzuschließen.[688] Laval erhob Klage beim zuständigen schwedischen Arbeitsgericht (Arbetsdomstol), mit der das Unternehmen sowohl eine Rechtmäßigkeitsprüfung der kollektiven Maßnahmen als auch Schadensersatz begehrte. Da die Maßnahmen nach schwedischem Recht zulässig waren[689], ersuchte das nationale Gericht den EuGH daraufhin um Antwort, ob das Unionsrecht dem entgegensteht.

7.2.2 Rechtmäßigkeit der gewerkschaftlichen Boykottaktion

7.2.2.1 Schlussfolgerungen aus der Entsenderichtlinie

Grundsätzlich ist zwischen zwei Kernfragen zu differenzieren: Einerseits ob es mit unionsrechtlichen Vorgaben, expressis verbis Art. 49 EG (heute: Art. 56 AEUV) und der RL 96/71/EG vereinbar ist, ein ausländisches Unternehmen mittels gewerkschaftlicher Arbeitskampfmaßnahmen zur Anwendung nationaler Tarifverträge zu zwingen.[690] Mit der nationalen Regelung des § 42 S. 3 des schwedischen Gesetzes über die Mitbestimmung im Arbeitsleben stand andererseits die Frage nach der Europarechtskonformität einer nationalen arbeitsrechtlichen Regelung im Blickpunkt.[691]

---

686 Vgl. Pressemitteilung des EuGH Nr. 98/07 v. 18.12.2007 zur Rs. C-341/05, verfügbar unter http://curia.europa.eu/de/actu/communiques/cp07/aff/cp070098de.pdf (zuletzt abgerufen am 13.03.2013).

687 Temming, ZESAR 2008, 231 (232).

688 Heuschmid-Däubler, Arbeitskampfrecht, § 11, S. 183, Rn. 81.

689 Reich, EuZW 2010, 454 (456); Heuschmid, S. 173 f; Bücker/Warneck-Bruun/Jonsson, 15, 18.

690 Joussen, ZESAR 2008, 333 (334).

691 Temming, ZESAR 2008, 231 (232).

Der EuGH wählt einen induktiven Weg über die sekundärrechtliche RL 96/71/EG, bevor er die konkrete Überprüfung der Blockademaßnahme anhand der primärrechtlich garantierten Dienstleistungsfreiheit vornimmt. Bezugnehmend auf seine Rechtsprechung[692] und zur besseren Überprüfbarkeit der Rechtmäßigkeit der gewerkschaftlichen Boykottaktion prüft der Gerichtshof die Blockademaßnahme der Gewerkschaft zunächst anhand der RL 96/71/EG und legt diese im Licht der Dienstleistungsfreiheit aus.[693] Die RL 96/71/EG definiert in ihrem Art. 3 Abs. 1 Unterabs. 1 lit. a) bis g) einen Kern an zwingenden Mindestarbeitsbedingungen, welche für alle entsendenden Unternehmen im Aufnahmestaat gleichermaßen Geltung finden sollen.[694] Umfang und Inhalt dieser Bedingungen bleiben dabei den Mitgliedstaaten überlassen, weshalb indirekt auch das schwedische Tarifrecht im Fokus stand.[695] Im Mitgliedstaat Schweden existiert kein System zur Erzielung von Allgemeinverbindlichkeit von Tarifverträgen, vielmehr ist es den Gewerkschaften überlassen, durch autonome Aktionen für den Abschluss entsprechender Tarifabschlüsse zu sorgen. Diese Form zur Erzielung von Allgemeinverbindlichkeit gilt auch für ausländische Unternehmen, die in Schweden tätig werden möchten. Dabei handelt es sich um eine national spezifische Form der Umsetzung der Entsenderichtlinie. Diese erfolgte nicht durch gesetzliche Erstreckung tariflicher Mindestarbeitsbedingungen, sondern überließ es allein den nationalen Gewerkschaften, durch Streikaktionen Mitbewerber aus anderen EU-Staaten zur Übernahme der inländischen Tarifbedingungen zu zwingen.[696] Ziel dieser vom schwedischen Gesetzgeber ausdrücklich legitimierten Praxis ist es, dass ausländische Firmen den nationalen Tarifverträgen beitreten und somit ein einheitlicher, quasi-allgemeinverbindlicher Tariflohn entsteht.

---

692 EuGH v. 12.10.2004 - Rs. C-60/03 - Wolff & Müller - Slg. 2004, I-9553 (9565, Rn. 25 f, 45) = EuZW 2005, 93.

693 EuGH v. 18.12.2007 - Rs. C-341/05 - Laval un Partneri - Slg. 2007, I-11767 (11875, Rn. 61 ff).

694 Eine umfassende Datenbank zu den im Baugewerbe in den einzelnen EU-Staaten geltenden Mindestbedingungen bei grenzüberschreitendem Arbeitnehmereinsatz findet sich unter http://www.posting-workers.eu/content/default.asp?PageID=106 (zuletzt abgerufen am 13.03.2013). Dabei handelt es sich beispielsweise um Höchstarbeitszeiten und Mindestruhezeiten, bezahlten Mindestjahresurlaub, Mindestlohnsätze einschließlich der Überstundensätze, Bedingungen die Arbeitnehmerüberlassung betreffend, Gesundheits- und Sicherheitsschutz, Gleichbehandlung von Männern und Frauen und zusätzliche Nichtdiskriminierungsbestimmungen.

695 Temming, ZESAR 2008, 231 (232).

696 Blanke, Oldenburger Studien, S. 4.

Mit Blick auf diesen Umsetzungsweg stellt der EuGH fest, dass die RL 96/71/EG in Schweden mangels gesetzlicher Mindestlohnregelung oder eines Systems zur Allgemeinverbindlichkeitserklärung von Tarifverträgen nicht herangezogen werden kann.[697] Aus Sicht des EuGH steht die Richtlinie zwar grundsätzlich anderen Systemen zur Durchsetzung der in Art. 3 Abs. 1 der Richtlinie genannten Mindestbedingungen nicht im Wege[698], damit darf aber keine Behinderung der Dienstleitungsfreiheit einhergehen. Somit eröffnet der Gerichtshof einen Weg, ein nationales System in Bezug auf die Art und Weise der tariflichen Lohnfindung in Entsendesachverhalten anhand der primärrechtlichen Dienstleistungsfreiheit zu überprüfen.[699] Obwohl er die Richtlinie im konkreten Fall für nicht anwendbar hält, lässt der EuGH die Regelung im Folgenden nicht außen vor, sondern nimmt eine Beeinträchtigung von Art. 49 EGV (heute: Art. 56 AEUV) an, wenn die gewerkschaftlichen Maßnahmen über die RL 96/71/EG hinausgehen.[700] Aus Sicht des EuGH steht Art. 3 Abs. 7 der Richtlinie einer Anwendung von günstigeren Arbeits- und Beschäftigungsbedingungen nicht entgegen.[701] Daraus lässt sich laut EuGH jedoch nicht folgern, dass es einem Aufnahmestaat erlaubt ist, die Erbringung einer Dienstleistung in seinem Hoheitsgebiet davon abhängig zu machen, dass Arbeits- und Beschäftigungsbedingungen eingehalten werden, die über ein Mindestmaß an Schutz hinausgehen.[702] Trotz mangelnder Anwendbarkeit im konkreten Fall stellt die Entsenderichtlinie somit formal eine Obergrenze dar, über welche hinaus eine weitergehende finanzielle Verpflichtung von entsendenden Unternehmen nicht gerechtfertigt ist.[703] Damit behandelt der Gerichtshof die Frage der Einbeziehung vorübergehend entsandter Arbeitnehmer in das Tarifsystem des Entsendestaats allein als Problem der Sicherung der Mindestarbeitsbedingungen.[704]

---

697 EuGH v. 18.12.2007 - Rs. C-341/05 - Laval un Partneri - Slg. 2007, I-11767 (11878, Rn. 70 f).

698 In diesem Punkt schließt sich der EuGH der Sichtweise von Generalanwalt Mengozzi an, vgl. Generalanwalt Mengozzi, Schlussanträge v. 23.05.2007 - EuGH v. 18.12.2007 - Rs. C-341/05 - Laval un Partneri - Slg. 2007, I-11767 (11815, Rn. 179).

699 Temming, ZESAR 2008, 231 (233).

700 EuGH v. 18.12.2007 - Rs. C-341/05 - Laval un Partneri - Slg. 2007, I-11767 (11886, Rn. 99).

701 EuGH v. 18.12.2007 - Rs. C-341/05 - Laval un Partneri - Slg. 2007, I-11767 (11880, Rn. 79).

702 EuGH v. 18.12.2007 - Rs. C-341/05 - Laval un Partneri - Slg. 2007, I-11767 (11881, Rn. 80).

703 Heuschmid-Däubler, Arbeitskampfrecht, § 11, S. 183, Rn. 82 spricht in diesem Zusammenhang von einem Höchstniveau der erreichbaren Arbeitsbedingungen.

704 Zwanziger, DB 2008, 294 (297).

7.2.2.2 Unmittelbare Drittwirkung der Dienstleistungsfreiheit

Um eine direkte Überprüfung der gewerkschaftlichen Maßnahmen anhand der Dienstleistungsfreiheit zu ermöglichen, adressiert der EuGH die gewonnenen Wertungen der RL 96/71/EG mittels einer unmittelbaren Anwendbarkeit von Art. 49 EG (heute: Art. 56 AEUV) an die nationalen schwedischen Gewerkschaften.[705] Dazu bezieht er sich auf die bereits im Urteil Viking Line getätigten Ausführungen[706] und nimmt aufgrund der kollektiven Regelungsmacht der Gewerkschaften eine unmittelbare Drittwirkung der Dienstleistungsfreiheit für gewerkschaftliche Organisationen an[707] und zieht sich erneut auf den Standpunkt zurück, dass es privaten wie staatlichen Organisationen nicht möglich sein darf, Beschränkungen der Dienstleistungsfreiheit aufzustellen.

7.2.2.3 Faktische Überprüfung anhand der Dienstleistungsfreiheit

In der anschließenden Prüfung bejaht der Gerichtshof zunächst eine Beeinträchtigung der Dienstleistungsfreiheit, da die Blockademaßnahmen aus seiner Sicht die Durchführung der Bauarbeiten für Laval weniger attraktiv machen.[708] Eine solche Beschränkung ist laut EuGH nur zulässig, wenn mit ihr ein berechtigtes, mit dem Vertrag zu vereinbarendes Ziel verfolgt wird und sie durch zwingende Gründe des Allgemeininteresses gerechtfertigt ist. Dabei erblickt der Gerichtshof im Recht auf Durchführung einer kollektiven Maßnahme einen zwingenden Grund des Allgemeininteresses, der grundsätzlich eine Rechtfertigung der Beschränkung einer Grundfreiheit ermöglichen kann.[709] Hierfür greift er sowohl im bereits besprochenen Urteil Viking Line als auch im Judikat Laval auf den damals noch nicht rechtsverbindlichen Art. 28 GRC zurück.[710]

---

705 Temming, ZESAR 2008, 231 (233).

706 EuGH v. 18.12.2007 - Rs. C-341/05 - Laval un Partneri - Slg. 2007, I-11767 (11883, Rn. 86 ff).

707 EuGH v. 18.12.2007 - Rs. C-341/05 - Laval un Partneri - Slg. 2007, I-11767 (11886, Rn. 98).

708 EuGH v. 18.12.2007 - Rs. C-341/05 - Laval un Partneri - Slg. 2007, I-11767 (11886, Rn. 99 f).

709 EuGH v. 18.12.2007 - Rs. C-341/05 - Laval un Partneri - Slg. 2007, I-11767 (11887, Rn. 103) mit Verweis auf EuGH v. 25.10.2001 - verb. Rs. C-49/98 u. a. - Finalarte - Slg. I-7831 (7899, Rn. 33).

710 EuGH v. 18.12.2007 - Rs. C-341/05 - Laval un Partneri - Slg. 2007, I-11767 (11884, Rn. 91); EuGH v. 11.12.2007 - Rs. C-438/05 - Viking Line - Slg. 2007, I-10779 (10826, Rn. 44); Joussen, ZESAR 2008, 333 (337); Temming, ZESAR 2008, 231 (239).

Die Kritik, der EuGH leite aus einer bloßen Absichtserklärung bereits ein Primärrecht ab[711], scheint mit Blick auf die zur Zeit der Urteile noch nicht verbindliche Charta der Grundrechte berechtigt. Dieser Herleitung hätte es angesichts verbindlicher völkerrechtlicher Verträge[712] und der Verankerung dieses Rechts in den meisten Rechtsordnungen der Mitgliedstaaten nicht bedurft, dennoch erscheint diese Diskussion im Hinblick auf die mittlerweile rechtverbindliche und im Primärrecht verankerte Charta der Grundrechte obsolet. Der Gerichtshof weist darauf hin, dass die Ausübung von Art. 28 GRC nicht schrankenlos erfolgen kann, sondern mit der betroffenen Grundfreiheit nach den Umständen des Einzelfalls abzuwägen und dabei das Verhältnismäßigkeitsprinzip zu wahren ist.[713] Die in Rede stehende Maßnahme muss geeignet sein, die Erreichung des verfolgten Ziels zu gewährleisten und darf nicht über das hinausgehen, was zur Erreichung dieses Ziels erforderlich ist.[714] Damit hängt die Rechtfertigung einer Streikmaßnahme vom konkret mit ihr verfolgten Ziel ab. Der Schutz der Arbeitnehmer des Aufnahmestaats vor Sozialdumping stellt laut EuGH grundsätzlich einen zwingenden Grund des Allgemeininteresses dar.[715]

Im Fall Laval scheitert eine solche Rechtfertigung aber am schwedischen System der tariflichen Lohnverhandlung in Entsendefällen. Kollektive Maßnahmen, welche die Vereinbarung einer allgemeinen Lohnuntergrenze zum Ziel haben, können demnach nicht gerechtfertigt werden, wenn die Lohnverhandlungen, zu welchen der Streik ein in einem anderen Mitgliedstaat ansässiges Unternehmen bewegen soll, in einem nationalen Kontext stehen, in dem hinreichend genaue Vorschriften fehlen, um dem Entsendeunternehmen die Feststellung zu ermöglichen, welche Verpflichtungen es hinsichtlich des Mindestlohns beachten müsste.[716] Die Rechtfertigung der gewerkschaftlichen Boykottmaßnahme schei-

---

711 Zwanziger, DB 2008, 294 (296); Joussen, ZESAR 2008, 333 (337); Rebhahn, ZESAR 2008, 109 (111).

712 Als Beispiel sei nur Art. 8 Abs. 1 lit. b. d) des „Internationalen Paktes über wirtschaftliche, soziale und kulturelle Rechte“ (IPWSKR) v. 19.12.1966, BGBl. II 1973, S. 1570 ff genannt, vgl. Joussen, ZESAR 2008, 333.

713 Maack, ZIAS 2008, 355 mit Verweis auf EuGH v. 18.12.2007 - Rs. C-341/05 - Laval un Partneri - Slg. 2007, I-11767 (11889, Rn. 110).

714 EuGH v. 18.12.2007 - Rs. C-341/05 - Laval un Partneri - Slg. 2007, I-11767 (11887, Rn. 101) mit Verweis u. a. auf EuGH v. 05.06.1997 - Rs. C-398/95 - SETTG - Slg. 1997, I-3091 (3120, Rn. 21).

715 EuGH v. 18.12.2007 - Rs. C-341/05 - Laval un Partneri - Slg. 2007, I-11767 (11887, Rn. 103).

716 EuGH v. 18.12.2007 - Rs. C-341/05 - Laval un Partneri - Slg. 2007, I-11767 (11889, Rn. 110) mit Verweis auf EuGH v. 23.11.1999 - Rs. C-369/96 u. C-376/96 - Arblade u. a. - Slg. 1999, I-8453 (8516, Rn. 43) = NJW 2000, 1553.

tert damit aufgrund der in Schweden üblichen Praxis, einen Mindestlohn gegenüber entsendenden Unternehmen nicht durch eine der drei in der RL 96/71/EG genannten Möglichkeiten[717] durchzusetzen.[718] Damit ist es im Rahmen von Entsendesachverhalten nur von staatlicher Seite möglich, eine Lohnuntergrenze festzusetzen, wobei sich hierbei auf ein Mindestmaß beschränkt werden muss.

7.2.3 Nationales Tarifrecht auf dem Prüfstand

Gemäß Art. 153 Abs. 5 AEUV hat die Union keine Kompetenz zur Regelung des Tarifrechts. Allerdings können nationale Vorschriften auf ihre Vereinbarkeit mit höherrangigem Recht überprüft und gegebenenfalls für unanwendbar erklärt werden. Damit wird zwar möglicherweise in eine den Mitgliedstaaten überlassene Domäne eingegriffen, jedoch sind auch die Mitgliedstaaten bei Regulierung ihres Streikrechts verpflichtet, die ihm durch das Unionsrecht gezogenen Grenzen zu beachten.[719] Im Fall Laval wurde § 42 Abs. 3 des schwedischen Gesetzes zur Mitbestimmung (MBL) einer solchen Überprüfung unterzogen. Konkret ging es um die Frage der Anwendbarkeit des MBL, mit dem aus Sicht des EuGH ein unzulässiges System zum Kampf gegen Sozialdumping geschaffen wurde. Diese Schlussfolgerung des Gerichtshofs gründete auf die Tatsache, dass der ausländische Dienstleister keinen Anspruch darauf hatte, dass die Verpflichtungen aus Tarifverträgen, denen er bereits in seinem Heimatmitgliedstaat unterliegt, im Entsendestaat Berücksichtigung finden.[720] Der Gerichtshof gelangt daher zur Konklusion, dass diese Norm Unternehmen aus anderen Mitgliedstaaten diskriminiert[721] und stellt knapp fest, dass eine Rechtfertigung aus Gründen

717 Art. 3 Abs. 1 Unterabs. 1 erster und zweiter Gedankenstrich nennen zum einen Rechts- oder Verwaltungsvorschriften, zum anderen ist im Bereich der Bauwirtschaft auch die Allgemeinverbindlichkeitserklärung möglich. Existiert kein System zur Allgemeinverbindlichkeitserklärung, kann eine in Art. 3 Abs. 8 Unterabs. 2 beschriebene Ersatzmöglichkeit an dessen Stelle treten. Temming, ZESAR 2008, 231 (233) konstatiert diesbezüglich zutreffend, dass in jedem Fall der Mitgliedstaat tätig werden muss und für Gewerkschaften keine Möglichkeit zur Durchsetzung eines Mindestlohns gegenüber entsendenden Unternehmen besteht.

718 EuGH v. 18.12.2007 - Rs. C-341/05 - Laval un Partneri - Slg. 2007, I-11767 (11887, Rn. 100).

719 Blanke, Oldenburger Studien, S. 13.

720 EuGH v. 18.12.2007 - Rs. C-341/05 - Laval un Partneri - Slg. 2007, I-11767 (11891, Rn. 113).

721 EuGH v. 18.12.2007 - Rs. C-341/05 - Laval un Partneri - Slg. 2007, I-11767 (11892, Rn. 118).

der öffentlichen Ordnung, Sicherheit und Gesundheit nicht möglich ist[722]. Der EuGH erblickt dabei weder im Arbeitnehmerschutz noch in gleichen Wettbewerbsbedingungen einen Rechtfertigungsgrund und erklärt die Vorschrift für nicht anwendbar.[723]

7.2.4 Kritische Bewertung und Würdigung

7.2.4.1 Verstoß gegen den Vorrang des Primärrechts

Mit der Anerkennung eines unionsweiten Streikrechts hat der EuGH einen wichtigen und überfälligen Schritt getan. Allerdings ist er den eingeschlagenen Weg nicht konsequent weiter gegangen. Der Gerichtshof misst gewerkschaftliche Arbeitskampfmaßnahmen an den Anforderungen der RL 96/71/EG und stellt einen Verstoß gegen die Anforderungen der Richtlinie fest. In einem Entsendesachverhalt allein den Kern von Mindestarbeitsbedingungen im Katalog des Art. 3 Abs. 1 Unterabs. 1 der RL 96/71/EG als taugliches Ziel einer Arbeitskampfmaßnahme anzusehen, erscheint mit Blick auf die Normenhieracrhie problematisch.[724] Eine sekundärrechtliche Vorschrift wird dazu benutzt, den Schutzumfang eines primärrechtlich garantierten Grundrechts erheblich einzuschränken. In der Konsequenz erscheint es zwar folgerichtig, dass eine rechtswidrige Maßnahme eine Beschränkung der primärrechtlich garantierten Dienstleistungsfreiheit nicht rechtfertigen kann[725], dennoch käme der EuGH im Umkehrschluss wohl kaum auf die Idee, eine Grundfreiheit durch eine Verordnung oder Richtlinie derart einzuschränken. Die in der Charta der Grundrechte verankerten Garantien sind wie die Grundfreiheiten dem primären Recht zuzuordnen und gehören damit der obersten Schicht des EU-Rechts an.[726] Durch das Vorgehen, primärrechtliche Normen am Sekundärrecht zu messen, hat der EuGH im Fall Laval letztlich gegen die Normenhierarchie des Unionsrechts verstoßen.[727]

722 EuGH v. 18.12.2007 - Rs. C-341/05 - Laval un Partneri - Slg. 2007, I-11767 (11892, Rn. 119).

723 Temming, ZESAR 2008, 231 (234).

724 So auch Maack, ZIAS 2008, 355.

725 Blanke, Oldenburger Studien, S. 14.

726 Turpin, RTDE 2003, 615 (618); zudem hat dies der EuGH in seiner Rechtsprechung selbst bestätigt EuGH v. 19.01.2010 - Rs. 555/07 - Seda Kücükdeveci/Swedex - Slg. I-2010, 393, Rn. 22 = EuZW 2010, 177.

727 Dazu näher Jarass, EU-Grundrechte, § 3, Rn. 7; Calliess/Ruffert-Ruffert, Art. 288 AEUV Rn. 8; Schroeder, S. 364 ff.

Der Gerichtshof hätte nur die aus der RL 96/71/EG gewonnenen Wertungen und Intentionen in die Abwägung mit der Dienstleistungsfreiheit einstellen[728] und nicht den Schutzbereich eines primärrechtlichen Unionsgrundrechts am Sekundärrecht ausrichten dürfen[729]. Im Fall Laval lag eindeutig der Kollisionsfall zweier primärrechtlicher Garantien vor. In einer solchen Konstellation hat ein schonender Ausgleich zwischen beiden Rechten im Sinne einer praktischen Konkordanz stattzufinden.[730] Möglicherweise wäre die Prüfung bei einer reinen Abwägung zwischen der Grundfreiheit und dem entgegenstehenden Unionsgrundrecht ebenfalls zur Unvereinbarkeit der Blockademaßnahmen mit der Dienstleistungsfreiheit gelangt[731], dennoch verstößt der EuGH mit seinem Vorgehen gegen unionsrechtliche Grundsätze. Zwar ist die Anerkennung eines Grundrechts auf Durchführung kollektiver Maßnahmen im Fall Laval zu begrüßen, dennoch wird es versäumt, den Schutzbereich dieses fundamentalen Rechts in der nötigen Konsequenz auszufüllen.

7.2.4.2 Auswirkungen einer unmittelbaren Drittwirkung der Grundfreiheiten

Am Fall Laval wird zudem deutlich, welche erheblichen Probleme die Annahme einer unmittelbaren Drittwirkung der Grundfreiheiten für Gewerkschaften aufwirft. Der EuGH nimmt eine Beeinträchtigung der Dienstleistungsfreiheit an, soweit die gewerkschaftlichen Maßnahmen über die RL 96/71/EG hinausgehen.[732] Dem ist grundsätzlich nicht zu widersprechen, soweit nur die Wertungen und Zielsetzungen einer zum Sekundärrecht zählenden Richtlinie im Rahmen der Auslegung der Dienstleitungsfreiheit dienen und nicht das Primärrecht am Sekundärrecht gemessen wird. Damit macht der EuGH deutlich, dass Arbeitskampfmaßnahmen nicht grundsätzlich als Beschränkungen der Grundfreiheiten anzusehen sind, sondern nur, wenn deren Einsatz unionsrechtlichen Vorgaben zuwider läuft.[733] Aus Sicht des EuGH erscheint ein Rückgriff auf das Verhältnismäßigkeitsprinzip auch nicht notwendig, da bereits ein Verstoß gegen euro-

728 Vgl. Jarass, GRC, Einleitung Rn. 10.

729 Kritisch auch Maack, ZIAS 2008, 355.

730 So auch Jarass, EU-Grundrechte, Einleitung Rn. 10.

731 Dies konstatiert auch Maack, ZIAS 2008, 355.

732 Zwanziger, DB 2008, 294 (297) mit Verweis auf EuGH v. 18.12.2007 - Rs. C-341/05 - Laval un Partneri - Slg. 2007, I-11767 (11886, Rn. 99).

733 Blanke, Oldenburger Studien, S. 14, der diesbezüglich ausführt, dass der Gerichtshof in diesem Punkt präziser als im Verfahren Viking Line argumentiert.

parechtliche Vorgaben in Form der RL 96/71/EG vorliegt.[734] Denkt man die Argumentation des EuGH aber weiter, sind Gewerkschaften nicht nur direkte Adressaten der Grundfreiheiten, sondern contra legem auch direkt an die Vorgaben der RL 96/71/EG gebunden. Damit sind Tarifverhandlungen in Ländern ohne gesetzlichen Mindestlohn oder System zur Allgemeinverbindlichkeitserklärung von Tarifabschlüssen hinsichtlich vorübergehend entsandter Arbeitnehmer aus anderen Mitgliedstaaten praktisch kaum durchführbar.[735] Durch die Anerkennung einer unmittelbaren Drittwirkung der Grundfreiheiten schwächt der Gerichtshof damit nicht nur die in der Charta der Grundrechte garantierte Arbeitskampffreiheit[736], sondern adressiert eine Richtlinie entgegen Art. 288 AEUV direkt an einen privatrechtlichen Verband. Der Gerichtshof hätte allenfalls im Rahmen der Beurteilung der Boykottmaßnahme der schwedischen Arbeitnehmer die Wertungen und Zielsetzungen der Richtlinie zugrundelegen dürfen.[737]

7.2.4.3 Konsequenzen für die Gewerkschaften

7.2.4.3.1 Schadensersatz für europarechtswidrige Arbeitskämpfe

Die Diskussion des Urteils Laval erschöpfte sich größtenteils in der Bewertung und Kritik des Verdikts selbst. Vielfach unbeobachtet sind dabei die Folgen der Entscheidung in den Mitgliedstaaten geblieben.[738] Dies ist für eine umfassende Analyse jedoch erforderlich, da das Urteil konkrete Folgen sowohl monetärer Art für die streikenden Gewerkschaften als auch für den nationalen Gesetzgeber nach sich zog.

Das schwedische Arbeitsgericht hat im Nachgang der Entscheidung Laval die beklagte Bauarbeitergewerkschaft und die ebenfalls streikende Elektrikergewerkschaft zu insgesamt rund 275.000 Euro Schadensersatz nebst Zinsen verurteilt.[739] Dabei handelte es sich um einen dem deutschen Rechtssystem fremden „exemplary damage", d. h. einen Schadensersatz mit punitivem Cha-

734 Blanke, Oldenburger Studien, S. 14, stellt fest, dass der EuGH die Boykottaktionen nicht erneut am Verhältnismäßigkeitsprinzip misst.

735 Zwanziger, DB 2008, 294 (297) qualifiziert diese gemäß dem Urteil als unmöglich.

736 So auch Zwanziger, DB 2008, 294 (298), der von einer problematischen Schwerpunktsetzung zulasten der Arbeitskampffreiheit spricht.

737 Zwanziger, RdA-Beilage 2009, 10 (20) merkt kritisch an, dass die Richtlinie zur Begrenzung des Streikrechts genutzt werde.

738 So auch Schubert/Jerchel, EuZW 2010, 687 (691).

739 Arbetsdomstolen, Urt. v. 02.12.2009, Rs. 89/09, vgl. ausführlich zum Urteil Reich, EuZW 2010, 454.

rakter zur Sanktionierung eines Verstoßes gegen europarechtliche Vorgaben.[740] Einen Ersatzanspruch von Laval hinsichtlich des durch den Streik entstandenen wirtschaftlichen Schadens lehnte das schwedische Gericht hingegen ab. Das Gericht erblickt die entsprechenden Haftungsgrundlagen für einen derartigen Ersatzanspruch sowohl im Unionsrecht selbst als auch im unionsrechtskonform auszulegenden nationalen Recht.[741] Hinsichtlich der gesetzlichen Vorgaben stützt sich das Gericht direkt auf Art. 56 AEUV (ex-Art. 49 EGV) und begründet einen unionsrechtlichen Schadensersatzanspruch aufgrund des Verstoßes gegen die Dienstleistungsfreiheit in entsprechender Fortentwicklung der EuGH-Rechtsprechung zur Staatshaftung[742], zur Haftung bei Wettbewerbsverstößen[743] und zudem bei Verstößen gegen die Nicht-Diskriminierungsvorschriften[744].[745] Im Wege einer Gesamtschau der genannten Vorschriften wird in einer gewagten Rechtsfortbildung ein allgemeiner Rechtsgrundsatz zur Haftung für entsprechend qualifizierte Verstöße gegen direkt und horizontal anwendbares Unionsrecht konstruiert.[746] Eine Haftung Privater für Verstöße gegen unionsrechtliche Vorgaben ist bisher nur aus dem Kartellrecht bekannt[747], weshalb das Gericht zur Begründung einer Haftungsgrundlage auf die problematische[748] Raccanelli-Entscheidung[749] des EuGH zurückgreift. Dort hatte der Gerichtshof nicht nur eine unmittelbare Drittwirkung der Arbeitnehmerfreizügigkeit anerkannt, sondern auch einen Haftungsanspruch für privatrechtliche Verstöße gegen Unionsrecht angedeutet.[750] Ob das Urteil einen zwingenden Haftungsanspruch verlangt und nur die Modalitäten den Mitgliedstaaten überlässt, oder ob die Mitgliedstaaten hinsichtlich eines solchen Anspruchs frei sind, wird aus dem Raccanelli-

740 Reich, EuZW 2010, 454.

741 Heuschmid-Däubler, Arbeitskampfrecht, § 11, S. 184, Rn. 86.

742 EuGH v. 05.03.1996 - Rs. C-46 u. C-48/93 - Brasserie du Pêcheur u. a. - Slg. 1996, I-1029 = NJW 1996, 1267.

743 EuGH v. 20.09.2001 - Rs. C-453/99 - Courage - Slg. 2001, I-6297 = EuZW 2001, 715; EuGH v. 13.07.2006 - Rs. C-295/04 bis C-298/04 - Manfredi - Slg. 2006, I-6619 = EuZW 2006, 529.

744 Übersicht dazu u. a. Reich, ZfRV 2009, 148; Reich, in: Eeckhout/Tridimas, S. 112; ähnlich auch O'Donoghue/Carr, S. 123.

745 Reich, EuZW 2010, 454 (455).

746 Heuschmid-Däubler, Arbeitskampfrecht, § 11, S. 184, Rn. 86.

747 Berg, in: Schwarze/Becker/Hatje/Schoo, Art. 288 EGV Rn. 101 ff.

748 Diese zustimmungswürdige Beurteilung trifft Heuschmid-Däubler, Arbeitskampfrecht, § 11, S. 184, Rn. 86.

749 EuGH v. 17.07.2008 - Rs. C-94/07 - Raccanelli - Slg. 2008, I-5939 = EuZW 2008, 529.

750 EuGH v. 17.07.2008 - Rs. C-94/07 - Raccanelli - Slg. 2008, I-5939, Rn. 52 = EuZW 2008, 529.

Urteil aber nicht deutlich.[751] Dennoch bejahte das nationale Gericht einen solchen Anspruch und suchte deren Rechtsgrundlage zunächst im Unionsrecht selbst. Dieser Vorgehensweise ist zwar grundsätzlich zuzustimmen[752], die erhebliche Kritik an den Judikaten Angonese[753] und Raccanelli vermag sie jedoch nicht auszuräumen[754].

Anhand der juristischen Folgen, die das Urteil Laval für im Mitgliedstaat Schweden ansässige Gewerkschaften hervorgerufen hat, zeigt sich damit eindeutig die Problematik der vom EuGH umfassend angenommenen Drittwirkung der Grundfreiheiten für private Verbände. Eine Haftungspflicht bringt letztlich den punitiven Charakter eines Verstoßes gegen das Effektivitätsgebot des Art. 4 Abs. 3 EUV (ex-Art. 10 EGV) zum Ausdruck. Dieses Gebot gilt aber nur für die Mitgliedstaaten und gerade nicht für das Verhalten privatrechtlich organisierter Gewerkschaften.[755] Geht man von einer unmittelbaren Drittwirkung der Grundfreiheiten für Gewerkschaften aus, werden diese auch an das Effektivitätsgebot gebunden, welchem sie aufgrund ihrer mangelnden Gesetzgebungskompetenz eben gerade nicht gerecht werden können. Sie sind zwar in der Lage mittels kollektiver Regelwerke die abhängige Erwerbstätigkeit, die selbständige Arbeit und die Erbringung von Dienstleistungen zu regeln[756], müssen dies jedoch an den gesetzlichen Vorgaben des jeweiligen Mitgliedstaats ausrichten. Entsprechen die gesetzlichen Rahmenbedingungen in einem Mitgliedstaat nicht europarechtlichen Vorgaben, ist es unbillig, den Gewerkschaften europarechtswidriges Verhalten vorzuwerfen. Genau dies ist jedoch im Fall Laval mittels einer unmittelbaren Drittwirkung der Dienstleistungsfreiheit geschehen.

Die Konsequenzen zeigten sich auch an einer weiteren Stelle der Urteilsbegründung des schwedischen Arbeitsgerichts. Als zweite Haftungsgrundlage neben dem Unionsrecht selbst zog das Gericht nämlich auch das nationale Recht heran. Da dieses europarechtskonform auszulegen und anzuwenden ist, führten die schwedischen Richter aus, dass die nationale Vorschrift, welche Arbeitskämpfe gegenüber ausländische Arbeitgebern privilegiert, aufgrund eines Verstoßes gegen Unionsrecht unangewendet bleiben muss.[757] Dem ist aufgrund des

---

751 Reich, EuZW 2010, 454 (455).

752 Schubert/Jerchel, EuZW 2010, 687 (691).

753 EuGH v. 06.06.2000 - Rs. C-281/98 - Angonese - Slg. 2000, I-4139 = EuZW 2000, 468.

754 So auch Birkemeyer, EuR 2010, 662 (677).

755 Reich, EuZW 2010, 454 (457).

756 Mit dieser Argumentation begründet der EuGH eine unmittelbare Drittwirkung der Niederlassungs- bzw. Dienstleistungsfreiheit EuGH v. 11.12.2007 - Rs. C-438/05 - Viking Line - Slg. 2007, I-10779 (10823, Rn. 33 ff); EuGH v. 18.12.2007 - Rs. C-341/05 - Laval un Partneri - Slg. 2007, I-11767 (11886, Rn. 98).

757 Reich, EuZW 2010, 454 (456).

Vorrangs des Unionsrechts zuzustimmen, allerdings kann dies nicht bedeuten, die Gewerkschaften in die Pflicht für die unionsrechtswidrige Gesetzeslage zu nehmen. Geht man dem EuGH entsprechend von einer horizontalen Direktwirkung der Dienstleistungsfreiheit für gewerkschaftliche Organisationen aus, kommt es daher entscheidend auf die Frage nach der Reichweite einer entsprechenden Drittwirkung an. Der EuGH führt dazu im Urteil Laval aus, die Gewerkschaften hätten die Möglichkeit, eine diskriminierende kollektive Regelung zu schaffen, weshalb ihr Handeln direkt an der Dienstleistungsfreiheit zu messen sei. Mit dieser Argumentation erschiene es konsequent, nur die durch den privatrechtlichen Verband geschaffenen Regelungen anhand der Grundfreiheiten zu überprüfen.[758]

Im Urteil Laval ging der Gerichtshof einen Schritt weiter und unterzog auch vorgelagerte Handlungen wie Streikaktionen auf dem Weg zum Abschluss eines Tarifvertrags einer Prüfung an den Grundfreiheiten.[759] Dies erscheint äußerst bedenklich und veranlasst letztlich das nationale Gericht, die Gewerkschaften in Regress für die unionsrechtswidrige nationale Gesetzeslage zu nehmen. In diesem Zusammenhang hätte den Gewerkschaften zumindest Vertrauensschutz[760] gewährt werden müssen.[761] Der EuGH geht zwar von einer ex tunc-Wirkung seiner Urteile aus[762], dennoch obliegt es ihm, über die Haftungsfolgen hinsichtlich der von ihm entwickelten unmittelbaren Drittwirkung der Grundfreiheiten zu entscheiden. Bis dahin dürfte ein Gutglaubenstatbestand zugunsten der Gewerkschaften hinsichtlich der Europarechtskonformität der nationalen Rechtslage gegeben sein. Zudem bedeutet die angenommene ex tunc-Wirkung von EuGH-Urteilen nicht zwangsläufig den Ausschluss der Gewährung von Vertrauensschutz durch die nationalen Gerichte auf der Basis des mitgliedstaatlichen Rechts.[763]

---

758 So verfuhr der EuGH auch in den Entscheidungen EuGH v. 12.12.1974 - Rs. 36/74 - Walrave - Slg. 1974, 1405 = NJW 1975, 1093; EuGH v. 15.12.1995 - C-415/93 - Bosman - Slg. 1995, I-4921; EuGH v. 06.06.2000 - Rs. C-281/98 - Angonese - Slg. 2000, I-4139 = EuZW 2000, 468.

759 Dies kritisiert auch Reich, EuZW 2010, 454 (456).

760 Dieses Prinzip zählt unbestritten zu den europarechtlichen Grundsätzen Frenz, Handbuch Europarecht, Band 5, S. 540, Rn. 1800; EuGH v. 21.09.1983 - Rs. 205/82 - Deutsche Milchkontor - Slg. 1983, 2633 (2669, Rn. 30) = NJW 1984, 2024; EuGH v. 28.04.1988 - Rs. 120/86 - Mulder - Slg. 1988, 2321 (2351, Rn. 21 ff) = DVBl 1988, 731.

761 So auch Heuschmid-Däubler, Arbeitskampfrecht, § 11, S. 185, Rn. 87; a. A. Reich, EuZW 2010, 454 (456).

762 Steiner, EuZA 2009, 140 (152); Krois, DB 2010, 1704 (1707).

763 Krois, DB 2010, 1704 (1707).

Die Folgen der Rechtsprechung Laval für die Gewerkschaften in einem Mitgliedstaat zeigen, dass es sich hierbei nicht um ein rein akademisches Problem handelt.[764] Das Risiko, künftig aufgrund einer europarechtswidrigen Arbeitskampfmaßnahme enormen Schadensersatzforderungen ausgesetzt zu sein, wird sich auch praktisch auf die Planungen von Arbeitskämpfen auswirken. In diesem Zusammenhang sei an den Konflikt zwischen der Fluggesellschaft British Airways und der Pilotengewerkschaft BALPA (British Air Line Pilots Association) hingewiesen. Ausgangspunkt des Tarifkonflikts war ein Streit zwischen BALPA und der British Airways über Arbeitsbedingungen bei der British Airways-Tochter Open Skies, die nach Planungen von British Airways künftig diverse Flugrouten zwischen Europa und den USA zu niedrigeren Tarifkonditionen bedienen sollte.[765] Die Gewerkschaft befürchtete, dass diese Planungen auch negative Auswirkungen auf die Piloten der Muttergesellschaft British Airways haben könnten.[766] Nachdem sich keine Einigung abzeichnete, stimmten die Mitglieder von BALPA mehrheitlich für Arbeitskampfmaßnahmen.[767] Daraufhin drohte British Airways mit Hinweis auf die EuGH-Rechtsprechung Viking Line und Laval, den Streik gerichtlich verbieten zu lassen und im Falle eines Verstoßes gegen die Niederlassungsfreiheit die Gewerkschaft mit massiven Schadensersatzforderungen zu überziehen.[768] Obwohl die Rechtslage in Großbritannien bezüglich möglicher Schadensersatzpflichten aufgrund eines Verstoßes gegen die Grundfreiheiten noch diffus erscheint[769], zeigte die Drohung die gewünschte Wirkung und BALPA nahm aufgrund des hohen finanziellen Risikos Abstand von den geplanten Arbeitskampfmaßnahmen.

Die genannten Sachverhalte im Nachgang der EuGH-Entscheidungen Viking Line und Laval zeigen anschaulich die Folgen der in den Urteilen erfolgten, äußerst extensiven Ausdehnung des Anwendungsbereichs der Grundfreiheiten. Damit hat der EuGH die Ausübung des nach Art. 28 GRC gewährten Unionsgrundrechts auf Kollektivverhandlungen und Streiks übermäßig erschwert

---

764 So auch Heuschmid-Däubler, Arbeitskampfrecht, § 11, S. 193, Rn. 108.

765 Vgl. Scholz/Becker-Bercusson, S. 71; Ewing/Hendy, ILJ 2010, 2 (44); Bücker/Warneck-Novitz, 99, (103 ff).

766 Ewing/Hendy, ILJ 2010, 2 (44); Bücker/Warneck-Novitz, 99, (103).

767 Bücker/Warneck-Novitz, 99 (103).

768 Heuschmid-Däubler, Arbeitskampfrecht, § 11, S. 194, Rn. 109, der anführt, dass British Airways pro Streiktag von einem Schaden von 100 Mio. GBP (rund 120 Mio. Euro) ausging.

769 Ausführlich dazu Apps, ELRev 2009, Band 34, 141 ff.

und eine bedenkliche Überbewertung der wirtschaftlichen Grundfreiheiten vollzogen.[770]

7.2.4.3.2 Anschluss an einen Arbeitskampf im Aufnahmestaat

Aus Sicht der entsandten Arbeitnehmer ist es außerdem denkbar, sich einem bestehenden Streik im jeweiligen Mitgliedstaat anzuschließen. Im Fall Laval ist dies zwar nicht geschehen, dennoch stellt sich die Frage, ob ein solches Vorgehen in Deutschland mit den Vorgaben aus den Fällen Viking Line und Laval vereinbar wäre. Mit seiner Rechtsprechung macht der EuGH deutlich, dass aus seiner Sicht die über die RL 96/71/EG erstreckten Arbeitsbedingungen als zulässiges Höchstmaß zu verstehen sind.[771] Dies ändert jedoch nichts daran, dass entsandte Arbeitnehmer an Streiks im Inland teilnehmen können.[772] Schließen sich ausländische Arbeitnehmer einem Arbeitskampf wie im Fall Laval an, liegt der Schwerpunkt des Arbeitskampfs im Inland, womit deutsches Streikrecht zur Anwendung kommt.[773] Da die entsandten Arbeitnehmer ein Interesse haben dürften, dass sich der mittels des Streiks beabsichtige Mindestlohntarifvertrag gemäß § 3 AEntG auch auf ihre Arbeitsverhältnisse erstreckt, sind sie berechtigt, sich dem Streik der inländischen Kollegen anzuschließen.[774] Die Mitgliedschaft in der streikführenden Gewerkschaft ist dagegen nicht erforderlich, soweit der Arbeitskampf von deutschen Tarifparteien geführt wird.[775] Damit verstößt eine Allianz der entsendeten und der inländischen Arbeitnehmer mit dem Ziel des Abschlusses eines Mindestlohntarifvertrags nicht gegen die Grundfreiheiten.

7.2.4.4 Konsequenzen für den nationalen Gesetzgeber

Die EuGH-Entscheidung Laval hat nicht nur für Gewerkschaften, sondern auch für die Gesetzgebung in einzelnen EU-Mitgliedstaaten greifbare Auswirkungen mit sich gebracht. Obwohl EuGH-Urteile grundsätzlich nur inter partes wirken,

---

770 So auch Rebhahn, in: Scholz/Becker, 17 (19); Heuschmid-Däubler, Arbeitskampfrecht, § 11, S. 19, Rn. 108.

771 Heuschmid-Däubler, Arbeitskampfrecht, § 11, S. 184, Rn. 84. Zwanziger, RdA-Beilage 2009, 10 (20 f) kritisiert in diesem Zusammenhang, dass die RL 96/71/EG somit zu einer Richtlinie zur Begrenzung des Streikrechts wird.

772 Dazu Paukner, S. 49 ff, S. 212.

773 Vgl. dazu Knöfel, EuZA 2008, 228 (244); MKBGB-Junker, Band 10, Art. 9 Rom II-VO Rn. 27.

774 Paukner, S. 26 f.

775 Heuschmid-Däubler, Arbeitskampfrecht, § 11, S. 184, Rn. 84 mit Verweis auf Paukner, S. 60 f.

sahen sich sowohl der unmittelbar betroffene Mitgliedstaat Schweden als auch Dänemark genötigt, ihr Streiksystem zu modifizieren.[776] Die Breitenwirkung des Urteils in den Mitgliedstaaten, um den EuGH-Vorgaben gerecht zu werden, zeigt sich vor allem durch die Reaktion des dänischen Gesetzgebers, welcher sich aufgrund seines den schwedischen Vorschriften sehr ähnlichen Streikrechts bemüßigt sah, eine Gesetzesänderung vorzunehmen. Könnte man nun erwarten, dass sich die Umsetzung in beiden Staaten ähnelt, so muss man feststellen, dass deren Lösungsansätze erheblich divergieren. Die gemeinsame Folge in beiden Ländern bestand aber in einer Einschränkung des Streikrechts durch den nationalen Gesetzgeber.

Im Nachgang der Laval-Entscheidung musste das System flexibler Tarifverhandlungen in Schweden korrigiert werden. Das dazu am 15. April 2010 verabschiedete Gesetz schränkt Arbeitskämpfe, welche die Regulierung der Arbeitsbedingungen von entsandten Arbeitnehmern zum Ziel haben, erheblich ein.[777] Besonders problematisch erscheint dabei, dass das geltende System zur Erzielung von Tarifabschlüssen beibehalten wurde und es weiterhin Aufgabe der Gewerkschaften ist, für die Einhaltung von Mindeststandards durch die Entsendearbeitgeber zu sorgen.[778] Mangels System zur Allgemeinverbindlichkeitserklärung bleibt damit der Arbeitskampf das einzige Druckmittel zur Durchsetzung von allgemeinen Mindestlöhnen. Kann der betreffende Arbeitgeber jedoch mittels eines einfachen Arbeitsvertrags nachweisen, dass er im Grundsatz ähnliche Arbeitsbedingungen wie in Schweden bietet, ist ein Streik rechtswidrig.[779] Obwohl Streiks das einzige Mittel zur Regulierung von Arbeitsbedingungen entsandter Arbeitnehmer darstellen, sind diese mit derartigen gesetzlichen Vorgaben faktisch kaum möglich.[780] Damit geht der Schutz für Entsendearbeitgeber vor Streikaktionen weiter als der für inländische Arbeitgeber, was eine massive Schwächung der Position der nationalen Gewerkschaften zur Folge hat.

Die Änderungen der dänischen Gesetzeslage hinsichtlich der gesetzlichen Vorgaben für Arbeitskämpfe in Entsendefällen erscheinen hingegen deutlich moderater, was vor allem auf das weite Verständnis des Begriffs „Mindestlohn“ in Art. 3 Abs. 1 der Entsenderichtline zurückzuführen ist.[781] Auch nach der Gesetzesänderung erscheint ein das Arbeitsentgelt betreffender Streik gegen Ent-

---

776 Heuschmid-Däubler, Arbeitskampfrecht, § 11, S. 192, Rn. 103.
777 Näher dazu Bücker/Warneck-Bruun/Jonsson, 15 (19).
778 Heuschmid-Däubler, Arbeitskampfrecht, § 11, S. 193, Rn. 105.
779 Bücker/Warneck-Bruun/Jonsson, 15 (20).
780 So auch Heuschmid-Däubler, Arbeitskampfrecht, § 11, S. 193, Rn. 105.
781 Bücker/Warneck-Bruun/Jonsson, 15 (22).

sendearbeitgeber für einen Tarifvertrag durchaus möglich.[782] Ob die Umsetzung nun gelungen erscheint oder nicht, sowohl im direkt von der Rechtsprechung betroffenen Mitgliedstaat Schweden als auch in Dänemark fühlte sich der nationale Gesetzgeber bemüßigt, auf die Vorgaben aus Luxemburg mit einer Änderung der nationalen Rechtslage zu reagieren. Um den Urteilen gerecht zu werden, sahen die nationalen Gesetzgeber dabei offenbar keine andere Möglichkeit, als die Vorschriften zu Arbeitskämpfen erheblich einzuschränken. Die Ausübung der Koalitionsfreiheit und ihre Ausgestaltung durch die Mitgliedstaaten gerieten somit auf den unionsrechtlichen Prüfstand.[783] Die gesetzlichen Konsequenzen auf nationaler Ebene stellen folglich eine gravierende justizielle Grenzüberschreitung des EuGH dar, welche eine mögliche Entwicklung der Union hin zu einem föderalen politischen System mit einer eigenständigen Verfassungsgrundlage für die Gewährleistung von Tarifautonomie und Streikrecht vorzeichnet.[784]

7.3 Staatliches Handeln im Konflikt mit Entsendemaßnahmen

7.3.1 Gesetzliche Tariftreueklauseln als Mittel gegen Lohnunterbietung

Handelte es sich in den Fällen Viking Line und Laval um privatrechtliches Handeln von Gewerkschaften, welches den EuGH vor Probleme im Rahmen der Vereinbarkeit mit europarechtlichen Vorgaben stellte, kann auch staatliches Handeln zu einem Konflikt mit den Grundfreiheiten führen, welcher Tarifverträge involviert.[785]. Sollen staatliche Vorgaben einen Dienstleister aus einem anderen EU-Staat dazu bewegen, gewisse Vorgaben wie etwa einen Mindestlohn einzuhalten[786], tritt der grundsätzlich neutrale Staat bildlich gesprochen als

---

782 Heuschmid-Däubler, Arbeitskampfrecht, § 11, S. 193, Rn. 106 zählt die gesetzlichen Vorgaben im Detail auf und kommt zum identischen Ergebnis.

783 Zwanziger, RdA-Beilage 2009, 10 (12).

784 Blanke, Oldenburger Studien, S. 13; vgl. zu den Konsequenzen der Entscheidung in Schweden auch Swedish Gouvernment (Hrsg.), Action in response to the Laval judgement, Summary, Official Reports SOU 2008:123, Stockholm 2008, http://www.sweden.gov.se/content/1/c6/11/77/22/fa71ed8c.pdf (zuletzt abgerufen am 13.03.2013).

785 Kamanabrou, EuZA 2010, 157 (174).

786 So geschehen im Fall EuGH v. 03.04.2008 - Rs. C-346/06 - Rüffert - Slg. 2008, I-1989 = NZA 2008, 537.

Schutzpatron für die inländischen Arbeitnehmer auf und agiert als verlängerter Arm der Gewerkschaften. Damit stellt sich die Frage, ob und wie der Gesetzgeber zur Herstellung eines vergleichbaren Lohnniveaus in Entsendefällen aktiv werden kann.

Die öffentliche Hand hat bei Vergabe von Aufträgen neben einer möglichst moderaten Belastung der öffentlichen Kassen ein gesteigertes Interesse daran, den sozialen Frieden nicht ins Wanken zu bringen. Da im EU-Raum kein einheitliches Lohnniveau herrscht, die Personalkosten aber einen großen Teil im Rahmen der Kalkulation für ein Bauprojekt ausmachen, entsteht ein erhöhter Kostendruck hinsichtlich der Lohnkosten und damit die Gefahr, dass Niedriglöhne bezahlt werden. Oft ist in diesem Zusammenhang von Lohndumping die Rede, was die Thematik jedoch irreführend beschreibt. Dumping im wettbewerbsrechtlichen Sinne läge nur vor, wenn die Leistung im Ausland unter dem im Heimatstaat üblichen Wert angeboten würde.[787] Die trifft aber auf Entsendefälle gerade nicht zu[788], vielmehr handelt es sich um einen Lohnunterbietungswettbewerb[789], der aus den grundsätzlich niedrigeren Löhnen im Ausgangsstaat resultiert.

Als probates Mittel im Kampf gegen diese Lohnunterbietung erscheinen gesetzliche Tariftreuepflichten, welche die Auftragsvergabe an gewisse Zusatzvoraussetzungen wie etwa die Einhaltung eines bestimmten Tariflohns knüpfen. Als Beispiel seien die Vereinigten Staaten von Amerika genannt, die mit dem Davis-Bacon-Act[790] auf eine derartige Regelung zur Sicherung gewisser Mindeststandards im Rahmen der Vergabe öffentlicher Aufträge setzen. Danach ist eine Auftragserteilung an die Einhaltung bestimmter sozialer Vorgaben geknüpft und alle Bundesbehörden sind verpflichtet, einen Zuschlag von der Zusage des Auftragnehmers abhängig zu machen, dass dieser eine bestimmte, an den bestehenden Tarifverträgen orientierte Lohnuntergrenze (prevailling wage) einhält[791].

Die Internationale Arbeitsorganisation betrachtet die Tariftreue bei der Vergabe öffentlicher Aufträge als sinnvolles und elementares Instrument zur Durchsetzung tarifvertraglichen Schutzes.[792] Auch in Deutschland finden sich

787 Riesenhuber, Europäisches Arbeitsrecht, § 6, S. 145, Rn. 5.

788 Gerken/Löwisch/Rieble, BB 1995, 2370 (2373 f); Hanau, FS Everling, 415 (416); Rieble, Arbeitsmarkt und Wettbewerb, Rn. 288; Selmayr, ZfA 1996, 615 (643).

789 Rieble, NZA 2007, 1 kritisiert diese Begrifflichkeit, da mit ihr bereits ein Unwerturteil unterstellt werde. Besser sei es daher, von „Lohnunterbietungswettbewerb" zu sprechen. Dem ist zuzustimmen, da der Begriff „Lohndumping" die Problematik zwar griffig beschreibt, jedoch einen verzerrten Eindruck beim Leser erzeugt.

790 40 U.S.C. section 276 a-c.

791 Näher dazu Kämmerer/Thüsing, 213 (236 ff) m. w. N.; Azari-Rad/Philips/Prus, S. 11.

792 Seifert, EuZA 2008, 526 mit Verweis auf Valticos, Rn. 345 ff.

Tariftreueregelungen in den Gesetzen einzelner Bundesländer.[793] Eine Besonderheit ist dabei, dass sich diese nicht auf allgemeinverbindliche Tarifwerke über Mindestentgelte im Sinne von § 1 Abs. 1 Satz 1 Nr. 1 AEntG beziehen, sondern sich an regionalen Entgelttarifverträgen orientieren, welche eine weitaus höhere Entlohnung vorsehen.[794] Da gemäß § 4 Abs. 1 Satz 1 TVG eine Bindung an regionale Tarifverträge grundsätzlich nur bei beiderseitiger Tarifbindung möglich ist, erfolgt durch Tariftreueerklärungen eine Gleichsetzung von nicht tarifgebundenen Unternehmen mit tarifgebundenen Konkurrenten. Mit solchen Regelungen möchte der Gesetzgeber einem Verdrängungswettbewerb zwischen tarifgebundenen und nicht tarifgebundenen Bietern im Rahmen der Vergabe öffentlicher Aufträge vorbeugen.

7.3.2 Tariftreueverlangen als Verstoß gegen unionsrechtliche Vorgaben

7.3.2.1 Die Rechtssache Rüffert

Der EuGH erblickt in der gesetzlich normierten Verpflichtung zur Abgabe einer Tariftreueerklärung einen klaren Verstoß gegen europarechtliche Vorgaben.[795] Obwohl das Urteil nicht zum Verhältnis der Grundfreiheiten zur grundrechtlich geschützten Tarifautonomie ergangen ist, besteht ein enger Sachzusammenhang zur vorgenannten Entscheidung Laval.[796] Im Fokus der Rechtssache Rüffert stand das Vergabegesetz des Landes Niedersachsen, welches die Auftragsvergabe von öffentlichen Bauvorhaben dezidiert regelte. Nach § 3 Abs. 1 Satz 1 durften öffentliche Aufträge nur an Unternehmen vergeben werden, welche eine Tariftreueerklärung abgeben, den eingesetzten Arbeitnehmern bei Auftragserteilung mindestens den am Vertragsort üblichen Tariflohn zu bezahlen.[797] Zur Absicherung und Durchsetzung dieser Verpflichtung war gemäß § 8 Abs. 1 Sätze 1 und 2 eine Vertragsstrafe zu vereinbaren, welche bei Verstößen des Auftragnehmers oder eines seiner Subunternehmer greift. Zudem wurde gemäß § 4 Abs. 1 Satz 3 des Vergabegesetzes dem Auftragnehmer eine Überwachungs-

793 Eine bundesweite Regelung existiert dagegen bislang nicht Kling, EuZW 2002, 229 ff. Selbige scheiterte an der Frage der Tarifkonkurrenz, vgl. dazu BT-Drs. 14/7796 v. 12.12.2001, http://dipbt.bundestag.de/dip21/btd/14/077/1407796.pdf (zuletzt abgerufen am 13.03.2013).

794 Seifert, EuZA 2008, 526 (527).

795 EuGH v. 03.04.2008 - Rs. C-346/06 - Rüffert - Slg. 2008, I-1989 = NZA 2008, 537.

796 Danwitz, EuZA 2010, 6 (12).

797 Junker, ZfA 2009, 281 (294).

pflicht bezüglich der Einhaltung der Tariftreueregelung durch seine Subunternehmer auferlegt.

Das Land Niedersachsen hatte im Jahr 2003 einem niedersächsischen Hoch- und Tiefbauunternehmen den Auftrag zum Bau einer Justizvollzugsanstalt in der Stadt Göttingen erteilt. Neben der Erbringung der Werkleistung verpflichtete sich das Unternehmen mittels einer entsprechenden Tariftreueerklärung gemäß §§ 3, 4 des Landesvergabegesetzes zur Einhaltung des geltenden niedersächsischen Tarifvertrags im Baugewerbe. Anhand dieser in einem Vergabegesetz normierten Tariftreuepflicht wird die Problematik im Fall Rüffert deutlich: Ein nicht für allgemeinverbindlich erklärtes Tarifwerk, welches einen deutlich höheren Lohn als den nach dem Arbeitnehmerentsendegesetz für allgemeinverbindlich erklärten Mindestlohn vorsieht[798], wird nicht tarifgebundenen Unternehmen durch den Staat oktroyiert. Falls sich ein Unternehmer dieser Regelung widersetzt, muss er mit Strafzahlungen rechnen. Kurz nach Beginn der Bauarbeiten sah sich ein polnischer Subunternehmer des Auftragnehmers dem Vorwurf ausgesetzt, seinen Arbeitnehmern niedrigere Entgelte als die im örtlichen Tarifvertrag vorgeschriebenen Tariflöhne zu bezahlen.[799] Daraufhin behielt das Land Niedersachsen ein Prozent der Auftragssumme als Vertragsstrafe ein.[800] Gegen diese Vertragsstrafe ging der Unternehmer gerichtlich vor. Das Oberlandesgericht Celle legte daraufhin den Fall dem EuGH zur Vorabentscheidung vor.[801] Kurz nach der Entscheidung des Bundesverfassungsgerichts zur Verfassungsmäßigkeit von Tariftreueklauseln hatte sich damit auch die europäische Rechtsprechung mit der Frage der Europarechtskonformität dieser Vergabepraxis zu beschäftigen. Da sich die Pflicht zur Abgabe einer Tariftreueerklärung in mehreren Landesvergabegesetzen findet[802], standen mit der Entscheidung des EuGH mittelbar auch diese Regelungen auf dem europarechtlichen Prüfstand.[803]

798 So auch Last/Dähne, Wissenschaftlicher Dienst, Nr. 14/2008.

799 Seifert, EuZA 2008, 526.

800 Näher zum Sachverhalt Kocher, DB 2008, 1042.

801 OLG Celle v. 03.08.2006 - 13 U 72/06 = NZBau 2006, 660; ZIP 2006, 1908.

802 Rechtsvergleichend zur Entstehung der Ländergesetze sowie zu deren Vereinbarkeit mit den Vorgaben des deutschen und EU-Rechts Dobmann, Volker: Die Tariftreueerklärung bei der Vergabe öffentlicher Aufträge, Baden-Baden 2007.

803 Seifert, EuZA 2008, 526. Eine bundesweite Regelung ist dagegen bislang gescheitert, dazu eingehend Kling, EuZW 2002, 229 ff.

7.3.2.2 Grundaussagen der Entscheidung

7.3.2.2.1 Unvereinbarkeit mit der Entsenderichtlinie

Entgegen der Entscheidung des BVerfG erachtete der EuGH Tariftreueerklärungen als unzulässig und erblickte darin einen Verstoß gegen die Dienstleistungsfreiheit ausländischer Bauunternehmer.[804] Gleichzeitig stellte der Gerichtshof fest, dass Tariftreueregelungen nicht den Anforderungen der Entsenderichtlinie genügen und damit mit unionsrechtlichen Vorgaben unvereinbar sind.[805] Mit dem Spruch der Straßburger Richter wurde die Entscheidung des Bundesverfassungsgerichts bezüglich der Verfassungsmäßigkeit von Tariftreueklauseln Makulatur. Das deutsche Verfassungsgericht hatte ein nationales Gesetz überprüft und für verfassungskonform befunden, welches aufgrund des Anwendungsvorrangs des Unionsrechts gar nicht hätte angewendet werden dürfen.[806]

Wie im Verfahren Laval lag auch der Entscheidung Rüffert ein Entsendesachverhalt zugrunde, weshalb der Anwendungsbereich der RL 96/71/EG eröffnet war. Auch inhaltlich knüpft der Europäische Gerichtshof im Rüffert-Urteil an die Ausführungen zur RL 96/71/EG im Laval-Urteil an und schreibt diese fort.[807] Die Wahl der Entsenderichtlinie als Prüfungsmaßstab ist auch aus vergaberechtlicher Perspektive nachvollziehbar, da die Vergaberichtlinien in ihren Erwägungsgründen ausdrücklich darauf verweisen, in Situationen grenzüberschreitender Entsendung von Arbeitnehmern die RL 96/71/EG heranzuziehen.[808] Dem EuGH zufolge ist das Landesvergabegesetz weder als Mindestlohnregelung im Sinne von Art. 3 Abs. 1 Unterabs. 1 erster Spiegelstrich der Richtlinie zu qualifizieren, noch wurde der betreffende Baugewerbe-Tarifvertrag für allgemeinverbindlich im Sinne des Art. 3 Abs. 1 zweiter Gedankenstrich in Ver-

804 EuGH v. 03.04.2008 - Rs. C-346/06 - Rüffert - Slg. 2008, I-1989, Rn. 36 ff = NZA 2008, 537 (540).

805 EuGH v. 03.04.2008 - Rs. C-346/06 - Rüffert - Slg. 2008, I-1989, Rn. 26 ff = NZA 2008, 537 (539).

806 Kocher, DB 2008, 1042 (1043).

807 Junker, ZfA 2009, 281 (293).

808 Hänlein, ZESAR 2008, 275 (277) mit Verweis auf Erwägungsgrund 34 der RL 2004/18/EG: „Für [...] Situationen, in denen Arbeitnehmer eines Mitgliedstaats Dienstleistungen in einem anderen Mitgliedstaat zur Ausführung eines öffentlichen Auftrags erbringen, enthält die Richtlinie 96/71/EG [...] die Mindestbedingungen, die im Aufnahmeland in Bezug auf die entsandten Arbeitnehmer einzuhalten sind.“; entsprechend auch Erwägungsgrund 45 der RL 2004/17/EG; zur Entstehungsgeschichte Wiedmann, S. 286.

bindung mit Art. 3 Abs. 8 Unterabs. 1 der Richtlinie erklärt.[809] Da in der Bundesrepublik ein System zur Allgemeinverbindlichkeitserklärung von Tarifabschlüssen existiert, ist laut EuGH auch Art. 3 Abs. 8 Unterabs. 2 der Entsenderichtlinie nicht einschlägig.[810] Damit sieht der Gerichtshof die Anforderungen der RL 96/71/EG als nicht erfüllt an, da nur dann die Möglichkeit eines mitgliedstaatlichen Mindestlohns gegeben ist, wenn dieser entweder durch Rechts- oder Verwaltungsvorschriften festgelegt wurde oder in einem für allgemeinverbindlich erklärten Tarifvertrag enthalten ist.[811] Diese Auffassung bestätigt das betroffene Land Niedersachsen selbst, indem es auf Nachfrage des Gerichtshofs mitteilte, dass es sich beim betreffenden Baugewerbe-Tarifvertrag nicht um einen für allgemeinverbindlich erklärten Tarifvertrag im Sinne von Art. 3 Abs. 1 Unterabs. 1 in Verbindung mit Abs. 8 Unterabs. 1 der Richtlinie handelt.[812]

Mit Blick auf die in Deutschland abschließend durch das Arbeitnehmerentsendegesetz erfolgte Umsetzung von Art. 3 Abs. 1 RL 96/71/EG stellt der EuGH fest, dass der von der Tariftreueregelung in Bezug genommene Entgelttarifvertrag des Baugewerbes kein allgemeinverbindlicher Tarifvertrag im Sinne von § 1 Abs. 1 Satz 1 Nr. 1 AEntG ist und den verfahrensförmigen Voraussetzungen, die § 1 AEntG in Übereinstimmung mit Art. 3 Abs. 1 in Verbindung mit Abs. 8 Unterabs. 2 der RL 96/71/EG anordnet, nicht gerecht wird.[813]

7.3.2.2.2 Primärrechtskonforme Auslegung der Entsenderichtlinie

7.3.2.2.2.1 Tariftreueregelung als Beschränkung der Dienstleistungsfreiheit

Nichts anderes ergibt nach Auffassung des Gerichtshofs die Auslegung der RL 96/71/EG im Lichte der Dienstleistungsfreiheit gemäß Art. 56 AEUV (ex-Art. 49 EG).[814] Konkret geht es um die Frage, wie Art. 3 Abs. 7 der Richtlinie zu verstehen ist.

---

809 EuGH v. 03.04.2008 - Rs. C-346/06 - Rüffert - Slg. 2008, I-1989, Rn. 30 f = NZA 2008, 537 (539) mit Verweis auf EuGH v. 18.12.2007 - Rs. C-341/05 - Laval un Partneri - Slg. 2007, I-11767 (11878, Rn. 70 f).

810 EuGH v. 03.04.2008 - Rs. C-346/06 - Rüffert - Slg. 2008, I-1989, Rn. 24 ff = NZA 2008, 537 (539).

811 Last/Dähne, Wissenschaftlicher Dienst, Nr. 14/2008.

812 Danwitz, EuZA 2010, 6 (13) mit Verweis auf EuGH v. 03.04.2008 - Rs. C-346/06 - Rüffert - Slg. 2008, I-1989, Rn. 26 = NZA 2008, 537 (539). Im Verfahren EuGH v. 18.12.2007 - Rs. C-341/05 - Laval un Partneri - Slg. 2007, I-11767 hat der EuGH eine ähnliche Vorgehensweise gewählt.

813 Seifert, EuZA 2008, 526 (528).

814 Danwitz, EuZA 2010, 6 (13).

Dieser Vorschrift zufolge steht Art. 3 Abs. 1-6 der RL 96/71/EG der Anwendung von für die Arbeitnehmer günstigeren Beschäftigungs- und Arbeitsbedingungen nicht entgegen. Die Entsenderichtlinie garantiert somit ein bestimmtes und obligatorisches Schutzniveau, das von den Mitgliedstaaten für entsandte Arbeitnehmer aus dem Ausland verlangt werden kann.[815] Der EuGH macht jedoch deutlich, dass Art. 3 Abs. 7 der Richtlinie sich nicht dahingehend auslegen lässt, dass sie einem Aufnahmemitgliedstaat erlaubt, die Erbringung einer Dienstleistung in seinem Hoheitsgebiet davon abhängig zu machen, dass Arbeits- und Beschäftigungsbedingungen eingehalten werden, die über das Mindestmaß der in Art. 3 Abs. 1 Unterabs. 1 lit. a bis g genannten Aspekte hinausgehen.[816] Ähnlich hatte der Gerichtshof bereits im Urteil Laval argumentiert, in dem er ausführte, eine derartige Auslegung würde einer Harmonisierung der Arbeitsbedingungen von Arbeitnehmern im EU-Raum entgegenstehen und damit den Zweck der Richtlinie konterkarieren.[817] Da in anderen Mitgliedstaaten die Mindestlöhne niedriger sind, bedeutet der im niedersächsischen Vergabegesetz normierte Zwang zur Abgabe einer Tariftreueerklärung eine zusätzliche wirtschaftliche Belastung für ausländische Unternehmen, welche geeignet ist, die Erbringung ihrer Dienstleistungen im Aufnahmemitgliedstaat zu unterbinden, zu behindern oder weniger attraktiv zu machen.[818] Letztlich führt diese Regelung zum Verlust eventueller Lohnkostenvorteile von Bietern aus anderen Mitgliedstaaten, welche zunächst nicht an die Entgelttarifverträge des Leistungsorts gebunden sind.[819] Damit gelangt der Gerichtshof anhand einer primärrechtskonformen Auslegung[820] des Art. 3 Abs. 7 RL 96/71/EG zur Überzeugung, dass die Verpflichtung zum Abschluss einer Tariftreueerklärung eine Beschränkung der Dienstleistungsfreiheit darstellt.

---

815 Last/Dähne, Wissenschaftlicher Dienst, Nr. 14/2008, S. 3.

816 EuGH v. 03.04.2008 - Rs. C-346/06 - Rüffert - Slg. 2008, I-1989, Rn. 33 = NZA 2008, 537 (540).

817 EuGH v. 03.04.2008 - Rs. C-346/06 - Rüffert - Slg. 2008, I-1989, Rn. 33 = NZA 2008, 537 (540) mit Verweis auf EuGH v. 18.12.2007 - Rs. C-341/05 - Laval un Partneri - Slg. 2007, I-11767 (11881, Rn. 80).

818 EuGH v. 03.04.2008 - Rs. C-346/06 - Rüffert - Slg. 2008, I-1989, Rn. 37 = NZA 2008, 537 (540).

819 Seifert, EuZA 2008, 526 (531).

820 Hänlein, ZESAR 2008, 275 (279).

7.3.2.2.2.2 Rechtfertigung der Beschränkung

Damit stellte sich für das Gericht die Frage nach der Herleitung und Bewertung möglicher Rechtfertigungsgründe[821] für die durch die nationale Tariftreueklausel erfolgte Beschränkung der Dienstleistungsfreiheit.[822] Der EuGH greift dazu auf frühere Entscheidungen zurück und führt zunächst das Ziel des Arbeitnehmerschutzes ins Feld.[823] Der Arbeitnehmerschutz gilt danach als ein zwingender Grund des Allgemeininteresses zur Rechtfertigung der Beschränkung einer Grundfreiheit.[824] Voraussetzung ist aber, dass die betreffenden nationalen Regelungen auf die Arbeitsverhältnisse aller Arbeitgeber gleichermaßen anwendbar sind[825] und ausnahmslos Anwendung auf inländische wie ausländische Unternehmen finden[826]. Diese Voraussetzung erfüllt das niedersächsische Vergabegesetz scheinbar, da sich sowohl inländische als auch ausländische Unternehmen an die lokalen Tariflöhne halten müssen respektive sich mittels einer Erklärung zu deren Einhaltung verpflichten. Dennoch sieht der EuGH keine Rechtfertigungsmöglichkeit mittels des Ziels des Arbeitnehmerschutzes[827] und verweist darauf, dass nicht ersichtlich sei, weshalb Arbeitnehmer eines solchen Schutzes nur im Rahmen öffentlicher Bauaufträge bedürften, nicht jedoch bei der Vergabe privater Aufträge.[828]

---

821 Vgl. zur Rechtfertigung von Beschränkungen der Dienstleistungsfreiheit Hänlein, ZESAR 2007, 494 (496).

822 Seifert, EuZA 2008, 526 (531).

823 Diesen Rechtfertigungsgrund für eine Beschränkung der Dienstleistungsfreiheit hat der Gerichtshof bereits in mehreren Urteilen angeführt u. a. EuGH v. 15.03.2001 - Rs. C-165/98 - Mazzoleni und ISA - Slg. 2001, I-2189 (2222, Rn. 26) = ZIP 2001, 581; EuGH v. 25.10.2001 – verb. Rs. C-49/98 - Finalarte - Slg. 2001, I-7831 (7899, Rn. 33) = NJW 2001, 3769.

824 Grundlegend dazu EuGH v. 03.02.1982 - Rs. 62/81 - Seco - Slg. 1982, 223.

825 Seifert, EuZA 2008, 526 (532) führt als einzige Ausnahme in diesem Zusammenhang die bereits besprochene Entscheidung EuGH v. 18.12.2007 - Rs. C-341/05 - Laval un Partneri - Slg. 2007, I-11767 an, welche die schwedische Umsetzung von Art. 3 Abs. 1 Satz 1 lit. c der RL 96/71/EG betraf.

826 So führt er in EuGH v. 25.10.2001 - verb. Rs. C-49/98 u. a. - Finalarte - Slg. 2001, I-7831 (7899, Rn. 31) aus, dass die Grundfreiheit betreffende Regelung für „alle im Hoheitsgebiet des Aufnahmemitgliedstaats tätigen Personen oder Unternehmen gelten" muss.

827 EuGH v. 03.04.2008 - Rs. C-346/06 - Rüffert - Slg. 2008, I-1989, Rn. 38 ff = NZA 2008, 537 (540).

828 EuGH v. 03.04.2008 - Rs. C-346/06 - Rüffert - Slg. 2008, I-1989, Rn. 36 ff = NZA 2008, 537 (540); Kamanabrou, EuZA 2010, 157 (175) weist außerdem darauf hin, dass die Regelung schon deshalb nicht für alle Unternehmen galt, da sie eine Auftragssumme

Damit scheitert die Rechtfertigung aufgrund des Arbeitnehmerschutzes letztlich am Verhältnismäßigkeitsprinzip.[829] Das Ziel des Arbeitnehmerschutzes kann danach nur insoweit eine Beschränkung der Dienstleistungsfreiheit rechtfertigen, als das Maß des Erforderlichen nicht überschritten wird.[830] Damit wird die Rechtfertigung nicht an der Erforderlichkeit des Eingriffs selbst, sondern an der Intensität des Schutzumfangs festgemacht.[831] Die niedersächsische Tariflohnregelung ist aus Sicht des EuGH nicht geeignet, das Ziel des Arbeitnehmerschutzes zu verwirklichen, da sich der Mindestlohn im Baugewerbe in Deutschland bereits aus dem AEntG ergibt und außerdem der betreffende Tarifvertrag nicht für allgemeinverbindlich erklärt wurde.[832] Will man mit den Begriffen der Verhältnismäßigkeitsprüfung operieren, wäre es passender, die Rechtfertigung der Regelung an der Erforderlichkeit festzumachen. Grundsätzlich eignet sich die Tariftreueregelung zwar, den Arbeitnehmerschutz zu verstärken, allerdings ist sie nicht erforderlich, da ein Mindestlohn bereits durch das AEntG gewährleistet ist. Damit erscheinen die Überlegungen nicht völlig konträr zu den Ausführungen des im Urteil zuständigen Generalanwalts Yves Bot zu stehen, der die Ansicht vertrat, die Regelung verhelfe nach Niedersachsen entsandten Arbeitnehmern zu deutlich höheren Löhnen als im Herkunftsstaat.[833] Dem ist grundsätzlich zuzustimmen, jedoch kann dies aus Sicht des EuGH für eine Rechtfertigung mittels des Arbeitnehmerschutzes nicht genügen, da die Regelung dazu nicht zwingend erforderlich ist.

Sehr unklar sind dagegen die Ausführungen zum „Schutz der autonomen Ordnung des Arbeitslebens durch Koalitionen", welchen der EuGH als zweiten möglichen Rechtfertigungsgrund anführt und aus den gleichen Gründen wie eine Rechtfertigung aus Arbeitnehmerschutzgründen ablehnt.[834] Dieser wenig greif-

---

von mindestens 10.000 Euro erforderte. Diesem Aspekt hat der EuGH in seinem Urteil jedoch gar keine Beachtung geschenkt.

829 Das Verhältnismäßigkeitsprinzip zählt zur ständigen Rechtsprechung etwa EuGH v. 09.08.1994 - Rs. C-43/93 - Vander Elst - Slg. 1994, I-3803 (3824, Rn. 16).

830 So auch Dobmann, Anmerkung zu den Schlussanträgen des Generalanwalts Bot beim EuGH v. 20.09.2004, Rs. C-346/06 (Tariftreueerklärung), EuZW 2007, 685 (686); Seifert, ZfA 2001, 1 (23).

831 Kocher, DB 2008, 1042 (1044).

832 Hänlein, ZESAR 2008, 275 (279) mit Verweis auf Gerken/Löwisch/Rieble, BB 1995, 2370; Thüsing, NJW 2002, 2071 (2072).

833 Generalanwalt Bot, Schlussanträge v. 20.09.2009 - EuGH v. 03.04.2008 - Rs. C-346/06 - Rüffert - Slg. I-1989, Rn. 118 = BeckRS 2007, 70739; so auch Kocher, DB 2008, 1042 (1044).

834 Seifert, EuZA 2008, 526 (533) mit Verweis auf EuGH v. 03.04.2008 - Rs. C-346/06 - Rüffert - Slg. I-1989, Rn. 41 = NZA 2008, 537 (540).

bare Begriff lässt auf einen Wandel in der EuGH-Rechtsprechung zur Tarifautonomie schließen. Trotz der zur Zeit der Rüffert-Entscheidung noch nicht rechtsverbindlichen Charta der Grundrechte geht der EuGH offenbar von einem Recht auf Kollektivverhandlungen oder zumindest von einer Möglichkeit der Koalitionen zur Mitgestaltung des Arbeitslebens aus.[835] Auch erinnern die Ausführungen an die Überlegungen des Bundesverfassungsgerichts zur Rechtfertigung des durch eine Tariftreueregelung erfolgten Eingriffs in die Unternehmerfreiheit nach Art. 12 GG.[836] Während das BVerfG von einer solchen Rechtfertigungsmöglichkeit ausgegangen ist, sehen die Richter in Luxemburg keinen Rechtfertigungsgrund dieser Art gegeben. Das Ergebnis überrascht dennoch nicht, da die Tariftreueerklärung vorrangig marktabschottend wirkt[837], wohingegen das allgemeinverbindliche Mindestentgelt und die Tarifautonomie vornehmlich dem Schutz der Arbeitnehmer dienen[838].

Als dritte Rechtfertigungsmöglichkeit nennt der Gerichtshof den Aspekt der finanziellen Stabilität der sozialen Sicherungssysteme und führt dazu aus, dass nicht ersichtlich ist, weshalb das niedersächsische Vergabegesetz zum Schutz des finanziellen Gleichgewichts der sozialen Sicherungssysteme nötig ist.[839] Bei einer tiefen Krise im gesamten Bausektor mit nachweisbar gravierenden Folgen insbesondere für die Arbeitslosenversicherung könnte dieser Aspekt eine Rechtfertigung denkbar machen.[840] Da weder ein Einbruch in der Baubranche noch ein gravierender Anstieg der Arbeitslosenzahlen in Niedersachsen zu verzeichnen war[841], konnte auch die entsprechende Begründung in der Präambel des Vergabegesetzes nicht überzeugen.[842]

---

835 Ablehnend noch Generalanwalt Jacobs, Schlussanträge v. 28.01.1999 - EuGH v. 21.01.1999 - Rs. C-67/96 - Albany - Slg. 1999, I-5751 (5787, Rn. 132 ff); Barnard, S. 764 f.

836 BVerfG, Beschluss v. 11.07.2006, 1 BvL 4/00, BVerfGE 116, 202 = NJW 2007, S. 51.

837 So auch Bayreuther, EuZW 2001, 764 (766).

838 Kocher, DB 2008, 1042 (1045).

839 EuGH v. 03.04.2008 - Rs. C-346/06 - Rüffert - Slg. 2008, I-1989, Rn. 42 = NZA 2008, 537 (540).

840 Dieses Szenario zeichnet Hänlein, ZESAR 2008, 275 (280).

841 Vgl. dazu http://statistik.arbeitsagentur.de/nn_29604/SiteGlobals/Forms/ImageMap Schnelluebersichten/ZeitauswahlSchnelluebersicht-Form.html?view=processForm&resourceId=210328&input_=&pageLocale=de&regionInd=201&year_month=200901&year_month.GROUP=1&search=Suchen (zuletzt abgerufen am 13.03.2013).

842 In der Präambel des niedersächsischen Vergabegesetzes hieß es, das Gesetz „milder[e] Belastungen für die sozialen Sicherungssysteme“.

7.3.2.3 Entsenderichtlinie als rote Linie für den nationalen Gesetzgeber

7.3.2.3.1 Suche nach Balance der widerstreitenden Interessen

Das Urteil wurde umfassend und breit in der europäischen Jurisprudenz diskutiert und durchaus differenziert bewertet.[843] In der medialen Öffentlichkeit erfuhr der Richterspruch aus Luxemburg mitunter nicht immer sachliche Aufmerksamkeit. Fast symptomatisch wurde von entsprechender Seite als Reaktion auf diesen „weiteren Schritt hin zu(m) Raubtierkapitalismus“[844] die Forderung nach einem einheitlichen flächendeckenden Mindestlohn[845] wieder deutlich lauter, während sich die Befürworter in ihrer Einschätzung bestätigt sahen, dass das Vergaberecht „kein Spielzeug der Arbeitsmarktpolitik“[846] darstelle. Die aufgeregten Reaktionen im Nachgang der Entscheidung lassen darauf schließen, dass hinter der Kontroverse letztlich die Suche nach einer Antwort auf die immer drängendere Frage nach einer europarechtlichen Balance zwischen Dienstleistungsfreiheit und Arbeitnehmerschutz durchschimmert.[847]

Der RL 96/71/EG kommt im Urteil Rüffert eine entscheidende Rolle zu. Hält sich der ausländische Dienstleistungserbringer an deren Vorgaben, verletzen weitergehende gesetzliche Restriktionen die Dienstleistungsfreiheit.[848] Bereits zu Beginn der Entscheidung offenbart sich der irreführende Eindruck in Bezug auf den Prüfungsmaßstab des EuGH, der den Anschein erweckt, als seien die streitgegenständlichen Normen der Richtlinie unter Heranziehung der Dienstleistungsfreiheit ausgelegt worden.[849] Allerdings prüft der Gerichtshof

---

843 Beispielhaft genannt seien Cavallini, La Semaine Juridique - Social 2008, Nr. 1352, 23 ff; Rodríguez-Piñero Bravo-Ferrer/Rodriguez-Piñero Royo, GS-Zachert, 87 ff; Kokott, FS Jaeger, 115 ff; Lhernould, RJS 2010, 507 ff; Franzen/Richter, CMLRev 2010, Nr. 47, 537 ff; Buckel/Oberndorfer, in: Europäische Gesellschaftsverfassung, 277 ff.

844 Dementsprechend äußerte sich der Vorsitzende der Industriegewerkschaft Bauen-Agrar-Umwelt Klaus Wiesehügel, zitiert nach Frankfurter Rundschau v. 04.04.2008, S. 16; Süddeutsche Zeitung v. 04.04.2008, S. 1.

845 Diese Forderung postulierten insbesondere die SPD-Vizevorsitzende Andrea Nahles sowie der Vorsitzende des Deutschen Gewerkschaftsbundes Michael Sommer, vgl. hierzu Frankfurter Allgemeine Zeitung v. 05.04.2008, S. 11; Handelsblatt v. 04.04.2008, Nr. 66, S. 3.

846 In dieser Form äußerte sich der stellvertretende FDP-Vorsitzende, Rainer Brüderle, im selben Artikel, Frankfurter Allgemeine Zeitung v. 05.04.2008, S. 11.

847 So auch Klumpp, NJW 2008, 3473 (3475). Steiff/André, NZBau 2008, 364 sprechen von einer „Stellvertreter-Debatte über Modelle sozial gerechten Wirtschaftens“.

848 Junker, ZfA 2009, 281 (296).

849 Rödl, EuZW 2011, 292 mit Verweis auf EuGH v. 03.04.2008 - Rs. C-346/06 - Rüffert - Slg. 2008, I-1989, Rn. 43 = NZA 2008, 537 (540), zugleich im abschließenden Tenor

sekundärrechtliche und primärrechtliche Vorgaben unabhängig voneineinander. Da die strengeren Vorgaben der sekundärrechtlichen RL 96/71/EG der primärrechtlichen Dienstleistungsfreiheit entgegenstehen könnten oder auch über die Richtlinie hinaus Regelungen für Entsendefälle gesetzt werden können, die sich ihrerseits wieder am Primärrecht messen lassen müssen, wird der vom EuGH eingeschlagene Weg letztlich den unionsrechtlichen Vorgaben gerecht.[850] Zunächst das streitgegenständliche Gesetz anhand der Vorgaben der RL 96/71/EG zu überprüfen, um es anschließend einer Prüfung anhand der Dienstleistungsfreiheit zu unterziehen, erscheint damit konsequent.

7.3.2.3.2 Keine Pflicht zur Erstreckung von Tariftreueregelungen

Der Gerichtshof beginnt seine Prüfung nachvollziehbar bei Art. 3 Abs. 1 der Richtlinie und subsumiert das Vergabegesetz unter dessen Voraussetzungen. Danach müssen eine Reihe von Kernarbeitsbedingungen, soweit sie in einem Mitgliedstaat aufgrund von Rechtsschriften (Art. 3 Abs. 1 erster Gedankenstrich) oder durch allgemeinverbindliche Tarifverträge (Art. 3 Abs. 1 zweiter Gedankenstrich) normiert sind, auch auf ausländische Unternehmen übertragen werden.[851] Zutreffend stellt der EuGH fest, dass kein Lohnsatz im streitgegenständlichen Vergabegesetz selbst als Mindestlohnsatz festlegt ist und damit dieses keine Rechtsvorschrift im Sinne von Art. 3 Abs. 1 Unterabs. 1 erster Gedankenstrich der Richtlinie darstellt.[852]

Zudem hat das Land Niedersachsen in Beantwortung einer schriftlichen Frage des Gerichtshofs selbst bestätigt, dass der Tarifvertrag im Baugewerbe kein für allgemeinverbindlich erklärter Tarifvertrag im Sinne des Arbeitnehmerentsendegesetzes ist, womit auch die Voraussetzung von Art. 3 Abs. 1 Unterabs. 1 zweiter Gedankenstrich in Verbindung mit Abs. 8 Unterabs. 1 der RL 96/71/EG nicht erfüllt ist.[853] Diese Sichtweise wurde von den Kritikern der Entscheidung als zu formalistisch bewertet. Dazu wird angeführt, dass eine Tariftreueerklärung mit einer Allgemeinverbindlichkeitserklärung eines Tarifvertrags funktionell vergleichbar sei und damit unter Art. 3 Abs. zweiter Gedanken-

---

und in Leitsatz 4 macht der Gerichtshof deutlich, dass „die Richtlinie 96/71/EG […], ausgelegt im Licht des Art. 49 […], einer gesetzlichen Maßnahme eines Hoheitsträgers eines Mitgliedstaats entgegensteht […]".

850 So auch Klumpp, NJW 2008, 3473 (3475).

851 Rödl, EuZW 2011, 292.

852 EuGH v. 03.04.2008 - Rs. C-346/06 - Rüffert - Slg. 2008, I-1989, Rn. 24 = NZA 2008, 537 (539).

853 EuGH v. 03.04.2008 - Rs. C-346/06 - Rüffert - Slg. 2008, I-1989, I-1989, Rn. 26 = NZA 2008, 537 (539).

strich der Richtlinie zu fassen ist.[854] Dieser Einwand scheint zunächst begründet, da durch eine Tariftreueerklärung zwar nur eine partielle Erstreckung erfolgt, wohl aber außer Zweifel stehen dürfte, dass In- und Ausländern durch die Regelung gleichermaßen die Einhaltung bestimmter Arbeitsbedingungen auferlegt wird.[855] Versteht man Art. 3 Abs. 1 Unterabs. 1 zweiter Gedankenstrich in Verbindung mit Abs. 8 Unterabs. 1 der RL 96/71/EG als reine Verpflichtung, dass es unabhängig von einer Allgemeinverbindlichkeitserklärung nur darauf ankommt, für In- und Ausländer die gleichen Bedingungen zu statuieren, scheint eine Subsumtion der Tariftreueregelung unter die RL 96/71/EG möglich.[856]

Dabei wird jedoch übersehen, dass die Richtlinie auf einen Interessensausgleich abzielt. Unternehmen aus neuen EU-Staaten sollen Zugang zu den Märkten der alten EU-Staaten erhalten und damit ihre Lohnkostenvorteile nutzen können, sich dabei aber zur Eindämmung eines Lohnunterbietungswettbewerbs an gewisse Vorgaben des Aufnahmestaats halten müssen.[857] Ein umfassender Schutz von Arbeitnehmerinteressen durch Tariflöhne ist ohne Zweifel wünschenswert[858], allerdings muss es in einem gemeinsamen Binnenmarkt auch möglich sein, dass Anbieter aus Niedriglohnländern ihren Kostenvorteil in gleicher Weise wahrnehmen können, wie es Anbietern aus anderen Ländern möglich ist, ihren Know How-Vorsprung auszuspielen[859]. Ziel des gemeinsamen Binnenmarktprojekts ist es, durch einen intensiveren Wettbewerb und eine stärkere internationale Arbeitsteilung für eine ressourcensparende und kostengünstigere Produktion zu sorgen.[860] Echter und vor allem fairer Wettbewerb basiert auf für alle Marktteilnehmer gleichen Voraussetzungen im Umgang mit bestehenden Wettbewerbsvorteilen. Die Entsenderichtlinie entzieht jedoch Marktteilnehmern aus EU-Ländern mit niedrigen Lohnkosten ihren entscheidenden Wettbewerbsvorteil, indem sie den Ausnahme- zum Regelfall macht und das

854 Löwisch, DB 2004, 814 (815) verweist in diesem Zusammenhang auf den BGH und dessen Qualifikation der Tariftreueerklärung als „Allgemeinverbindlichkeitserklärung in anderem Gewand“.

855 Thüsing/Kämmerer, ZIP 2002, 596 (598).

856 So argumentiert Bayreuther, NZA 2008, 626.

857 In dieser Weise äußert sich Danwitz, in: Die Tageszeitung (taz) v. 12.09.2008, Nr. 8628, S. 4.

858 Danwitz, EuZA 2010, 6 (13).

859 Riesenhuber, Europäisches Arbeitsrecht, § 6, S. 145, Rn. 4 mit Verweis auf Deinert, RdA 1996, 336 (349).

860 Gerken/Löwisch/Rieble, BB 1995, 2370.

Arbeitsortprinzip gegen das Herkunftslandprinzip durchsetzt.[861] Im Ergebnis sind damit gleiche Löhne am selben Arbeitsplatz zu bezahlen.[862]

Mit der RL 96/71/EG und dem daraus resultierenden deutschen Arbeitnehmerentsendegesetz hat der Gesetzgeber letztlich die Besonderheit des Baugewerbes ausgenutzt, dass hier im Vergleich zu anderen Branchen keine Möglichkeit besteht, die Produktion ins Ausland zu verlagern.[863] Um an Aufträge zu gelangen, bleibt Unternehmen aus anderen EU-Staaten kein anderer Weg, als sich den Bedingungen im Entsendestaat zu fügen. In anderen Bereichen ist die Ausnutzung von Lohnkostenvorteilen dagegen zulässig und vom Binnenmarktkonzept auch durchaus erwünscht.[864] Als Beispiel seien Texilunternehmen angeführt, die ihre Produkte in Billiglohnländern produzieren lassen, um sie mit einer hohen Gewinnmarge in Deutschland zu verkaufen.[865] Damit handelt es sich bei der Entsenderichtlinie und dem AEntG um protektionistisch wirkende Maßnahmen, die regelnd in den Binnenmarkt eingreifen.[866] Der im Nachgang zur Rechtssache Rüffert erhobene Vorwurf, der EuGH sei bei Auslegung der RL 96/71/EG nicht weit genug gegangen, ist daher als verfehlt zurückzuweisen. Schließlich geht die Richtlinie letztlich auf eine EuGH-Rechtsprechung zurück[867], stellt aber eine klare Ausnahme vom Binnenmarktkonzept dar.

Art. 3 Abs. 1 Unterabs. 1 zweiter Gedankenstrich in Verbindung mit Abs. 8 Unterabs. 1 RL 96/71/EG versteht allgemeinverbindliche Regelungen als solche, die von allen in den jeweiligen geographischen Bereich fallenden und die betreffende Tätigkeit oder das betreffende Gewerbe ausübenden Unternehmen einzuhalten sind. Um im deutschen Arbeitsrecht solche Regelungen zu schaffen, exis-

---

861 Näher dazu Riesenhuber, Europäisches Arbeitsrecht, § 6, S. 144, Rn. 3.

862 Schlachter, NZA 2002, 1242 (1245).

863 Gerken/Löwisch/Rieble, BB 1995, 2370 sprechen mit Blick auf das Baugewerbe von einer „besondere(n) [...] Schutzfähigkeit [...] im Vergleich zu anderen Branchen".

864 Anschauliches Beispiel bei Riesenhuber, Europäisches Arbeitsrecht, § 6, S. 145, Rn. 5.

865 Ähnliches Beispiel bei Gerken/Löwisch/Rieble, BB 1995, 2370.

866 So auch Kort, NZA 2002, 1248 (1252), der „das eigentliche Motiv sowohl für das A-EntG als auch für die RL 96/71/EG[...] (in der) Abschottung nationaler Märkte beziehungsweise des EG-Markts gegenüber Dienstleistern und damit Arbeitgebern und Arbeitnehmern aus Billiglohn-Mitgliedstaaten sowie aus Drittländern [...] (sieht)".

867 EuGH v. 27.03.1990 - Rs. C-113/89 - Rush Portuguesa - Slg. 1990, I-1417 (1445, Rn. 18), weist darauf hin, „dass es das Gemeinschaftsrecht den Mitgliedstaaten nicht verwehrt, ihre Rechtsvorschriften oder die von den Sozialpartnern geschlossenen Tarifverträge unabhängig davon, in welchem Land der Arbeitgeber ansässig ist, auf alle Personen auszudehnen, die in ihrem Hoheitsgebiet, und sei es auch nur vorübergehend, eine unselbständige Erwerbstätigkeit ausüben". Davies, ILJ 2002, 298 (300) sieht hierin den Anlass zur Schaffung nationaler Entsendegesetze und der RL 96/71/EG.

tiert das Institut der Allgemeinverbindlichkeitserklärung. Wird ein Tarifvertrag für allgemeinverbindlich erklärt, unterfallen dessen Geltungsbereich gemäß Art. 5 Abs. 4 TVG auch bisher nicht Tarifgebundene. Das Instrument der Allgemeinverbindlichkeitserklärung stellt damit ebenfalls einen Akt staatlicher Entgeltfestsetzung und eine klare Ausnahme im Bereich der Tarifautonomie dar.[868] Ein extensives Verständnis über Art. 3 Abs. 1 Unterabs. 1 zweiter Gedankenstrich in Verbindung mit Abs. 8 RL 96/71/EG hinaus würde vor dem Hintergrund des ohnehin protektionistischen Charakters der Entsenderichtlinie der Intention der Regelung nicht gerecht. Da in Deutschland ein System zur Allgemeinverbindlichkeitserklärung von Tarifverträgen existiert und aus dem Wortlaut von Art. 3 Abs. 8 Unterabs. 2 der RL 96/71/EG eindeutig hervorgeht, dass diese Vorschrift nur bei Nichtexistenz eines solchen Systems greift, sieht der EuGH im Fall Rüffert zu Recht keine Alternativmöglichkeit, um den Anforderungen der Richtlinie gerecht zu werden.[869] Staatlich verordnete Tariftreueklauseln erfassen gerade nicht alle Bauaufträge in ihrem Geltungsgebiet, womit diese nicht als abgespeckte Allgemeinverbindlichkeitserklärung qualifiziert werden können.[870] Damit wurden mit der Entscheidung Rüffert auch alle anderen Gestaltungsformen einer nicht flächendeckenden Erstreckung von Tarifverträgen für europarechtswidrig erklärt.[871] Der in der Vergabeklausel geforderte Lohnsatz erfüllt folglich nicht die Voraussetzungen, die Art. 3 Abs. 1 Unterabs. 1 erster und zweiter Gedankenstrich und Abs. 8 Unterabs. 2 der RL 96/71/EG vorsehen.[872] Dies bedeutet jedoch nicht, dass Tariftreueregelungen durch die Richtlinie generell untersagt sind. Vielmehr ist der Richtlinie keine Verpflichtung der mitgliedstaatlichen Hoheitsträger zu entnehmen, vergaberechtliche Auflagen allgemeiner Tariftreue auf Unternehmen mit Sitz in einem anderen Mitgliedstaat auszudehnen.[873]

---

868 Lakies-Däuber, TVG, Anhang 1 zu § 5, S. 1387, Rn. 6.

869 EuGH v. 03.04.2008 - Rs. C-346/06 – Rüffert - Slg. 2008, I-1989, Rn. 27 = NZA 2008, 537 (539).

870 So auch Rödl, EuZW 2011, 292 (293); Klumpp, NJW 2008, 3473 (3475); Seifert, EuZA 2008, 526 (528).

871 Seifert, EuZA 2008, 526 (534) mit Verweis auf EuGH v. 03.04.2008 - Rs. C-346/06 – Rüffert - Slg. 2008, I-1989, Rn. 29 = NZA 2008, 537 (539).

872 EuGH v. 03.04.2008 - Rs. C-346/06 - Rüffert - Slg. 2008, I-1989, Rn. 30 = NZA 2008, 537 (539). So auch Seifert, EuZA 2008, 526 (530).

873 Rödl, EuZW 2011, 292 (293).

7.3.2.3.3 Ausschluss aus dem Anwendungsbereich der Entsenderichtlinie

7.3.2.3.3.1 Mindestlohnsatz oder Günstigkeitsvorbehalt?

Besteht keine Verpflichtung zur Erstreckung der Tariftreueregelung auf Entsendeunternehmen, könnte eine derartige Maßnahme mit Blick auf den Lohnkostenwettbewerb nach der RL 96/71/EG aber möglich sein. Gemäß Art. 3 Abs. 7 der Entsenderichtlinie steht Art. 3 Abs. 1 einer Anwendung von günstigeren Arbeits- und Beschäftigungsbedingungen nicht entgegen. Da Art. 3 Abs. 7 RL 96/71/EG jedoch nicht eindeutig zu entnehmen ist, ob er günstigere Beschäftigungs- und Arbeitsbedingungen des Aufnahme- oder des Entsendestaats meint, entzündete sich an der durch den EuGH erfolgten Auslegung die Hauptkritik am Urteil Rüffert.[874]

Der Gerichtshof versteht Art. 3 Abs. 7 RL 96/71/EG als Hinweis auf vorteilhaftere Bedingungen des anwendbaren Rechts, also regelmäßig des Heimatrechts (Art. 8 Abs. 2 Rom-I-VO), womit die Mindestbedingungen des Aufnahmestaats nur insoweit auf die entsandten Arbeitnehmer erstreckt werden, als sie günstiger im Vergleich zu denen des Entsendestaats sind.[875] Damit eröffnet Art. 3 Abs. 7 RL 96/71/EG aus Sicht des EuGH nicht die Möglichkeit, auch solche Schutzvorschriften des Aufnahmestaats auf entsandte Arbeitnehmer zu erstrecken, die über dieses Mindestmaß hinausgehen.[876] Die Richtlinie soll nach Interpretation des Gerichtshofs einerseits ein Mindestmaß sichern und andererseits auch ein für den entsendenden Unternehmer verlässliches Mindestmaß definieren.[877] Der EuGH urteilte daher mit Blick auf Art. 3 Abs. 7 RL 96/71/EG, dass der für die Vergabeentscheidung maßgebliche Mindestlohn nicht als eine von der Richtlinie zugelassene arbeitnehmergünstigere Beschäftigungs- und Arbeitsbedingung betrachtet werden kann.[878] Damit bleibt die Festsetzung günstigerer, über den Mindeststandard in Art. 3 Abs. 1 der Entsenderichtlinie hinausgehender Bedingungen den Arbeitsvertrags- und Tarifvertragsparteien überlassen.[879] Schließlich sei es wenig überzeugend, dass der europäische Gesetzgeber zunächst dezidiert den Mindestschutz geregelt hat, um ihn anschließend durch eine

---

874 Danwitz, EuZA 2010, 6 (13).

875 Riesenhuber, Europäisches Arbeitsrecht, § 6, S. 151, Rn. 18.

876 EuGH v. 03.04.2008 - Rs. C-346/06 - Rüffert - Slg. 2008, I-1989, Rn. 32 ff = NZA 2008, 537 (540). Damit baut der EuGH auf seine frühere Rechtsprechung zur Entsenderichtline auf EuGH v. 18.12.2007 - Rs. C-341/04 - Laval un Partneri - Slg. 2007, I-11767 (11880, Rn. 79 f).

877 Riesenhuber, Europäisches Arbeitsrecht, § 6, S. 151, Rn. 18 mit Verweis auf Rebhahn, DRdA 1999, 173 (177).

878 Rödl, EuZW 2011, 292 (293).

879 Greiner, ZIP 2011, 2129 (2131).

völlig offene und an keinerlei Verfahren gebundene Ausnahme wieder in Frage zu stellen.[880] Eine derartige Annahme würde den Mitgliedstaaten eine unilateral handhabbare Befugnis gewähren, den strukturellen Kostenvorteil von Wettbewerbern aus anderen Mitgliedstaaten ad libitum einzudämmen.[881]

Entgegen mancher Behauptungen ist den Mitgliedstaaten damit grundsätzlich nicht die Möglichkeit entzogen, über den Katalog von Art. 3 Abs. 1 RL 96/71/EG hinausgehende Regelungen zu etablieren. Art. 3 Abs. 10 RL 96/71/EG ermöglicht zunächst eine verbindliche Geltungserstreckung von Tarifvertragsnormen auch für andere Bereiche als die Baubranche.[882] Diese Option zur europarechtskonformen Tarifnormerstreckung hat der deutsche Gesetzgeber mit dem Arbeitnehmerentsendegesetz bereits genutzt.[883] Besonders interessant erscheint Art. 3 Abs. 10 jedoch in einer anderen Hinsicht. Gemäß dieser Vorschrift ist es den Mitgliedstaaten möglich, andere als die in Art. 3 Abs. 1 genannten Arbeits- und Beschäftigungsbedingungen aus Gründen der öffentlichen Ordnung festzulegen. Zwar wird ein öffentlicher Auftrag vor allem zur Befriedigung eines bestimmten, im Bereich von Bauleistungen, Dienstleistungen oder Lieferungen angesiedelten Bedürfnisses der Verwaltung erteilt. Jedoch ist es nicht untersagt, bei Erteilung eines öffentlichen Auftrages quasi en passant auch andere im Allgemeininteresse liegende Aufgaben, etwa im Bereich der Umweltpolitik[884] oder, wie in der vorliegenden Rechtssache, im Sozialbereich[885] zu erfüllen.[886] Diese These stützt auch die Vergabekoordinierungsrichtlinie 2004/18/EG[887], die vergabefremde Kriterien bei Erteilung eines öffentlichen Auftrages für europa-

---

880 Becker, JZ 2008, 891 (892).

881 Danwitz, EuZA 2010, 6 (13).

882 Sittard, S. 70, führt dazu exemplarisch die Regelungen im Bereich der Gebäudereinigung und in der Postbranche an.

883 Näher dazu Preis/Greiner, ZfA 2009, 825 (830 f).

884 Vgl. EuGH v. 17.09.2002 - Rs. C-513/99 - Concordia Bus Finland - Slg. 2002, I-7213 = EuZW 2002, S. 628. Näher zum Urteil Bungenberg, NVwZ 2003, 314 ff; Bungenberg/Nowak, ZuR 2003, 10 ff; Schneider, DVBl 2003, 1186 ff; ähnlich EuGH v. 04.12.2003 - Rs. C-448/01 – Wienstrom - Slg. 2003, 1-14527 = EuZW 2004, S. 81. Näher dazu Krohn, NZBau 2004, 92 ff; Bultmann, ZfBR 2004, 134 ff.

885 Dazu bereits EuGH v. 20.09.1988 - Rs. 31/87 - Beentjes - Slg. 1988, 4635 = NVwZ 1990, 353; EuGH v. 26.09.2000 - Rs. C-225/98 - Kommission/Frankreich - Slg. 2000, I-7445 = NJW 2000, 3629.

886 Generalanwalt Bot, Schlussanträge v. 20.09.2009 - EuGH v. 03.04.2008 - Rs. C-346/06 - Rüffert - Slg. I-1989, Rn. 132 = BeckRS 2007, 70739.

887 Richtlinie 2004/18/EG des Europäischen Parlaments und des Rats vom 31.03.2004 über die Koordinierung der Verfahren zur Vergabe öffentlicher Bauaufträge, Lieferaufträge und Dienstleistungsaufträge, ABl Nr. L 134/114 v. 30.04.2004. Im Folgenden wird die Richtlinie der besseren Übersicht geschuldet als RL 2004/18/EG bezeichnet.

rechtlich zulässig erklärt[888]. In Erwägungsgrund 34 der RL 2004/18/EG wird ausdrücklich auf Entsendesituationen Bezug genommen. Danach enthält die Entsenderichtlinie die entsprechenden Mindestanforderungen, welche im Aufnahmeland in Bezug auf die entsandten Arbeitnehmer im Falle der Erbringung eines öffentlichen Auftrags im Gastland einzuhalten sind.[889]

Dieser Verweis auf die RL 96/71/EG wird teilweise als Hinweis darauf verstanden, dass autonome mitgliedstaatliche Regelungen über den Regelungskatalog von Art. 3 Abs. 1 RL 96/71/EG hinaus möglich sind.[890] Zwar können die Mitgliedstaaten laut der Vergabekoordinierungsrichtlinie 2004/18/EG zur Durchsetzung der geforderten Auftragskriterien auch die Einhaltung bestehender Tarifverträge im Rahmen der Ausführung eines öffentlichen Auftrags von den Entsendeunternehmen verlangen[891], dennoch bedeutet dies nicht, dass dabei die Vorgaben der Entsenderichtlinie nicht zu beachten wären. Vielmehr greifen an dieser Stelle beide Richtlinien direkt ineinander, da auch die RL 96/71/EG die Erstreckung von Tarifwerken auf Entsendeunternehmen ermöglicht. Da in Deutschland das Instrument der Allgemeinverbindlichkeitserlärung existiert, hätte eine Erstreckung in dieser Form erfolgen müssen. Dies ist aber im Fall Rüffert gerade nicht geschehen, womit die strittige Tariftreueregelung die Voraussetzungen der RL 96/71/EG eindeutig nicht erfüllt. An dieser Stelle kommt der grundfreiheitsfreiheitsbewahrende Charakter der Entsenderechtlinie zum Vorschein, übermäßigen Partikularschutz durch für alle Arbeitnehmer geltende oder zumindest für eine Branche einheitliche Regelungen zu verhindern.[892] Der Vorwurf an den EuGH, den Wettbewerb über den Arbeitnehmerschutz zu stel-

---

888 In Art. 26 RL 2004/18/EG mit der Überschrift „Bedingungen für die Auftragsausführung“ heißt es dazu: „Die öffentlichen Auftraggeber können zusätzliche Bedingungen für die Ausführung des Auftrags vorschreiben, sofern diese mit dem Gemeinschaftsrecht vereinbar sind und in der Bekanntmachung oder in den Verdingungsunterlagen angegeben werden. Die Bedingungen für die Ausführung eines Auftrags können insbesondere soziale und umweltbezogene Aspekte betreffen.“

889 ABl. Nr. L 134/119 v. 30.04.2004.

890 In dieser Weise Greiner, ZIP 2011, 2129 (2132), der die Entsenderichtlinie RL 96/71/EG nicht als eine abschließende, vollharmonisierte Spezialregelung für den Bereich der grenzüberschreitenden Arbeitnehmerentsendung versteht, da sonst zugleich der RL 2004/18/EG bei grenzüberschreitender Erbringung von Dienstleistungen jeder relevante Anwendungsbereich entzogen wäre.

891 Wittjen, ZfBR 2009, 30 (33). Detailliert zur Richtlinie Odendahl, EuZW 2004, 647 (650); Fischer, EuZW 2004, 492; Knauff, EuZW 2004, 141.

892 So auch Klumpp, NJW 2008, 3473 (3476).

len, geht freilich fehl und übersieht, dass die Entsenderichtlinie ohnehin in nicht unbedenklicher Weise in den Wettbewerb eingreift.[893]

7.3.2.3.3.2 Rekurs auf primärrechtliche Grundfreiheiten erforderlich

Offenbar hält auch der EuGH zusätzliche Beschränkungen der Dienstleistungsfreiheit in Form staatlich autonomer Maßnahmen über den Katalog von Art. 3 Abs. 1 RL 96/71/EG hinaus für denkbar, unterzieht diese dann aber freilich dem strengeren Prüfungsmaßstab der Grundfreiheiten.[894] Da die Tariftreueverpflichtung des Landes Niedersachsen mangels Allgemeinverbindlichkeit die Vorgaben der Entsenderichtlinie nicht erfüllt, gilt für über den Katalog des Art. 3 Abs. 1 hinausgehende Regelungen das Primärrecht als Prüfungsmaßstab.[895] Die in Rede stehende Tariftreueregelung ist damit einer Prüfung anhand der Grundfreiheiten zu unterziehen. Damit kommt die unionsrechtliche Konzeption eines Zusammenspiels zwischen Primär- und Sekundärrecht zum Ausdruck: Während die Grundfreiheiten die Binnenmarktintegration als Ganzes im Blick haben, stellt das Sekundärrecht häufig nur einen kompromisshaften Zwischenschritt auf dem Weg zur Realisierung eines barrierefreien Binnenmarkts dar.[896] Die Grundfreiheiten sind daher nur unmittelbar anwendbar, sofern keine sekundärrechtliche Spezialregelung besteht.[897] Aus diesem Grund hat der EuGH im Bereich von harmonisierten Regelungsbereichen meist auf eine zusätzliche Überprüfung anhand der Grundfreiheiten verzichtet respektive diese für nicht erforderlich erachtet.[898] Dabei darf aber nicht übersehen werden, dass auch in den von der Richtlinie abschließend geregelten Bereichen die Dienstleistungsfreiheit anwendbar bleibt.[899] Nachdem der EuGH die vergaberechtliche Regelung nicht als Anwendungsfall des Art. 3 der RL 96/71/EG eingestuft hat, verfolgt er mit der

---

893 Zur Kritik an der Regelung vgl. Gerken/Löwisch/Rieble, BB 1995, 2370 ff; Klumpp, NJW 2008, 3473 (3476) spricht von einem „beträchtliche(n) Zugeständnis an die Partikularinteressen im Baubereich".

894 Greiner, ZIP 2011,2129 (2132).

895 So auch Klumpp, NJW 2008, 3473 (3475).

896 Schönberger, EuR 2003, 600 (623).

897 Vgl. dazu v. Bogdandy, JZ 2001, 157 (166); Castro Oliveira, CMLRev. 2002, 77 (127). Ein Beispiel bietet auch EuGH v. 31.01.1984 - Rs. 286/82 u. 26/83 - Luisi und Carbone - Slg. 1984, 377 (405, Rn. 30).

898 EuGH v. 13.12.2001 - Rs. C-324/99 - DaimlerChrysler - Slg. 2001, I-9897 (9930, Rn. 32) = EuZW 2002, 89; EuGH v. 19.01.2006 - Rs. C-244/04 - Kommission/ Deutschland - Slg. 2006, I-885 (912, Rn. 31 f) = NZA 2006, 199.

899 Sittard, S. 70, mit Verweis auf EuGH v. 12.10.2004 - Rs. C-60/03 - Wolff & Müller - Slg. 2004, I-9553 = EuZW 2005, 93; EuGH v. 18.12.2007 - Rs. C-341/05 - Laval - Slg. 2007, I-11767 = BB 2008, 80.

eigenständigen Prüfung der Dienstleistungsfreiheit ohne Rekurs auf die Entsenderichtlinie den zweiten möglichen Ansatz zur Zulässigkeit der Lösung.[900] Diese Prüfungsreihenfolge ergibt sich letztlich auch aus Art. 3 Abs. 10 RL 96/71/EG[901], da bei Transformation einer Richtlinie ins nationale Recht die primärrechtlichen Vorgaben nicht aus dem Auge gelassen werden dürfen[902].

Zusammenfassend ist Art. 3 Abs. 1 RL 96/71/EG damit als abschließender Katalog zu verstehen, der das Höchstmaß zulässiger staatlicher Regulierung festlegt. Art. 3 Abs. 7 der Richtlinie hat deklaratorischen Charakter und stellt klar, dass günstigere Bedingungen, die sich aus dem Recht des Herkunftsstaats ergeben, durch eine Erstreckung der Arbeitsbedingungen nicht unterschritten werden dürfen. Damit entfaltet die Entsenderichtlinie eine Sperrwirkung, die es dem Aufnahmestaat nicht möglich macht, die Arbeitsverhältnisse entsandter Arbeitnehmer beliebig an seine Arbeitsbedingungen zu binden.[903] Ihr Anwendungsbereich und die aufgezählten Mindestarbeits- und Beschäftigungsbedingungen als solche haben abschließenden Charakter.[904] Auch die Ausgestaltung von Art. 3 Abs. 10 RL 96/71/EG als Erlaubnisregelung spricht dafür, dass die Mitgliedstaaten bei Entsendungen Tarifverträge nur erstrecken dürfen, wenn diese für allgemeinverbindlich erklärt wurden.[905] Durch Art. 3 Abs. 10 ist es den Mitgliedstaaten über die Richtlinie hinaus möglich, weitere Arbeitsbedingungen im Bereich der Arbeitnehmerentsendung zwingend zu regeln. Damit bleibt im Recht der Arbeitnehmerentsendung für die Prüfung der Dienstleistungsfreiheit ein weiter Raum.[906]

7.3.2.4 Tariftreueregelung als Beschränkung der Dienstleistungsfreiheit

7.3.2.4.1 Arbeitnehmerschutz kein Universalschlüssel zur Rechtfertigung

Eine mitgliedstaatliche Regelung, welche die Dienstleistungsfreiheit beschränkt, kann der Rechtsprechung des EuGH zufolge durch zwingende Gründe des Allgemeininteresses gerechtfertigt sein, sofern sie geeignet ist, das verfolgte Ziel zu

900 Kamanabrou, EuZA 2010, 157 (175).

901 Vgl. Art. 3 Abs. 10 RL 96/71/EG „unter Einhaltung des Vertrags".

902 Näher dazu Arndt/Fischer/Fetzer, S. 45, Rn. 170 f.

903 So auch Klumpp, NJW 2008, 3473 (3475).

904 Sittard, S. 70, mit Verweis auf Döring, S. 153 ff; Preis/Temming, 177 geht davon aus, dass die Richtlinie eine in diesen Teilbereichen abschließende und harmonisierende Regelung darstellt.

905 Dobmann, Anmerkung zu den Schlussanträgen des Generalanwalts Bot beim EuGH v. 20.09.2004, Rs. C-346/06 (Tariftreueerklärung), EuZW 2007, 685 (686).

906 Vgl. dazu Wank/Börgmann, NZA 2001, 177 (179 f).

erreichen und nicht über das Erforderliche hinausgeht.[907] Der Schutz der Arbeitnehmer ist als zwingender Grund des Allgemeininteresses vom EuGH anerkannt.[908] Eine Rechtfertigungsmöglichkeit durch das Ziel des Schutzes der Arbeitnehmer sieht der EuGH im Fall Rüffert aber nicht gegeben. Da die fraglichen Lohnsätze nur für öffentliche und nicht für private Bauaufträge zwingend sind, kann deren Erstreckung auf Tarifungebundene aus Sicht des EuGH nicht im Interesse der Arbeitnehmer liegen.[909] Diese Aussage kann in der Weise verstanden werden, dass der EuGH bereits am grundsätzlich rechtfertigenden Ziel des Vergabegesetzes zweifelt und dem niedersächsischen Gesetzgeber somit die Notwendigkeit des Gesetzes für den Arbeitnehmerschutz nicht abnimmt, oder dass er diese Intention dem Gesetz zwar zugesteht, es zur Erreichung des Ziels jedoch für ungeeignet hält.[910] In der Tat besteht Erklärungsbedarf, warum die Regelung nur für den öffentlichen Sektor gilt und somit eine Differenzierung zwischen staatlicher und privater Auftragsvergabe vollzogen wird.[911]

Grundsätzlich trägt die Tariftreueregelung zwar zum Schutz der Arbeitnehmer bei, dieser Schutz erreicht aber nur einen Teil der Arbeitnehmer, was für eine Rechtfertigung laut EuGH nicht ausreicht.[912] An dieser Stelle lassen sich Bezüge zur Entsenderichtlinie erkennen, welche mit der Notwendigkeit der Allgemeinverbindlichkeitserklärung deutlich macht, dass eine Erstreckung von Arbeitsbedingungen auf Entsendeunternehmen nur erfolgen kann, soweit alle Arbeitnehmer einer Branche erreicht werden. Bislang hatte sich der EuGH gegenüber marktabschottenden Maßnahmen von Hochlohnländern eher offen gezeigt. So hatte er in der Finalarte-Entscheidung[913] einer Beschränkung der

---

907 EuGH v. 05.12.2006 - Rs. C-94/04 u. C-202/04 - Cipolla und andere - Slg. 2006, I-11421 (11474, Rn. 61) = NJW 2007, 281; EuGH v. 13.12.2007 - Rs. C-250/06 - United Pan-Europe Communications Belgium SA u. a. - Slg. 2007, I-11135 (11167, Rn. 39) = EuZW 2008, 86.

908 EuGH v. 11.12.2007, Rs. C-438/05 - Viking Line - Slg. 2007, I-10779 (10826, Rn. 43); EuGH v. 18.12.2007 - Rs. C-341/05 - Laval - Slg. 2007, S. I-11767 (11884, Rn. 90).

909 EuGH v. 03.04.2008 - Rs. C-346/06 - Rüffert - Slg. 2008, I-1989, Rn. 40 = NZA 2008, 537 (540).

910 Klumpp, NJW 2008, 3473 (3475). Seifert, EuZA 2008, 526 (535) und Bitterich, ZIP 2008, 1455 (1462) sehen ein Problem hinsichtlich der Erforderlichkeit der Regelung. Hänlein, ZESAR 2008, 275 (279) und Bungenberg, EuR 2008, 397 (405) ordnen die Frage im Rahmen der Geeignetheit zur Erreichung des Schutzzwecks ein.

911 Kamanabrou, EuZA 2010, 157 (176).

912 Klumpp, NJW 2008, 3473 (3476), der in diesem Zusammenhang von unzulässigem „Partikularschutz“ spricht.

913 EuGH v. 25.10.2001 - verb. Rs. C-49/98 u. a. - Finalarte - Slg. 2001, I-7831 = NZA 2001, 1377.

Dienstleistungsfreiheit zum Schutz inländischer Unternehmen zwar eine Absage erteilt, gleichzeitig aber relativierend ausgeführt, dass zu prüfen sei, ob die fragliche Maßnahme nicht auch dem Schutz der entsandten Arbeitnehmer dient.[914] Dabei kommt es dem EuGH nur darauf an, dass die entsandten Arbeitnehmer einen spürbaren Vorteil im Vergleich zu ihrem Herkunftsstaat erlangen. Wie weit der EuGH im Urteil Finalarte gegangen ist, zeigt sich darin, dass der Gerichtshof den Mitgliedstaaten selbst die Definitionsmacht überlässt, welches Schutzniveau den entsandten Arbeitnehmern zugute kommen soll. Mit diesem Verständnis wirkt alles arbeitnehmerschützend, was die Rechtsposition der Arbeitnehmer in irgendeiner Weise verbessert. Damit schafft der EuGH ein breites und vor allem konturloses Einfallstor für die Rechtfertigung von Eingriffen in die Dienstleistungsfreiheit. Die Rechtfertigungsformel des EuGH gleicht dabei einem circulus vitiosus[915]: Je höher der Schutz der Arbeitnehmer, desto leichter die Rechtfertigung des Eingriffs in die Dienstleistungsfreiheit.

Mit dieser Argumentation hätte der Gerichtshof auch die strittige Tariftreueverpflichtung ohne weiteres für unionsrechtskonform erachten können. Auch wenn die Bindung an die Tariftreue vorwiegend dem Schutz vor Lohnkonkurrenz für inländische Unternehmen dient, bringt sie ebenfalls entsandten Arbeitnehmern Vorteile. Daher mutet das Urteil Rüffert zunächst arbeitnehmerschutzfeindlich an. Das bloße Abstellen auf eine irgendwie geartete Verbesserung des Arbeitnehmerschutzes gleicht jedoch einem Tunnelblick und erweist sich nicht zwangsläufig als Gefallen an die entsendeten Arbeitnehmer. Schließlich kommt ein höheres Schutzniveau des Aufnahmelands den Arbeitnehmern nur zugute, sofern ihr Arbeitgeber auch den Zuschlag erhält.[916] Ein Zuwachs an Arbeitnehmerrechten geht nicht automatisch mit einem Zuwachs an Arbeitsplätzen einher.[917] Von einer Angleichung der Lohnkosten profitieren daher vornehmlich inländische Unternehmen, die vor ausländischer Konkurrenz geschützt werden. Somit ist auch wegen der Offenheit des Begriffs des Arbeitnehmerschutzes die Entscheidung des EuGH im Fall Rüffert begrüßenswert.[918] Mit dem Urteil erteilt der Gerichtshof protektionistischen Maßnahmen unter dem Deckmantel des

914 Bayreuther, NZA 2008, 626 (628).

915 So auch Klumpp, NJW 2008, 3473 (3477), der das Vorgehen des EuGH als „zirkelschlüssig" bezeichnet.

916 Diesen Hinweis gibt auch Riesenhuber, Europäisches Arbeitsrecht, § 6, S. 145, Rn. 5 mit Verweis auf Rieble/Lessner, ZfA 2002, 29 (69) (73 f).

917 Portillo, Editorial, ELR 1995, 129 (130) spricht von „more rights, but no jobs".

918 So auch Klumpp, NJW 2008, 3473 (3477).

Schutzes der Arbeitnehmer eine klare Absage.[919] Wäre es dem Gesetzgeber im Fall Rüffert tatsächlich auf das Wohl der entsendeten Arbeitnehmer angekommen, hätte er bei allen Bauvorhaben auf der Einhaltung der fraglichen Tarifverträge bestehen müssen.[920] Die durch eine nur partiell wirkende Tariftreueregelung erfolgte Beschränkung der Dienstleistungsfreiheit kann der Arbeitnehmerschutz folglich nicht rechtfertigen.

7.3.2.4.2 Kein erkennbarer Mehrwert für den Schutz der Tarifautonomie

Zudem wurde angeführt, dass der Schutz der Tarifautonomie als möglicher Rechtfertigungsgrund für die Beschränkung der Dienstleistungsfreiheit dienen könnte.[921] Der EuGH ist auf diese Möglichkeit im Fall Rüffert zwar kurz eingegangen, hat diese aber mit Verweis auf die Ausführungen zum Arbeitnehmerschutz verworfen.[922] Auch wenn man mit Bezug auf die Entscheidung Viking Line den Schutz des Kollektivvertragssystems schlechterdings als zwingenden Grund des Allgemeininteresses hält, stellt eine Regelung zur Tariftreue keine schützende Regelung für das deutsche Tarifvertragssystem dar.[923] Die Tariftreuegesetzgebung zielt schließlich nicht auf Gewährleistung der kollektiven Regelungsfindung an sich, sondern auf Durchsetzung des dabei gefundenen Resultats ab.[924] Damit verkehrt sich die Argumentation geradezu ins Gegenteil. Dem im Wege der kollektiven Regelungsfindung gewonnenen Ergebnis verhilft nämlich nur die Bindung an einen repräsentativen, nicht aber lediglich an einen ortsüblichen Tarifvertrag zur Durchschlagskraft. Die Entwicklung eines abgestimmten Systems von Unionsrecht und Kollisionsrecht war durch die Überbetonung der politisch gewollten Rücksichtnahme auf das Sozialschutzniveau im Urteil Finalarte noch nicht gelungen.[925] Nach wie vor fehlt ein dogmatisches Gerüst für die Berücksichtigung der kollektiven sozialen Rechte im Spannungsverhältnis zwischen der Freiheit des Dienstleistungsverkehrs und dem Schutz

---

919 Hänlein, ZESAR 2008, 275 (279). Geradezu überschwänglich Bayreuther, NZA 2008, 626 (628): „Der EuGH (trifft) mit dieser Überlegung ins Schwarze".

920 So auch Bayreuther, NZA 2008, 626 (628).

921 Dazu Kocher, DB 2008, 1042 (1045); Becker, JZ 2008, 891. EuGH v. 11.12.2007 - Rs. C-438/05 - Viking Line - Slg. 2007, I-10779 (10826, Rn. 44). In der Entscheidung wurde vom Gerichtshof ein Recht auf Durchführung einer kollektiven Maßnahme einschließlich des Streikrechts als Grundrecht anerkannt.

922 EuGH v. 03.04.2008 - Rs. C-346/06 - Rüffert - Slg. 2008, I-1989, Rn. 41 = NZA 2008, 537 (540).

923 Kamanabrou, EuZA 2010, 157 (177).

924 Klumpp, NJW 2008, 3473 (3477).

925 Dazu Schlachter, NZA 2002, 1242 (1248).

der Arbeitnehmer.[926] Auch wenn das Ergebnis im Rüffert-Urteil zu begrüßen ist, erklärt die Entscheidung letztlich die inkonsequente und oberflächliche Haltung gegenüber der Tarifautonomie in den folgenden Urteilen Viking Line und Laval. Anstatt die Tarifautonomie als eigenständiges sozialpolitisches Ziel anzuerkennen[927], spricht der Gerichtshof nebulös vom „Schutz der autonomen Ordnung des Arbeitslebens durch Koalitionen"[928].

7.3.2.5 Folgen für die deutsche Rechtslage

In unmittelbarer Konsequenz bedeutete das Urteil, dass die niedersächsische Tariftreueregelung nicht mit unionsrechtlichen Vorgaben vereinbar ist und damit gegenüber Entsendeunternehmen aus anderen EU-Staaten keine Anwendung mehr finden durfte.[929] Dies betrifft auch vergleichbare Tariftreuereglungen in den Vergabegesetzen anderer Bundesländer.[930] Die politischen Reaktionen auf das Urteil fanden auch Widerhall in der breiten deutschen Öffentlichkeit.[931] Inzwischen hat das Land Niedersachsen sein Vergabegesetz in der Form angepasst, dass Bewerber für öffentliche Aufträge sich verpflichten müssen, mindestens das in allgemeinverbindlichen Tarifverträgen vorgesehene Entgelt zu bezahlen.[932] Damit wird die Regelung der Entsenderichtlinie gerecht, die gemäß

---

926 Zutreffend Bayreuther, NZA 2008, 626 (630); Kocher, DB 2008, 1042 (1045).

927 Kocher, DB 2008, 1042 (1045).

928 EuGH v. 03.04.2008 - Rs. C-346/06 - Rüffert - Slg. 2008, I-1989, Rn. 41 = NZA 2008, 537 (540).

929 Detailliert zum Anwendungsvorrang Sauer, in: Matz-Lück/Hong, 1 (59).

930 Näher zu den Länderregelungen Steiff/André, NZBau 2008, 364; Thüsing/Granetzny, NZA 2009, 183.

931 Dazu Frankfurter Allgemeine Zeitung v. 05.04.2008, Nr. 80, S. 11, welche kurz nach dem Richterspruch über die Überlegungen einiger Bundesländer berichtete, die bestehenden Tariftreuegesetze auszusetzen.

932 Thüsing/Granetzny, NZA 2009, 183, die als weiteres Exempel für die Möglichkeit europarechtskonformer Tariftreuegesetze die Lösung des Landes Hamburg anführen. Das ursprüngliche Hamburgische Vergabegesetz vom 03.02.2006 wurde durch ein Änderungsgesetz vom 16.12.2008 aufgrund der Entscheidung Rüffert in der Form geändert, dass es für Bauleistungen und andere Dienstleistungen, welche vom Arbeitnehmerentsendegesetz erfasst sind, von den Bewerbern eine Verpflichtungserklärung verlangt, wonach die Arbeitnehmer ein den Vorgaben desjenigen Tarifvertrags entsprechendes Entgelt erhalten, an das das betreffende Unternehmen aufgrund des Arbeitnehmerentsendegesetzes gebunden ist. Vorteil ist hier, dass die Nichteinhaltung vergaberechtlich sanktioniert werden kann. Dagegen sehen Steiff/André, NZBau 2008, 364 den föderalistischen Ansatz grundsätzlich für verfehlt an und fordern eine bundesweit einheitliche Regelung.

Art. 3 Abs. 1 letzter Satz die Bestimmung der Höhe der Mindestlohnsätze den Mitgliedsländern mittels deren Rechtsvorschriften überlässt.[933] Eine Änderung der bisherigen Regelungen ist jedoch nicht zwingend erforderlich. Ist die Dienstleistungsfreiheit nicht einschlägig[934], kann die Regelung auch weiterhin Geltung beanspruchen. Folglich bleiben die bisherigen Normen im Anwendungsbereich des Unionrechts unanwendbar, nichtig sind sie hingegen nicht.[935] Damit bleibt festzuhalten, dass die Entscheidung Rüffert ins deutsche Tarifrecht hineinwirkt, aber entgegen mancher Behauptungen[936] der Entscheidung kein generelles Verbot von Tariftreueregelungen zu entnehmen ist.[937] Letztlich bleibt es dem nationalen Gesetzgeber überlassen, die bestehende Regelung europarechtskonform anzupassen oder die alte Regelung mit den entsprechenden Konsequenzen beizubehalten.[938]

7.3.3 Konträre Auffassung zur nationalen Rechtsprechungspraxis

7.3.3.1 Keine verfassungsrechtlichen Einwände gegen Tariftreueklauseln

Mit Blick auf das deutsche Grundgesetz hat das Bundesverfassungsgericht Tariftreueregelungen für verfassungskonform erachtet.[939] Aus Sicht des BVerfG

---

933 Ablehnend Hofmann, RdA 2010, 351 (352).

934 Die Grundfreiheiten finden bei rein innerstaatlichen Bezügen keine Anwendung Borchardt, § 10, S. 475, Rn. 1102. In diesem Zusammenhang weist Hanau, NZA 2008, 721 (751) auf einen interessanten Aspekt der Entscheidung Rüffert hin. Der in Rede stehende Auftrag an die polnische Baufirma wurde bereits im Herbst 2003 und damit vor dem Beitritt Polens zur EU am 01.05.2004 vergeben. Die volle Freizügigkeit für den deutschen Arbeitsmarkt gilt sogar erst seit 01.05.2011. Zum Zeitpunkt der Auftragsvergabe war Polen folglich kein Mitgliedstaat der EU und unterlag somit nicht dem Anwendungsbereich des Unionsrechts. Dennoch ist die Entscheidung für die europarechtliche Zulässigkeit von Beschränkungen der Dienstleistungsfreiheit durch nationales Recht von erheblicher Bedeutung.

935 So auch Thüsing/Granetzny, NZA 2009, 183 (184); Hofmann, RdA 2010, 351.

936 Hofmann, RdA 2010, 351 (352) sieht das „Aus der Tariftreueverlangen in der ursprünglich bestehenden Ausgestaltung" durch die Rüffert-Entscheidung besiegelt.

937 So auch Wittjen, ZfBR 2009, 30.

938 Hofmann, RdA 2010, 351 (354). Bungenberg/Huber/Streinz, S. 80, stellen dazu fest, dass mangels Akzeptanz in der Baubranche letztlich Abschied von den umstrittenen Tariftreueklauseln genommen werden muss.

939 BVerfG v. 11.07.2006 - 1 BvL 4/00 - BVerfGE 116, 202 = DÖV 2007, 248.

berühren partielle Tariftreueregeln weder das Grundrecht der Koalitionsfreiheit noch stellen sie einen ungerechtfertigten Eingriff in die Berufsfreiheit dar.[940]

Die in Art. 9 Abs. 3 GG normierte Koalitionsfreiheit umfasst auch das Recht, einer Koalition fernzubleiben.[941] Zudem darf weder Zwang oder Druck zum Beitritt auf die Nicht-Organisierten ausgeübt werden[942], ein bloßer Anreiz zum Beitritt ist jedoch erlaubt[943]. Aus Sicht des BVerfG wird durch eine Tariftreueverpflichtung der Schutzbereich des Art. 9 Abs. 3 GG insbesondere nicht unter dem Gesichtspunkt der so genannten negativen Koalitionsfreiheit berührt.[944] Dabei stellt das Gericht zunächst klar, dass Beitrittsdruck nur dann vorliegt, wenn auch die Möglichkeit bestünde, den tarifschließenden Verbänden tstsächlich beizutreten, was bei Unternehmen mit Sitz im Ausland nicht der Fall sei. Auch sieht das BVerfG die Erheblichkeitsschwelle nicht überschritten bzw. hält den bestehenden Beitrittsdruck für sozial adäquat.[945] Mit Blick auf die im Grundgesetz garantierten unternehmerischen Freiheiten sieht das Gericht den Eingriff in das Grundrecht der Berufsfreiheit mittels einer Tariftreueverpflichtung durch verfassungsrechtlich legitime Ziele als gerechtfertigt an. Als derartige Ziele können danach die Bekämpfung der Arbeitslosigkeit im Bausektor, der Schutz der Sozialsysteme oder des Tarifvertragssystems selbst angeführt werden.[946] Aus Sicht des BVerfG stellt die Tariftreueerklärung ein mögliches Instrument zur Erreichung dieser Ziele dar, da diese Regelungen für alle Unternehmer gleichermaßen gelten und eine Umgehung im Gegensatz zur Allgemeinverbindlichkeitserklärung nicht möglich erscheint.[947]

Die Entscheidung des BVerfG beinhaltet die Gefahr, dass das Ziel der Bekämpfung der Massenarbeitslosigkeit als Zauberwort gebraucht wird, welches der Gesetzgeber zur Herstellung von Verfassungskonformität seiner Regelungen

---

940 Preis/Ulber, NJW 2007, 465.

941 Siehe etwa Pieroth/Schlink, Staatsrecht II, S. 196, Rn. 798; BVerfG v. 01.03.1979 - 1 BvR 532/77, 1 BvR 533/77, 1 BvR 419/78, 1 BvL 21/78 - BVerfGE 50, 290 = NJW 1979, 699; Koopmann, S. 67 mit weiteren Nachweisen. Zur europarechtlichen Dimension vgl. Steffens, Martin: Die negative Koalitionsfreiheit im europäischen und internationalen Recht, Stuttgart 2009.

942 BVerfG v. 11.07.2006 - 1 BvL 4/00 - BVerfGE 116, 202, Rn. 66= NJW 2007, 53. Zur Frage, welcher Druck die Erheblichkeitsschwelle überschreitet, vgl. Höfling/Rixen, RdA 2007, 360 (361) m. w. N.

943 BVerfG v. 20.07.1971 - 1 BvR 13/69 - BVerfGE 31, 297 = NJW 1971, 2301.

944 BVerfG v. 11.07.2006 - 1 BvL 4/00 - BVerfGE 116, 202, Rn. 65 = NJW 2007, 51.

945 Zustimmend Seifert, ZfA 2001, 1 (16); Schwab, NZA 2001, 701 (705); Kreiling, NZA 2001, 1118 (1124); Däubler, ZIP 2000, 681 (686).

946 Zusammenfassend Kocher, DB 2008, 1042.

947 BVerfG v. 11.07.2006, 1 BvL 4/00, BVerfGE 116, 202 = NJW 2007, 51.

instrumentalisiert.[948] Mit Blick auf die Rüffert-Entscheidung des EuGH und dem festgestellten Verstoß gegen die Dienstleistungsfreiheit ist der Anwendungsbereich eines nationalen Tariftreuegesetzes im wahrsten Sinne des Wortes ohnehin begrenzt. Angesichts der zunehmenden Beteiligung ausländischer Unternehmen bei der Vergabe öffentlicher Aufträge muss die Geeignetheit solcher Regelungen zur Bekämpfung der Arbeitslosigkeit und dem Schutz der sozialen Sicherungssysteme daher bezweifelt werden.[949] Indem sich das BVerfG hinter dem weiten Prognosespielraum des Gesetzgebers im Bereich der Wirtschaftspolitik verschanzt, wird es seiner Aufgabe als Hüter der Verfassung[950] nicht gerecht. Vielmehr obliegt den Richtern auch eine Überprüfung, ob die jeweilige Regelung geeignet ist, Massenarbeitslosigkeit zu bekämpfen.[951] Tariftreueregelungen ergeben nur Sinn, wenn sich innerhalb ihres Anwendungsbereichs alle Bieter nach denselben Standards richten müssen.[952] Nach der durch die EuGH-Entscheidung notwendig gewordenen Aufspaltung in reine Inlandssachverhalte und solche mit unmittelbarem oder nur mittelbarem grenzüberschreitendem Bezug würde die vom BVerfG eher emotional eingefärbte Rechtfertigung[953] den Lackmustest wohl nicht mehr bestehen. Das BVerfG versteht das Sozialstaatsprinzip[954] als Generalermächtigungsnorm für staatliche Eingriffe in das autonome und grundrechtlich geschützte Tarifsystem.[955] Das Gericht scheint den Staat in der Tat als Schutzpatron für Gewerkschaften zu begreifen und gesteht daher dem Gesetzgeber zur Ausfüllung dieser Rolle einen weiten Entscheidungsspielraum zu.[956] Damit eröffnet das BVerfG dem Gesetzgeber die Möglichkeit, Auftragnehmern staatlicher Aufträge künftig umfangreiche Tariftreueerklärungen abzuverlangen.[957]

---

948 So auch Bayreuther, NZA 2005, 341 (343).

949 Zutreffend Thüsing/Granetzny, NZA 2009, 183 (185).

950 Benda/Klein/Klein, S. 8, Rn. 17 m. w. N.

951 Bayreuther, NZA 2005, 341 (343).

952 Thüsing/Granetzny, NZA 2009, 183 (185).

953 Rieble, NZA 2007, 1 (4) spricht von einer emotionalen Reaktion auf die Herausforderung der Globalisierung und des Wettbewerbs.

954 Detailliert zum Sozialstaatsprinzip und dessen Bedeutung für den Gesetzgeber Kingreen, Sozialstaatsprinzip, S. 15 ff.

955 Rieble, NZA 2007, 1, der die Entscheidung sehr kritisch beurteilt und anführt, dass mit dem Urteil ein Paradigmenwechsel entgegen der bisherigen Dogmatik vollzogen wird.

956 Vgl. Pressemitteilung des BVerfG Nr. 105/2006 v. 03.11.2006, abrufbar unter http://www.bundesverfassungsgericht.de/pressemitteilungen/bvg06-105.html (zuletzt abgerufen am 13.03.2013).

957 Rieble, ZfA 2005, 245 spricht in diesem Zusammenhang von „Staatshilfe für Gewerkschaften“.

Rund ein Jahr nach der Entscheidung des BVerfG zur Verfassungskonformität von Tariftreueklauseln hat der Bayerische Verfassungsgerichtshof das positive Ergebnis des BVerfG mit Blick auf die Gewährleistungen des bayerischen Verfassungsrechts wiederholt.[958] Die Entscheidung ist weniger mit Blick auf das Ergebnis als vielmehr vor dem zeitlichen Hintergrund interessant, bildet sie doch gleichsam den Epilog zwischen dem aufsehenerregenden Positionsaustausch zwischen BVerfG und EuGH hinsichtlich der differenzierten Beurteilung der Rechtmäßigkeit von Tariftreueregelungen.[959] Danach verstößt die Tariftreueregelung des Art. 3 Abs. 1 BayBauVG weder gegen die negative Koalitionsfreiheit gemäß Art. 170 Abs. 1 BayVerf noch gegen die allgemeine Handlungsfreiheit nach Art. 101 BayVerf. Mit Blick auf die unionsrechtlichen Vorgaben prüft das Gericht zwar einen Verstoß gegen das in Art. 3 Abs. 1 Satz 1 BayVerf normierte Rechtsstaatsprinzip, sieht die nötige Schwere eines Verstoßes aber als nicht gegeben.[960] Weiter führt der BayVerfGH an, eine Verletzung unionsrechtlicher Vorgaben hätte nicht die Ungültigkeit der landesrechtlichen Norm, sondern lediglich bei Anwendbarkeit des Unionsrechts ihre Unabwendbarkeit aufgrund des Anwendungsvorrangs zur Folge.[961] Damit macht der BayVerfGH deutlich, dass er eine Differenzierung zwischen Sachverhalten mit und ohne grenzüberschreitenden Bezug für möglich erachtet. Wie auch beim BVerfG leidet die Überzeugungskraft der Argumentation des BayVerfGH unter der weitgehenden Ausblendung der unionsrechtlichen Vorgaben.[962]

7.3.3.2 Inländerdiskriminierung als Folge der nationalen Rechtsauffassung

7.3.3.2.1 Partielle Wirkung der Tariftreueklauseln als Konsequenz

Die Entscheidung des Bundesverfassungsgerichts steht damit im diametralen Gegensatz zur Rüffert-Entscheidung des EuGH, wonach Tariftreueverpflichtungen weder mit der RL 96/71/EG noch mit Art. 56 AEUV vereinbar sind. Im Anwendungsbereich der Dienstleistungsfreiheit dürfen Tariftreueklauseln nach dem Vorbild der niedersächsischen Regelung nicht angewendet werden und Auftragnehmern aus anderen Mitgliedstaaten keine Tariftreuezusagen durch öffentliche Auftraggeber abverlangt werden.[963] Zwar bedarf das Richtlinienrecht

958 BayVerfGH v. 20.06.2008 - Vf. 14-VII-00 = EuZW 2008, 675.
959 Gundel, EuZW 2008, 678.
960 BayVerfGH v. 20.06.2008 - Vf. 14-VII-00 = NJW 2008, 3494.
961 BayVerfGH v. 20.06.2008 - Vf. 14-VII-00 = NJW 2008, 3494.
962 Zutreffend Gundel, EuZW 2008, 678.
963 So auch Hanau, NZA 2008, 721 (751).

grundsätzlich keines grenzüberschreitenden Bezugs, dennoch knüpft die Entsenderichtlinie ausdrücklich daran an, womit eine mit dem Primärrecht vergleichbare Systematik gegeben ist.[964] Damit sind Tariftreueregelungen auf reine Inlandssachverhalte begrenzt, in der kein Unternehmen aus einem anderen Mitgliedstaat involviert ist.[965] Marktteilnehmer aus anderen Mitgliedstaaten werden hingegen von der belastenden europarechtswidrigen Regel befreit und in Folge gegenüber der inländischen Konkurrenz privilegiert.[966] Der EuGH hatte die Unvereinbarkeit der niedersächsischen Tariftreueregelung mit der einseitigen Anwendbarkeit für nur öffentliche Aufträge begründet. Zwar ist die Regelung damit bei grenzüberschreitenden Sachverhalten unanwendbar, ein Zwang zur unionsrechtlichen Anpassung der Regelungen lässt sich aus der EuGH-Entscheidung dagegen nicht ableiten. Werden europarechtswidrige nationale Tariftreueregelungen jedoch nicht angepasst, entsteht durch deren unterschiedliche Anwendung zwischen In- und Ausländern ebenfalls nur eine partielle Wirkung.

Die beiden Entscheidungen liegen auf der bisherigen Linie der beiden Gerichte und bilden Mosaiksteine einer sich mehr und mehr festigenden Rechtsprechung.[967] Diese Entwicklung kennzeichnet einen EuGH, der sich zusehends gegen Versuche der nationalen Gesetzgeber wehrt, das heimische Tarifsystem als Bollwerk gegen die wettbewerbsrechtlichen Grundfreiheiten zu nutzen. Dagegen agiert das BVerfG und in seinem Schlepptau auch die nationalen Gerichte immer öfter als Co-Pilot[968] des nationalen Gesetzgebers in Fragen der sozial- und arbeitsmarktpoltischen Gesetzgebung und zeigt sich offen gegenüber der Erstreckung nationaler Tarifnormen auf Außenseiter respektive Dritte aus anderen Mitgliedstaaten.[969]

7.3.3.2.2 Reaktion des Unionsrechts

Mangels grenzüberschreitenden Sachverhalts kann sich ein inländischer Unternehmer im Gegensatz zu seinem Kollegen aus einem anderen Mitgliedstaat nicht

964 Thüsing/Granetzny, NZA 2009, 183 (185). Zur Direktwirkung von Richtlinien vgl. auch EuGH v. 20.09.1988 - Rs. C-31/87 - Beentjes - Slg. 1988, 4635 = NJW 1990, 1414.

965 Greiner, ZIP 2011, 2129 (2130).

966 Zur Terminologie vgl. statt vieler Hammerl, S. 27 ff. Detailliert zur Inländerdiskriminierung auch Gundel, DVBl 2007, 269.

967 Bayreuther, EuZW 2009, 102.

968 Diesen Begriff gebraucht Steiner, NZA 2005, 657 (662).

969 Beispielhaft dazu BVerfG v. 20.03.2007- 1 BVR 1047/05 = NZA 2007, 609; BVerfG v. 18.07.2000 - 1 BVR 948/00 = NZA 2000, 948; BAG v. 12.01.2005 - 5 AZR 617/01 - BAGE 113, 149 = NZA 2005, 627; BAG v. 06.11.2002 - 5 AZR 617/01 - BAGE 103, 240 = NZA 2003, 490.

auf die Grundfreiheiten berufen.[970] Würde die Inländerdiskriminierung mittels Vorgaben aus dem Unionsrecht aufgehoben, käme dies einer Ausweitung des Anwendungsbereichs auf reine Inlandssachverhalte gleich.[971] Ein unionsrechtlicher Lösungsansatz zum Ausgleich der Inländerdiskriminierung würde einen Eingriff in nationale Regelungskompetenzen bedeuten, weshalb eine unionsrechtliche Lösung ausgeschlossen ist.[972] Zwar steht das Unionsrecht einer Anpassung der nationalen Rechtslage an die in seinem Anwendungsbereich geltenden Lösungen nicht ablehnend gegenüber[973], ein Verbot der Inländerdiskriminierung existiert im Unionsrecht aber nicht.

7.3.3.2.3 Reaktion des deutschen Verfassungsrechts

7.3.3.2.3.1 Reflexhafter Verweis auf den grundrechtlichen Gleichheitssatz

Für den nur der nationalen Rechtsordnung unterliegenden Bürger ist es weder befriedigend noch nachvollziehbar, wenn bei einem rein nationalen Sachverhalt ein anderes Grundrechtsniveau herrscht als bei einem Sachverhalt mit grenzüberschreitendem Bezug.[974] Der scheinbar arbeitnehmerfreundliche Kurs des BVerfG löst damit ein Gefühl der Ungleichbehandlung bei den betroffenen Unternehmern aus. Durch den meist an dieser Stelle reflexhaften Verweis auf den Gleichheitssatz in Art. 3 GG scheint eine rasche und durchgreifende Lösungsmöglichkeit des Problems gegeben.[975]

Dabei wird jedoch übersehen, dass im Fall einer Inländerdiskriminierung verschiedene Gesetzgeber in Gestalt der Union einerseits und der Mitgliedstaaten andererseits zu Gange sind.[976] Diese Argumentation kann jedoch nur bedingt

---

970 Zum Ausschluss der Anwendbarkeit der Grundfreiheiten auf rein innerstaatliche Sachverhalte vgl. EuGH v. 08.12.1987 - Rs. 20/87 - André Gauchard - Slg. 1987, 4879; EuGH v. 16.02.1995 - verb. Rs. C-29/94 u. a., Aubertin - Slg. 1995, I-301 = EuZW 1995, 185; EuGH v. 19.03.1992 - Rs. C-60/91 - Morais - Slg. 1992, I-2085; EuGH v. 23.09.2008 - Rs. C-427/06 - Bartsch - Slg. 2008, I-7245 = NZA 2008, 1119 (Bezugspunkt hier: Verbot der Altersdiskriminierung).

971 Zum begrenzten Anwendungsbereich des Unionsrechts bzw. der Grundfreiheiten etwa Hummer, S. 12 ff; Lengauer, S. 239 ff; Ranacher/Staudigl, S. 109 ff; Arndt/Fischer/Fetzer, S. 118, Rn. 436.

972 Bayreuther, EuZW 2009, 102 (104). Näher dazu Waldheim, S. 337 ff.

973 Gundel, DVBl 2007, 269 (271).

974 Krewet, S. 150.

975 Gundel, DVBl 2007, 269 (272).

976 Vgl. dazu u. a. Heintzen, EWS 1990, 82 (87 f); Papier, JZ 1990, 253 (260); König, AöR 1993, 591 (599 ff); Auch die Rechtsprechung hat in diese Richtung argumentiert OLG

überzeugen, da die Bundesrepublik Deutschland maßgeblich an der Schaffung des unionsrechtlichen Primärrechts beteiligt ist.[977] Gegen die Anwendung des Gleichheitssatzes aus Art. 3 GG wird zudem angeführt, dass sich die vom Unionsrecht erfassten Sachverhalte mit denen rein auf das nationale Recht bezogenen nicht vergleichen lassen. Es handle sich um unterschiedliche Ausgangspositionen, da sich ein Inländer von vornherein auf die aus dem nationalen Recht resultierenden Belastungen einstellen könne, während dies einem Unternehmer aus einem anderen Mitgliedstaat nicht möglich ist.[978] Zwar kommt mit diesem Begründungsansatz die Zielsetzung der Grundfreiheiten als Werkzeug zum Abbau von Hürden im grenzüberschreitenden Waren- und Dienstleistungsverkehr innerhalb der Union zum Tragen, allerdings vermag keines der beiden Argumente vollumfänglich zu überzeugen[979]. Damit ist die Problematik nicht über einen gleichheitsrechtlichen, sondern vielmehr über einen freiheitsrechtlichen Ansatz zu lösen.[980] Dies scheint auch das BVerfG zu bestätigen, da es bei derartigen Konstellationen die Prüfung am Maßstab des Art. 3 Abs. 1 GG meist offen gelassen[981] oder eine gesonderte Prüfung expressis verbis abgelehnt hat[982].

Hamm v. 08.10.1991 - 4 U 6/91 = EuZW 1992, 157 (159); VGH Mannheim v. 07.08.1995 - 13 S 329/95 = NJW 1996, 72.

977 So auch Gundel, DVBl 2007, 269 (272) mit Verweis u. a. auf Weis, NJW 1983, 2725, Hammerl, 168 f; Kokott-Lehner, S. 16; zu den diversen Begründungsansätzen auch Wesser, S. 165 ff. Zur Bewertung dieses Arguments aus Sicht der EMRK Bröhmer, EuZW 2006, 71 ff; Lavranos, EuR 2006, 78 (79 ff); Parga, ELRev. 2006, 251 ff.

978 Statt vieler Diefenbach, GewArch 2001, 353 (357); Gundel, DVBl, 269 (272). Dagegen scheinen Riese/Noll, NVwZ 2007, 516 (517); Epiney, S. 423; Weis, NJW 1983, 2721 (2785) die Sachverhalte für vergleichbar zu halten und sich damit für eine Anwendung von Art. 3 GG auszusprechen.

979 So auch Bayreuther, EuZW 2009, 102 (105).

980 Thüsing/Granetzny, NZA 2009, 183 (185); Albers, JZ 2008, 708 (714). Sofern die Gerichte überhaupt auf Art. 3 Abs. 1 GG eingehen, wird angeführt, dass bei Rechtfertigung eines Eingriffs in ein Freiheitsgrundrecht auch ein Gleichheitsverstoß hinzunehmen wäre BAG v. 22.03.2000 - 7 AZR 225/98 - BAGE 94, 102 = NZA 2000, 828; BGH v. 27.09.1999 - II ZR 305/98 - BGHZ 142, 304 = NJW 1999, 3552; BAG v. 20.11.1996 - 5 AZR 518/95 - BAGE 84, 344 = NZA 1997, 647.

981 BVerfG v. 08.11.1989 - 1 BvR 986/89 = NJW 1990, 1033; BVerfG v. 05.12.2005 - 2 BvR 1964/05 = NJW 2006, 672; nicht geprüft wurde Art. 3 Abs. 1 GG auch vom Bundesverwaltungsgericht BVerwG v. 24.02.2005 - 3 C 5/04 - BVerwGE 123, 82 = NJW 2005, 1736. Dagegen nahm der österreichische Verfassungsgerichtshof einen Verstoß gegen das Gleichheitsgebot der österreichischen Verfassung durch eine Inländerdiskriminierung an ÖstVerfGH v. 09.12.1999 - G 42/99 u. G 135/99 = EuZW 2001, 219.

982 BVerfG v. 05.12.2005, 1 BvR 1730/02 = NVwZ 2006, 328.

7.3.3.2.3.2 Lösung über Art. 12 GG

Tariftreueklauseln stellen eine Berufsausübungsregelung und somit aus Sicht der Rechtsprechung einen Eingriff in Art. 12 GG dar.[983] Aus Sicht der Rechtsprechung ist dieser Eingriff jedoch gerechtfertigt, da der Gesetzgeber mittels Tariftreueverpflichtungen einen Lohnunterbietungswettbewerb verhindern und somit Arbeitsplätze sichern möchte. Als weitere Rechtfertigungsgründe werden die Stärkung der Tarifautonomie, der Erhalt wünschenswerter sozialer Standards und die Entlastung der sozialen Sicherungssysteme genannt.[984] Fraglich ist aber, ob diese Gründe zur Rechtfertigung partieller Tariftreueklauseln ausreichen, da diese inländerdiskriminierend wirken und somit einem erhöhten Rechtfertigungsdruck unterliegen. Sie könnten sich durch ihren eingeschränkten Geltungsbereich zur Erreichung des legitimen Ziels nicht mehr eignen oder aber sich vor dem Hintergrund einer einseitigen Belastung von Inländern als nicht mehr verhältnismäßig erweisen.[985] Das BVerfG nimmt bei der Frage des Regelungsziels der Tariftreueregelung im Gegensatz zum EuGH einen mehr nationalen Standpunkt ein und gelangt ohne Blick auf das Unionsrecht zur Verfassungskonformität der Regelung.

Ging es beim BVerfG und auch beim BayVerfGH um die Sicherung gefährdeter einheimischer Arbeitsplätze[986], erkennt der EuGH im Schutz der heimischen Unternehmen vor der Konkurrenz aus anderen Mitgliedstaaten hingegen keinen legitimen Zweck zur Rechtfertigung eines Eingriffs in die Grundfreiheiten[987]. Der Europäische Gerichtshof ist allenfalls bereit, über derartige protektionistische Tendenzen hinwegzusehen, falls sich die Maßnahme mit anderen Zielen rechtfertigen lässt.[988] Letztlich steht damit die Frage im Raum, ob eine Regelung, die aus Sicht des nationalen Rechts geeignet ist, ein legitimes Ziel zu

---

983 BVerfG v. 11.07.2006 - 1 BvL 4/00 - BVerfGE 116, 202 = DÖV 2007, 248; BayVerfGH v. 20.06.2008 - Vf. 14-VII/00 = NJW 2008, 3494. Nicht bezüglich des Ergebnisses, aber hinsichtlich des Begründungsansatzes zustimmend Burgi, WiVerw 2007, 173; Pietzcker, ZfBR 2007, 131 ff.

984 Bayreuther, EuZW 2009, 102 (105).

985 Vgl. dazu BVerfG v. 05.12.2005 - 1 BvR 1730/02 = NVwZ 2006, 181; BVerfG v. 28.03.2006 - 1 BvR 1054/01 - BVerfGE 115, 276 = NJW 2006, 1261; BVerwG v. 24.02.2005 - 3 C 5/04 - BVerwGE 123, 82 = NJW 2005, 1736.

986 Gundel, EuZW 2008, 678.

987 EuGH v. 25.10.2001 - verb. Rs. C-41/98 u. a. - Finalarte - Slg. 2001, I-7831 = NJW 2001, 3769.

988 So i. R. d. Arbeitnehmerentsendung geschehen bei EuGH v. 25.10.2001 - verb. Rs. C-49/98 u. a. - Finalarte - Slg. 2001, I-7931 = EuZW 2001, S.759 m. Anm. Bayreuther, Rn. 38 ff.

verfolgen, ihre Legitimität dadurch einbüßt, dass andere Marktteilnehmer diese nicht beachten müssen.[989]

Da sich eine nur für Inländer geltende Tariftreueklausel nur sehr bedingt zur Verhinderung eines Lohnunterbietungswettbewerbs eignet, erweist sich dieses Instrument als untauglich.[990] Zum einen wird inländischen, nicht tarifgebundenen Unternehmen ihr Wettbewerbsvorteil entzogen, zum anderen verleiht sie Anbietern aus anderen Mitgliedstaaten ein Alleinstellungsmerkmal in Form günstigerer Wettbewerbsbedingungen. Sicher ist es wünschenswert, das inländische Lohniveau möglichst hoch zu halten. In einem gemeinsamen Markt, der durch die im Jahr 2011 inkraft getretene volle Arbeitnehmerfreizügigkeit noch näher zusammengerückt ist, erscheinen partielle Tariftreueklauseln aber eher als Hemmschuh denn als unterstützende Maßnahme für die heimische Wirtschaft. Durch die günstigeren Konditionen aus dem Ausland und das künstlich hochgehaltende Lohnniveau im Inland wird es für lokale Unternehmen immer diffiziler, am Markt zu bestehen. Auch wenn das BVerfG und im Anschluss der BayVerfGH partielle Tariftreueklauseln als verfassungsgemäß betrachten, bestehen aus genannten Gründen erhebliche Zweifel an deren Geeignetheit zum Schutz der Arbeitnehmer. Zur Erreichung des Ziels der Sicherung heimischer Arbeitsplätze erscheinen sie als ungeeignet und stellen somit einen nicht gerechtfertigten Eingriff in Art. 12 GG dar. Der Rechtfertigungsansatz des BVerfG und des BayVerfGH trägt aber durchaus in einem Markt ohne Auslandsbezug. Hier wirkt die Tariftreuepflicht für alle Unternehmen und eignet sich, Arbeitsplätze zu sichern und einen Lohnunterbietungswettbewerb zu verhindern. Man mag daher anführen, dass sich die Geeignetheit partieller Tariftreueklauseln nicht pauschal beantworten lässt[991], eine durchdachte und ausgleichende Lösung mit Blick auf einen gemeinsamen europäischen Binnenmarkt kommt damit aber nicht zum Ausdruck[992].

7.3.3.3 Synthese von europäischem und nationalem Verfassungsrecht

7.3.3.3.1 Einbettung des Unionsrechts in den nationalen Prüfungskatalog

In der Rechtsprechungspraxis mehren sich die Konstellationen, in welchen der EuGH und das BVerfG mit der gleichen materiellen Thematik befasst und zu-

989 Bayreuther, EuZW 2009, 102 (105).

990 Rieble, NZA 2007, 1 (4) führt an, dass „das höchste deutsche Gericht (…) bezogen auf das Wettbewerbsgeschehen einer globalisierten Weltwirtschaft machtlos (ist)“.

991 Bayreuther, EuZW 2009, 102 (106).

992 So auch Rieble, NZA 2007, 1 (4).

nehmend in vergleichbaren Fragestellungen konkurrierend tätig werden.[993] Nicht zuletzt aufgrund der unterschiedlichen Prüfungsmaßstäbe des BVerfG und des EuGH[994], besteht im Bereich des Tarifrechts ein Zielkonflikt zwischen der gewünschten Entwicklung eines gemeinsamen europäischen Wirtschaftsraums und dem Bestreben, die Folgen des daraus resultierenden Wettbewerbs mittels staatlicher Eingriffe abzufedern. Als Lösung öffnet die nationale Rechtsprechung[995] im Bereich der Wirtschafts- und Arbeitsbedingungen weitreichende Handlungsspielräume für sozialpolitisch motivierte Eingriffe des Gesetzgebers in den Wettbewerb[996] und blendet dabei den unionsrechtlichen Hintergrund aus. Dies ist vor dem Hintergrund des begrenzten Anwendungsbereichs des Unionsrechts grundsätzlich nicht zu beanstanden. Freilich erscheint dies als Antwort auf die Herausforderungen einer immer intensiveren europäischen Integration nicht überzeugend. Das Unionsrecht auszuklammern und sich auf den eigenen Prüfungsrahmen zurückzuziehen, gleicht dem Versuch, durch stoische Leugnung der Realität diese zu ändern.[997] Zwar stellen das Unionsrecht und das nationale Recht grundsätzlich zwei separate und autonome Rechtsordnungen dar[998], dennoch existieren nationale und europäische Normen nicht parallel nebeneinander, ohne sich dabei zu berühren[999]. Vielmehr bilden europäische Vorgaben und

993 Preis/Ulber, NJW 2007, 465; Bungenberg, EuR 2008, 397 (407).

994 Vgl. dazu Schlussanträge GA Marco Darmon v. 10.03.1994 - EuGH v. 16.06.1994 - Rs. C-132/93 - Stehen - Slg. I-2718 - Rn. 15 f: „Ein Sachverhalt, der in den Anwendungsbereich des Gemeinschaftsrechts fällt, kann wegen dessen Vorrang das nationale Gericht dazu veranlassen, eine entgegenstehende inländische Rechtsvorschrift unangewendet zu lassen. Diese nationale Bestimmung kann trotzdem weiterhin rein interne Sachverhalte regeln, die nicht in den Anwendungsbereich des Gemeinschaftsrechts fallen, was zu einer unterschiedlichen Behandlung in vergleichbaren Fällen führen kann."

995 Namentlich BVerfG v. 11.07.2006 - 1 BvL 4/00, BVerfGE 116, 202 = DÖV 2007, 248; BayVerfGH v. 20.06.2008 - Vf. 14-VII/00 = NJW 2008, 3494.

996 Preis/Ulber, NJW 2007, 465 (471).

997 Gundel, EuZW 2008, 678 kritisiert, das Unionsrecht werde „unkommentiert wie ein Geschehen aus einer anderen Welt“ behandelt.

998 Pernice, VVDStRL 2001, 148 (172); EuGH v. 05.02.1963 - Rs. 26/62 - Van Gend & Loos - Slg. 1963, 3 = NJW 1963, 974: „Die Gemeinschaft (stellt) eine neue Rechtsordnung des Völkerrechts dar, zu deren Gunsten die Staaten, wenn auch in begrenztem Rahmen, ihre Souveränitätsrechte eingeschränkt haben“; EuGH v. 15.07.1964 - Rs. 6/64 - Costa/E.N.E.L - Slg. 1964, 1141 = NJW 1964, 2371 spricht von einer „autonomen Rechtsquelle“; Frowein, EuR 1995, 315 (319) sieht zwei „unabhängige Ordnungen“; Frank, ZÖR 2000, 1 (3 ff).

999 Früh schon Hallstein, S. 35 f, der anführt, dass der Einzelne sowohl Staatsbürger als auch Angehöriger der Gemeinschaft ist und damit beiden Rechtsordnungen unterworfen

nationale Verfassungen als Teile eines Rechtssystems eine materielle Einheit[1000] und sind voneinander abhängig[1001]. Die Konsequenzen der EuGH-Entscheidung im Fall Rüffert zeigen, dass sich die nationale Rechtsprechung den europäischen Vorgaben nicht mit Verweis auf den eingeschränkten Anwendungsbereich des Unionsrechts entziehen kann.

Hat der EuGH eine nationale Maßnahme als unverhältnismäßigen Eingriff in eine Grundfreiheit eingestuft, bedeutet dies aber nicht zwangsläufig einen ungerechtfertigten Eingriff in die Berufsfreiheit.[1002] Zwar besteht keine verfassungsrechtliche Pflicht zur Parallelwertung bezüglich nationaler Sachverhalte[1003], dennoch verschärft die Tariftreueregelung gerade die Situation, welche das BVerfG mit seinem vermeintlich inländerfreundlichen Urteil hatte abmildern wollen. Diejenigen, die das BVerfG vor ausländischer Konkurrenz schützen wollte, trifft es nun nämlich härter, da nur sie sich an die Regelung halten müssen.[1004] Ein rein nationaler Ansatzpunkt ist damit angesichts der konträren EuGH-Entscheidung im Fall Rüffert nur schwer haltbar. Die nationale Rechtsprechung wird künftig nicht umhin kommen, das Unionsrecht stärker in die Prüfung der nationalen Wirtschaftsgrundrechte zu integrieren.[1005] Nationaler Protektionismus oder, positiv bewertet, gesetzgeberische Unterstützungsmaßnahmen gegen Konkurrenz aus anderen Mitgliedstaaten können vor dem Hintergrund einer differenzierten Bewertung des EuGH zu einem Bumerang werden. Plötzlich schadet die Regelung der heimischen Wirtschaft mehr als sie nützt und

---

ist. Vgl. auch EuGH v. 15.07.1964 - Rs. 6/64 - Costa/E.N.E.L - Slg. 1964, 1141 = NJW 1964, 2371.

1000 Pernice, VVDStRL 2001, 148 (172).

1001 Schwarze, Europäische Verfassungsordnung, 464 ff; entsprechend Piris, RTDE, 599 (605): „l'UE est, et demeurera sans doute, presqu'entièrement dépendante de ses Etats membres et de leurs instances législatives, exécutives, administratives et judiciaires en premier lieu, pour inspirer les règles qu'elle adopte et, en second lieu, pour appliquer des règles et veiller à leur application".

1002 Dazu ausführlich Nicolaysen, EuR 1991, 95 (111 ff).

1003 Gundel, DVBl 2007, 269 (276).

1004 Hammerl, S. 184; Gundel, DVBl 2007, 269 (277); Diefenbach, GewArch 2001, 353 (355).

1005 Zutreffend Bungenberg, EuR 2008, 397 (407).

scheitert letztlich an der Geeignetheit[1006] oder der Zumutbarkeit im Rahmen der Verhältnismäßigkeitsprüfung von Art. 12 GG.[1007]

7.3.3.3.2 Europäisierungsprozess des nationalen Tarifrechts

Mag man sich auf den Standpunkt stellen, dass Art. 153 Abs. 5 AEUV der Union keine Kompetenz für Regelungen auf dem Gebiet des Arbeitsentgelts gewährt; der europarechtlichen Dimension von Art. 20 Abs. 3 GG[1008] kann sich das nationale Tarifrecht dadurch aber nicht entziehen. Die Kompetenz zur Schaffung derartiger Normen hat die Union ohne Zweifel auch weiterhin nicht, umgekehrt können aber Folgen für die nationale Rechtslage aus höherrangigem Recht erwachsen. Gemäß Art. 19 EUV[1009] zeichnet sich der EuGH für die Wahrung des Rechts bei der Auslegung und Anwendung der Verträge verantwortlich. Seine Rechtsprechung ist bindender Maßstab und Legitimationsgrundlage behördlichen und richterlichen Handelns in den Mitgliedstaaten.[1010] Das Unionsrecht mitsamt dem abgeleiteten Recht bindet als Teil der verfassungsmäßigen Ordnung der Bundesrepublik Deutschland i. S. d. Art. 20 Abs. 3 GG den nationalen Gesetzgeber und die nationale Rechtsprechung. Dies führt zu einem dynamischen Europäisierungsprozess des nationalen Rechts.[1011] Derartige Europäisierungstendenzen sind inzwischen in vielen Bereichen des nationalen Rechts spürbar.[1012] Der Fall Rüffert zeigt exemplarisch, dass diese Entwicklung auch

---

1006 Kritisch Frenz, JZ 2007, 343 ff, der die Sichtweise, der Zweck der nationalen Regelung könne durch die durch das Unionsrecht entstandenen Anwendungslücken nicht mehr erreicht werden, nicht teilt.

1007 Krewet, S. 102, verweist in diesem Zusammenhang auf die Entscheidung des BVerfG zum Meisterzwang (BVerfG v. 05.12.2005 - 1 BvR 1730/02 = NVwZ 2006, 181), bei der das Gericht auf die unterschiedliche Wirkung der Regelung für In- und Ausländer eingegangen ist.

1008 Dazu mit Blick auf das gesamte Verfassungsrecht Pernice, VVDStRL 2001, 148 (180).

1009 Art. 19 EUV ersetzt im Wesentlichen ex-Art. 220 EGV.

1010 Pernice, VVDStRL 2001, 148 (180).

1011 Pernice, VVDStRL 2001, S. 181. Vgl. zur Beeinflussung des nationalen Rechts durch das Unionsrecht Ress, RUDH 1995, 434 (435 ff); Klein, FS Stern, 1301 (1303 ff).

1012 Vgl. zum Verwaltungsrecht Schmidt-Aßmann, ZöR 2000, 159 (165 ff); einen Gesamtüberblick über das europäische Verfassungsrecht geben u. a. Schwarze, Jürgen: Das Verwaltungsrecht unter europäischem Einfluß – Zur Konvergenz der mitgliedstaatlichen Verwaltungsrechtsordnungen in der Europäischen Union, Baden-Baden 1999; Kadelbach, Stefan: Allgemeines Verwaltungsrecht unter europäischem Einfluß, Tübingen 1999; zum Privatrecht vgl. Müller-Graff, Peter-Christian: Gemeinsames Privatrecht in der Europäischen Gemeinschaft, Baden-Baden 1999; zum Handelsrecht vgl. Grundmann, ZHR 1999, 635 ff.

vor dem nationalen Tarifrecht nicht Halt macht und zunehmend mit einer Europäisierung des Tarifrechts zu rechnen ist.

8 Berührungspunkte mit der Warenverkehrsfreiheit

8.1 Mittelbare Auswirkungen auf den Warenverkehr

Neben der Dienstleistungs- und Niederlassungsfreiheit ist auch ein Konflikt einer Arbeitskampfmaßnahme mit der Warenverkehrsfreiheit denkbar. Voreilige Schlüsse aus der Rechtsprechung des EuGH abzuleiten, würde hier jedoch nicht weiterhelfen. Die Arbeitskampfmaßnahmen in den entschiedenen Fällen zielen gerade darauf ab, dem ausländischen Unternehmen den Marktzugang zu einem anderen Mitgliedstaat zu erschweren[1013], weshalb im Rahmen der Warenverkehrsfreiheit zwischen mittelbaren und unmittelbaren Konstellationen zu unterscheiden sind.

In Folge des Urteils Viking Line wurde die Frage aufgeworfen, inwieweit auch solchen Streiks Grenzen zu ziehen sind, welche Dritte mittelbar im Gebrauch einer Grundfreiheit einschränken.[1014] Mit Blick auf die Warenverkehrsfreiheit könnten Auswirkungen auf die Rechtmäßigkeit von Lokführerstreiks oder erhöhte Anforderungen eines Streiks der Flugsicherung die Folge sein.[1015] Dem ist jedoch zu widersprechen. Selbstverständlich sind Kunden mittelbar von Arbeitskämpfen bei Verkehrsbetrieben betroffen. Allerdings haben bereits die Auswirkungen solcher Arbeitskampfmaßnahmen nicht die notwendige Intensität einer Beschränkung der in Art. 34 AEUV gewährten Warenverkehrsfreiheit. Sollte dies im Einzelfall dennoch bejaht werden, wird die spürbare Freiheitsbeschränkung nicht die notwendige Intensität erreichen, um in einer vom EuGH geforderten Abwägung mit dem Streikziel einer Verbesserung der Arbeitsbedingungen bestehen zu können. Im Gegensatz dazu greift die Gewerkschaft bei einem Standortkampf wie im Fall Viking Line gezielt in die Niederlassungsfreiheit und damit in eine elementare Grundlagenentscheidung des Arbeitgebers ein.[1016] Ein Streik in den in Rede stehenden Konstellationen ist dagegen nur Nebenfolge einer Beeinträchtigung der Warenverkehrsfreiheit und damit deren

---

1013 Franzen, FS Buchner, 231 (241).

1014 Rebhahn, Frankfurter Allgemeine Zeitung v. 19.12.2007, S. 23, spricht in diesem Zusammenhang von einem objektiv beschränkenden Effekt der Streikmaßnahme, aufgrund dessen in der Konsequenz auch Streiks betroffen sein könnten, welche sich nicht primär gegen die Ausübung einer Grundfreiheit richten.

1015 Bayreuther, EuZA 2008, 395 (406).

1016 So auch Bayreuther, EuZA 2008, 395 (406).

Anwendungsbereich noch nicht eröffnet.[1017] Oft wird es an der notwendigen Intensität fehlen, um einen Eingriff in die Warenverkehrsfreiheit zu bejahen. Soweit wird man in der Prüfung meist jedoch gar nicht voranschreiten müssen, da laut EuGH rein hypothetische Beschränkungen des gemeinsamen Marktes bereits aus dem Schutzbereich der Warenverkehrsfreiheit ausgenommen sein sollen.[1018] Daher sind zunächst keine Konsequenzen für Arbeitskämpfe zu erwarten, welche am Streik unbeteiligte Arbeitnehmer daran hindern, ihre Produkte auf den innereuropäischen Markt zu bringen.

8.2 Unmittelbare Auswirkungen auf den Warenverkehr

Neben einem Streik im Transportgewerbe, welcher Dritte nur hypothetisch in ihrer Warenverkehrsfreiheit behindert, ist aber auch eine Arbeitskampfmaßnahme denkbar, die sich gezielt gegen die Warenverkehrsfreiheit eines Unternehmers richtet. Vorstellbar ist etwa der Fall, dass Arbeitnehmer die Auslieferung von Produkten ihres Arbeitgebers ins Ausland durch Betriebsbelagerung, Streik oder Blockademaßnahmen behindern.[1019] In diesem Zusammenhang ist von Bedeutung, dass der EuGH mit Blick auf die Warenverkehrsfreiheit mehrmals festgestellt hat, dass alle Maßnahmen mit gleicher Wirkung ebenso wie mengenmäßige Beschränkungen verboten sind und bereits die Möglichkeit genügt, den Handel zwischen den Mitgliedstaaten tatsächlich oder potentiell zu beschränken.[1020] Aus Sicht des Gerichtshofs ist dazu eine spürbare Beeinträchtigung des innergemeinschaftlichen Handels gerade nicht erforderlich.[1021] Ein Streik, der darauf abzielt, den Arbeitgeber am grenzüberschreitenden Verbringen seiner Produkte zu hindern, würde somit gegen die Warenverkehrsfreiheit verstoßen und bedürfte einer Rechtfertigung.

1017 So auch Franzen, FS Buchner, 231 (242).

1018 Laut EuGH sind die beschränkenden Wirkungen von nur mittelbar auf dem freien Warenverkehr wirkenden Maßnahmen zu ungewiss und zu indirekt, als dass solche als geeignet angesehen werden könnten, den Handel zwischen den Mitgliedstaaten zu behindern EuGH v. 18.06.1998 - Rs. C-266/96 - Corsica Ferries - Slg. 1998, I-3949 (3992, Rn. 31).

1019 Junker, ZfA 2009, 281 (295) mit Verweis auf Däubler, FS Hanau, 489 (500); Hergenröder, EAS B 8400 Rn. 62.

1020 EuGH v. 13.03.1984 - Rs. 16/83 - Prantl - Slg. 1984, 1299 (1326, Rn. 20) = NJW 1984, 1291.

1021 EuGH v. 18.05.1993 - Rs. C-126/91 - Yves Rocher - Slg. 1993, I-2361 (2390, Rn. 21) = NJW 1993, 3187.

Ein Rückgriff auf das Abgrenzungskriterium, welches der EuGH in seiner Rechtsprechung zur Warenverkehrsfreiheit[1022] eingeführt hat, kann hier weiterhelfen.[1023] Danach sollen innerstaatliche Vorschriften, welche nur Verkaufsmodalitäten regeln, nicht am Maßstab der Warenverkehrsfreiheit zu messen sein.[1024] Nationale Regelungen, welche Streiks zulassen, die zur Behinderung der Warenverkehrsfreiheit führen können, aber primär keine Regulierung der Warenströme beabsichtigen, sind mit Verkehrsmodalitäten im Sinne der Keck-Rechtsprechung vergleichbar und unterfallen Art. 34 AEUV nicht.[1025] Da Arbeitskämpfe laut Art. 2 der Verordnung (EG) Nr. 2679/98[1026] nicht als Behinderung des freien Warenverkehrs angesehen werden dürfen, fügt sich dieses Vorgehen ins geltende Recht ein. Der Rückgriff auf die RL 96/71/EG im Rahmen der Dienstleistungsfreiheit macht deutlich, dass das Sekundärrecht vom EuGH auch in anderen Fällen zur Konkretisierung einer Grundfreiheit herangezogen wird, womit der Verordnung (EG) Nr. 2679/98 eine gewisse Bedeutung beizumessen ist.[1027] Damit fallen auch Streiks, die einen potentiellen Eingriff in die Warenverkehrsfreiheit als unbeabsichtigte Nebenfolge nach sich ziehen, nicht dem Anwendungsbereich von Art. 34 AEUV zu.

1022 EuGH v. 24.11.1993 - Rs. C-267/91 u. C-268/91 - Keck - Slg. 1993, I-6097 = BB 1994, 76.

1023 Franzen, FS Buchner, 231 (242).

1024 EuGH v. 24.11.1993 - Rs. C-267/91 u. C-268/97 - Keck - Slg. 1993, I-6097 (6131, Rn. 15 f).

1025 Franzen, FS Buchner, 231 (242).

1026 Verordnung (EG) Nr. 2679/98 des Rats vom 07.12.1998 über das Funktionieren des Binnenmarkts im Zusammenhang mit dem freien Warenverkehr zwischen den Mitgliedstaaten, ABl. Nr. L 337/8 v. 12.12.1998.

1027 Junker, ZfA 2009, 281 (295).

9 Auf dem Weg zu einem Europäischen Tarifrecht

9.1 Fragestellungen an ein Europäisches Tarifrecht

Die Entscheidungen des EuGH sind geradezu symptomatisch für die Rechtsentwicklung in der Europäischen Union. Grundsätzlich besitzt die Union keine Kompetenz zur Regelung des Arbeitsentgelts sowie des Koalitions- und Streikrechts, womit die Verantwortung für das kollektive Arbeitsrecht weiterhin bei den Mitgliedstaaten verbleibt.[1028] Jedoch zeigen die Entscheidungen des EuGH, dass das Tarifvertrags- und Arbeitskampfrecht vom Unionsrecht unweigerlich tangiert wird. Bildlich gesprochen macht das Unionsrecht an den Grenzen der Mitgliedstaaten nicht Halt. Der Vorrang des Unionsrechts impliziert geradezu, dass sich im Rahmen seiner Anwendbarkeit letztlich kein Rechtsgebiet dessen Einwirkungen entziehen kann. Das gemeinsame Element der EuGH-Entscheidungen zum Tarifvertrags- und Arbeitskampfrecht bilden daher Konflikte, die sich aus den Unterschieden im Lohnniveau zwischen den Mitgliedstaaten und den daraus resultierenden Möglichkeiten zur Lohnunterbietung ergeben.[1029] Diese internen Asymmetrien zwischen der Marktintegration auf supranationaler und der sozialen Sicherung auf nationaler Ebene tragen zunehmend die Gefahr einer ablehnenden Haltung gegenüber der Marktöffnung in sich.[1030] Ein einheitlicher Binnenmarkt mit uneinheitlichen Rahmenbedingungen schafft somit zwangsläufig Konflikte zwischen freiem Wettbewerb und dem Schutz vor Lohnkonkurrenz.

Europäisches Tarifrecht als Materie sui generis existiert freilich nicht, dennoch lassen sich aus der Rechtsprechung unübersehbare Tendenzen in diese Richtung ableiten. Diese gilt es zu systematisieren, auf ihre Überzeugungskraft hin zu untersuchen und Wege zur Lösung von Konflikten aufzuzeigen. Sowohl dem nationalen Gesetzgeber als auch den Gewerkschaften als zentrale Akteure im Tarifvertrags- und Arbeitskampfrecht vermag das Unionsrecht Grenzen zu setzen. Dabei kristallisieren sich zwei grundlegende Fragen heraus, deren Beantwortung die Richtung einer europarechtlichen Verdichtung der tarifrechtlichen Vorgaben vorzeichnen: Einerseits stellt sich die Frage, wie weit unions-

---

1028 Die Europäische Union wurde daher meist nur in Einzelfragen des Individualarbeitsrechts tätig, vgl. dazu den Überblick bei Weiss, FS Hromadka, 493 ff.

1029 Wendeling-Schröder, FS Zachert, 147 (155).

1030 Monti, „Eine neue Strategie für den Binnenmarkt“ v. 09.05.2010, S. 80, http://ec.europa.eu/bepa/pdf/monti_report_final_10_05_2010_de.pdf (zuletzt abgerufen am 13.03.2013).

rechtliche Vorgaben in mitgliedstaatliche Sozialpolitiken und Arbeitsbeziehungen eingreifen dürfen respektive welche Verwerfungen sich im nationalen Tarifrecht bei der Durchsetzung unionsrechtlicher Vorgaben ergeben können.[1031] Mit Blick auf die aus dem unionsweiten freien Wettbewerb resultierenden Herausforderungen bedingt dies die Überlegung, welche gesetzlichen Reaktionsmöglichkeiten dem nationalen Gesetzgeber noch verbleiben. Zweifelsfrei ist die Positionierung des EuGH in diesem Konfliktfeld schwierig[1032] und zeigt die Malaise der europäischen Rechtsprechung auf dem Gebiet des Tarifrechts.

Andererseits muss mit der erfolgten Anerkennung und Absicherung transnationaler Kollektivverhandlungsrechte die Herstellung von Verhandlungsgleichheit zwischen Arbeitgebern und Gewerkschaften auf transnationaler Ebene einhergehen.[1033] In diesem Zusammenhang steht die europäische Rechtsprechung vor der Herausforderung, das in der Charta der Grundrechte garantierte Streikgrundrecht in das Unionsrecht zu integrieren. Letztlich geht es um die Frage, welchen unionsrechtlichen Grenzen das transnationale Handeln einer Gewerkschaft begegnet.

9.2 Einflussbereich des Unionsrechts im nationalen Tarifrecht

9.2.1 Grundfreiheiten als Gegenkontrolle nationaler Arbeitsgesetzgebung

In den dem Unionsrecht entzogenen Bereichen sind die Mitgliedstaaten zwar grundsätzlich frei, Regelungen zu treffen, gleichwohl sind sie gehalten, dabei das Unionsrecht zu beachten.[1034] Da das nationale Arbeitsrecht nicht von vorn herein aus dem Anwendungsbereich der Grundfreiheiten ausgeschlossen ist[1035], sind nationale Normen des Arbeitsrechts einer Prüfung am Maßstab der Grundfreiheiten unterworfen[1036].

1031 Buckel/Oberndorfer, in: Europäische Gesellschaftsverfassung, 277 (285) sprechen von einem „Wettbewerb der Rechtsordnungen".

1032 So auch Wendeling-Schröder, FS Zachert, 147 (155).

1033 Kocher, in: Europäische Gesellschaftsverfassung, 161 (173).

1034 Riesenhuber-Rebhahn, Europäische Methodenlehre, § 18, S. 545, Rn. 61.

1035 Dafür plädiert etwa Hepple, S. 214 f.

1036 Rödl-von Bogdandy/Bast, S. 889.

Die Gesetze zur Tariftreue stehen beispielhaft für die Problematik des unterschiedlichen Lohnniveaus in den einzelnen Mitgliedstaaten.[1037] Entgegen mancher Behauptungen unterstützt die europäische Rechtsprechung grundsätzlich die Mitgliedstaaten in ihrem Bestreben, gegen einen Lohnunterbietungswettbewerb vorzugehen. Aus Sicht des EuGH schließt die Dienstleistungsfreiheit nicht aus, dass ein Mitgliedstaat einem in einem anderen EU-Staat ansässigen Unternehmen vorschreibt, den entsandten Arbeitnehmern eine Mindestvergütung gemäß einem im Aufnahmestaat geltenden Tarifvertrag zu bezahlen.[1038] Im Urteil Rush Portuguesa stellte der EuGH zudem klar, dass es das Unionsrecht den Mitgliedstaaten nicht verwehrt, ihre Rechtsvorschriften oder die von den Sozialpartnern geschlossenen Tarifverträge unabhängig davon, in welchem Land der Arbeitgeber ansässig ist, auf alle Personen auszudehnen, die in ihrem Hoheitsgebiet eine unselbständige Erwerbstätigkeit ausüben.[1039] Sekundärrechtlich wurde der Wettbewerbsvorteil günstigerer Lohnkosten mit der Entsenderichtlinie eingeebnet und somit das internationale Arbeitsrecht technisch ergänzt.[1040] Die nationalen Gesetzgeber in den von einem Lohnkostenwettbewerb betroffenen Mitgliedstaaten haben durch nationale Entsendegesetze entsprechend reagiert und ihre arbeitsrechtlichen Normen für Entsendearbeitsverhältnisse für verbindlich erklärt.[1041] Das Herkunftsprinzip wurde damit ins Arbeitsortprinzip transformiert, womit auch im Rahmen der Arbeitnehmerentsendung der Grundsatz gilt, dass am selben Arbeitsort der gleiche Lohn zu bezahlen ist.[1042]

Durch den Anwendungsvorrang des Unionsrechts und dem Defizit eines unionsrechtlichen Antagonisten der Grundfreiheiten besteht jedoch die Gefahr, dass nationale Arbeitsvorschriften als Hindernisse des Wettbewerbs in den Fokus der europäischen Rechtsprechung geraten. Der EuGH hat einer Instrumenta-

---

1037 Riesenhuber, Europäisches Arbeitsrecht, § 6, S. 143, Rn. 1.

1038 EuGH v. 23.11.1999 - Rs. C-369/96 u. C-376/96 - Arblade - Slg. 1999, I-8453 = EuZW 2000, 88 mit der Maßgabe, dass die betreffenden Bestimmungen hinreichend genau und zugänglich sind. In EuGH v. 15.03.2001 - Rs. C-165/98 - Mazzoleni u. ISA - Slg. 2001, I-2189 = NZA 2001, 554 befand der EuGH eine Regelung zur Zahlung der in den nationalen Vorschriften des Aufnahmestaats festgelegten Mindestlöhne für grundsätzlich mit der Dienstleistungsfreiheit vereinbar, unterzog die Vorschrift jedoch einer strengen Verhältnismäßigkeitskontrolle.

1039 EuGH v. 27.03.1990 - Rush Portuguesa - Rs. C-113/89 - Slg. 1990, I-1417 (1145, Rn. 18) mit Verweis auf EuGH v. 03.02.1982 - Rs. 62/81 - Seco - Slg. 1982, 223 = NJW 1982, 1935. EuGH v. 24.01.2002 - Rs. C-164/99 - Portugaia Construções - Slg. 2002, I-787 (813, Rn. 21) = NZA 2002, 207.

1040 Näher dazu Riesenhuber, Europäisches Arbeitsrecht, § 6, S. 144, Rn. 3.

1041 Rödl-von Bogdandy/Bast, S. 890.

1042 Schlachter, NZA 2002, 1242 (1245).

lisierung der Grundfreiheiten als Hebel gegen nationale Arbeitsgesetze aber eine klare Absage erteilt.[1043] Die Befürchtung, eine Überprüfung des nationalen Arbeitsrechts am Maßstab der Grundfreiheiten würde zu einer Modifikation oder gar Verdrängung der nationalen Regelungen führen, lässt sich nicht belegen. Die Prüfung des nationalen Arbeitsrechts anhand der Grundfreiheiten ist damit nicht als Eingriff in nationale Kompetenzen zu verstehen, sondern stellt vielmehr eine Gegen- oder Missbrauchskontrolle gegenüber staatlichem Protektionismus dar.[1044]

9.2.2 Absage an Abschottung des inländischen Arbeitsmarktes

Die Rüffert-Entscheidung des EuGH wurde teilweise als Ansage an den nationalen Gesetzgeber gewertet, mittels gesetzlicher Vorgaben gegen Lohnunterbietungswettbewerb vorzugehen. Grundsätzlich hat der EuGH aber Kriterien entwickelt, unter welchen Voraussetzungen ein Mitgliedstaat nationale Mindeststandards auf entsandte Arbeitnehmer erstrecken und damit die Ausschöpfung eines Lohnkostenvorteils erschweren darf.[1045] Danach ist im Rahmen transnationaler Lohnkonkurrenz der Schutz der Arbeitnehmer als zwingender Grund des Allgemeininteresses zur Rechtfertigung einer Beschränkung der Dienstleistungsfreiheit anerkannt.[1046] Der EuGH geht von einer dem Arbeitnehmerschutz zuträglichen Maßnahme aus, sofern sie den betroffenen Arbeitnehmern einen tatsächlichen Vorteil verschafft, der spürbar zu ihrem sozialen Schutz beiträgt.[1047] Damit scheint letztlich jede Verbesserung der Position der Arbeitnehmer eine

---

1043 Im Bereich der Warenverkehrsfreiheit etwa EuGH v. 14.07.1981 - Rs. 155/80 – Oebel - Slg. 1981, 1993 = NJW 1981, 1885; EuGH v. 28.02.1991 - Rs. C-312/89 - Conforama - Slg. 1991, I-997. Die Arbeitnehmer betreffend EuGH v. 27.01.2000 - Rs. C-190/98 - Graf - Slg. 2000, I-493 = NZA 2000, 413.

1044 So auch Rödl-von Bogdandy/Bast, S. 891.

1045 Kocher, Europäische Gesellschaftsverfassung, 161 (166).

1046 EuGH v. 27.03.1990 - Rush Portuguesa - Rs. C-113/89 - Slg. 1990, I-1417 (1445, Rn. 18) mit Verweis auf EuGH v. 03.02.1982 - Rs. 62/81 - Seco - Slg. 1982, 223 = NJW 1982, 1935; EuGH v. 28.03.1996 - Rs. C-272/94 - Guiot - Slg. 1996, I-1905; EuGH v. 25.10.2001 - verb. Rs. C-49/98 u. a. - Finalarte - Slg. 2001, I-7831 = NZA 2001, 1377; vgl. auch Britz/Volkmann, S. 52.

1047 EuGH v. 25.10.2001 - verb. Rs. C-49/98 u. a. - Finalarte u. a. - Slg. 2001, I-7831 = NZA 2001, 1377.

Einschränkung der Grundfreiheit zu rechtfertigen.[1048] Diese unscharfe Definition bringt freilich nur wenig Licht ins Dunkel.[1049]

Die im Verfahren Rüffert vom EuGH zu Recht angeprangerte Differenzierung zwischen öffentlichen und privaten Bauaufträgen zeugt davon, dass es sich bei Tariftreueverlangen um eine protektionistische Maßnahme zur Abschottung des inländischen Arbeitsmarktes vor ausländischer Konkurrenz handelt. Mitbewerber aus anderen Mitgliedstaaten können am inländischen Dienstleistungsmarkt nur Fuß fassen, wenn sie ihren Arbeitnehmern inländische Löhne zahlen, womit gleichzeitig ihr Lohnkostenvorteil perdu ist.[1050] Aufgrund der Konturlosigkeit des Begriffs des Arbeitnehmerschutzes ist das Urteil im Fall Rüffert zu begrüßen.[1051] Mit der Entscheidung Luxemburg[1052] bestätigte der EuGH die Grundsätze der Rüffert-Entscheidung und unterstrich damit, dass eine grenzüberschreitende Etablierung von Mindestentgelten nur durch einen staatlich festgesetzten Mindestlohn oder durch eine Allgemeinverbindlichkeitserklärung von Tarifverträgen möglich ist.[1053]

Partielle Tariftreueregelungen sind dagegen ein misslungener Versuch, mittels staatlicher Autorität die Folgen der Globalisierung der Arbeitsmärkte abzufedern. Der Staat betreibt eine Politik der helfenden Hand für die Gewerkschaften und verwässert damit die europarechtlichen Vorgaben. Eine Bindung an regionale tarifliche Arbeitsbedingungen ist von der Entsenderichtlinie nur gedeckt, sofern der Tarifvertrag allgemeinverbindlich ist.[1054] Damit hat der Staat die Möglichkeit, Tarifverträge auf alle in seinem Hoheitsgebiet tätigen Unternehmen verbindlich auszuweiten. Versucht er durch eine nur teilweise Erstreckung ausländischen Unternehmen ihren Zugang zum deutschen Markt zu erschweren respektive ihren Lohnkostenvorteil zu nivellieren, ist dies Ausdruck von verstecktem Protektionismus und damit europarechtswidrig. Die Grundfreiheiten dürfen nicht als Werkzeug zur Aushebelung nationaler Arbeitsnormen genutzt werden, ebenso darf Art. 157 Abs. 5 AEUV nicht instrumentalisiert werden, die Entfaltung des Binnenmarkts zu behindern. Dies stellte der EuGH

1048 Klumpp, NJW 2008, 3473 (3476) spricht in diesem Zusammenhang von einer „zirkelschlüssigen Annahme".

1049 Riesenhuber-Rebhahn, Europäische Methodenlehre, § 18, S. 545, Rn. 61.

1050 So auch Bayreuther, NZA 2008, 626 (629).

1051 Ebenso Klumpp, NJW 2008, 3473 (3476).

1052 EuGH v. 19.06.2008 - Rs. C-319/06 - Kommission/Luxemburg - Slg. 2008, I-4323 = NZA 2008, 865. Auch das strittige luxemburgische Tariftreuegesetz verlangte von Entsendeunternehmen die Einhaltung von Arbeits- und Beschäftigungsbedingungen, die über die Entsenderichtlinie hinausgehen.

1053 Resümierend Kocher, Europäische Gesellschaftsverfassung, 161 (169).

1054 So auch Kamanabrou, EuZA 2010, 157 (175).

auch im Urteil Portugaia Construções[1055] klar, nach dem es eine nicht gerechtfertigte Beschränkung der Dienstleistungsfreiheit darstellt, wenn ein inländischer Arbeitgeber den in einem allgemeinverbindlichen Tarifvertrag festgelegten Mindestlohn durch einen spezielleren Firmenvertrag unterschreiten kann, was einem in einem anderen Mitgliedstaat ansässigen Arbeitgeber verwehrt bleibt.[1056] Da in der Tat nicht erkennbar ist, warum arbeitsrechtliche Vorschriften ohne flächendeckende Wirkung zum Schutz der entsandten Arbeitnehmer erforderlich sein sollen[1057], ist die partielle Tariftreueregelung letztlich ein Ausdruck der staatlichen Hilflosigkeit in der Mindestentgeltpolitik[1058]. Der Vorwurf, der EuGH habe mit seinen Urteilen Rüffert und in der Folge Luxemburg eine Kompetenzverschiebung zulasten der Mitgliedstaaten und entgegen Art. 153 Abs. 5 AEUV vorgenommen, erscheint folglich unberechtigt. Der Mitgliedstaat behält die Handlungshoheit in Fragen der Festlegung von Arbeitsentgelten, muss sich aber an die europarechtlichen Vorgaben halten.

9.2.3 Schutz des Kollektivvertragssystems als Ausfluss von Art. 28 GRC

Mit Blick auf Art. 28 GRC und dessen Schutzrichtung stellt sich die Frage, ob neben dem Schutz der betroffenen Arbeitnehmer auch der Schutz des Kollektivvertragssystems als zwingender Grund des Allgemeininteresses eine Grundfreiheitsbeeinträchtigung rechtfertigen kann. Tariftreueregelungen können als Maßnahme gewertet werden, die der Staat im Rahmen eines aus Art. 28 GRC resultierenden Schutzauftrags zur Sicherung der nationalen Tarifautonomie vornimmt.[1059] An dieser Stelle hat den EuGH offenbar der Mut verlassen, hätte der Fall Rüffert doch eine klare Chance geboten, ein dogmatisches Gerüst für die Berücksichtigung der kollektiven sozialen Rechte zu entwickeln.[1060] Zwar hat der EuGH den Schutz des Kollektivvertragssystems als Rechtfertigungsgrund

---

1055 EuGH v. 24.1.2002 - Rs. C-164/99 - Portugaia Construções - Slg. 2002, I-787 = NZA 2002, 207.

1056 Greiner, S. 162.

1057 Seifert, EuZA 2008, 526 (532).

1058 Kocher, Europäische Gesellschaftsverfassung, 161 (168).

1059 Jarass, GRC, Art. 28 Rn. 3 führt aus, dass Art. 28 GRC keine ausreichenden Anhaltspunkte für eine Bindung der Koalitionspartner, sondern nur für die Mitgliedstaaten selbst bietet.

1060 Zutreffend Kocher, DB 2008, 1042 (1045). Bayreuther, NZA 2008, 626 (629) kritisiert, der EuGH ziehe sich auf ein „filigranes distinguishing" zurück.

grundsätzlich bejaht, diesen aber denkbar knapp mit Verweis auf seine Ausführungen zum Schutz der Arbeitnehmer als für nicht einschlägig bewertet.[1061]

Bislang findet sich der Schutz der autonomen Ordnung des Arbeitslebens[1062] als Rechtfertigungsgrund in der Rechtsprechung des EuGH nicht, erinnert jedoch an die Formulierung des BVerfG in dessen Tariftreuebeschluss.[1063] Allerdings kann der Schutz des lokalen Kollektivvertragssystems als eigenständiger Rechtfertigungsgrund gegen die Grundfreiheiten durchaus in Stellung gebracht[1064] und als gewichtiger Grund zur Rechtfertigung eines Eingriffs in die Grundfreiheiten fruchtbar gemacht werden. Durch die Etablierung eigenständiger Unionsgrundrechte im Primärrecht darf der Schutz sozialer Rechte nicht mehr nur im Schlepptau der Grundfreiheiten erfolgen. Zwar ist die Zuständigkeitsverteilung zwischen Europäischer Union und den Mitgliedstaaten bis heute wesentlich durch das Konzept einer akzessorischen Sozialpolitik geprägt[1065], allerdings überantwortet Art. 28 GRC den Mitgliedstaaten die Ausdifferenzierung des Rechts auf kollektive Maßnahmen[1066]. Gemäß dem Wortlaut von Art. 28 GRC haben Arbeitgeber und Arbeitnehmer gleichermaßen das Recht, „nach dem Gemeinschaftsrecht und den einzelstaatlichen Rechtsvorschriften und Gepflogenheiten“ Tarifverträge zu schließen und entsprechende Maßnahmen zu deren Durchsetzung vorzunehmen. Dabei handelt es sich um keinen besonderen Schrankenvorbehalt, sondern vielmehr um einen Ausgestaltungsvorbehalt zugunsten der Mitgliedstaaten.[1067] Dies erscheint mit Blick auf die eingeschränkte Kompetenz der Union konsequent und öffnet den Raum, die Ausübung der in Art. 28 GRC geschützten Freiheiten an die Vielfalt der teilweise erheblich divergierenden Rechtstraditionen der einzelnen Mitgliedstaaten zu binden.[1068] Ein eigenständiger Rechtfertigungsgrund des Schutzes des nationalen Tarifvertragssystems ohne Umweg über den Arbeitnehmerschutz ist damit ein elementarer Bestandteil von Art. 28 GRC.

Mit Blick auf den Fall Rüffert hat es der EuGH versäumt, eine Abwägung zwischen der Dienstleistungsfreiheit und dem Recht auf kollektive Maßnahmen

1061 EuGH v. 03.04.2008 - Rs. C-346/06 - Rüffert - Slg. 2008, I-1989, Rn. 41 = NZA 2008, 537 (540).

1062 Diesen Begriff hatte der EuGH in seiner Rüffert-Entscheidung verwendet.

1063 Hänlein, ZESAR 2008, 275 (280).

1064 Klumpp, NJW 2008, 3473 (3476) verweist dazu auf das EuGH-Urteil im Verfahren Viking Line.

1065 Zu dieser Begrifflichkeit näher Kingreen, EuR-Beiheft 2007, 43 (45).

1066 So auch Herresthal, EuZA 2011, 3 (14).

1067 Rebhahn, GS Heinze, 649 (654).

1068 Rixen-Tettinger/Stern, Art. 28 Rn. 15; vgl. zu den unterschiedlichen Rechtstraditionen in den Mitgliedstaaten Rebhahn, NZA 2001, 763 (764 ff).

in seiner Ausgestaltung durch den betroffenen Mitgliedstaat vorzunehmen.[1069] Die Tarifautonomie als eindimensionales Instrument des Arbeitnehmerschutzes zu verstehen, greift angesichts der unionsgrundrechtlichen Garantie in Art. 28 GRC deutlich zu kurz.[1070] Im Rahmen dieser Abwägung ist zwischen marktsegmentierenden und marktregulierenden Maßnahmen im jeweiligen Recht der Mitgliedstaaten zu unterscheiden. Marktsegmentierende Vorgaben, welche den Zugang zum innerstaatlichen Dienstleistungsmarkt verhindern, sind unzulässig. Dagegen sind Maßnahmen zur Ausübung der Grundfreiheit und damit marktregulierende Vorgaben zulässig.[1071] Auf die Rechtsprechung Rüffert übertragen, handelte es sich bei der strittigen Tariftreueklausel um eine unzulässige marktsegmentierende Maßnahme, wenn für den Schutz der Tarifautonomie die Bindung an einen repräsentativen anstatt an einen ortsüblichen Tarifvertrag nicht auch genügt hätte.[1072] Die Tarifnormerstreckung auf nicht Tarifgebundene stellt im deutschen Tarifsystem grundsätzlich eine Ausnahme dar. Mit dem Instrument der Allgemeinverbindlichkeitserklärung kann unter Umständen eine Ausdehnung der Tarifnormen erfolgen, womit weitere Lösungsansätze wie etwa die Tariftreueerklärung zunächst systemwidrig sind.[1073] Es wäre damit ein erhöhter Begründungsaufwand erforderlich, um die Tariftreueregelungen als notwendige Schutzmaßnahme für das Tarifvertragssystem zu qualifizieren. Eine solche Begründung könnte wohl aber nur schwerlich überzeugen, da Tariftreueregelungen nicht den Schutz des Systems an sich, sondern letztlich nur die Durchsetzung eines konkreten Tarifabschlusses bewirken. Indem der Staat seine Marktmacht im Rahmen der Vergabe öffentlicher Aufträge dazu missbraucht, Mitbewerber aus anderen Mitgliedstaaten vom heimischen Dienstleistungsmarkt abzuschotten, wirken Tarifnormen zudem marktsegmentierend. Damit kann der durch partielle Tariftreueklauseln erfolgte Eingriff in die Dienstleistungsfreiheit nicht mit dem Schutz des nationalen Tarifsystems gerechtfertigt werden. Im Ergebnis liegt der EuGH im Rüffert-Urteil richtig, seine Argumention wird jedoch den Anforderungen des Art. 28 GRC nicht gerecht.

9.2.4 Mindestlohn als konsequente Antwort

Obwohl der Lohnkostendruck spätestens seit der Osterweiterung der Union immer weiter anstieg, vermochten Politik und Gewerkschaften flächendeckende

---

1069 So auch Herresthal, EuZA 2011, 3 (17).

1070 So auch Kocher, Europäische Gesellschaftsverfassung, 161 (178).

1071 Für eine derartige Lösung auch Herresthal, EuZA 2011, 3 (9).

1072 In dieser Weise auch Kocher, DB 2008, 1042 (1045).

1073 Kamanabrou, EuZA 2010, 157 (177).

Lohnuntergrenzen bislang nicht durchzusetzen. Da Tarifverträge in Deutschland grundsätzlich nur unmittelbar und zwingend für die tarifgebundenen Arbeitsvertragsparteien gelten[1074], ist die Tarifautonomie der Gewerkschaften angesichts schwindender Tarifbindung zur Durchsetzung von Mindeststandards zunehmend ein stumpfes Schwert. In dieser Situation erscheint die Tariftreueerklärung als staatliche Zwangsmaßnahme zur Anwendung von Tarifverträgen unabhängig von Tarifbindung oder einer Allgemeinverbindlichkeitserklärung als probates Mittel zur Durchsetzung allgemeiner Lohnuntergrenzen. Die Rüffert-Entscheidung des EuGH führte zu einer Neuorientierung in der Mindestlohnpolitik der Gewerkschaften und von staatlicher Seite zu neuen Gesetzen, welche die Einhaltung der Mindestlöhne nach dem Arbeitnehmerentsendegesetz verlangen. Inzwischen wurde mit einer Fülle von Vergütungsregulierungen versucht, einer Erosion der Tarifautonomie entgegenzuwirken und damit ein Regelungswust geschaffen, der Klarheit, Systemstimmigkeit und Übersichtlichkeit vermissen lässt.[1075]

Als konsequente und mit europarechtlichen Vorgaben konforme Lösung bietet sich zur Etablierung einer allgemeinen Lohnuntergrenze die Einführung eines flächendeckenden, gesetzlichen Mindestlohns an. In anderen Mitgliedstaaten der EU haben gesetzliche Mindestlöhne bereits lange Tradition.[1076] Inwieweit diese Maßnahme eine sinnvolle Lösung des Problems darstellt, kann an dieser Stelle nicht vertieft werden und ist für die vorliegende Fragestellung nicht relevant. Auch ist es grundsätzlich nicht Sache der Rechtswissenschaft, zu wirtschaftswissenschaftlichen Untersuchungen Stellung zu beziehen, die in Bezug auf Mindestlöhne überwiegend zu einer negativen Einschätzung gelangen.[1077] Am Rande sei aber bemerkt, dass man sich bei Lektüre der jeweiligen Stellungnahmen des Eindrucks nicht verwehren kann, dass wirtschaftspolitische Grundeinstellungen bei Beurteilung der Frage nicht gänzlich ausgeblendet wurden.[1078] Die Frage nach der Einführung eines gesetzlichen Mindestlohns wird auch in der deutschen Politik immer noch kontrovers und vor allem ideologisch diskutiert, wenngleich sich die politischen Lager nicht mehr ganz so feindselig ge-

1074 Kamanabrou, EuZA 2010, 157 (178).

1075 Kocher, Juridikum 2010, 465 (473).

1076 Krause, in: MüArbR, Band 1, § 54, Rn. 31. Zur Mindestlohnsituation in der EU vgl. die Länderberichte in Schulten, S. 31 ff.

1077 So auch Waltermann, NJW 2010, 801 (806). Zur wirtschaftswissenschaftlichen Beurteilung hinsichtlich der Einführung eines flächendeckenden Mindestlohns vgl. Statistisches Bundesamt, S. 334 ff; informativ auch Thüsing, AEntG, Einl. Rn. 61 ff.

1078 So auch Waltermann, NJW 2010, S. 806.

genüberzustehen scheinen.[1079] Mit einer fortschreitenden Europäisierung des Arbeitsmarktes ist die Einführung eines branchenübergreifenden gesetzlichen Mindestlohns wieder vermehrt ins Blickfeld geraten.[1080] Die Diskussion in der Rechtswissenschaft zeigt dabei in eine klare Richtung. So haben sich die Teilnehmer des 68. Deutschen Juristentags mit deutlicher Mehrheit für einen gesetzlichen flächendeckenden Mindestlohn ausgesprochen.[1081] Diese deutliche Positionierung darf als Auftrag an den Gesetzgeber verstanden werden, sich intensiv und ohne ideologische Scheuklappen mit diesem Thema auseinanderzusetzen. Jedenfalls vermögen die bisherigen Antworten des deutschen Gesetzgebers auf den transnationalen Lohnkostenwettbewerb vor allem in europarechtlicher Hinsicht nicht zu überzeugen.

9.2.5 Zwischenergebnis

Am Beispiel der Tartiftreueerklärungen zeigt sich das erhebliche Potential der Grundfreiheiten, das nationale Tarifrecht zu determinieren. Scheinbar sind dem nationalen Gesetzgeber die Hände gebunden, dem grenzüberschreitenden Lohnkostenwettbewerb Einhalt zu gebieten. Dieser Eindruck verfestigte sich durch die Entscheidungen des EuGH in den Rechtssachen Rüffert und Luxemburg. Dabei waren die Judikate weder überraschend noch Ausdruck einer wettbewerbslastigen Rechtsprechung. Hatte das BVerfG ohne Rücksicht auf unionsrechtliche Problemstellungen sehr emotional zugunsten von Tariftreueklauseln entschieden[1082], konnte der EuGH die europarechtlichen Komponenten nicht ausblenden. Tariftreueklauseln sind weder mit den Vorgaben der Entsenderichtlinie in Einklang zu bringen, noch ist der durch sie erfolgte Eingriff in die Dienstleistungsfreiheit mit dem Arbeitnehmerschutz zu rechtfertigen. Auch der Schutz der Tarifautonomie vermag das Erfordernis einer Tariftreueregelung nicht zu rechtfertigen. Die denkbar knappen Ausführungen des EuGH zu diesem Rechtfertigungsgrund überzeugen jedoch nicht. Mit Blick auf Art. 28 GRC hätte eine Abwägung zwischen Dienstleistungsfreiheit und einer möglichen Schutz-

---

1079 So spricht sich mittlerweile auch die CDU für eine allgemeine verbindliche Lohnuntergrenze aus, vgl. http://www.cdu.de/doc/pdfc/120426-Flugblatt-Lohnuntergrenze.pdf (zuletzt abgerufen am 20.09.2012).

1080 Siehe etwa Bayreuther, NJW 2007, 2022 ff; Bepler, FS Richardi, 189 ff.; Fischer, ZRP 2007, 20 ff.; Henssler/Sittard, RdA 2007, S. 163 ff.; Kocher, NZA 2007, 600 ff.

1081 Janisch, ZRP 2010, 266 (267).

1082 Rieble, NZA 2007, 1 (4) wirft dem BVerfG vor, er halte Protektionismus für Gemeinwohl.

funktion für das nationale Tarifvertragssystem erfolgen müssen. Am Ergebnis hätte eine solche Abwägung im konkreten Sachverhalt freilich nichts geändert.

Die Rechtsprechung des EuGH als Überbetonung des Wettbewerbs zulasten des sozialen Schutzes zu interpretieren, erscheint indes als unberechtigt. Vielmehr hat es der Gesetzgeber selbst in der Hand, mittels einer Allgemeinverbindlichkeitserklärung Tariflöhne für alle Marktteilnehmer und nicht nur partiell für verbindlich zu erklären. Wird nur Bewerbern öffentlicher Aufträge Tariftreue abverlangt, missbraucht der Staat seine Marktmacht, um die heimische Wirtschaft zu schützen. Die Rechtsprechung des EuGH hat damit den Druck auf den Gesetzgeber erhöht, sich über alternative und vor allem weitreichendere Lösungen wie etwa die Einführung eines gesetzlichen flächendeckenden Mindestlohnes Gedanken zu machen. Aus diesem Blickwinkel kann die Rechtsprechung des EuGH sogar nachhaltig zu einem erhöhten sozialen Schutz in der Europäischen Union beitragen. Zudem bleibt den Gewerkschaften noch die Möglichkeit, durch Arbeitskampfmaßnahmen ausländische Dienstleister zum Abschluss eines Tarifvertrages zu bewegen, womit sich der Kreis zur Rechtssache Laval schließt.[1083] Die EuGH-Rechtsprechung in dieser Frage ist weitaus kritischer zu betrachten und zeigt in der Tat eine Fehlbewertung der sozialen Grundrechte.

9.3 Einflussbereich des Unionsrechts im nationalen Arbeitskampfrecht

9.3.1 Konflikt zwischen zwei privatautonom agierenden Rechtssubjekten

Neben der Möglichkeit einer gesetzlichen Absicherung von Mindestandards können Gewerkschaften ihr Recht auf Tarifautonomie nutzen, um ein Schutzniveau zu erzwingen bzw. eigenständig zu regeln.[1084] Die Grundfreiheiten geben Unternehmern umfangreiche Rechte an die Hand, um die Entfaltung eines gemeinsamen Binnenmarktes zu ermöglichen. Bildlich gesprochen stellt das Primärrecht die Werkzeuge zur Verfügung, mit deren Hilfe private Akteure wirtschaftlich im EU-Raum tätig werden können. Doch auch der Arbeitnehmer bedarf im Binnenmarkt der Chance zur effektiven Ausgestaltung seines Arbeitsverhältnisses.[1085] Hier fungiert die Tarifautonomie als Korrektiv zur extensiven ökonomischen Handlungsfreiheit der Arbeitgeberseite, um den Interessen der

1083 Kamanabrou, EuZA 2010, 157 (178).
1084 Kocher, Juridikum 2010, 465.
1085 Herresthal, EuZA 2011, 3 (25).

betroffenen Gegenseite ebenfalls gerecht zu werden. Art. 28 GRC und damit die Tarifautonomie sind mit den Grundfreiheiten mittlerweile auf einer normhierarchischen Ebene angesiedelt, womit eine Kollision beider primärrechtlicher Rechtsgarantien nicht ausbleibt. Den Konflikt auf die beiden Globalbegriffe Unternehmerfreiheit und Sozialstaat zu reduzieren[1086], wird der Problemstellung jedoch nicht gerecht.

Die Tarifautonomie stellt das Gegenstück zur wirtschaftlichen Potenz der Unternehmer dar. Auch der Arbeitnehmer ist Marktteilnehmer des Binnenmarktes und zielt auf die Wahrung respektive Durchsetzung seiner Rechte ab. Die Verbandsbildung ist somit Ausfluss der individuellen Freiheit, mittels geeigneter Maßnahmen die eigenen Arbeitsplätze gegen Betriebsverlagerungen zu verteidigen oder das Unterlaufen der erreichten Tarifverträge durch den Einsatz von Arbeitnehmern aus anderen Mitgliedstaaten zu verhindern.[1087] Die Tarifautonomie als Gegenstück zur unternehmerischen Handlungsfreiheit muss daher einen ebenbürtigen Platz im Binnenmarkt einnehmen. Beim aufgezeigten Interessenskonflikt handelt es sich folglich um einen Konflikt zwischen zwei privatautonom handelnden Rechtssubjekten.[1088]

9.3.2 Die Rechtssachen Viking Line und Laval als ausbrechende Rechtsakte

9.3.2.1 Problematische Ausweitung der Grundfreiheiten

Der EuGH geht in den Entscheidungen Viking Line und Laval in Anknüpfung an seine Rechtsprechung zur Regelungsmacht privater Organisationen[1089] von einer unmittelbaren Drittwirkung der Grundfreiheiten für Gewerkschaften aus und stellt diese damit privaten Wirtschafts-, Berufs- oder Sportverbänden gleich. Diese Entscheidung überrascht nicht, dennoch erscheint sie revolutionär.[1090] Zur Begründung einer unmittelbaren Wirkung der Grundfreiheiten verweist der EuGH auf seine ständige Rechtsprechung, nach der die Mitgliedstaaten bei Aus-

1086 Dieterich, AuR 2007, 65 warnt, in keinen „ideologischen Stellungskrieg“ zu verfallen.

1087 Herresthal, EuZA 2011, 3 (25).

1088 Zutreffend Herresthal, EuZA 2011, 3 (25).

1089 EuGH v. 12.12.1974 - Rs. 36/74 - Walrave - Slg. 1974, 1405 = NJW 1975, 1093; EuGH v. 14.07.1976 - Rs. 13/76 - Donà - Slg. 1976, 1333 = NJW 1976, 2068; EuGH v. 15.12.1995 - C-415/93 - Bosman - Slg. 1995, I-4921 = NVwZ 1996, 365; EuGH v. 11.04.2000 - Rs. C-51/96 u. C-191/97 - Deliège - Slg. 2000, I-2549; EuGH v. 22.01.1981 - Rs. 58/80 - Dansk Supermarket - Slg. 1981, 181 = NJW 1981, 1893.

1090 Mestre, ELR 2008, 2 (8) spricht in diesem Zusammenhang von einer „revolution in the interpretation of the fundamental freedoms“.

übung ihrer Kompetenz das Unionsrecht zu beachten haben.[1091] Da eine umfassende europäische Integration nur gelingen kann, wenn die Funktionsfähigkeit der Europäischen Union und ihrer Rechtsordnung sichergestellt ist, scheint diese Argumentation überzeugend.[1092] Aus Effektivitätsgründen eine horizontale Direktwirkung der Grundfreiheiten zwischen zwei privatautonom agierenden Rechtssubjekten zu konstruieren, erscheint jedoch vor dem Hintergrund der Kompetenzverteilung im europäischen Mehrebenensystem höchst problematisch. Damit ist fraglich, ob der EuGH mit der Ausweitung des Anwendungsbereichs der Grundfreiheiten auf nationale Gewerkschaften seine Kompetenzen überschritten respektive in der Rechtsfortbildung zu weit gegangen ist und damit ein Ultra vires-Akt[1093] vorliegt.

9.3.2.2 Kontrolle unionsrechtlicher Kompetenzüberschreitungen

Das BVerfG als Mittler zwischen Grundgesetz und europäischer Rechtsordnung und der EuGH als Gestalter der europäischen Rechtseinheit haben unterschiedliche Aufgaben im europäischen Verfassungsgerichtsverbund.[1094] Da die Aufgaben beider Gerichte divergieren, besteht zwischen beiden Institutionen im Rahmen der Erfüllung der ihnen obliegenden Aufgaben grundsätzlich ein Gleichordnungsverhältnis. Sowohl das BVerfG als auch der EuGH gehen aber davon aus, dass Unionsrechtsakte denkbar sind, welche über die der Europäischen Union übertragenen Kompetenzbereiche hinausgehen.[1095] Damit stellt sich die Frage, wer die Letztentscheidungskompetenz bei Zweifeln hinsichtlich der Grundrechts- und Kompetenzkonformität von Unionsrecht besitzt.[1096] Problematisch ist in diesem Zusammenhang das divergierende Verständnis beider Gerichte bezüglich der Reichweite des unionsrechtlichen Anwendungsvorrangs.[1097]

Der EuGH geht von einem absoluten Vorrang des Unionsrechts aus, wonach dem Unionsrecht bei Kollision mit mitgliedstaatlichem Recht kraft Eigenständigkeit automatisch Vorrang einzuräumen ist.[1098] Als Argument für den unein-

---

1091 EuGH v. 11.12.2007 - Rs. C-438/05 - Viking Line - Slg. 2007, I-10779 (10825, Rn. 40); EuGH v. 18.12.2007 - Rs. C-341/05 - Laval un Partneri - Slg. 2007, I-11767 (11883, Rn. 87).

1092 Voßkuhle, NVwZ 2010, 1 (6).

1093 Vgl. dazu Degenhart, Staatsrecht I, § 3, S. 103, Rn. 256.

1094 Dazu näher Voßkuhle, NVwZ 2010, 1 (2 f).

1095 Gerken/Rieble/Roth/Stein/Streinz, Mangold, S. 51.

1096 Hirsch, NJW 2000, 1817 (1818).

1097 Heuschmid-Däubler, Arbeitskampfrecht, § 11, S. 195, Rn. 113 mit Verweis auf Skouris, in: Müntefering/Becker, 15 ff.

1098 EuGH v. 15.07.1964 - Rs. 6/64 - Costa/E.N.E.L - Slg. 1964, 1141 = NJW 1964, 2371.

geschränkten Vorrang der Unionsrechtsordnung wird neben dem autonomen Charakter vor allem die Notwendigkeit der einheitlichen Anwendung in den Mitgliedstaaten angeführt.[1099] Nach einer erfolgten Kompetenzübertragung durch die Mitgliedstaaten entscheidet aus Sicht der europäischen Rechtsprechung der EuGH in letzter Konsequenz über die Rechtmäßigkeit von Unionsrechtsakten.[1100] Zwar ist auch das deutsche Grundgesetz ausweislich Art. 23 GG von der Leitidee der Europarechtsfreundlichkeit geprägt, dennoch geht das BVerfG von einem anderen Ansatz zur Verzahnung der nationalen mit der europäischen Rechtsordnung aus und begründet den Anwendungsvorrang des Unionsrechts mit einem nationalen Argumentationsansatz.[1101] Danach überlässt auch das BVerfG dem EuGH die unionsrechtliche Rechtsfortbildung und erkennt den Vorrang des Unionsrechts an[1102], erblickt aber entgegen dem EuGH dessen Verankerung im nationalen Recht und sieht die Vorrangwirkung des Unionsrechts durch die nationalen Verfassungen begrenzt.[1103] Damit kommt zum Ausdruck, dass neben der Pflicht zur Respektierung der unionsrechtlichen Vorgaben seitens der Mitgliedstaaten auch eine Pflicht der Europäischen Union zur Rücksichtnahme auf identitätsbestimmende Verfassungsgrundsätze der Mitgliedstaaten im Rahmen der ihr übertragenen Kompetenzen besteht.[1104] Aufgrund der Rückkopplung an die nationalen Rechtsordnungen ist der Vorrang des Unionsrechts aus Sicht des BVerfG daher weder absolut noch im Ursprung unionsrechtlicher Natur.[1105]

Ein Ultra vires-Verstoß ist begriffsnotwendig nicht mehr vom europäischen Kompetenzrahmen gedeckt, weshalb es widersinnig erscheint, die Überprüfung einer Grenzüberschreitung demjenigen zu überlassen, der diese Überschreitung begangen hat.[1106] Kommt es durch eine europäische Institution zu einer Kompetenzüberschreitung und in Folge dessen zu einem ausbrechenden Rechtsakt, obliegt dessen Feststellung und Kontrolle daher dem BVerfG, da andernfalls die beschränkten Kompetenzen der Europäischen Union in eine Kompetenz-

1099 Voßkuhle, NVwZ 2010, 1 (6).

1100 Skouris, in: Müntefering/Becker, 15 (18); Heuschmidt-Däubler Arbeitskampfrecht, § 11, S. 195, Rn. 114; Skouris, EuGRZ 2008, 343 spricht von einer „Letztentscheidungskompetenz".

1101 Dazu Voßkuhle, NVwZ 2010, 1 (5).

1102 BVerfG v. 30.06.2009, 2 BvE 2/08 u. a., BVerfGE 123, 267, Rn. 335 = NJW 2009, 2267; Colneric, EuZA 2008, S. 213.

1103 Isensee, ZRP 2010, S. 33 f; Voßkuhle, NVwZ 2010, 1 (6).

1104 Voßkuhle-Mangoldt/Klein/Starck, Art. 93 Rn. 85.

1105 Diese Sichtweise steht im Einklang mit anderen nationalen Verfassungsgerichten, vgl. Weber, JZ 2010, 157 (162 f); Steiner, EuZA 2009, 140 (147).

1106 So auch Gerken/Rieble/Roth/Stein/Streinz, Mangold, S. 52.

Kompetenz transformiert würden.[1107] Folglich hat das BVerfG eine Reservekompetenz, in letzter Konsequenz darüber zu entscheiden, ob die Übertragung von Hoheitsrechten an die Europäische Union den Vorgaben des Grundgesetzes entspricht.[1108]

9.3.2.3 Untergrabung des Schutzzwecks von Art. 153 Abs. 5 AEUV

Mit der Kompetenzbeschränkung des Art. 153 Abs. 5 AEUV ist die Zuständigkeit für die kollektive Arbeitsrechtsordnung ausdrücklich den Mitgliedstaaten zugeschrieben, woraus auch ein Schutzgedanke der Regelungsbefugnisse der nationalen Koalitionen resultiert.[1109] Die Grundfreiheiten weisen der Europäischen Union Kompetenztitel zu und begrenzen im Gegenzug die mitgliedstaatliche Regelungsmacht.[1110] Die europäische Integration erfolgt somit nicht durch Vergemeinschaftung eines bestimmten Politikbereichs, sondern dadurch, dass auch solche mitgliedstaatlichen Maßnahmen, welche im Zuständigkeitsbereich der Mitgliedstaaten verblieben sind, durch die Grundfreiheiten determiniert werden.[1111] Somit kann es durch die unmittelbare Anwendbarkeit der Grundfreiheiten dazu kommen, dass eine nationale Rechtsnorm nicht mehr angewendet werden kann. Durch die Einwirkung des Unionsrechts ins nationale Recht wird sie bildlich gesprochen ausradiert. Die angesprochene EuGH-Entscheidung Rüffert bildet ein Beispiel für diesen Prozess. Die Tariftreueregelung verschwindet aus dem nationalen Recht und der nationale Gesetzgeber muss sich andere Möglichkeiten suchen, das mit der Regelung verfolgte Ziel zu erreichen. Aus den Grundfreiheiten werden somit subjektive Rechte auf Deregulierung.[1112]

Problematisch ist dieser Prozess der Negativintegration[1113] vor allem dann, wenn die Union mangels eigener Kompetenzen diesem Rechtsabbau nichts entgegensetzen kann.[1114] Da die Integrationsdynamik vor dem nationalen Arbeitskampfrecht nicht Halt macht[1115], kann eine vorbehaltslose und vor allem extensive Ausweitung der Anwendung der Grundfreiheiten zu einem sozialen „race to

1107 Gerhardt, ZRP 2010, 161 (163).

1108 Gerken/Rieble/Roth/Stein/Streinz, Mangold, S. 53 mit einer Übersicht zu den Gegenargumenten einer Reservekompetenz des BVerfG, die im Ergebnis jedoch nicht tragen.

1109 Sagan, S. 87.

1110 Kingreen, Struktur der Grundfreiheiten, S. 21.

1111 Jürgens, S. 182.

1112 Heuschmid-Däubler, Arbeitskampfrecht, § 11, S. 199, Rn. 123.

1113 Dazu mit Blick auf das Arbeitsrecht Schiek, S. 107, Rn. 15.

1114 Heuschmid-Däubler, Arbeitskampfrecht, § 11, S. 198, Rn. 121.

1115 Schiek, S. 107, Rn. 16.

the bottom“ führen[1116]. Art. 153 Abs. 5 AEUV ist somit als Absage an eine aus der Erweiterung des Anwendungsbereichs der Grundfreiheiten resultierende Negativintegration zu verstehen. Ein gemeinsamer Binnenmarkt darf nicht zur umfänglichen Kontrolle privater Maßnahmen durch hoheitliche Stellen führen, vielmehr gilt es, die unionsrechtliche Kontrolle privater Maßnahmen auf das notwendige Mindestmaß zu reduzieren.[1117] Dennoch hat der EuGH in seiner Rechtsprechung zum Arbeitskampfrecht nationale Gewerkschaften und damit Private direkt an die unionsrechtlichen Grundfreiheiten gebunden, obgleich die Mitgliedstaaten primäre Verpflichtungsadressaten der Grundfreiheiten sind[1118]. Ohne originäre Zuständigkeit hat der EuGH damit Regeln für die materielle Zulässigkeit von Streiks nationaler Gewerkschaften aufgestellt und letztlich in die sozialstaatliche Grundstruktur eines Mitgliedslands eingegriffen.[1119] Die Union kann jedoch nur funktionieren, wenn die Europarechtstreue ihrer Mitglieder nicht dazu missbraucht wird, immer weitere Kompetenzen an sich zu ziehen.

Der Ausschluss einer Kompetenz für das Streikrecht ist folglich nicht isoliert, sondern im Zusammenspiel mit dem Unionsgrundrecht auf kollektive Maßnahmen in Art. 28 GRC zu betrachten. Während der Kompetenzausschluss in Art. 153 Abs. 5 AEUV den Schutz von Arbeitgeber- und Arbeitnehmerorganisationen im Verhältnis der Union zu den Mitgliedstaaten regelt, gibt ihnen Art. 28 Var. 2 GRC ein subjektives Recht zur Abwehr rechtswidriger Eingriffe der Union in ihre grundrechtlich geschützte Sphäre.[1120] Dieser Schutzzweck von Art. 153 Abs. 5 AEUV wird durch eine unmittelbare Bindung an die Grundfreiheiten und damit einer Gleichstellung der nationalen Gewerkschaften mit dem nationalen Gesetzgeber letztlich untergraben.

9.3.2.4 Strukturell bedeutsame Verschiebung im Kompetenzgefüge

Damit stellt sich die Frage, ob es sich bei der Grundfreiheitenrechtsprechung des EuGH in den Fällen Laval und Viking Line um eine unzulässige Rechtsfortbildung im Sinne des BVerfG handelt.[1121] Die Dynamik des Unionsrechts der letzten Jahrzehnte wäre zweifelsfrei ohne die richterliche Rechtsfortbildung des EuGH nicht denkbar. Die Aufgabe des EuGH besteht in der Erweiterung der Wirksamkeit und der Interpretation des Unionsrechts, womit gegebenenfalls

---

1116 So auch Heuschmid-Däubler, Arbeitskampfrecht, § 11, S. 198, Rn. 121.

1117 Körber, S. 778.

1118 Kober, S. 123.

1119 Heuschmidt-Däubler, Arbeitskampfrecht, § 11, S. 199, Rn. 123.

1120 Zutreffend Sagan, S. 88 mit Verweis auf Hervey/Kenner-Kenner, S. 21.

1121 So auch Heuschmid-Däubler, Arbeitskampfrecht, § 11, S. 199, Rn. 124.

auch eine Ausweitung der Kompetenzen der EU-Institutionen einhergeht.[1122] Dabei darf die europäische Gerichtsbarkeit jedoch das Prinzip der begrenzten Einzelermächtigung nicht aus den Augen verlieren und muss sich der innerhalb der Union an die ihm übertragenen Aufgabenbereiche halten. Wie weit diese Kompetenz reicht, ist schwer zu bestimmen und erzeugt eine notorische Grauzone zwischen zugewiesener Rechtswahrung und nicht zugewiesener Rechtserzeugung.[1123] Wie bereits ausgeführt, hat das BVerfG mit Blick auf den Rechtsgedanken von Art. 100 Abs. 1 GG eine Reservekompetenz zur Feststellung eines Ultra vires-Akts wie auch zur Prüfung einer Verletzung der Verfassungsidentität.[1124] Wichtigste Voraussetzung zur Durchführung der Ultra vires-Kontrolle ist das Vorliegen eines hinreichend qualifizierten[1125] Kompetenzverstoßes durch eine EU-Institution.[1126] Davon ist auszugehen, wenn das kompetenzwidrige Handeln der Unionsgewalt offensichtlich ist und der angegriffene Akt im Kompetenzgefüge zwischen Mitgliedstaaten und Union im Hinblick auf das Prinzip der begrenzten Einzelermächtigung und die rechtsstaatliche Gesetzesbindung erheblich ins Gewicht fällt.[1127] Gefahren für die Wahrung der Kompetenzen und damit der demokratischen Legitimation gehen im Fall der Europäischen Union aber weniger von schwerwiegenden Kompetenzanmaßungen im Einzelfall als von schleichenden Entwicklungen aus, welche kumuliert gravierende Folgen haben können.[1128] Die Hürden für eine Ultra vires-Kontrolle dürfen nicht ständig in der Hoffnung erhöht werden, der EuGH werde die Europarechtsfreudlichkeit des BVerfG nicht überdehnen. Der Einfluss des EuGH auf die innerstaatliche Rechtsprechung und Rechtsanwendung wird in Zukunft nicht geringer werden[1129], die begrenzten Kompetenzen bleiben jedoch bestehen. In der Konsequenz kann dies nur bedeuten, dass für die Erfüllung des Ultra vires-

---

1122 Vgl. Hartley, S. 76.

1123 Calliess, NJW 2005, 929 (930).

1124 BVerfG v. 30.06.2009 - 2 BvE 2/08 u. a. - BVerfGE 123, 267, Rn. 241 = NJW 2009, 2267.

1125 Zur Formulierung „hinreichend qualifiziert" als Tatbestandsmerkmal im unionsrechtlichen Haftungsrecht etwa EuGH v. 10.07.2003 - Rs. C-472/00 P - Fresh Marine - Slg. 2003, I-7541 (7602, Rn. 26 f).

1126 Vgl. Gehlhaar, NZA 2010, 1053.

1127 BVerfG v. 06.07.2010 - 2 BvR 2661/06 - BVerfGE 126, 286 = NJW 2010, 3422, Rn. 61. Kokott, AöR 1994, 207 (220) spricht von der Notwendigkeit „erhebliche(r) Kompetenzüberschreitungen".

1128 Zutreffend Richter Landau in seinem Minderheitsvotum zu BVerfG v. 06.07.2010 - 2 BvR 2661/06 - BVerfGE 126, 286 = NJW 2010, 3422, Rn. 103.

1129 Gehlhaar, NZA 2010, 1053.

Tatbestands eine strukturell bedeutsame Verschiebung im Kompetenzgefüge ausreichen muss.[1130]

Obwohl die Grundfreiheiten in erster Linie nur die Mitgliedstaaten verpflichten, hat der EuGH in den Rechtssachen Viking Line und Laval eine pauschale Bindung nationaler Gewerkschaften an die Grundfreiheiten mit dem Argument des effet utile begründet. Vor dem Hintergrund einer möglichst effektiven Entfaltung des Unionsrechts mag dies zielführend erscheinen, ist aber mit Blick auf das Prinzip der begrenzten Einzelermächtigung äußerst bedenklich. Da das Verhältnis zwischen privater und staatlicher Funktionsausübung in den Mitgliedstaaten unterschiedlich geregelt ist und gleiche Sachverhalte sowohl durch Gesetze als auch Kollektivverträge geregelt sind[1131], geht der EuGH davon aus, dass die Effektivität des Unionsrechts nicht an scheinbar zufälligen Grenzziehungen scheitern darf[1132]. Vor dem Hintergrund des Verständnisses des EuGH von der Reichweite des Vorrangs des Unionsrechts[1133] erscheint dieser Standpunkt nachvollziehbar und offenbart gleichzeitig das auf Autonomie des Unionsrechts gegründete Selbstverständnis des EuGH. Dabei übersieht der EuGH jedoch, dass Tarifverträge als rechtliche Regelungen und Arbeitskämpfe als Aktionen zur Erreichung solcher Regelungen nicht dasselbe sind.[1134] Faktische Arbeitskampfwirkungen beruhen im Gegensatz zu rechtlichen Gestaltungswirkungen gerade nicht auf vorherigem staatlichem Handeln, sondern gehen allein von Gewerkschaften aus.[1135] Zutreffend ist zwar, dass es dem Betroffenen gleichgültig sein dürfte, ob nun der Staat, eine Verbandssatzung oder eine Arbeitskampfmaßnahme seine grundfreiheitlich geschützten Rechtspositionen beeinträchtigt[1136], dennoch sind die Eingriffe nicht von gleicher Qualität und Herkunft.

Weiter ist entscheidend, dass eine horizontale Direktwirkung aus Effektivitätsgründen schlichtweg nicht notwendig erscheint. Die Grundfreiheiten sind an die Mitgliedstaaten als Werkzeug zur Um- und Durchsetzung eines gemeinsamen Binnenmarktes gerichtet. Dies zeigen auch die auf staatliche Maßnahmen angelegten Rechtfertigungsmöglichkeiten eines Eingriffs. Die Grundfreiheiten vermitteln ein Recht auf Schutzgewähr und fordern den Staat als Garant der Grundfreiheiten auf, Gefahren durch Dritte für die Träger der Grundfreiheiten

1130 So auch Heuschmid-Däubler, Arbeitskampfrecht, § 11, S. 197, Rn. 118.

1131 Vgl. dazu Röthel, EuR 2001, 908 (910 f).

1132 Kocher, in: Europäische Gesellschaftsverfassung, 161 (176).

1133 Dazu näher Voßkuhle, NVwZ 2010, 1 (5); EUV/AEUV-Geiger, Art. 4 EUV Rn. 20 ff.

1134 So auch Rebhahn, ZESAR 2008, 109 (113).

1135 Kocher, in: Europäische Gesellschaftsverfassung, 161 (176).

1136 Reich, EuZW 2007, 391 (392) spricht von einer „take it or leave it-Situation".

zu beseitigen.[1137] Diese Vorgaben ignoriert der EuGH in seinen Urteilen Viking Line und Laval, indem er das Effektivitätsprinzip als Allzweckwaffe gegen die vertraglichen Vorgaben benutzt. Problematisch erscheint diese extensive Rechtsfortbildung vor allem deshalb, weil sie nicht durch einen demokratisch legitimierten Gesetzgeber, sondern durch die Judikative erfolgt.[1138] Somit ist durch die Ausdehnung des Anwendungsbereichs der Niederlassungs- und Dienstleistungsfreiheit auf Gewerkschaften in den Fällen Viking Line und Laval von einem Ultra vires-Akt auszugehen. Damit hat der EuGH den Pfad der Rechtswahrung verlassen und ist im Bereich der ihm nicht zugewiesenen Rechtserzeugung tätig geworden. Die Tatsache, dass das BVerfG in seinem Lissabon-Urteil davon ausgeht, dass die Grenze zur unzulässigen Rechtsfortbildung nicht überschritten ist[1139], ist darauf zurückzuführen, dass die Grundfreiheitenrechtsprechung des EuGH nicht primärer Vorlagetatbestand war.[1140] Wenn dieser Verstoß letztlich auch nicht vor dem BVerfG justiziabel wurde, ist bereits ein Worst Case-Szenario eingetreten, was die Rechtspraxis der Europäischen Integration vor ernste Probleme stellen könnte.[1141] Falls der EuGH seine Rechtsprechung zur Drittwirkung der Grundfreiheiten ausweitet und sich nicht wieder auf seine Aufgabe als Rechtswahrer statt Rechtskreateur konzentriert, bleibt zu hoffen, dass das BVerfG von seiner Reservekompetenz in Zukunft ernsthaft Gebrauch macht.[1142]

Soweit muss es jedoch nicht kommen, falls eine Rückbesinnung auf den eigentlichen Zweck der Grundfreiheiten verbunden mit einer Grundentscheidung für die Konzeption der Schutzpflichtenlehre erfolgt. Das Vorgehen, über die Grundfreiheiten die Kompetenzen der Mitgliedstaaten auszuhöhlen, ist mit der Grundkonzeption der Union als Staatenbund nicht vereinbar.[1143]

1137 Kingreen-von Bogdandy/Bast, S. 746.

1138 Kritisch auch Heuschmidt-Däubler, Arbeitskampfrecht, § 11, S. 200, Rn. 125.

1139 BVerfG v. 30.06.2009 - 2 BvE 2/08 u. a. - BVerfGE 123, 267, Rn. 399 = NJW 2009, 2267.

1140 So auch Heuschmidt-Däubler, Arbeitskampfrecht, § 11, S. 200, Rn. 125.

1141 Vgl. v. Danwitz, ZRP 2010, 143 (145).

1142 Voßkuhle, NVwZ 2010, S. 7 spricht in diesem Zusammenhang von „Notbremse-Verfahren".

1143 BVerfG v. 30.06.2009 - 2 BvE 2/08 u. a. - BVerfGE 123, 267, Rn. 233 ff = NJW 2009, 2267.

9.3.3 Koalitions- und Streikgrundrecht versus Grundfreiheiten

9.3.3.1 Misslungener Ausgleich zwischen Koalitionsrecht und Grundfreiheiten

Die Analyse der Debatte um die Urteile Viking Line und Laval zeigt, dass eine europäische Verrechtlichung der Fragen des Schutzes von Tarifpolitik und Arbeitskampfrecht kaum aufzuhalten ist.[1144] Die Grundfreiheiten sind ein Teil der unionsrechtlichen Rechtsordnung, der im Zusammenspiel mit den Verfassungstraditionen und der mittlerweile verbindlichen Charta der Grundrechte im Kontext des europäischen Sozialmodells Geltung beansprucht.[1145] Auch wenn sich eine Kollektivmaßnahme negativ auf die Ausübung der Grundfreiheiten auswirken kann[1146], darf es nicht zu einer Verschiebung der in den mitgliedstaatlichen Arbeitsverfassungen sorgfältig austarierten Kräfteverhältnisse kommen[1147]. Daher wird teilweise eine restriktivere Auslegung der Grundfreiheiten gefordert, um den Vorgaben des Vertrags von Lissabon gerecht zu werden.[1148] Aufgrund der Kompetenzverteilung im Koalitions- und Arbeitskampfrecht, kommt Art. 28 GRC künftig im Rahmen der Beeinträchtigung der Grundfreiheiten eine gewichtige Rolle zu.[1149]

Die Gleichrangigkeit zwischen Art. 28 GRC und der Dienst- bzw. Niederlassungsfreiheit verbietet es, einer der widerstreitenden Garantien den Vorrang einzuräumen. Mit diesem Vorwurf sieht sich der EuGH in seinen Urteilen Laval und Viking Line konfrontiert. Die beiden Verdikte zum Arbeitskampfrecht stehen vor allem wegen der vermeintlichen Unterordnung des Unionsgrundrechts auf gewerkschaftliche Arbeitskampfmaßnahmen unter die Niederlassungs- bzw. Dienstleistungsfreiheit im Kreuzfeuer der Kritik.[1150] Zwar hat der EuGH das Recht zur Durchführung kollektiver Maßnahmen auf europäischer Ebene grundsätzlich anerkannt und damit eine Abwägung mit den konfligierenden Grundfreiheiten ermöglicht[1151], diese Möglichkeit aber nur unzureichend genutzt.

1144 So auch Kocher, APuZ 2011, 35 (38).

1145 Sunnus, AuR 2008, 1 (11) führt in diesem Zusammenhang an, dass Grundfreiheiten dabei aber „mitnichten der heilige Gral (sind), dessen Vorgaben sich alles Recht unterwerfen muss".

1146 Kamanabrou, EuZA 2010, 157 (170).

1147 Rödl-von Bogdandy/Bast, S. 890.

1148 Dies fordert Heuschmid, in: Arbeitskampfrecht, § 11, S. 201.

1149 So auch Maeßen, S. 204.

1150 Vgl. etwa Kokott, FS Jaeger, 115 (123 ff); Danwitz, EuZA 2010, 6 ff; Rebhahn, wbl 2008, 63 ff; Bercusson, ELJ 2007, 279 (296 ff).

1151 Herresthal, EuZA 2011, 3 (6) spricht von einer „Hochzonung" der Koalitionsfreiheit.

Anstatt eine ausgereifte Prüfung der Unionsgrundrechte als Schranken-Schranke der Grundfreiheiten im Sinne einer echten Konkordanzbetrachtung[1152] vorzunehmen, fallen die Luxemburger Richter auf eine Prüfung der Unionsgrundrechte als Schranke der Grundfreiheiten zurück.[1153] Nicht die Arbeitskampffreiheit selbst, sondern der von der Gewerkschaft intendierte Arbeitnehmerschutz als zwingender Grund des Allgemeininteresses muss für eine Rechtfertigung der Grundfreiheitsbeschränkung herhalten.[1154] Die damit vorgenommene indirekte Kontrolle der Streikziele stellt letztlich die Autonomie von Kollektivverhandlungen in Frage[1155] und reduziert die Zulässigkeit von Arbeitskampfmaßnahmen auf den Teilaspekt der zwingenden Erfordernisse des Arbeitnehmerschutzes. Das Grundrecht auf kollektive Maßnahmen spielt in der eigentlichen Abwägung keine Rolle mehr, sondern wird auf den dehnbaren Begriff des Arbeitnehmerschutzes reduziert.[1156]

Mit diesem Ansatz verursacht der EuGH letztlich ein undurchsichtiges Abwägungskonglomerat, in dem die Konturen des Grundrechts auf kollektive Maßnahmen verwässert werden.[1157] Diese Konturen bestehen in der Bildung einer Gegenmacht durch Interessensbündelung auf Arbeitnehmerseite, um ein freies Aushandeln der Inhalte eines Tarifvertrags zu ermöglichen.[1158] Dieses Gegengewicht äußert sich gerade durch Auswirkungen auf die wirtschaftliche Betätigungsfreiheit der gegnerischen Seite, um den eigenen Verhandlungspositionen Nachdruck zu verleihen und letztlich zu einem interessensgerechten Tarifabschluss zu gelangen.[1159] Vor diesem Hintergrund erscheint es besonders problematisch, dass aus Sicht des EuGH eine Beschränkung der Grundfreiheiten nur durch einen zwingenden Grund des Allgemeinwohls gerechtfertigt werden kann.[1160] Damit wird die Verbandsautonomie der Arbeitnehmer in Form der Bündelung unterschiedlicher Einzelinteressen zu einer gemeinsamen Verhandlungsposition erheblich eingeschränkt und ein fundamentales Grundprinzip der Tarifautonomie in Frage gestellt. Der grundsätzliche Ansatz des EuGH erscheint daher problematisch und mit den verfassungsrechtlichen Anforderungen an eine Mitwirkung Deutschlands an der Europäischen Union nur schwerlich verein-

---

1152 Dazu Schubert, RdA 2008, 289 (293).

1153 So auch Ehlers-Ehlers, § 14, S. 449, Rn. 13.

1154 Greiner, S. 162. Zu dieser Prüfungslinie näher Schindler, S. 125 ff.

1155 Ebenso Kocher, Juridikum 2010, 465 (469).

1156 So auch Rebhahn, ZESAR 2008, 109 (116).

1157 Zutreffend Kamanabrou, EuZA 2010, 157 (173).

1158 Näher dazu Herresthal, EuZA 2011, 3 (22).

1159 So auch Kamanabrou, EuZA 2010, 157 (178), die Grundfreiheitsbeschränkungen als „systemimmanent“ betrachtet.

1160 Kritisch auch Herresthal, EuZA 2011, 3 (7).

bar.[1161] Es scheint, als wird zugunsten der Grundfreiheiten jedes Argument im Sinne des effet utile fruchtbar gemacht, wohingegen dieser Eifer im Rahmen des Unionsgrundrechts ausbleibt.[1162] Der in den Entscheidungen unternommene Versuch eines Ausgleichs von Grundfreiheiten und Grundrechten kann damit nicht überzeugen und wird bereits der Rechtslage vor Lissabon nicht gerecht.

9.3.3.2 Monti-II-Verordnung als unionsrechtlicher Irrweg

9.3.3.2.1 Warnmechanismus als Frühwarnsystem für den Binnenmarkt

Als Reaktion auf die Urteile Viking-Line und Laval fühlte sich die Europäische Kommission im März 2012 bemüßigt, ein unionsrechtliches Maßnahmenpaket vorzulegen. Hauptteil ist die sekundärrechtliche Regelung des Verhältnisses von Grundfreiheiten und Streikrecht mittels einer Verordnung über die Ausübung des Rechts auf Durchführung kollektiver Maßnahmen im Kontext der Niederlassungs- und Dienstleistungsfreiheit.[1163]

Bereits eine Forderung des ehemaligen Wettbewerbskommissars Mario Monti aus dem Jahr 2010 zeigt, dass sich die europäische Gesetzgebung trotz mangelnder Gesetzgebung aus dem nationalen Tarifrecht nicht heraushalten möchte. So forderte Monti in seinem an die Europäische Kommission adressierten Bericht zur Verbesserung der Strukturen des Binnenmarktes bereits zwei Jahre vor dem Verordnungsentwurf eine Anpassung der nationalen Tarifsysteme und des Streikrechts an die Grundfreiheiten.[1164] Die Kommission griff den Gedanken Montis auf und machte deutlich, dass nach ihrer Ansicht zur Ausübung von Art. 28 GRC im Kontext der Dienstleistungs- und Niederlassungsfreiheit unionsrechtliche Maßnahmen erforderlich sind.[1165] Die so genannte Monti-II-Verordnung sieht unter anderem einen Warnmechanismus für Situationen vor, in denen die effiziente Ausübung der Niederlassungs- und Dienstleistungsfreiheit

---

1161 So auch Zwanziger, RdA-Beilage 2009, 10 (22).

1162 Rebhahn, in: Scholz/Becker, 17 (21).

1163 Vorschlag für eine Verordnung des Rates über die Ausübung des Rechts auf Durchführung kollektiver Maßnahmen im Kontext der Niederlassungs- und der Dienstleistungsfreiheit, abrufbar unter http://ec.europa.eu/social/BlobServlet?docId=7480&langId=de (zuletzt abgerufen am 13.03.2013).

1164 Monti, „Eine neue Strategie für den Binnenmarkt" v. 09.05.2010, S. 81, http://ec.europa.eu/bepa/pdf/monti_report_final_10_05_2010_de.pdf (zuletzt abgerufen am 13.03.2013).

1165 Vorschlag für eine Verordnung des Rates über die Ausübung des Rechts auf Durchführung kollektiver Maßnahmen im Kontext der Niederlassungs- und der Dienstleistungsfreiheit, abrufbar unter http://ec.europa.eu/social/BlobServlet?docId=7480&langId=de (zuletzt abgerufen am 13.03.2013).

und damit das Funktionieren des Binnenmarktes schwerwiegend beeinträchtigt werden kann. Staaten, in denen gestreikt wird, sollten verpflichtet werden, unverzüglich den Herkunftsstaat des bestreikten Unternehmens sowie die Europäische Kommission zu unterrichten. Diese unionsrechtliche Verpflichtung der Nationalstaaten stünde in diametralem Verhältnis zum deutschen Arbeitskampfrecht. Abgesehen von politischen Streiks und Arbeitskämpfen von Beamten entscheiden in Deutschland die Gewerkschaften selbst, welche Ziele mit einem Arbeitskampf verfolgt werden und welche Maßnahmen zur Druckausübung auf die Gegenseite ergriffen werden sollen. Ein Warnmechanismus macht hingegen eine Bewertung oder Überwachung von Streiks durch europäische Institutionen möglich und birgt die Gefahr einer staatlichen Einmischung in Arbeitskämpfe in sich.[1166]

9.3.3.2.2 Generalklausel als ungeeignete Rechtsgrundlage

Die entsprechende Rechtsgrundlage für eine derartige Verordnung generiert die Kommission mittels eines Kunstgriffs über die Generalklausel des Art. 352 AEUV und führt an, dass ein Tätigwerden der Union erforderlich erscheint, um eines der Ziele der Verträge zu verwirklichen. Die Rechtsprechung des EuGH in den Rechtssachen Viking-Line und Laval dient dabei als Argument für das Erfordernis einer unionsrechtlichen Regelung des Verhältnisses von sozialen Grundrechten und wirtschaftlichen Grundfreiheiten.[1167]

Art. 352 AEUV besagt jedoch eindeutig, dass auf dieser Regelung beruhende Maßnahmen keine Harmonisierung der Rechtsvorschriften der Mitgliedstaaten in den Fällen beinhalten dürfen, in denen die Verträge eine solche Harmonisierung ausschließen. Damit ist die Generalklausel unanwendbar, wenn eine andere Bestimmung des AEUV die Zuständigkeiten im Bereich der beabsichtigten Regelung abschließend regelt.[1168] Eben dies ist durch den eindeutigen Kompetenzausschluss des Art. 153 Abs. 5 AEUV der Fall, womit Art. 352 AEUV als

---

1166 Diese Einschätzung teilte auch der deutsche Bundesrat in seinen Beratungen zur Monti-II-Verordnung, vgl. dazu BR-Drs. 158/1/12 v. 04.06.2012, abrufbar unter http://dipbt.bundestag.de/dip21/brd/2012/0158-1-12.pdf (zuletzt abgerufen am 13.03.2013).

1167 Auch der deutsche Bundesrat stand diesem Argument sehr kritisch gegenüber und sah „einen erheblichen Präzisierungsbedarf" in dieser Frage, BR-Drs. 158/1/12 v. 04.06.2012, abrufbar unter http://dipbt.bundestag.de/dip21/brd/2012/0158-1-12.pdf (zuletzt abgerufen am 13.03.2013).

1168 Streinz-Streinz, EUV/AEUV, Art. 352 AEUV, Rn. 14.

Rechtsgrundlage nicht herangezogen werden kann.[1169] Diese Einschätzung teilten offenbar auch ein Großteil der nationalen Parlamente, die aufgrund des Protokolls über die Anwendung der Grundsätze der Subsidiarität und der Verhältnismäßigkeit[1170] ihre Bedenken hinsichtlich einer Zuständigkeit der EU geäußert haben.[1171] Daraufhin hat Kommissionspräsident José Manuel Barroso angekündigt, den Vorschlag für eine Verordnung über die Ausübung des Rechts auf Durchführung kollektiver Maßnahmen im Kontext der Niederlassungs- und Dienstleistungsfreiheit („Monti II") zurückzuziehen.[1172]

Ohnehin ist fraglich, welchen Mehrwert eine Verordnung zur Regelung des Verhältnisses von Streikrecht und Grundfreiheiten haben soll. Die betonte Gleichwertigkeit beider Garantien ergibt sich bereits aus den Verträgen und bedarf keiner sekundärrechtlichen Klarstellung. Zudem hat der EGMR in seiner Rechtsprechung die Bedeutung des Streikrechts deutlich unterstrichen und damit dem EuGH indirekt einen Fingerzeig in Richtung der Charta der Grundrechte gegeben. Vielmehr stellt sich die Frage, welche Konsequenzen aus der Gleichwertigkeit von Grundfreiheiten und Art. 28 GRC zu ziehen sind und wie ein Ausgleich der widerstreitenden Interessen mittels des bestehenden Primärrechts aussehen kann.

9.3.3.3 Doppelte Schutzpflichtenkonstruktion als Antwort auf Gleichwertigkeit

Seit dem Vertrag von Lissabon sind Grundfreiheiten und Unionsgrundrechte gleichermaßen im Primärrecht verankert. Die Grundfreiheiten können damit als besondere grundrechtliche Freiheitsgarantien und damit als Unionsgrundrechte im weiteren Sinne verstanden werden.[1173] Der Dominanz einer in der Europäischen Union vorherrschenden ökonomischen Sichtweise können die Unions-

---

1169 Zum Verhältnis von Art. 153 Abs. 5 AEUV und Art. 352 AEUV vgl. auch Rieble/Kolbe, EuZA 2008, 453 (466).

1170 Vgl. dazu das Protokoll im Wortlaut, abrufbar unter http://eur-lex.europa.eu/LexUriServ/LexUriServ.do?uri=OJ:C:2004:310:0207:0209:DE:PDF (zuletzt abgerufen am 13.03.2013).

1171 Unter anderem aufgrund der nach seiner Ansicht mangelnden Zuständigkeit der EU hat auch der deutsche Bundesrat den Verordnungsentwurf abgelehnt, vgl. BR-Drs. 158/1/12 v. 04.06.2012, abrufbar unter http://dipbt.bundestag.de/dip21/brd/2012/0158-1-12.pdf (zuletzt abgerufen am 13.03.2013).

1172 Schreiben an den Präsidenten des Europäischen Parlaments v. 12.09.2012, http://europa.eu/rapid/pressReleasesAction.do?reference=MEMO/12/661&format=HTML&aged=0&language=DE&guiLanguage=en (zuletzt abgerufen am 13.03.2013).

1173 So etwa Ehlers-Ehlers, § 14, S. 448, Rn. 13.

grundrechte nun eine soziale Komponente entgegensetzen.[1174] Die Frage, ob die Doppelgleisigkeit von Grundfreiheiten und Unionsgrundrechten auf Dauer sinnvoll erscheint[1175], ist rechtsdogmatisch von Interesse, wird aber auf absehbare Zeit nicht zu ändern sein[1176]. Ein Wegfall der Grundfreiheiten bei gleichzeitiger Aufnahme ihres Regelungsgehalts in die Unionsgrundrechte hätte ohnehin nur formale, jedoch keine inhaltliche Bedeutung.[1177] Die Gleichrangigkeit von Unionsgrundrechten und Grundfreiheiten verbietet nicht nur einen Vorrang eines der gegenläufigen Rechte[1178], sondern fordert gleichzeitig ein schlüssiges Konzept zum Ausgleich in Kollisionsfällen.

Grundfreiheiten und Unionsgrundrechten wohnt gleichermaßen eine Schutzpflichtdimension inne. Das Schutzpflichtenkonzept macht Mitgliedstaaten wie auch die Europäische Union selbst zu Garanten der im Primärrecht verbürgten Rechte[1179] und stellt ein probates Mittel zur Begründung einer mittelbaren Drittwirkung für Grundfreiheiten und Unionsgrundrechte gleichermaßen dar[1180]. Den Kern der vorzugswürdigen Schutzpflichtenkonzeption bildet die Pflicht der Mitgliedstaaten und der Europäischen Union, die Grundfreiheiten wie auch die Unionsgrundrechte der Unionsbürger zu schützen.[1181] Es kommt damit zu einer doppelten Schutzpflichtenkonstruktion, welche auf einem wertenden wechselseitigen Ausgleich basiert. Somit kann etwa im Rahmen einer willkürlichen Behinderung von Standortverlagerungen im Rahmen eines nationalen Arbeitskampfes der betreffende Mitgliedstaat zum Schutz der Grundfreiheiten gefordert sein.[1182] Auf der anderen Seite umfasst Art. 28 GRC auch eine an die Mitgliedstaaten adressierte Schutzpflicht, Kollektivverhandlungen und -maßnahmen gegen Beeinträchtigungen zu verteidigen.[1183] In der Konsequenz stehen sich die kollidierenden Interessen gleichwertig gegenüber und müssen zu einem möglichst schonenden Ausgleich gebracht werden.[1184] Die Bereitschaft dazu hat der

---

1174 Kritisch Hoffmann-Riem, EuGRZ 2002, 473 (480), der den Grundfreiheiten eine Bremswirkung auf dem Weg zu einer Sozial- und Kulturgemeinschaft attestiert.

1175 Dreier, in: Dreier, GG, Vorb Rn 49 bezeichnet die Grundfreiheiten als „Eierschale der EU-Evolution".

1176 Ehlers-Ehlers, § 14, S. 448, Rn. 13.

1177 Ehlers-Ehlers, § 14, S. 448, Rn. 13.

1178 So auch Graber, S. 241 f; Schindler, S. 161 ff.

1179 Von einer Garantenpflicht für Mitgliedstaaten sprechen auch Burgi, EWS 1999, 327 (329 f); Meier, EuZW 1998, 87.

1180 Kamanabrou, EuZA 2010, 157 (171).

1181 Herresthal, EuZA 2011, 3 (27).

1182 Birk, FS BAG, 1165 (1173).

1183 Zachert, NZA 2001, 1041 (1044); Abrantes, S. 91 ff; Zachert, NZA 2000, 621 (623).

1184 Kamanabrou, EuZA 2010, 157 (172).

EuGH in seinen Entscheidungen Schmidberger[1185] und Omega[1186] grundsätzlich bewiesen, dennoch ist die Rechtsprechung noch erheblich ausbaufähig.[1187]

Die Lösung über eine mittelbare Drittwirkung vermeidet direkte Eingriffe in die nationalen Privatrechtssysteme[1188] und ermöglicht einen Ausgleich der widerstreitenden Interessen unter Rückgriff auf das jeweilige nationalrechtliche Regelungskonstrukt[1189]. Damit bietet die doppelte Schutzpflichtenkonstruktion als Weiterentwicklung der mittelbaren Drittwirkung ein tragfähiges Grundkonzept, beide Rechtspositionen möglichst schonend zum Ausgleich zu bringen und gleichzeitig der Kompetenzregelung des Art. 153 Abs. 5 AEUV gerecht zu werden. Im Rahmen einer Kollision zwischen Art. 28 GRC und einer Grundfreiheit sind die widerstreitenden Interessen gegeneinander abzuwägen und ein interessensgerechtes Gleichgewicht zwischen den divergierenden Interessen herzustellen.[1190] In der Konsequenz kann die Wahrnehmung der aus Art. 28 GRC resultierenden Schutzpflicht einen Mitgliedstaat zwingen, eine Grundfreiheit einzuschränken[1191] oder im Gegenzug einen Mitgliedstaat verpflichten, gegen Beschränkungen der Grundfreiheiten durch Privatrechtssubjekte vorzugehen[1192].

9.3.3.4 Entwurf eines Ausgleichskonzepts auf Augenhöhe

9.3.3.4.1 Qualifizierte Beeinträchtigung als Grundvoraussetzung

Transferiert man das Problem auf die nationale Ebene, offenbart sich der Konflikt, den der EuGH durch die Überbetonung der Grundfreiheiten ausgelöst hat. Kein Staat käme auf die Idee, bestimmte Unternehmerrechte wie sie auf europäischer Ebene durch die Niederlassungs- und Dienstleistungsfreiheit gewährleis-

---

1185 EuGH v. 12.06.2003 - Rs. C-112/00 - Schmidberger - Slg. 2003, I-5659 = EuZW 2003, 592 ff.

1186 EuGH v. 14.10.2004 - Rs. C-36/02 - Omega - Slg. 2004, I-9609 ff. = EuZW 2004, 753 ff.

1187 Temming, ZESAR 2008, 231 (238). Suerbaum, EuR 2003, 390 (395) bemängelt, dass auch mit der Anerkennung grundfreiheitlicher Schutzpflichten die Lösung über eine unmittelbare Drittwirkung nicht aufgegeben wurde.

1188 Streinz/Leible, EuZW 2000, 459 (466).

1189 Burgi, EWS 1999, 327 (330).

1190 EuGH v. 12.06.2003 - Rs. C-112/00 - Schmidberger - Slg. 2003, I-5659 (5719, Rn. 80 f) = EuZW 2003, 592. Zu dem aus Deutschland stammenden verfassungsrechtlichen Auslegungsgrundsatz der praktischen Konkordanz, auf den die Kommission in ihrem Rechtsmittel Bezug nimmt vgl. Hesse, S. 28.

1191 Bereits vor Inkrafttreten des Lissabon-Vertrags Dreier, in: Dreier, GG, S. 72, Rn. 48.

1192 Kingreen, Struktur der Grundfreiheiten, S. 195 ff; Thüsing, RdA 2007, 307.

tet sind, höher zu stellen als den Schutz anderer Grundrechte.[1193] Die doppelte Schutzpflichtenkonstruktion ermöglicht einen Ausgleich der kollidierenden Primärrechte, die der Gleichrangigkeit beider Garantien gerecht wird. Als Konsequenz ist zunächst festzustellen, ob überhaupt eine qualifizierte Beeinträchtigung der Grundfreiheiten vorliegt. Sollte dies der Fall sein, muss ein Ausgleich von Grundfreiheiten und Grundrechten auf Rechtfertigungsebene erfolgen.

Die Grundfreiheiten stehen für ein Konzept der unionsweiten Gewährleistung der wirtschaftlichen Betätigung in Form eines Systems des unverfälschten Marktzugangs.[1194] Vorrangiges Ziel ist es, Marktsegmentierungen durch nationale Marktzutritts- bzw. Marktaustrittshindernisse zu beseitigen und somit die Grundlage für einen gemeinsamen Binnenmarkt zu schaffen.[1195] Marktregulierende Maßnahmen schaffen Hindernisse zum Marktzugang und entscheiden über die Art und Weise der Ausübung der betreffenden Grundfreiheit.[1196] An dieser Stelle greifen die Unionsgrundrechte, deren Gewährleistungsgehalt die Ausübung einer Grundfreiheit modifizieren, jedoch nicht unterbinden kann. Grundfreiheitsfragen sind somit immer auch Grundrechtsfragen und Grundrechtsfragen auch immer mit den Grundfreiheiten verbunden.[1197] Art. 28 GRC findet daher in Konstellationen mit grundfreiheitlichem Bezug grundsätzlich Anwendung.[1198] Da jedoch das Gewicht auf Ebene des Unionsrechts in erster Linie auf den wirtschaftlichen Grundfreiheiten liegt, resultiert daraus die latente Gefahr einer Unterbewertung der Koalitionsfreiheit.[1199] In dieser Hinsicht wurden die Urteile zum Arbeitskampfrecht bereits der Rechtslage vor Lissabon nicht gerecht. Mit Inkrafttreten des Vertrages von Lissabon wurden inzwischen die Grundlagen des Koalitions- und Tarifrechts auf Unionsebene aufgewertet und im Primärrecht verankert, womit die Rechtsprechung des EuGH im Arbeitskampf- und Tarifrecht dringend einer Korrektur bedarf.

Aufgrund der Weite des Schutzbereichs kann es dazu kommen, dass Konstellationen über den Transmissionsriemen der Grundfreiheiten in den Anwendungsbereich des Unionsrechts geraten, welche die Grundfreiheiten nur zufällig

---

1193 Rebhahn, in: Scholz/Becker, 17 (22).

1194 Herresthal, EuZA 2011, 3 (9).

1195 Ohler, JA 2006, 839.

1196 Dazu näher Leifeld, S. 42.

1197 So auch Kingreen-von Bogdandy/Bast, S. 743.

1198 Vgl. Wagner, S. 27 ff., der Konstellationen im Zusammenhang mit den Grundfreiheiten benennt, welche nicht zwingend zur Eröffnung des Anwendungsbereichs des Unionsrechts führen.

1199 Diese Gefahr sehen ebenfalls Sunnus, AuR 2008, 1 (10 f); Kocher, AuR 2008, 13 (14 f); Wissmann, AuR 2009, 149 ff.

oder am Rande tangieren.[1200] Dies gebietet eine restriktive Handhabung der Grundfreiheiten und besondere Sensibilität mit Blick auf das Koalitions- und Arbeitskampfrecht. Im Ergebnis sollte bei kollektiven Maßnahmen der Schutzbereich der Grundfreiheiten nur eröffnet werden, sofern eine qualifizierte Beeinträchtigung der Grundfreiheiten gegeben ist.[1201] Ein Arbeitskampf, der vornehmlich nicht auf die Beeinträchtigung der Niederlassungs- oder Dienstleistungsfreiheit abzielt, wäre damit nicht vom Schutzbereich der Grundfreiheiten umfasst und würde folglich nicht in den Anwendungsbereich des Unionsrechts fallen. Mangels grundfreiheitlichem Bezug kommen in diesen Fällen die nationalen Grundrechte und damit Art. 28 GRC nicht zur Anwendung. Als Beispiel sei ein Streik von aus Polen nach Deutschland entsandten Arbeitnehmern genannt, die sich an einem Streik im Heimatland durch Niederlegung der Arbeit in Deutschland beteiligen.[1202] Gleiches würde etwa bei einem Streik um höhere Abfindungen im Falle einer Produktionsverlagerung von Deutschland nach Rumänien gelten, da der Arbeitskampf keine qualifizierte Beeinträchtigung der betreffenden Niederlassungsfreiheit aufweist.[1203] Dagegen weist ein Streik gegen eine Verlagerung an sich wie im Fall Viking Line grundfreiheitlichen und damit unionsrechtlichen Bezug auf und ist folglich nach Art. 28 GRC zu beurteilen.[1204]

9.3.3.4.2 *Abwägung unter Heranziehung des Verhältnismäßigkeitsprinzips*

9.3.3.4.2.1 Art. 28 GRC als ernsthaftes Korrektiv

Dies bedeutet nicht, dass das Unionsrecht künftig einen Arbeitskampf nach der Devise „einheimische Arbeitsplätze für einheimische Beschäftigte“ dulden muss.[1205] Allerdings schafft Art. 28 GRC einen unionsweiten Auftrag, der autonomen Regelung des Arbeitslebens durch die Koalitionen als bewährtes Sozialmodell auch im Unionsrecht gerecht zu werden. Art. 28 GRC kann damit als Korrektiv verstanden werden, kollektive Maßnahmen und Tarifverträge nicht als Störfaktoren eines grenzüberschreitenden Leistungsaustauschs zu betrachten, sondern sie als Regelungsproblem und Institutionen des Arbeitslebens zu begreifen.[1206] Dazu muss im Rahmen der Verhältnismäßigkeitsprüfung das Konzept der praktischen Konkordanz auf die Ebene des kollidierenden Primärrechts

---

1200 So auch Heuschmid-Däubler, Arbeitskampfrecht, § 11, S. 215, Rn. 170.
1201 Zutreffend Heuschmid-Däubler, Arbeitskampfrecht, § 11, S. 215, Rn. 170.
1202 Dazu näher Paukner, S. 24.
1203 Rebhahn, ZESAR 2008, 109 (115).
1204 Heuschmid-Däubler, Arbeitskampfrecht, § 11, S. 215, Rn. 172.
1205 So auch Zwanziger, RdA-Beilage 2009, 10 (22).
1206 Dafür plädiert auch Rebhahn, in: Scholz/Becker, 17 (21).

übertragen werden.[1207] Im Fall Schmidberger[1208] hat der EuGH dieses Konzept bereits angewandt und damit ein Vorbild für einen angemessenen Ausgleich zwischen Grundfreiheiten und Grundrechten geschaffen. Um ein Gleichgewicht zwischen Grundfreiheit und Art. 28 GRC herzustellen, liegt der Schwerpunkt im Rahmen der Verhältnismäßigkeitskontrolle auf der Angemessenheitsprüfung.[1209] Nach Herausarbeitung der konfligierenden Interessen hat die eigentliche Abwägung für den Einzelfall zu erfolgen. Dabei gilt es festzustellen, ob durch die konkrete Beeinträchtigung im Einzelfall die Grundfreiheit respektive das Unionsgrundrecht in ihrem Kernbereich oder nur im Randbereich tangiert sind.[1210] Entscheidend ist dabei, dass Art. 28 GRC mit seinem eigenständigen Gehalt in die Abwägung eingestellt wird.[1211] Damit wird eine autonome Angemessenheitsprüfung für den jeweiligen Sachverhalt ermöglicht[1212] und Art. 28 GRC kann seine Rolle als Schranken-Schranke für eine Einschränkung der betreffenden Grundfreiheit entfalten.[1213]

9.3.3.4.2.2 Übertragung auf die Konstellation im Fall Viking Line

Für den Fall Viking Line würde dies bedeuten, zu untersuchen, ob das Verbot der nationalen Gewerkschaft, potenziell betroffene Gewerkschaften mit der Bitte um Solidarität anzurufen, die Funktionsfähigkeit der Koalitionsfreiheit beeinträchtigt. Da der Binnenmarkt den Unternehmen mit der Niederlassungsfreiheit die Möglichkeit gibt, gewerkschaftlichen Forderungen durch Standortverlagerung auszuweichen, ist das Recht auf grenzüberschreitende Koordination notwendig, um die Funktionsfähigkeit der Koalitionsfreiheit zu gewährleisten.[1214] Damit fallen grenzüberschreitende koordinierte gewerkschaftliche Maßnahmen im konkreten Fall in den Kernbereich der Koalitionsfreiheit. Diese Maßnahmen beschränken zwar die Niederlassungsfreiheit, berühren im Gegenzug aber nicht

1207 Vgl. dazu Kocher, AuR 2008, 13 (16); Engels, ZESAR 2008, 475 (482) sagt dem EuGH im Rahmen des Art. 28 GRC noch eine erhebliche Konkretisierungsarbeit voraus; Bücker, NZA 2008, 212 (215) fordert, die von der Unternehmensseite geltend gemachte Grundfreiheit und die von den beteiligten Gewerkschaften angeführte Koalitionsfreiheit im Rahmen der Rechtfertigung in Einklang zu bringen.

1208 EuGH v. 12.06.2003 - Rs. C-112/00 - Schmidberger - Slg. 2003, I-5659 = EuZW 2003, 592.

1209 EuGH v. 12.06.2003 - Rs. C-112/00 - Schmidberger - Slg. 2003, I-5659 (5720, Rn. 81).

1210 Ebenso Maeßen, S. 314.

1211 Dies fordert auch Engels, ZESAR 2008, 475 (482).

1212 So auch Frenz, Handbuch Europarecht, Band 4, S. 127, Rn. 417.

1213 Allgemein dazu Meyer-Borowsky, GRC, Art. 51 Abs. 1 Rn. 24.

1214 Bücker, NZA 2008, 212 (216).

grundsätzlich deren Kernbereich. Trotz grenzüberschreitender koordinierter Maßnahmen zur Vermeidung von Kündigungen und zur Absicherung von Lohn-, Sozial- und Arbeitsschutzniveaus wird die Viking Line ABP nicht daran gehindert, ihre Niederlassungsfreiheit wahrzunehmen.[1215] Zielen die grenzüberschreitenden Maßnahmen der Gewerkschaft aber darauf ab, die Standortverlagerung an sich zu verhindern, wäre konkret zu untersuchen, ob diese Intention von der Koalitionsfreiheit noch gedeckt wäre. Angesichts der entgegenstehenden Niederlassungsfreiheit wäre die Verfolgung eines solchen Ziels wohl nicht zulässig. Die Frage kann im Fall Viking Line jedoch dahingestellt bleiben, da das Ziel der Arbeitnehmer, ihre Arbeitsplätze und Arbeitsbedingungen zu sichern, auch erreicht werden kann, ohne die Ausflaggung an sich zu verhindern. Entsprechende Maßnahmen würden damit jedenfalls an der Verhältnismäßigkeit scheitern.[1216] Als besonderes Merkmal der Abwägung im Rahmen der Angemessenheit ist den Mitgliedstaaten als Adressaten der Schutzpflichten eine weite Entscheidungsprärogative einzuräumen. Bereits zu Beginn der Untersuchungen stand die Entfaltung von Art. 153 Abs. 5 AEUV als rechtspolitisch klarer Vorgabe zur Zurückhaltung im Tarif- und Arbeitskampfrecht in Rede. An dieser Stelle kommt diese Vorgabe in der Form zum Tragen, dass sich der EuGH mit Blick auf Art. 153 Abs. 5 AEUV auf eine Evidenzkontrolle zu beschränken hat und den Mitgliedstaaten die eigentliche Abwägung im Sinne einer Zweck-Mittel-Relation überlässt. Am Ende dieses Prozesses müsste konsequenterweise eine Vereinheitlichung der Verhältnismäßigkeitsprüfung von Grundfreiheiten und Unionsgrundrechten stehen.[1217] Verleiht der EuGH Art. 28 GRC nicht das entsprechende Gewicht, läuft er letztlich Gefahr, dass er nicht mehr als Motor der Integration, sondern als eine Institution wahrgenommen wird, welche die Grundfreiheiten als Ausdruck des Binnenmarktes zum Nachteil der Grundrechte überbelichtet.

9.3.3.5 EGMR als unverhoffter Hüter der Koalitionsfreiheit und des Streikrechts

9.3.3.5.1 Einflüsse der EMRK ins deutsche Arbeitskampfrecht

Die wirtschaftlichen Grundfreiheiten scheinen für das Unionsrecht konzeptionell immer noch im Vordergrund zu stehen, womit der EuGH gerade im Streik- und Koalitionsrecht nicht als Hüter der Grundrechte wahrgenommen wird.[1218] Wäh-

1215 Bücker, NZA 2008, 212 (216).

1216 Zutreffend Bücker, NZA 2008, 212 (216).

1217 In diese Richtung Frenz, Handbuch Europarecht, Band 4, S. 192, Rn. 630 ff.

1218 Rebhahn, in: Scholz/Becker, 17 (22).

rend sich das BVerfG im Verhältnis zum europäischen Recht bislang zurückhält[1219], zeigen die EGMR-Urteile zu Art. 11 EMRK[1220], dass die Straßburger Richter in den vergangenen Jahren damit begonnen haben, die Rolle als Hüter der kollektiven sozialen Rechte anzunehmen.[1221] Damit wächst dem EGMR perspektivisch eine größere Bedeutung im Schutz des Koalitions- und Streikrechts zu.

Aus Art. 1 Abs. 2, 24, 25 und 26 GG resultiert die Völkerrechtsfreundlichkeit der deutschen Verfassung, welche in die gesamte Rechtsordnung ausstrahlt.[1222] Gemäß Art. 59 Abs. 2 GG haben völkerrechtliche Verträge zwar einfachen Gesetzesrang, müssen aber dennoch bei Auslegung der Grundrechte des Grundgesetzes herangezogen werden.[1223] Da die Bundesrepublik Deutschland bereits 1953 der EMRK beitrat, blieb nur die Möglichkeit, sich schrittweise an die Entwicklungen der EMRK und die Rechtsprechung des EGMR anzupassen.[1224] Die Rechtsprechung des EGMR bewirkte damit eine schrittweise Anpassung der deutschen Rechtsordnung an die Vorgaben der EMRK.[1225] Zwar wirken die Urteile grundsätzlich nur für die direkt betroffenen Staaten, allerdings sehen sich im Nachgang eines Urteils teilweise auch andere Signatarstaaten veranlasst, ihre Rechtslage an die im Urteil geäußerte Sichtweise des EGMR anzupassen und damit einem möglicherweise in einem vergleichbaren Fall gegen sie gerichteten Urteil zuvor zu kommen.[1226] Auch mit Blick auf die EGMR-Urteile zum Streikrecht in Art. 11 EMRK[1227] ist diese Entwicklung zu beobachten. Als verbindliche Interpretation von Art. 11 EMRK sind die deutschen Behörden und Gerichte gehalten, die vom EGMR gefundene Interpretation dieses Rechts zu beachten und diese in ihre Rechtsprechung zu integrieren.[1228] In Folge

---

1219 Gerken/Rieble/Roth/Stein/Streinz, Mangold, Vorwort, S. V formulieren treffend, das BVerfG habe oft genug die Lippen gespitzt, es werde auch einmal Zeit zu pfeifen.

1220 EGMR v. 12.11.2008 - Nr. 34503/97 - Demir und Baykara/Türkei = AuR 2009, 269 ff; EGMR v. 21.04.2009 – Nr. 68959/01 - Enerji Yapi-yol Sen/Türkei = AuR 2009, 274.

1221 So auch Kocher, APuZ 2011, 35 (40).

1222 Dazu Hobe, S. 137 ff.

1223 BVerfG v. 26.03.1987 - 2 BvR 589/79 - BVerfGE 74, 358, 370 = NJW 1987, 2427; BVerfG v. 14.11.1990 - 2 BvR 1462/87 - BVerfGE 83, 119, 128.

1224 Weiß, EuZA 2010, 457 (464).

1225 Näher zum Kontrollsystem der EMRK Wittinger, NJW 2001, 1238 ff.

1226 Weiß, EuZA 2010, 457 (464) m. w. N.

1227 EGMR v.12.11.2008 - Nr. 34503/97 - Demir und Baykara/Türkei = AuR 2009, 269; EGMR v. 21.04.2009 - Nr. 68959/01 - Enerji Yapi-yol Sen/Türkei = AuR 2009, 274.

1228 Weiß, EuZA 2010, 457 (467); Fütterer, EuZA 2011, 505 (520) verweist zusätzlich auf Art. 46 Abs. 1 EMRK wonach die Hohen Vertragsparteien sich verpflichten, das endgültige Urteil des EGMR zu befolgen.

der EGMR-Urteile zu Art. 11 EMRK geriet auch das Streikverbot für Beamtinnen und Beamte im deutschen Recht in die Kritik. Teilweise wurde mit Bezug auf das Urteil gefordert, das uneingeschränkte Beamtenstreikverbot aufzuheben und die Zulässigkeit des Streiks nach der jeweiligen Funktion des Beamten zu beurteilen.[1229] Ob tatsächlich eine Anpassung des deutschen Streikrechts notwendig ist, wird sich zeigen. Festzuhalten bleibt aber, dass die Judikate des EGMR ein grundlegend anderes Streikrechtsverständnis als die im deutschen Recht bekannte tarifakzessorische Streikrechtskonzeption offenbaren.[1230]

Das Potential der Urteile des EGMR, im deutschen Recht nachhaltige Spuren zu hinterlassen, zeigt ein Urteil des Verwaltungsgerichts Düsseldorf zur Verhängung von Disziplinarmaßnahmen gegen bestimmte Beamtengruppen aufgrund ihrer Teilnahme an einem Arbeitskampf.[1231] Zwar bleibt es auch nach der Rechtsprechung des Europäischen Gerichtshofs für Menschenrechte dabei, dass in Deutschland Beamte nicht streiken dürfen. Die Düsseldorfer Richter urteilten aber, dass die Verhängung einer Geldbuße aufgrund der Streikteilnahme indessen unzulässig ist, wenn der Beamte nicht zu dem in Art. 11 Abs. 2 Satz 2 EMRK beschriebenen Kernbereich hoheitlicher Staatsverwaltung gehört. Damit greift nicht nur das in Deutschland weiterhin gültige und zu beachtende Streikverbot in das Menschenrecht des Beamten aus Art. 11 EMRK ein, sondern auch die Sanktionierung der Streikteilnahme im Einzelfall.[1232] Für diesen Eingriff fehlte es aus Sicht des VG Düsseldorf in den vom EGMR entschiedenen Fällen an einem Art. 11 Abs. 2 EMRK entsprechenden Rechtfertigungsgrund. Das Urteil des VG Düsseldorf und die Diskussionen um das deutsche Streikverbot für Beamte zeigen, dass die Judikatur des EGMR durchaus in der Lage ist, die nationale Rechtsprechung nachhaltig zu beeinflussen und die Straßburger Richter ihre Aufgabe zur Überprüfung des nationalen Rechts anhand der EMRK durchaus ernst nehmen.[1233] Inwieweit dies künftig mit Blick auf das Unionsrecht der Fall sein wird, bleibt abzuwarten. Mit Beitritt der EU zur EGMR wird sich der EuGH über die Rechtsauffassung des EGMR aber nicht einfach hinwegsetzen können.

1229 So etwa Lörcher, AuR 2009, 229 (242).

1230 Fütterer, EuZA 2011, 505 (512).

1231 Verwaltungsgericht Düsseldorf v. 15.12.2010 - 31 K 3904/10.O, Entscheidungsgründe online verfügbar unter http://www.justiz.nrw.de/nrwe/ovgs/vg_duesseldorf/j2010/31_K_3904_10_Ourteil20101215.html (zuletzt abgerufen am 20.09.2012).

1232 Verwaltungsgericht Düsseldorf v. 15.12.2010 - 31 K 3904/10.O - Rn. 17.

1233 Ewing/Hendy, ILJ 2010, 2 ff sprechen von den wichtigsten Urteilen der letzten 20 Jahre im Bereich der kollektiven Arbeitsbeziehungen in Europa.

9.3.3.5.2 Anpassung der EuGH-Rechtsprechung an die EGMR-Judikatur

Im Rahmen der Begründung grundrechtlicher Garantien diente die EMRK dem EuGH bisher als wichtige Rechtserkenntnisquelle. Mit Verbindlichkeit des Vertrages von Lissabon ist der Weg frei für einen Beitritt der EU zur EMRK und damit einer Aufwertung der EMRK zur verbindlichen Rechtsquelle im Unionsrecht. Da nach Art. 32 EMRK der EGMR für die Auslegung und Anwendung der EMRK zuständig ist, kommt ihm die Deutungshoheit über den Garantieumfang der Konventionsrechte zu. Zur Interpretation der jeweiligen EMRK-Garantie greift der EuGH daher auf die Rechtsprechung des EGMR zurück und passt seine Rechtsprechung teilweise sogar nachträglich an dessen Judikatur an.[1234]

Auch bei Herleitung des Streik- und Koalitionsrechts in den Fällen Viking Line und Laval griff der EuGH auf Art. 11 EMRK zurück, füllte diesen Rückgriff aber materiell nicht aus. Die Anerkennung dieses Rechts in der Rechtsprechung des EGMR und der damit einhergehende Paradigmenwechsel im Verständnis von Art. 11 EMRK macht damit auch eine Neubewertung der EuGH-Urteile zum Streikrecht erforderlich.[1235] Mit dem eindeutigen Bekenntnis zum Schutz des Rechts auf Kollektivverhandlungen und Streikmaßnahmen in der Judikatur des EGMR[1236] und dem anstehenden Beitritt der EU zur EMRK erscheint die Rechtsprechung des EuGH auch aus dem Blickwinkel des internationalen Menschenrechtsschutzes korrekturbedürftig. Zieht man zur Ausgestaltung der Koalitionsfreiheit des Art. 11 EMRK die ESC, das IAO-Übereinkommen Nr. 87 und die Aussagen der zuständigen Überwachungsgremien heran, zeigt sich, dass sich dort keinerlei Hinweise zur Einschränkung des Streikrechts zum Schutz der grenzüberschreitenden Wirtschaftstätigkeit finden.[1237] Art. 6 Nr. 4 ESC erkennt das Recht auf Kollektivverhandlungen und Streikmaßnahmen ohne besondere Einschränkung an, weshalb der EuGH in seiner Rechtsprechung auf Art. 31 Abs. 1 GRC zurückgreifen und begründen hätte müssen, aus welchen Gründen eine Einschränkung des Streikrechts durch die Grundfreiheiten notwendig ist.[1238] Art. 31 Abs. 1 ESC stellt hinsichtlich einer Einschränkung des

---

1234 Fütterer, EuZA 2011, 505 (514) mit Verweis auf EuGH v. 22.10.2002 - Rs. C-94/00 - Roquette Frères - Slg. 2002, I-9011 (9054, Rn. 29) = EuZW 2003, 14.

1235 So auch Wedl, DRdA 2009, 458 (462 f); Ewing/Hendy, ILJ 2010, 2 (38 ff); Schubert/Jerchel, EuZW 2010, 687 (691).

1236 Vgl. EGMR v. 12.11.2008 - Nr. 34503/97 - Demir und Baykara/Türkei = AuR 2009, 269; EGMR v. 21.04.2009 - Nr. 68959/01 - Enerji Yapi-yol Sen/Türkei = AuR 2009, 274.

1237 Fütterer, EuZA 2011, 505 (516).

1238 Zutreffend Zwanziger, DB 2008, 294 (296).

Streikrechts gemäß Art. 6 Nr. 4 ESC die gleichen Voraussetzungen auf wie Art. 11 Abs. 2 Satz 1 EMRK.[1239] Aus Art. 6 Abs. 2 EUV resultiert die Verpflichtung zur Achtung der in der EMRK garantierten Grundrechte. Damit hätte die durch die Grundfreiheiten erfolgte Beschränkung von Art. 11 EMRK in den EuGH-Urteilen Laval und Viking Line einer Abwägung mit Art. 11 EMRK und besonderer Rechtfertigungsgründe bedurft.[1240] Überdies spricht die durch den ESC-Sachverständigenausschuss und den entsprechenden Überwachungsgremien der IAO betonte effektive Gewährleistung des Streikrechts[1241] gegen die in den EuGH-Urteilen erfolgte weitreichende unionsrechtliche Verhältnismäßigkeitsprüfung anhand der Grundfreiheiten.[1242] Damit spricht vieles dafür, dass der EuGH seine Rechtsprechung spätestens nach einem Beitritt der EU zur EMRK erneut an die Vorgaben des EGMR wird anpassen müssen.[1243]

1239 Fütterer, EuZA 2011, 505 (515).

1240 So auch Zwanziger, DB 2008, 294 (296).

1241 Dazu näher Lörcher-Däubler, Arbeitskampfrecht, § 10, S. 129, Rn. 67.

1242 Fütterer, EuZA 2011, 505 (517).

1243 So auch Fütterer, EuZA 2011, 505 (517).

10 Ergebnisse der Untersuchung und Ausblick

10.1 Schlussthesen

1. Der Kompetenzzuweisung des Art. 153 Abs. 5 AEUV ist nicht zu entnehmen, dass Tarifverhandlungen und Arbeitskämpfe nicht in den Ausnahmebereich des Unionsrechts fallen. Die Europäische Union hat keine Kompetenz mittels sekundärrechtlicher Vorschriften, Regeln für das Arbeitsentgelt, das Koalitionsrecht, das Streikrecht sowie das Aussperrungsrecht zu etablieren. Eigene Regelungen im Bereich des Tarifrechts sind im Unionsrecht durch Art. 153 Abs. 5 AEUV damit weitestgehend ausgeschlossen. Den Einflüssen des Primärrechts kann sich das nationale Tarifrecht damit jedoch nicht entziehen. Dies beweist auch die Anerkennung des Rechts auf Kollektivverhandlungen und der damit verbundenen Tarifautonomie als Unionsgrundrecht. Tarifverträge, die in Ausübung dieser Grundrechte vereinbart werden, sowie die nachgeordneten Verträge fallen in den Geltungsbereich der Grundfreiheiten.[1244]

2. In allen mitgliedstaatlichen Rechtsordnungen ist das Recht auf Kollektivverhandlungen und Arbeitskämpfe garantiert. Die nationalen Garantien können aufgrund des Anwendungsvorrangs des Unionsrechts jedoch auf Unionsebene nicht fruchtbar gemacht werden. Diese Lücke füllt Art. 28 GRC, der das Koalitions- und Streikrecht im Unionsrecht verankert. Während Art. 153 Abs. 5 AEUV vor allem die nationalen Kompetenzen der Mitgliedstaaten zur Regelung ihrer Tarifsysteme im Blick hat, gleicht Art. 28 GRC das Defizit einer primärrechtlichen Regelung der Tariffreiheit aus. Die vor allem auf ökonomische Sachverhalte ausgelegten Grundfreiheiten erhielten mit Art. 28 GRC einen sozialpolitischen Gegenspieler auf gleicher Normebene. Auf rein nationale Sachverhalte findet dagegen weiterhin Art. 9 Abs. 3 GG Anwendung. Art. 28 GRC vermittelt eine staatliche Schutzpflicht zur Abwehr unionsrechtlicher Eingriffe in die Koalitions- und Arbeitskampffreiheit. Eine unmittelbare Drittwirkung ist hingegen abzulehnen.

3. Art. 28 GRC ist nicht als Grundrecht mit eigenem Regelungsgehalt zu verstehen. Vielmehr überträgt die Vorschrift die mitgliedstaatlichen Garantien auf Koalitionsverhandlungen und Streiks ins Unionsrecht und gleicht das Anwendungsdefizit von Art. 9 Abs. 3 GG im Unionsrecht aus. Die damit verbundenen Unterschiede im Garantieumfang sind Ausdruck der durch Art. 153 Abs. 5 AEUV zum Ausdruck kommenden Respektierungspflicht nationaler Regelungen im Bereich des Arbeitskampf- und Tarifrechts. Art. 28 GRC ist eine grund-

1244 So auch zutreffend Generalanwältin Trstenjak, Schlussanträge v. 14.04.2010 - EuGH v. 15.07.2010 - Rs. C-271/08 - Kommission/Deutschland = ZfBR 2011, 73 (79).

sätzliche Verpflichtung zur Garantie von Tarifverhandlungen und Arbeitskämpfen zu entnehmen. Die konkrete Ausgestaltung dieser Rechte obliegt jedoch weiterhin den Mitgliedstaaten und darf durch das Unionsgrundrecht des Art. 28 GRC nicht berührt werden.

4. Der im Vertrag von Lissabon vorgesehene Beitritt der Europäischen Union zur EMRK hat zur Folge, dass Art. 11 EMRK Bestandteil des Unionsrechts wird. Trotz der Normstellung zwischen Primär- und Sekundärrecht verstärkt das in Art. 11 Abs. 1 EMRK normierte Recht zur Gründung und zum Beitritt zu einer Gewerkschaft den unionsrechtlichen Grundrechtsschutz. Diese Garantie ist als Untergrenze im Schutzniveau der in Art. 11 Abs. 1 EMRK genannten Rechte zu verstehen. Der Europäische Gerichtshof für Menschenrechte hat inzwischen deutlich gemacht, dass Art. 11 Abs. 1 EMRK neben der Tarifautonomie auch ein umfassendes Streikrecht enthält. Der Rechtsprechung des EGMR in diesem Bereich ist künftig verstärkte Aufmerksamkeit zu schenken. Die Europäische Sozialcharta hält in Art. 6 Nr. 4 ESC auch eine Garantie auf Kollektivverhandlungen und Kollektivmaßnahmen bereit. Diese kann neben Art. 28 GRC und Art. 11 Abs. 1 EMRK jedoch keinen eigenen Erkenntnisgewinn liefern.

5. Die Grundfreiheiten, namentlich vor allem die Dienstleistungs- und die Niederlassungsfreiheit, stehen mit Art. 28 GRC in einem potentiellen Spannungsverhältnis. Erstmals findet sich im Unionsrecht ein eigenständiges Recht auf Streik- und Tarifautonomie. Ähnlich der Diskussion hinsichtlich der Generierung eines unionsrechtlichen Ausnahmebereichs aus Art. 153 Abs. 5 AEUV ist eine Bereichsausnahme für das nationale Tarifrecht für die Anwendung der Grundfreiheiten abzulehnen. Der starken Stellung des Binnenmarktgedankens haben die Gewerkschaften nun jedoch ein eigenes soziales Recht entgegenzusetzen.

6. Der extensiven Ausdehnung des Anwendungsbereichs der Grundfreiheiten durch die Rechtsprechung des EuGH ist entschieden zu widersprechen. Die Argumente hinsichtlich einer unmittelbaren Drittwirkung der Grundfreiheiten für Gewerkschaften vermögen nicht zu überzeugen. Vielmehr ist eine Rückbesinnung auf die ursprüngliche Funktion der Grundfreiheiten erforderlich. Danach vermitteln Grundfreiheiten Schutzrechte gegenüber der Union respektive den Mitgliedstaaten zur Beseitigung von Markthindernissen. Eine direkte Bindung der Gewerkschaften an die Grundfreiheiten und damit die Gleichsetzung der Gewerkschaften mit staatlichen Institutionen schafft die Grundlage für den bisher misslungenen Ausgleich zwischen wirtschaftlichen Grundfreiheiten und sozialen Grundrechten.

7. Die Grundfreiheiten erwiesen sich als wichtiges und effektives Instrument zum Abbau von Handelshindernissen innerhalb der Europäischen Union. Grenzüberschreitende Arbeitnehmerentsendungen und innereuropäische Stand-

ortverlagerungen als Ausdruck des gemeinsamen Marktes bringen einen erhöhten transnationalen Lohnkostenwettbewerb mit sich. Eine überzeugende Antwort auf die Frage nach einem adäquaten Ausgleich zwischen nationalen Tarifmodellen und Entfaltung der marktöffnenden Wirkung der Grundfreiheiten ist die Rechtsprechung jedoch bisher schuldig geblieben.

8. Die Reduzierung des Streikgrundrechts auf eine Verhältnismäßigkeitsprüfung im Rahmen einer innereuropäischen Standortverlagerung im Fall Viking Line überzeugt nicht und steckt binnenmarktrelevanten Arbeitskämpfen einen zu engen Raum. Ein Unionsgrundrecht auf Kollektivverhandlungen und Kollektivmaßnahmen erkennt der EuGH zwar an, stellt dieses jedoch nicht in die Abwägung mit der betreffenden Grundfreiheit ein.

9. Im Rahmen der Arbeitnehmerentsendung muss zwischen gewerkschaftlichen und staatlichen Maßnahmen differenziert werden. Im Fall Laval offenbaren sich die negativen Folgen einer unmittelbaren Drittwirkung der Grundfreiheiten für Gewerkschaften. Wieder verkennt der EuGH die Wirkungen eines unionsrechtlichen Koalitions- und Streikrechts. Als mittelbare Folge des Urteils sahen sich Gewerkschaften unionsrechtlichen Schadensersatzforderungen ausgesetzt und die nationalen Streikrechtsordnungen in zwei Mitgliedstaaten mussten angepasst werden. Dies stellt eine bedenkliche Kompetenzverschiebung dar.

10. Für staatliche Eingriffe in die Grundfreiheiten, welche die in Art. 28 GRC geschützten Rechte tangieren, gelten erhöhte Anforderungen. Insofern überzeugt die Auslegung der Entsenderichtlinie des EuGH im Fall Rüffert. Tariftreueklauseln sind unionsrechtlich möglich, müssen aber den Anforderungen der Dienstleistungsfreiheit gerecht werden. Staatlich veranlasstem Protektionismus als Antwort auf eine Verhandlungsschwäche nationaler Gewerkschaften ist eine klare Absage zu erteilen. Die unterschiedlichen Auffassungen zwischen EuGH und nationalen Gerichten bezüglich der Ausgestaltungsmöglichkeiten von Tariftreueklauseln sind Ausdruck des differenzierten rechtlichen Prüfungsmaßstabs. Es wird deutlich, dass die nationale Gerichtsbarkeit das Unionsrecht schlechterdings nicht ignorieren kann.

11. Grundsätzlich sind Auswirkungen von nationalen Arbeitskämpfen auf die Warenverkehrsfreiheit denkbar. Diese scheitern jedoch meist bereits am Anwendungsbereich von Art. 34 AEUV oder an der notwendigen Eingriffsintensität.

12. Die Überprüfung des nationalen Tarif- und Arbeitskampfrechts am Maßstab der Grundfreiheiten kann zu einer Modifikation, jedoch nicht zu einer völligen Verdrängung der nationalen Regelungen führen. Dies bedeutet keinen Eingriff in nationale Kompetenzen, sondern ist vielmehr Ausdruck der notwendigen Missbrauchskontrolle, um staatlichen Protektionismus des eigenen Arbeitsmarktes zu unterbinden. Aus Art. 28 GRC folgt ein eigenständiger Rechtfertigungs-

grund des Schutzes des nationalen Tarifvertragssystems im Rahmen der Einschränkung von Grundfreiheiten. Partielle Tariftreueklauseln stellen eine Maßnahme zur Abschottung des nationalen Arbeitsmarktes dar und sind europarechtlich unzulässig. Ein flächendeckender, staatlicher Mindestlohn wäre hingegen mit den unionsrechtlichen Vorgaben vereinbar und könnte eine zielführende Alternative sein.

13. Mit der Annahme einer unmittelbaren Wirkung der Grundfreiheiten für Gewerkschaften hat der EuGH die Grenze von der Rechtsfortbildung zur Rechtsschöpfung überschritten und damit eine strukturelle Verschiebung im Kompetenzgefüge der Union bewirkt. Als Alternative bietet die doppelte Schutzpflichtenkonstruktion die Möglichkeit eines schonenden und vor allem kompetenzgerechten Ausgleichs zwischen Art. 28 GRC und der jeweils widerstreitenden Grundfreiheit. Dem Unionsgrundrecht auf Koalitionsverhandlungen und Koalitionsmaßnahmen gemäß Art. 28 GRC kommt in diesem Zusammenhang eine elementare Rolle zu. Der Einführung einer sozialen Fortschrittsklausel auf europäischer Ebene ist damit eine klare Absage zu erteilen.[1245] Diese erscheint nicht notwendig, sofern sich die Wirkungen von Art. 28 GRC in der europäischen Rechtsprechung adäquat widerspiegeln.

14. Art. 11 Abs. 1 EMRK und Art. 28 GRC sind aufgrund ihrer unterschiedlichen Funktionen nicht gleichzusetzen. Der Überbetonung der Grundfreiheiten in der EuGH-Rechtsprechung kann der EGMR ein eigenständiges Menschenrecht auf Tarifautonomie und Arbeitskampf entgegensetzen. Ob der EGMR damit zum Hüter der Grundrechte auf Unionsebene avanciert, wird sich jedoch erst nach dem vorgesehenen Beitritt der EU zur EMRK zeigen.

10.2 Europäisches Tarifrecht in statu nascendi

Europa muss zu einer polyphonen Demokratie reifen, in der die Stimmen der Mitgliedstaaten in ihrer Eigenständigkeit erhalten bleiben und zugleich in einer mehrstimmigen Komposition zusammengeführt werden.[1246] Dieser Herausforderung muss und kann ein Europäisches Tarifrecht gerecht werden. Der Europäische Gerichtshof hat mit der Anerkennung eines Unionsgrundrechts auf Kollektivverhandlungen und Kollektivmaßnahmen zwar zum großen Wurf angesetzt, sich dann aber in den vermeintlich sicheren Gefilden der Rechtsprechung zu den Grundfreiheiten verheddert.

1245 Thüsing/Traut, NZA-Beilage 2011, 69 (73) bezeichnen diese zutreffend als völlig systemfremd, rechtlich unzulässig und letztlich als reine Verfassungslyrik.

1246 Landfried, S. 379.

Ein Europäisches Tarifrecht ist dennoch nicht aufzuhalten und muss über eine bloße Europäisierung der nationalen Arbeitskampf- und Tarifvertragsordnungen hinausgehen. Die Grundfreiheiten als unionsrechtliches Spezifikum vermögen spürbare Wirkungen für die nationalen Akteure im Streik- und Tarifvertragsrecht zu entfalten. Dies war als Konsequenz eines gemeinsamen Marktes zu erwarten und ist letztlich auch erwünscht. Im Rahmen der oft emotionalen Diskussion im Anschluss an die Urteile des EuGH zum Streik- und Tarifrecht wurde teilweise verkannt, dass auch der transnationale Standortwettbewerb ein marktkonformes Element darstellt und keinesfalls a priori abzulehnen ist.[1247] Diese neuen Herausforderungen erfordern zwar eigenständige Antworten auf Ebene des Unionsrechts, jedoch keine neuen eigenständigen unionsrechtlichen Rechtsakte. Vielmehr haben die nationalen Tarifsysteme und Streikrechtsordnungen mit Art. 28 GRC einen festen Platz im Primärrecht erhalten. Mit dessen Hilfe gilt es nun, die Zielvorgabe einer „sozialen Marktwirtschaft" nach Art. 3 Abs. 3 EUV mit Leben zu erfüllen.[1248]

Entscheidend ist dabei das unionsrechtliche Grundrecht auf Kollektivverhandlungen und Kollektivmaßnahmen nicht nur auf dem Papier, sondern auch in der Rechtsanwendung als mit den Grundfreiheiten gleichwertig zu behandeln. Einer Nivellierung oder gar Verdrängung der mitgliedstaatlichen Tarifvertragsordnungen und Arbeitskampfsysteme ist damit deutlich zu widersprechen. Die Mitgliedstaaten der EU sind nicht Würfelzucker im heißen Tee, sondern die Knotenpunkte im Netz der europäischen Integration.[1249] Dies gilt auch und gerade für die vielschichtigen, auf unterschiedlichen Rechtstraditionen basierenden nationalen Tarifrechtsordnungen.

1247 Rieble/Kolbe, EuZA 2008, 453 (457) mit Verweis auf Rieble, Arbeitsmarkt und Wettbewerb, Rn. 291.

1248 Willemsen/Sagan, NZA 2011, 258 (262).

1249 Di Fabio, Die Zeit v. 13.09.2012, S. 6.

Literaturverzeichnis

Abrantes, José João: Contrat de travail et droits fondamentaux, Frankfurt am Main u. a. 2000.

Alber, Siegbert/Widmaier, Ulrich: Mögliche Konfliktbereiche und Divergenzen im europäischen Grundrechtsschutz, EuGRZ 2006, 113-124.

Albers, Marion: Inländerdiskriminierung am Beispiel der Handwerksordnung, JZ 2008, 708-714.

Apps, Katherine: Damages claims against trade unions after Viking and Laval, ELRev 2009, Band 34, 141-154.

Arndt, Hans-Wolfgang/Fischer, Kristian/Fetzer, Thomas: Europarecht, Heidelberg u. a. 2010.

Azari-Rad, Hamid/Philips, Peter/Prus, Mark: The Economics of Prevailing Wage Laws, Burlington 2005.

Bahlmann, Kai: Der Grundrechtsschutz in der Europäischen Gemeinschaft, EuR 1982, 1-20.

Barnard, Catherine: EC Employment Law, Oxford 2006.

Bayreuther, Frank: Die Vereinbarkeit des Arbeitnehmerentsendegesetzes mit europäischem Recht – Anmerkung zu EuGH, Urt. v. 25.10.2001 (Rs. C-49, 50, 52 bis 54 u. 68 bis 71/98), EuZW 2001, 764-766.

ders.: Tarifautonomie als kollektiv ausgeübte Privatautonomien – Tarifrecht im Spannungsfeld von Arbeits-, Privat-und Wirtschaftsrecht, München 2005.

ders.: Tarifpolitik im Spiegel der verfassungsgerichtlichen Rechtsprechung – Zum „equal-pay"-Beschluss des BVerfG, NZA 2005, 341-343.

ders.: Gesetzlicher Mindestlohn und sittenwidrige Arbeitsbedingungen, NJW 2007, 2022-2025.

ders.: Tariftreue vor dem Aus – Konsequenzen der Rüffert-Entscheidung des EuGH für die Tariflandschaft, NZA 2008, 626-630.

ders.: Nationales Streikrecht und EU-Wirtschaftsverfassung, EuZA 2008, 395-408.

ders.: Inländerdiskriminierung bei Tariftreueerklärungen im Vergaberecht, EuZW 2009, 102-107.

Becker, Ulrich: Anmerkung zum Urteil des EuGH v. 3.4.2008 – Rs. C-346/06 (Rüffert), JZ 2008, 891-893.

Behrens, Peter: Die Konvergenz der wirtschaftlichen Freiheiten im europäischen Gemeinschaftsrecht, EuR 1992, 145-162.

Benda, Ernst/Klein, Eckard/Klein, Oliver: Verwaltungsprozessrecht, Heidelberg 2012.

Bepler, Klaus: Deutsches Streikrecht und die Europäische Sozialcharta (ESC), in: Kohte, Hans-Wolfhard/Dörner, Hans-Jürgen/Anzinger, Rudolf, Arbeitsrecht im sozialen Dialog, Festschrift für Hellmut Wissmann zum 65. Geburtstag (2005) S. 97-113.

Bepler, Klaus: Problematische Arbeitsverhältnisse und Mindestlohn, in: Annuß, Georg/ Picker, Eduart/Wißmann, Hellmut (Hrsg.), Festschrift für Reinhard Richardi zum 70. Geburtstag (2007) S. 189-205.

Bercusson, Brian: European Labour Law, 2. Auflage, Cambridge 2009.

Bercusson, Brian: The Trade Union Movement and the European Union: Judgment Day, ELJ 2007, 279-308.

Berg, Peter/Platow, Helmut/Schoof, Christian/ Unterhinninghofen, Hermann: Tarifvertragsgesetz und Arbeitskampfrecht, 3. Auflage, Frankfurt am Main 2010.

Bergmann, Jan: Diener dreier Herren? – Der Instanzrichter zwischen BVerfG, EuGH und EGMR, EuR 2006, 101-115.

Bernsdorff, Norbert/Borowsky, Martin: Die Charta der Grundrechte der Europäischen Union, Baden-Baden 2002.

Bieber, Roland/Boillat, Philippe/Borghi, Marco (Hrsg.): Grundrechtsschutz in Europa – Protection des droits fondamentaux en Europe, Zürich 2001. [zitiert: *Bearbeiter*-Bieber/Boillat/Borghi]

Birk, Rolf: Arbeitskampf und Europarecht, in: Oetker, Hartmut/Preis, Ulrich/Rieble, Volker (Hrsg.), 50 Jahre Bundesarbeitsgericht (2004) S. 1165-1178.

Birkemeyer, Claas: Die unmittelbare Drittwirkung der Grundfreiheiten – zugleich Anmerkung zum Urteil des EuGH v. 17.7.2008, Rs. C-94/07 (Raccanelli), EuR 2010, 662-678.

Bitterich, Klaus: Tariftreue vor dem EuGH. Vergabefremde Zielsetzungen öffentlicher Auftraggeber als Problem gemeinschaftsrechtskonformer Vertragsgestaltung – zugleich Besprechung EuGH v. 03.04.2008 – Rs C-346/06, ZIP 2008, 1288 – Rüffert, ZIP 2008, 1455-1463.

Blanke, Thomas: Streikende Wikinger vor dem Europäischen Gerichtshof, Streikrecht und wirtschaftliche Grundfreiheiten im EU-Recht, AuR 2006, 1-6.

Blanke, Thomas: Die Entscheidungen des EuGH in den Fällen Viking, Laval und Rueffert – Domestizierung des Streikrechts und europaweite Nivellierung der industriellen Beziehungen. Oldenburger Studien zur Europäisierung und zur transnationalen Regulierung, http://www.cetro.uni-oldenburg.de/de/download/Nr._18_jm.pdf (zuletzt abgerufen am 05.05.2012). [zitiert: *Blanke*, Oldenburger Studien]

Blanpain, Roger: The Laval and Viking Cases – Freedom of Services and Esthablishment v. Industrial Conflict in the European Economic Area and Russia, Alphen aan den Rjin 2009. [zitiert: Blanpain-*Bearbeiter*]

Bogdandy, Armin von: Grundrechtsgemeinschaft als Integrationsziel? – Grundrechte und das Wesen der Europäischen Union, JZ 2001, 157-171.

von Bogdandy, Armin/Bast, Jürgen (Hrsg.): Europäisches Verfassungsrecht – Theoretische und dogmatische Grundzüge, Berlin u. a. 2009.
[zitiert: *Bearbeiter*-von Bogdandy/Bast]

Borchardt, Klaus-Dieter: Die rechtlichen Grundlagen der Europäischen Union, 4. Auflage, Wien 2010.

Britz, Gabriele; Volkmann, Uwe: Tarifautonomie in Deutschland und Europa – Grundlagen, Probleme, Perspektiven, Tübingen 2003.

Bröhmer, Jürgen: Die Bosphorus-Entscheidung des Europäischen Gerichtshofs für Menschenrechte – Der Schutz der Grund-und Menschenrechte in der EU und das Verhältnis zur EMRK, EuZW 2006, 71-75.

Buckel, Sonja; Oberndorfer, Lukas: Die lange Inkubationszeit des Wettbewerbs der Rechtsordnungen – Eine Genealogie der Rechtsfälle Viking/Laval/Rüffert/Luxemburg aus der Perspektive einer materialistischen Europarechtstheorie, in: Fischer-Lescano, Andreas/Rödl, Florian/Schmid, Christoph Ulrich (Hrsg.), Europäische Gesellschaftsverfassung, Zur Konstitutionalisierung sozialer Demokratie in Europa, Schriftenreihe des Zentrums für Europäische Rechtspolitik der Universität Bremen (ZERP), Baden-Baden 2009, S. 277-296.

Bultmann, Peter Friedrich: Beschaffungsfremde Kriterien: Zur „neuen Formel" des Europäischen Gerichtshofes, ZfBR 2004, 134-140.

Bungenberg, Marc: Die Berücksichtigung des Umweltschutzes bei der Vergabe öffentlicher Aufträge, NVwZ 2003, 314-317.

ders.: „Tariftreue" zwischen Bundesverfassungsgericht und EuGH – konträres oder komplementäres wirtschaftsverfassungsrechtliches Verständnis?, EuR 2008, 397-409.

ders./Nowak, Carsten: Europäische Umweltverfassung und EG-Vergaberecht – zur Berücksichtigung von Umweltschutzbelangen bei der Zuschlagserteilung, ZUR 2003, 10-15.

ders./Huber, Peter Michael/Streinz, Rudolf: Wirtschaftsverfassung und Vergaberecht – Der verfassungsrechtliche Rahmen der Auftrags-und Konzessionsvergabe, Stuttgart 2011.

Burgi, Martin: Mitgliedstaatliche Garantenpflicht statt unmittelbare Drittwirkung der Grundfreiheiten, EWS 1999, 327-332.

ders.: Die künftige Bedeutung der Freiheitsgrundrechte für staatliche Verteilungsentscheidungen, WiVerw 2007, 173-182.

Bücker, Andreas: Die Rosella-Entscheidung des EuGH zu gewerkschaftlichen Maßnahmen gegen Standortverlagerungen: der Vorhang zu und viele Fragen offen, NZA 2008, 212-216.

ders./Warneck, Wiebke (Hrsg.): Viking-Laval-Rüffert: Consequences and perspectives, Brüssel 2010. [zitiert: Bücker/Wareck-*Bearbeiter*]

Calliess, Christian: Rechtsstaat und Umweltstaat – zugleich ein Beitrag zur Grundrechtsdogmatik im Rahmen mehrpoliger Verfassung, Tübingen 2001.

ders.: Grundlagen, Grenzen und Perspektiven europäischen Richterrechts, NJW 2005, 929-933.

ders./Ruffert Matthias (Hrsg.): Kommentar zum EUV/AEUV, Das Verfassungsrecht der Europäischen Union mit Europäischer Grundrechtecharta, 4. Auflage, München 2011. (zitiert: Calliess/Ruffert-*Bearbeiter*)

Canaris, Claus-Wilhelm: Grundrechte und Privatrecht, AcP 1984, 201-246.

ders.: Drittwirkung der gemeinschaftsrechtlichen Grundfreiheiten, in: Bauer, Hartmut/Czybulka, Detlef/Kahl, Wolfgang/Voßkuhle, Andreas (Hrsg.), Umwelt, Wirtschaft und Recht – Wissenschaftliches Symposium aus Anlass des 65. Geburtstages von Reiner Schmidt, 16./17. November 2001, Tübingen 2002, S. 31-65.

Carr, Bruce/O'Donoghue, Robert: Dealing with Viking and Laval: From theory to practice, in: Barnard, Catherine; Odudu, Okeoghene (Hrsg.), Cambridge Yearbook of European Legal Studies, Band 11, Portland 2009, S. 123-163.

Carruthers, Stephen: Beware of lawyers bearing gifts: a critical evaluation of the proposals on fundamental rights in the EU Constitutional Treaty, EHRLR 2004, 424-435.

Castro Oliveira, Álvaro: Workers and other persons: step-by-step from movement to citizenship – Case Law 1995-2001, CMLRev 2002, 77-127.

Cirkel, Johannes: Bindungen der Mitgliedstaaten an die Gemeinschaftsgrundrechte, Baden-Baden 2000.

Cavallini, Joël: Sur le respect de la libre prestation de services dans l'Union européenne, La Semaine Juridique -Social 2008, Nr. 1352, 23-25.

Colneric, Ninon: Die Rolle des EuGH bei der Fortentwicklung des Arbeitsrechts, EuZA 2008, 212-227.

Craig, Paul/De Búrca, Gráinne: EU Law, 4. Auflage, Oxford 2008.

von Danwitz, Thomas: Kritik ist nicht berechtigt, in: Die Tageszeitung (taz), 12.09.2008, Nr. 8682, S. 4.

ders.: Grundfreiheiten und Kollektivautonomie, EuZA 2010, 6-18.

ders.: Kooperation der Gerichtsbarkeiten in Europa, ZRP 2010, 143-147.

Däubler, Wolfgang: Neue Grundsätze im Arbeitskampf?, AuR 1998, 144-148.

ders.: Die Koalitionsfreiheit im EG-Recht, in: Isenhardt, Udo/Preis, Ulrich (Hrsg.), Arbeitsrecht und Sozialpartnerschaft, Festschrift für Peter Hanau, Köln 1999, S. 489-503.

ders.: Tariftreue statt Sozialkostenwettbewerb?, ZIP 2000, 681-688.

ders. (Hrsg.): Tarifvertragsgesetz mit Arbeitnehmerentsendegesetz, Baden-Baden 2006. [zitiert: *Bearbeiter*-Däubler, TVG]

ders. (Hrsg.): Arbeitskampfrecht, Baden-Baden 2006. [zitiert: *Bearbeiter*-Däubler, Arbeitskampfrecht)

ders.: ITF-Aktionen gegen Billig-Flaggen-Schiffe – im Widerspruch zum EG-Recht?, AuR 2008, 409-417.

ders.: EU-Recht und nationale Tarifsysteme, in: Hekimler, Alpay/Ring, Gerhard (Hrsg.), Tarifrecht in Europa, Baden-Baden 2012, S. 9-18.

Davies, Anne: The Right to Strike versus Freedom of Establishment in EC Law: The Battle Commences, ILJ 2006, 75-86.

dies.: One step forward, two steps back? The Viking and Laval cases in the ECJ, ILJ 2008, 126-148.

Davies, Paul: The posted workers directive and the EC Treaty, ILJ 2002, 298-306.

Degenhart, Christoph: Staatsrecht I – Staatsorganisationsrecht, Heidelberg 2011.

Dehousse, Franklin/García Martinez, Jordi: The issue of Fundamental Rights in the European Convention, in: Dehousse, Franklin/Coussens, Wouter (Hrsg.), The Convention's draft Constitutional Treaty: old wine in a new bottle? Studia Diplomatica Band 56, 2003, Nr. 1-2, S. 77-85.

Deinert, Olaf: Arbeitnehmerentsendung im Rahmen der Erbringung von Dienstleistungen innerhalb der europäischen Union – Rechtsprobleme der Sonderanknüpfung eines „harten Kerns“ arbeitsrechtlicher Vorschriften des Arbeitsortes, RdA 1996, 339-352.

ders.: Der europäische Kollektivvertrag – Rechtstatsächliche und rechtsdogmatische Grundlagen einer gemeineuropäischen Kollektivvertragsautonomie, Baden-Baden 1999.

Di Fabio, Udo: Staaten sind kein Würfelzucker, in: Die Zeit, 13.09.2012, Nr. 38, S. 6.

Diefenbach, Wilhelm: Zu Fragen der Inländerdiskriminierung im Handwerksrecht vor dem Hintergrund der Entscheidungen des österreichischen Verfassungsgerichtshofs vom 09.12.1999 und des Europäischen Gerichtshofs vom 03.10.2000, GewArch 2001, 353-360.

Dieterich, Thomas: Die Grundrechtsbindung von Tarifverträgen, in: Schlachter, Monika/ Ascheid, Reiner/Friedrich, Hans-Wolf (Hrsg.): Tarifautonomie für ein neues Jahrhundert, Festschrift für Günter Schaub zum 65. Geburtstag, München 1998, S. 117-134.

ders.: Unternehmerfreiheit und Arbeitsrecht im Sozialstaat, AuR 2007, 65-70.

Dietlein, Johannes: Die Lehre von den grundrechtlichen Schutzpflichten, Berlin 1992.

Döring, René: Rechtsprobleme des Ausländereinsatzes in der deutschen Bauwirtschaft, Aachen 2006.

Dörrwächter, Jan Christoph: Tedenzschutz im Tarifrecht, Berlin 1998.

Dreier, Horst: Grundgesetz-Kommentar, Band 1, Tübingen 2004.

Ehlers, Dirk: Das Wirtschaftsverwaltungsrecht im Europäischen Binnenmarkt, NVwZ 1990, 810-816.

ders.: Grundfreiheiten des europäischen Gemeinschaftsrechts, Teil 1, Jura 2001, 266-275.

ders. (Hrsg.): Europäische Grundrechte und Grundfreiheiten, 3. Auflage, Berlin 2009. [zitiert: *Bearbeiter*-Ehlers]

Engels, Andreas: Verfassung und Arbeitskampfrecht – Verfassungsrechtliche Grenzen arbeitsgerichtlicher Arbeitskampfjudikatur, Berlin 2008.

ders.: Das Gemeinschaftsgrundrecht auf Durchführung kollektiver Maßnahmen – eine Skizze, ZESAR 2008, 475-482.

Epping, Volker: Grundrechte, 4. Auflage, Heidelberg 2010.

Epiney, Astrid: Umgekehrte Diskriminierungen – Zulässigkeit und Grenzen der discrimination à rebours nach europäischem Gemeinschaftsrecht und nationalem Verfassungsrecht, Köln 1995.

Everling, Ulrich: Zur Europäischen Grundrechte-Charta und ihren sozialen Rechten, in: Söllner, Alfred/Gitter, Wolfgang/Waltermann, Raimund/ Giesen, Richard/Ricken, Oliver (Hrsg.), Gedächtnisschrift für Meinrad Heinze, München 2005, S. 157-176.

Ewing, Keith; Hendy, John: The dramatic implications of Demir and Baykara, ILJ 2010, S. 2-51.

Fallon, Marc: Droit matériel général de l'Union européenne, 2. Auflage, Louvain-la-Neuve 2002.

Fetsch, Johannes: Eingriffsnormen und EG-Vertrag: die Pflicht zur Anwendung der Eingriffsnormen anderer EG-Staaten, Tübingen 2002.

Fischer, Kristian: Vergabefremde Zwecke im öffentlichen Auftragswesen: Zulässigkeit nach Europäischem Gemeinschaftsrecht, EuZW 2004, 492-496.

Fischer, Mattias: Gesetzlicher Mindestlohn – Verstoß gegen die Koalitionsfreiheit?, ZRP 2007, 20-22.

Fischbach, Marc: Grundrechte-Charta und Menschenrechtskonvention, in: Heusel, Wolfgang (Hrsg.), Grundrechtecharta und Verfassungsentwicklung in der EU, Köln 2002, S. 125-129

Fischinger, Philipp: Zur Begrenzung des Streikrechts durch den Grundsatz der Verhältnismäßigkeit, RdA 2007, 99-103.

Frank, Stefan Leo: Altes und Neues zum Vorrang des Gemeinschaftsrechts vor staatlichem Recht, ZÖR 2000, 1-59

Franck, Gunnar: Die horizontale unmittelbare Anwendbarkeit der EG-Grundfreiheiten – Grundlagen und aktuelle Entwicklung, in: Tietje, Christian (Hrsg.), Beiträge zum Europa- und Völkerrecht, Heft 1, Stand: Januar 2009, http://telc.jura.uni-halle.de/sites/default/files/telc/Heft1.pdf [zuletzt abgerufen am 05.05.2012].

Franzen, Martin: Europäische Grundfreiheiten und nationales Arbeitskampfrecht, in: Bauer, Jobst-Hubertus/Kort, Michael/Möllers, Thomas/Sandmann, Bernd (Hrsg.), Festschrift für Herbert Buchner zum 70. Geburtstag, München 2009, S. 231-244.

ders.: Die Rechtsprechung des Europäischen Gerichtshofs im Arbeitsrecht zwischen Marktfreiheit und Arbeitnehmerschutz, in: Niederst, Noelle/Schack, Axel (Hrsg.), Europäische Sozialpolitik – Die richtige Antwort auf die Globalisierung?, Wiesbadener Gespräche zur Sozialpolitik Band 5, 2009, S. 137-151.

ders.: Arbeitskampf und Europa, EuZA 2010, 453-456.

ders./Richter, Christiane: Case C-346/06, Rechtsanwalt Dr. Dirk Rüffert, in his capacity as liquidator of Objekt und Bauregie GmbH & Co. KG v. Land Niedersachsen, Judgment of the Court of Justice (Second Chamber) of 3 April 2008, [2008] ECR I-1989, CMLRev 2010, 537-554.

Frenz, Walter: Handbuch Europarecht, Europäische Grundrechte, Band 4, Berlin 2009. [zitiert: Frenz, Handbuch Europarecht, Band 4]

ders.: Handbuch Europarecht, Wirkungen und Rechtsschutz, Band 5, Berlin 2010. [zitiert: Frenz, Handbuch Europarecht, Band 5]

ders.: Prägung des grundgesetzlichen Übermaßverbotes durch Europarecht? – Nationale Relevanz der Inländerdiskriminierung?, JZ 2007, 343-348.

Frowein, Jochen: Die Verfassung der Europäischen Union aus der Sicht der Mitgliedstaaten, EuR 1995, S. 315-333.

ders./Peukert, Wolfgang: Europäische Menschenrechtskonvention, 3. Auflage, Kehl 2009.

Fuchs, Maximilian/Marhold, Franz: Europäisches Arbeitsrecht, 3. Auflage, Wien 2010.

Fütterer, Patrick: Das Koalitions- und Streikrecht im EU-Recht nach den Wandel der Rechtsprechung des EGMR zur Koalitionsfreiheit gemäß Art. 11 EMRK (Demir und Baykara und andere), EuZA 2011, 505-520.

Ganten, Ted Oliver: Die Drittwirkung der Grundfreiheiten, Berlin 2000.

Gamillscheg, Franz: Überlegungen zur Allgemeinverbindlichkeit des Tarifvertrags, in: Arbeitsrecht und Zivilrecht in Entwicklung, Festschrift für Bae-Hyung Kim, Berlin 1995, S. 35-54.

Gamillscheg, Franz: Kollektives Arbeitsrecht, Band 1, München 1997.

Gehlhaar, Daniel: Honeywell in der Praxis – Ein Aus- und Überblick, NZA 2010, 1053-1054.

Geiger, Rudolf/Khan, Daniel-Erasmus/Kotzur, Markus (Hrsg.): EUV/AEUV, Kommentar, 5. Auflage, München 2010. [zitiert: EUV/AEUV-*Bearbeiter*]

Gerber, Peter: Tarifrecht und Arbeitskampf vor dem Hintergrund eines globalen Marktumfeldes – Reichweite und Grenzen, ZfA 2008, 311-316.

Gerhardt, Michael: Europa als Rechtsgemeinschaft: Der Beitrag des Bundesverfassungsgerichts, ZRP 2010, 161-165.

Gerken, Lüder/Rieble, Volker/Löwisch, Manfred: Der Entwurf eines Arbeitnehmer- Entsendegesetzes in ökonomischer und rechtlicher Hinsicht, BB 1995, 2370-2375.

ders./Rieble, Volker/Roth, Günter/Stein, Thorsten/Streinz, Rudolf: „Mangold" als ausbrechender Rechtsakt, München 2009. [zitiert: Mangold]

Gersdorf, Hubertus: Funktionen der Gemeinschaftsgrundrechte im Lichte des Solange II- Beschlusses des Bundesverfassungsgerichtes, AöR 1994, 400-426.

Goldsmith, Lord Peter: A Charter of Rights, Freedoms and Principles, in: Heusel, Wolfgang (Hrsg.), Grundrechtecharta und Verfassungsentwicklung in der EU, Köln 2002, S. 35-43.

Gomien, Donna; Harris, David; Zwaak, Leo: Law and Practice of the European Convention on Human Rights and the European Social Charter, Straßburg 1996.

Götz, Volkmar: Das Maastricht-Urteil des Bundesverfassungsgerichts, JZ 1993, 1081-1086.

Graber, Rasso: Die unmittelbare Wirkung der Grundfreiheiten – eine Untersuchung anhand einer Auslegung des EG-Vertrages, der Rechtsprechung des

Gerichtshofs und der Folgen einer angenommenen unmittelbaren Drittwirkung, München 2002.

Grabenwarter, Christoph/Pabel, Katharina: Europäische Menschenrechtskonvention, 5. Auflage, München 2012. [zitiert: *Grabenwarter/Pabel*, EMRK]

Grabenwarter, Christoph: Auf dem Weg in die Grundrechtsgemeinschaft?, EuGRZ 2004, 563-570.

Grabitz, Eberhard: Europäisches Bürgerrecht zwischen Marktbürgerschaft und Staatsbürgerschaft, Köln 1970.

Gramlich, Ludwig: Grundfreiheiten contra Grundrechte im Gemeinschaftsrecht?, DÖV 1996, 801-811.

Greiner, Stefan: Rechtsfragen der Koalitions-, Tarif- und Arbeitskampfpluralität, 2. Auflage, München 2011.

Greiner, Stefan: Von der Tariftreue zum Landesvergabemindestlohn – Bestandsaufnahme und europarechtliche Bewertung, ZIP 2011, 2129-2135.

Groeben, Hans von der; Schwarze, Jürgen: Kommentar zum Vertrag über die Europäische Union und zur Gründung der Europäischen Gemeinschaft, 6. Auflage, Baden-Baden 2003. [zitiert: Von der Groeben/Schwarze-*Bearbeiter*]

Grundmann, Stefan: Europäisches Handelsrecht – vom Handelsrecht des laissez faire im Kodex des 19. Jahrhunderts zum Handelsrecht der sozialen Verantwortung, ZHR 1999, 635-678.

Gundel, Jörg: Die Rechtfertigung von faktisch diskriminierenden Eingriffen in die Grundfreiheiten des EGV, Jura 2001, 79-85.

ders.: Urteilsanmerkung zu BayVerfGH, 20.6.2008 - Vf. 14-VII-00 (Vereinbarkeit der Tariftreueregel mit Landesverfassungsrecht; Einfluß des Gemeinschaftsrechts), EuZW 2008, 678-679.

ders.: Die Inländerdiskriminierung zwischen Verfassungs- und Europarecht: Neue Ansätze in der deutschen Rechtsprechung, DVBl 2007, 269-278.

Hallstein, Walter: Der unvollendete Bundesstaat: europäische Erfahrungen und Erkenntnisse, Wien 1969.

Hammerl, Christoph: Inländerdiskriminierung, Berlin 1997.

Hanau, Peter: Der Vorschlag für eine Richtlinie des Rates der Europäischen Gemeinschaft über die Entsendung von Arbeitnehmern im Rahmen der Erbringung von Dienstleistungen aus deutscher Sicht, in: Blanpain, Roger; Weiss, Manfred (Hrsg.), The changing face of labour law and industrial relations – Liber amicorum for Clyde W. Summers, Baden-Baden 1993, S. 194-215.

ders.: Lohnunterbietung („Sozialdumping“) durch Europarecht, in: Due, Ole; Lutter, Marcus; Schwarze, Jürgen (Hrsg.), Festschrift für Ulrich Everling, Band 1, Baden- Baden 1995, S. 415-431.

ders.: Tariftreue nicht überall vor dem Aus, NZA 2008, 721-752.

Harris, David/Darcy John: The European Social Charter, 2. Auflage, Ardsley 2001.

Hartley, Trevor: The Foundations of European Union Law, Oxford 2007.

Häberle, Peter: Der kooperative Verfassungsstaat, in: Recht und Gesellschaft, Festschrift für Helmut Schelsky, Berlin 1978, S. 141-177.

Hänlein, Andreas: Das Rüffert-Urteil des EuGH zum Gebot der „Tariftreue“ bei der Vergabe öffentlicher Aufträge, ZESAR 2008, 275-282.

Hänlein, Andreas: Anmerkung zu EuGH, Urteil vom 18.7.2007, Rs. C-490/04 - Kommission der Europäischen Gemeinschaften gegen Bundesrepublik Deutschland, ZESAR 2007, 494-498.

Heintzen, Markus: Inländerdiskriminierung im Gemeinsamen Markt – dargestellt am Beispiel der Rechtsanwaltschaft, EWS 1990, 82-92.

Henssler, Martin/Sittard, Ulrich: Flexibler Mindestlohn durch Konkretisierung des Sittenwidrigkeitstatbestands – Zugleich Besprechung zum Urteil BAG v. 26. 4. 2006 - 5 AZR 549/05, RdA 2007, 159-165.

ders./Braun, Axel (Hrsg.): Arbeitsrecht in Europa, 3. Auflage, Köln 2011. [zitiert: *Bearbeiter*-Henssler/Braun]

Hepple, Bob: Labour Laws and Global Trade, Portland 2005.

Herdegen, Matthias: Europarecht, 14. Auflage, München 2012.

Hergenröder, Curt Wolfgang: Europäische Aspekte des Arbeitskampfrechts, in: Oetker, Hartmut; Preis, Ulrich (Hrsg.), Europäisches Arbeits- und Sozialrecht, Loseblattsammlung, 145. Lfg. Heidelberg Mai 2009, B 8400. [zitiert: *Hergenröder*, EAS B 8400]

Herresthal, Carsten: Die Re-Individualisierung des kollektiven Arbeitsrechts in der europäischen Integration am Beispiel der Tarifautonomie, EuZA 2011, 3-29.

Herzog, Roman/Gerken Lüder: Stoppt den EuGH, FAZ, 09.09.2008, S. 8, online verfügbar http://www.cep.eu/fileadmin/user_upload/Pressemappe/CEP_in_den_Medien/Herzog-EuGH-Webseite.pdf [zuletzt abgerufen am 14.05.2012].

Hesse, Konrad: Grundzüge des Verfassungsrechts der Bundesrepublik Deutschland, Heidelberg 1999.

Heselhaus, Sebastian; Nowak, Carsten: Handbuch der Europäischen Grundrechte, München 2006. [zitiert: *Bearbeiter*, in: Heselhaus/Nowak]

Hervey, Tamara; Kenner, Jeff: Economic and social rights under the EU Charter of Fundamental Rights: a legal perspective, Portland 2003.

Heuschmid, Johannes: Mitentscheidung durch Arbeitnehmer – ein europäisches Grundrecht?: Die Wirkung der Grundrechte als Korrektiv der Grundfreiheiten dargestellt am Beispiel der Beteiligung der Arbeitnehmer im Unternehmen, Baden- Baden 2009.

Hirsch, Günther: Der EuGH im Spannungsverhältnis zwischen Gemeinschaftsrecht und nationalem Recht, NJW 2000, 1817-1822.

Hobe, Stephan: Der offene Verfassungsstaat zwischen Souveränität und Interdependenz: eine Studie zur Wandlung des Staatsbegriffs der deutschsprachigen Staatslehre im Kontext internationaler institutionalisierter Kooperation, Berlin 1998.

Hofmann, Alexander: Noch einmal: Die Auswirkungen von Rüffert, RdA 2010, 351-354.

Hoffmann-Riem, Wolfgang: Kohärenz der Anwendung europäischer und nationaler Grundrechte, EuGRZ 2002, 473-483.

Höfling, Wolfram; Rixen, Stephan: Von der „gewährleistungsstaatlichen" Relativierung des Grundrechtsschutzes am Beispiel der Tariftreue-Entscheidung des BVerfG, RdA 2007, 360-366.

Huber; Peter, Michael: Recht der Europäischen Integration, München 2002.

Hummer, Waldemar: Neueste Entwicklungen im Zusammenspiel von Europarecht und nationalem Recht der Mitgliedstaaten, Wien 2010.

Isensee, Josef: Die verfassungsrechtliche Verankerung der Tarifautonomie, in: Walter-Raymond-Stiftung (Hrsg.), Die Zukunft der sozialen Partnerschaft, Köln 1986, S. 159-193.

ders.: Integrationswille und Integrationsresistenz des Grundgesetzes – Das Bundesverfassungsgericht zum Vertrag von Lissabon, ZRP 2010, 33-37.

Jacobs, Antoine T. J. M.: The Law of Strikes and Logouts, in: Blanpain, Roger (Hrsg), Comparative Labour Law and Industrial Relations in Industrialized Market Economies, Alphen aan den Rijn 2010, Kapitel 21, S. 659-720.

Jacobs, Matthias/Krause, Rüdiger/Oetker Hartmut: Tarifvertragsrecht, München 2007.

Jaeckel, Liv: Schutzpflichten im deutschen und europäischen Recht, Baden-Baden 2001.

Jaeger, Renate/Broß, Siegfried: Nationaler und europäischer Schutz der Bürger- und Menschenrechte, in: Humanistische Union (Hrsg.), Perspektiven des nationalen und europäischen Schutzes der Bürger- und Menschenrechte, Berlin 2011, S. 9-14.

Jaensch, Michael: Die unmittelbare Drittwirkung der Grundfreiheiten, Baden-Baden 1997.

Janisch, Wolfgang: 68. Deutscher Juristentag in Berlin – Eine Bilanz, ZRP 2010, 266-267.

Jansen, Bernhard: Arbeitskampf in Europa und grenzüberschreitende Auswirkungen: Bewertung aus der Sicht des europäischen Rechts, NZA-Beilage 2006, 59-61.

Jarass, Hans Dieter: Elemente einer Dogmatik der Grundfreiheiten, EuR 1995, 202-226.

ders.: Elemente einer Dogmatik der Grundfreiheiten II, EuR 2000, 705-722.

ders.: Charta der Grundrechte der Europäischen Union, München 2010. [zitiert: *Jarass*, GRC]

ders.: EU-Grundrechte, München 2005. (zitiert: EU-Grundrechte)

ders.: Die Grundfreiheiten als Grundgleichheiten, in: Due, Ole; Lutter, Marcus; Schwarze, Jürgen (Hrsg.), Festschrift für Ulrich Everling, Band 1, Baden-Baden 1995, S. 593-609.

ders.:/Beljin, Sasa: Casebook Grundlagen des EG-Rechts, Baden-Baden 2003.

ders.:/Pieroth, Bodo: Grundgesetz für die Bundesrepublik Deutschland, München 2009.

Jeschke, Anja: Der europäische Streik – Konturen und Entwicklungsperspektiven eines gemeineuropäischen Streikrechts, Baden-Baden 2006.

Jones, Stephen: Die Bindung der Mitgliedstaaten an die Grundrechte der Europäischen Gemeinschaft: Zur Frage der innerstaatlichen Anwendbarkeit der Gemeinschaftsgrundrechte und der Bindung der nationalen Stellen am Beispiel der Bundesrepublik Deutschland, Berlin 1999.

Joussen, Jacob: Schritte zum europäischen Streikrecht – die Entscheidung Laval, ZESAR 2008, 333-339.

Junker, Abbo: Europa und das deutsche Tarifrecht – Was bewirkt der EuGH?, ZfA 2009, 281-296.

ders.: Kollektives Arbeitsrecht in Europa – Überblick über das Arbeitskampfrecht und das Tarifsystem der Mitgliedstaaten, RdA-Beilage 2009, 4-10.

ders.: Grundfreiheiten und „kollektive Maßnahmen" – Die Urteile des EuGH in Sachen Viking Line und Laval, SAE 2008, 209-217.

ders.: Standortverlagerung und Niederlassungsfreiheit – das Rosella-Verfahren vor dem EuGH, EWS 2007, 49-55.

ders.: Entwicklung des Arbeitskampfrechts in Europa, in: Rieble, Volker; Junker, Abbo; Giesen, Richard (Hrsg.): Neues Arbeitskampfrecht?, ZAAR Schriftenreihe, Band 18, München 2010, S. 155-178.

Jürgens, Fabian: Die Kompetenzabgrenzung zwischen der Europäischen Union und den Mitgliedstaaten – Analyse und Bewertung der vertraglichen Ausgestaltung und der Anwendung der europarechtlichen Kompetenznormen durch die Gemeinschaftsorgane vor dem Hintergrund eines materiellen Kompetenzverständnisses, München 2010.

Kamanabrou, Sudabeh: Arbeitsrecht im Binnenmarkt, EuZA 2010, 157-179.

Kämmerer, Axel Jörn/Thüsing, Gregor: Neue Wirkungen des Tarifvertrags: Möglichkeiten eines Tariftreuegesetzes, in: Thüsing, Gregor (Hrsg.), Tarifautonomie im Wandel. Beiträge zum Tarif-, Arbeitskampf- und Koalitionsrecht, Köln 2003, S. 213-239.

dies.: Tariftreue im Vergaberecht. Zum Entwurf eines Gesetzes zur tariflichen Entlohnung bei öffentlichen Aufträgen und zur Einrichtung eines Registers über unzuverlässige Unternehmen, ZIP 2002, 596-606.

Kania, Marcus: Betriebsverlagerungen ins Ausland als Weg aus der Krise?, ZESAR 2010, 112-118.

Karpenstein, Peter: Chancen für ein europäisches Arbeitsrecht in einem vereinheitlichten Europa, in: Merten, Detlef/Pitschas, Rainer (Hrsg.), Der europäische Sozialstaat und seine Institutionen, Berlin 1993, S. 153-174.

Kempen, Otto Ernst: Das Grundrecht der Koalitionsfreiheit vor dem Europäischen Gerichtshof, in: Dieterich, Thomas; Le Friant, Martine; Nogler, Luca; Kezuka, Katsutoshi; Pfarr, Heide (Hrsg.), Individuelle und kollektive Freiheit im Arbeitsrecht, Gedächtnisschrift für Ulrich Zachert, Baden-Baden 2010, S. 15-36.

Kingreen, Thorsten: Die Struktur der Grundfreiheiten des Europäischen Gemeinschaftsrechts, Berlin 1999. [zitiert: *Kingreen*, Struktur der Grundfreiheiten]

ders.: Das Sozialstaatsprinzip im europäischen Verfassungsverbund, Tübingen 2003. [zitiert: *Kingreen*, Sozialstaatsprinzip]

ders: Die Universalisierung sozialer Rechte im europäischen Gemeinschaftsrecht, EuR- Beiheft 2007, 43-75.

Kissel, Otto Rudolf: Arbeitskampfrecht, München 2002.

Klein, Eckart: Gedanken zur Europäisierung des deutschen Verfassungsrechts, in: Burmeister, Joachim (Hrsg.), Verfassungstaatlichkeit, Festschrift für Klaus Stern zum 65. Geburtstag, München 1997, S. 1301-1315.

Kling, Michael: Tariftreue und Dienstleistungsfreiheit – Zur primärrechtlichen Beurteilung des § 3 Tariftreuegesetz des Bundes i.d.F. des Gesetzentwurfs der Bundesregierung v. 12.12.2001, EuZW 2002, 229-237.

Klumpp, Steffen: Dienstleistungsfreiheit versus Tariftreue, NJW 2008, 3473-3477.

Knauff, Matthias: Das Verhältnis zwischen Bundesverfassungsgericht, Europäischem Gerichtshof und Europäischem Gerichtshof für Menschenrechte, DVBl 2010, 533-542.

ders.: Die Reform des europäischen Vergaberechts, EuZW 2004, 141-144.

Knook, Allard: The Court, The charter, and the vertical division of powers in the European Union, CMLRev 2005, 367-398.

Knöfel, Oliver: Internationales Arbeitskampfrecht nach der Rom II-Verordnung, EuZA 2008, 228-250.

Kober, Martin: Der Grundrechtsschutz in der Europäischen Union – Bestandsaufnahme, Konkretisierung und Ansätze zur Weiterentwicklung der europäischen Grundrechtsdogmatik anhand der Charta der Grundrechte der Europäischen Union, München 2008.

Kocher, Eva: Kollektivverhandlungen und Tarifautonomie – welche Rolle spielt das europäische Recht?, AuR 2008, 13-19.

dies.: Mindestlöhne und Tarifautonomie - Festlegung allgemeiner Mindestentgelte durch Verbindlicherklärung nach AEntG?, NZA 2007, 600-604.

dies.: Das „Sozialthema" zwischen EuGH und Nationalstaat, AuR 2009, 332-338.

dies.: Die Tariftreueerklärung vor dem EuGH, DB 2008, 1042-1045.

dies.: Stoppt den EuGH? Zum Ort der Politik in einer europäischen Arbeitsverfassung, in: Fischer-Lescano, Andreas; Rödl, Florian; Schmid, Christoph Ulrich (Hrsg.), Europäische Gesellschaftsverfassung, Zur Konstitutionalisierung sozialer Demokratie in Europa, Schriftenreihe des Zentrums für Europäische Rechtspolitik der Universität Bremen (ZERP), Baden-Baden 2009, S. 161-179. [zitiert: *Kocher*, in: Europäische Gesellschaftsverfassung]

dies.: Europäische Tarifautonomie – Rechtsrahmen für Autonomie und Korporatismus, Juridikum 2010, 465-483.

dies.: Bundesverfassungsgericht und Verrechtlichung auf europäischer Ebene, APuZ 2011, 35-41.

Kokott, Juliane: Deutschland im Rahmen der Europäischen Union – zum Vertrag von Maastricht, AöR 1994, 207-237.

dies.: Der EuGH – eine neoliberale Institution?, in: Hohmann-Dennhardt, Christine; Masuch, Peter; Villiger, Mark (Hrsg.), Grundrechte und Solidarität, Durchsetzung und Verfahren, Festschrift für Renate Jaeger, Kehl am Rhein 2010, S. 115-134.

Konzen, Horst: Arbeitskampf, Lohndumping und europäische Grundfreiheiten, in: Bauer, Jobst-Hubertus; Kort, Michael; Möllers, Thomas; Sandmann, Bernd (Hrsg.), Festschrift für Herbert Buchner zum 70. Geburtstag. München 2009, S. 461-476.

Koopmann, Peter: Gewerkschaftsfusion und Tarifautonomie, Berlin 2000.

Kort, Michael: Die Bedeutung der europarechtlichen Grundfreiheiten für die Arbeitnehmerentsendung und die Arbeitnehmerüberlassung, NZA 2002, 1248-1254.

Kowanz, Rolf: Europäische Kollektivvertragsordnung – Bestandsaufnahme und Entwicklungsperspektiven, Baden-Baden 1999.

Köngeter, Matthias: Völkerrechtliche und innerstaatliche Probleme eines Beitritts der Europäischen Union zur EMRK, in: Becker, Yvonne (Hrsg.), Die Europäische Verfassung – Verfassung in Europa, Bielefeld 2005, S. 230-255.

König, Doris: Das Problem der Inländerdiskriminierung - Abschied von Reinheitsgebot, Nachtbackverbot und Meisterprüfung?, AöR 1993, 591-616.

Körber, Torsten: Grundfreiheiten und Privatrecht, Göttingen 2004.

Krause, Rüdiger: Standortsicherung und Arbeitsrecht, Baden-Baden 2007.

Krebber, Sebastian: Soziale Rechte in der Gemeinschaftsrechtsordnung, RdA 2009, 224-236.

Kreiling, Simone: Tariflohn kraft staatlicher Anordnung?, NZA 2001, 1118-1125.

Krewet, Maike Susanne: Wechselwirkungen zwischen dem Grundgesetz und den Primärverträgen der Europäischen Union als ihrer Verfassung – Rechtstransfer und gegenseitige Beeinflussung von selbständigen Rechtskreisen eines Mehrebenensystems am Beispiel des Grundrechtsschutzes, Berlin 2009.

Krieger, Steffen/Wiese, Nils: Neue Spielregeln für Streiks um Tarifsozialpläne – Praktische Konsequenzen aus der Viking-Entscheidng des EuGH, BB 2010, 568-572.

Krohn, Wolfram: Umweltschutz als Zuschlagskriterium: Grünes Licht für „Ökostrom", NZBau 2004, 92-96.

Krois, Christopher: Inhalt und Grenzen des unionsrechtlichen Verbots der Altersdiskriminierung, DB 2010, 1704-1708.

Krüger, Hans Christian/Polakiewicz, Jörg: Vorschläge für ein kohärentes System des Menschenrechtsschutzes in Europa: Europäische Menschenrechtskonvention und EU-Grundrechtecharta, EuGRZ 2001, 92-105.

Kutzscher, Dirk Martin: Der grenzüberschreitende Sachverhalt in der Rechtsprechung des EuGH und deren Auswirkungen auf die Freizügigkeit der Unionsbürger, Frankfurt am Main u. a. 2011.

Kühling, Jürgen: Arbeitsrecht in der Rechtsprechung des Bundesverfassungsgerichts, AuR 1994, 126-132.

ders./Bertelsmann, Klaus: Tarifautonomie und Unternehmerfreiheit – Arbeitskampf aus Anlass von Standortentscheidungen, NZA 2005, 1017-1027.

Ladenburger, Clemens: Fundamental rights and citizenship of the Union, in: Amato, Guiliano; Witte, Bruno de; Bribosia, Hervé (Hrsg.): Génèse et Destinée de la Constitution européenne – Genesis and Destiny of the European Constitution, Brüssel 2007, S. 311-365.

Landfried, Christine Das politische Europa – Differenz als Potential der Europäischen Union, Baden-Baden 2005.

Langenfeld, Christine: Streiks gegen Standortverlagerungen contra europäische Niederlassungsfreiheit vor dem EuGH – Wer schlägt die Schlacht im Fall Rosella?, in: Depenheuer, Otto; Heintzen, Markus; Jestaedt, Matthias; Axer, Peter (Hrsg.), Staat im Wort, Festschrift für Josef Isensee, Heidelberg 2007, S. 815-828.

Last, Christina/Dähne, Harald: Vereinbarkeit von Tariftreueklauseln mit Unionsrecht – „Rüffert"-Entscheidung des EuGH (Rs. C-346/06). Wissenschaftlicher Dienst des Deutschen Bundestages, Nr. 14/2008 (erschienen am: 09.04.2008), online verfügbar http://www.bundestag.de/dokumente/analysen/2008/Tariftreueklauseln.pdf [zuletzt abgerufen 14.05.2012].

Lavranos, Nikolaos: Verhältnis von EG-Recht und EMRK, EuR 2006, 78-92.

Le Friant, Martine: Die heikle Ausarbeitung eines europäischen Arbeitskampfrechts, NZA 2008, 75-83.

Lehner, Moris: Grundfreiheiten im Steuerrecht der EU-Staaten, München 2000. [zitiert: *Bearbeiter*-Lehner]

Leifeld, Janis: Das Anerkennungsprinzip im Kollisionsrechtssystem des internationalen Privatrechts, Tübingen 2010.

Leiße, Olaf: Die Europäische Union nach dem Vertrag von Lissabon, Wiesbaden 2010. [zitiert: *Bearbeiter*-Leiße]

Lengauer, Alina-Maria: Drittwirkung von Grundfreiheiten – Ein Beitrag zu dem Konzept des Normadressaten im Gemeinschaftsrecht, Wien 2011.

Leutheusser-Schnarrenberger, Sabine: Die Entwicklung des Schutzes der Grundrechte in der EU, ZRP 2002, 329-332.

Lhernould, Jean-Philippe: La Cour de Justice de l'UE est-elle antisociale?, RJS 2010, 507-514.

Limbach, Jutta: Das Bundesverfassungsgericht und der Grundrechtsschutz in Europa, NJW 2001, 2913-2919.

Limbach, Jutta: Die Kooperation der Gerichte in der zukünftigen europäischen Grundrechtsarchitektur – Ein Beitrag zur Neubestimmung des Verhältnisses von Bundesverfassungsgericht, Gerichtshof der Europäischen Gemeinschaften und Europäischem Gerichtshof für Menschenrechte, EuGRZ 2000, 417-420.

Lörcher, Klaus: Der Europäische Gewerkschaftsbund (EGB) und seine Beteiligung am europäischen Arbeitsrecht, NZA 2003, 184-194.

ders.: Das Menschenrecht auf Kollektivverhandlung und Streik - auch für Beamte, AuR 2009, 229-242.

Löwisch, Manfred: Landesrechtliche Tariftreue als Voraussetzung der Vergabe von Bau- und Verkehrsleistungen, DB 2004, 814-819.

ders./Rieble, Volker: Tarifvertragsgesetz, 2. Auflage, München 2004. [zitiert: *Löwisch/Rieble*, TVG]

Löwisch, Stephan: Die horizontale Direktwirkung der Europäischen Grundfreiheiten, Baden- Baden 2009. [zitiert: *Löwisch*]

Maack, Nils: Die Rechtmäßigkeit kollektiver Maßnahmen im Licht der Entsenderichtlinie, ZIAS 2008, 355-359.

Maeßen, Charlotte: Auswirkungen der EuGH-Rechtsprechung auf das deutsche Arbeitskampfrecht – unter besonderer Berücksichtigung der Entscheidungen in den Rechtssachen Viking und Laval, Frankfurt am Main 2010.

Mager, Ute: Die Bedeutung der Grundrechte für das Binnenmarktziel – der zweite Verfassungsabschnitt auf dem Prüfstand des Binnenmarktkonzepts, EuR-Beiheft 2004, 41-55.

Magiera, Siegfried: Die Grundrechtecharta der Europäischen Union, DÖV 2000, 1017-1026.

Mangoldt, Hermann/Klein, Friedrich/Starck, Christian (Hrsg.): Kommentar zum Grundgesetz, 6. Auflage, München 2010.

Mayer; Udo: Europäische Union – Sozialunion?, in: Dieterich, Thomas; Le Friant, Martine; Nogler, Luca; Kezuka, Katsutoshi; Pfarr, Heide (Hrsg.), Individuelle und kollektive Freiheit im Arbeitsrecht, Gedächtnisschrift für Ulrich Zachert, Baden-Baden 2010, S. 51-59.

Meier, Gert: Anmerkung zu EuGH v. 09.12.1997, Rs. C-265/95, Kommission/Frankreich, EuZW 1998, 87-88.

Mestre, Bruno: The ruling Laval un Partneri: clarification and innovation, ELR 2008, 2-9.

Meyer, Jürgen (Hrsg.): Kommentar zur Charta der Grundrechte der Europäischen Union, 3. Auflage, Baden-Baden 2010. [zitiert: Meyer-*Bearbeiter*, GRC]

Meyer-Ladewig, Jens: Europäische Menschenrechtskonvention, 2. Auflage, Baden-Baden 2006. [zitiert: *Meyer-Ladewig*, EMRK-Kommentar]

Mock, William/Demuro, Gianmario/Bifulco, Raffaele/Cartabia, Marta/Celotto, Alfonso (Hrsg.): Human Rights in Europe: Commentary on the Charter of Fundamental Rights of the European Union, Durham 2010. [zitiert: *Mock et al.*, Human Rights in Europe]

Moll, Wilhelm: Staatliche Vergütungsregulierung zwischen Tarifautonomie und Gemeinschaftsrecht, RdA 2010, 321-336.

Mowbray, Alastair: European Convention on Human Rights, London u. a. 2001.

Möller, Kai: Verfassungsgerichtlicher Grundrechtsschutz gegen Gemeinschaftsrecht, Jura 2006, 91.

Möllers, Christoph: Durchführung des Gemeinschaftsrechts – Vertragliche Dogmatik und theoretische Implikationen, EuR 2002, 483-516.

Möstl, Markus: Grenzen der Rechtsangleichung im europäischen Binnenmarkt – Kompetenzielle, grundfreiheitliche und grundrechtliche Schranken des Gemeinschaftsgesetzgebers, EuR 2002, 318-350.

Neumann, Kay-Uwe/Ogorek, Markus: Das aktienrechtliche Entsenderecht auf dem Prüfstand der Kapitalverkehrsfreiheit – Überlegungen anlässlich der Entscheidung des OLG Hamm v. 31. 3. 2008; NZG 2008, 914 (in diesem Heft) – ThyssenKrupp –, NZG 2008, 892-897.

Nicolaysen, Gert: Die unionsrechtliche Begründung von Grundrechten, EuR 2003, 719-743.

Nicolaysen, Gert: Inländerdiskriminierung im Warenverkehr, EuR 1991, 95-120.

Nielssen, Ruth: European Labour Law, Kopenhagen 2000.

Nowak, Carsten: Europarecht nach Lissabon, Baden-Baden 2011.

Nusser, Julian: Die Bindung der Mitgliedstaaten an die Unionsgrundrechte, Tübingen 2011.

Odendahl, Kerstin: Die Berücksichtigung vergabefremder Kriterien im öffentlichen Auftragswesen – Rechtslage nach EG-und WTO-Recht, EuZW 2004, 647-652.

Ohler, Christoph: Das Beschränkungsverbot der Grundfreiheiten, JA 2006, 839-844.

Oppermann, Thomas/Classen, Claus Dieter/Nettesheim, Martin: Europarecht, 5. Auflage, München, 2011.

Oster, Jan: Grundrechtsschutz in Deutschland im Lichte des Europarechts, JA 2007, 96-101.

Pache, Eckhard: Die Europäische Grundrechtscharta – ein Rückschritt für den Grundrechtsschutz in Europa?, EuR 2001, 475-494.

ders.: Die Europäische Menschenrechtskonvention und die deutsche Rechtsordnung, EuR 2004, 393-415.

ders./Rösch, Franziska: Europäischer Grundrechtsschutz nach Lissabon – die Rolle der EMRK und der Grundrechtecharta in der EU, EuZW 2008, 519-522.

dies.: Die Grundrechte der EU nach Lissabon, EWS 2009, 393-401.

Papier, Hans-Jürgen: Die überörtliche Anwaltssozietät aus der Sicht des Verfassungs- und Gemeinschaftsrechts, JZ 1990, 253-261.

Parga, Hinarejos A.: Bosphorus v. Ireland and the protection of fundamental rights in Europe, ELRev 2006, 251-259.

Parpart, Heike: Die unmittelbare Bindung Privater an die Personenverkehrsfreiheiten im europäischen Gemeinschaftsrecht, München 2003.

Paukner, Katharina: Streikrecht entsandter ausländischer Arbeitnehmer im inländischen Betrieb, Berlin 2009.

Pernice, Ingolf: Europäisches und nationales Verfassungsrecht, VVDStRL 2001, 148-193.

Pieroth, Bodo/Schlink, Bernhard: Grundrechte, Staatsrecht II, 26. Auflage, Heidelberg 2010.

Pießkalla, Michael: Unmittelbare Drittwirkung der Grundfreiheiten des EG-Vertrags bei Boykottaufrufen durch Gewerkschaften, NZA 2007, 1144-1147.

Pietzcker, Jost: Gerichtsschutz im Unterschwellenbereich und Tariftreueklauseln – zwei klärende Entscheidungen des Bundesverfassungsgerichts, ZfBR 2007, 131-137.

Piris, Jean-Claude: L'Union européenne a-t-elle une constitution? Lui en faut-il une?, RTDE 1999, 599-635.

Philippi, Nina: Die Charta der Grundrechte der Europäischen Union, Baden-Baden 2002, zugleich: Saarbrücken, Univ., Magisterarbeit, 2001/2002.

Prantl, Heribert/Bovensiepen, Nina/Kuhr, Daniela: Gericht erleichtert Dumping-Löhne, Süddeutsche Zeitung, 03.04.2008, S. 1.

Preis, Ulrich/Ulber, Daniel: Tariftreue als Verfassungsproblem, NJW 2007, 465-471.

ders./Greiner, Stefan: Die staatliche Geltungserstreckung nach dem alten und neu gefassten AEntG, insbesondere bei Vorliegen konkurrierender Tarifverträge, ZfA 2009, 825-859.

ders./Temming, Felipe: Die Urlaubs- und Lohnausgleichskasse im Kontext des Gemeinschaftsrechts, Frankfurt 2006.

Preedy, Kara: Die Bindung Privater an die europäischen Grundfreiheiten – Zur sogenannten Drittwirkung im Europarecht, Berlin 2005.

Ranacher, Christian: Die Bindung der Mitgliedstaaten an die Gemeinschaftsgrundrechte. Reichweite – Konsequenzen – Perspektiven, ZÖR 2003, 21.

ders./Staudigl, Fritz: Einführung in das EU-Recht, Wien 2007.

Rauer, Nils: Zwischen Binnenmarkt und Wahrung nationaler Identität, Wiesbaden 2003.

Rebhahn, Robert: Grundfreiheit versus oder vor Streikrecht, wbl 2008, 63-69.

ders.: Das Kollektive Arbeitsrecht im Rechtsvergleich, in: NZA 2001, S. 763-774.

ders.: Überlegungen zur Bedeutung der Charta der Grundrechte der EU für den Streik und für die Kollektive Rechtsgestaltung, in: Söllner, Alfred; Gitter, Wolfgang; Waltermann, Raimund; Giesen, Richard; Ricken, Oliver (Hrsg.): Gedächtnisschrift für Meinrad Heinze, München 2005, S. 649-660.

ders.: Rechtsvergleichendes zur Tarifbindung ohne Verbandsmitgliedschaft, RdA 2002, 214-218.

ders.: Grundfreiheit vor Arbeitskampf – der Fall Viking, ZESAR 2008, 109-117.

ders.: Europäisches Gericht bringt Bewegung in das Arbeitskampfrecht, Frankfurter Allgemeine Zeitung, 19.12.2007, S. 23.

ders.: Die aktuelle Rechtsprechung des EuGH vor dem Hintergrund des Verhältnisses von Grundfreiheiten und Gemeinschaftsgrundrechten, in: Scholz, Olaf; Becker, Ulrich (Hrsg.): Die Auswirkungen der Rechtsprechung des Europäischen Gerichtshofs auf das Arbeitsrecht der Mitgliedstaaten, Baden-Baden 2009, S. 17-23. [zitiert: *Rebhahn*, in: Scholz/Becker]

ders.: Entsendung von Arbeitnehmern in der EU – arbeitsrechtliche Fragen zum Gemeinschaftsrecht, DRdA 1999, 173-186.

Reich, Norbert: Laval „Vierter Akt", EuZW 2010, 454-458.

ders.: „Horizontalhaftung" - gibt es einen Beitrag des Gemeinschaftsrechts?, ZfRV 2009, 148-157.

ders.: The interrelation between rights and duties in EU Law: Reflections on the state of liability law in the multilevel gouvernance system of the Union: Is there a need for a more coherent approach in European Private Law?, in: Eeckhout, Piet/Tridimas, Takis (Hrsg.): Yearbook of European Law 2010, Band 29, Oxford 2010, S. 112-164.

ders.: Gemeinschaftsrechtiche Verkehrsfreiheiten versus Nationales Arbeitskampfrecht, EuZW 2007, 391-396.

Remmert, Barbara: Grundfreiheiten und Privatrechtsordnung, Jura 2003, 13-19.

Rengeling, Hans-Werner: Die wirtschaftsbezogenen Rechte in der europäischen Sozialcharta, DVBl 2004, 453-464.

ders./Szczekalla, Peter: Grundrechte in der Europäischen Union. Charta der Grundrechte und allgemeine Rechtsgrundsätze, Köln u. a. 2005.

Ress, Georg: Les incidences du droit constitutionnel de la Communauté européene sur les droits constitutionnels nationaux, en particulier sur la Loi fondamentale allemande, RUDH 1995, 434-443.

Richardi, Reinhard/Wlotzke, Otfried/Wißmann, Hellmut/Oetker, Hartmut (Hrsg.): Münchner Handbuch zum Arbeitsrecht, Band 1, München 2009. [zitiert: *Bearbeiter*, in: MüArbR, Band 1]

dies. (Hrsg.): Münchner Handbuch zum Arbeitsrecht, Band 2, München 2009. [zitiert: Bearbeiter, in: MüArbR, Band 2]

Rieble, Volker: Arbeitsmarkt und Wettbewerb – Der Schutz von Vertrags- und Wettbewerbsfreiheit im Arbeitsrecht, Berlin 1996. [zitiert: Rieble, Arbeitsmarkt und Wettbewerb]

ders.: Verfassungsfragen der Tarifeinheit, ZAAR Schriftenreihe, Band 21, München 2010. [zitiert: Verfassungsfragen der Tarifeinheit]

ders.: Tariftreue vor dem BVerfG, NZA 2007, 1-4.

ders.: Staatshilfe für Gewerkschaften, ZfA 2005, 245-271.

ders.: Der Fall Holzmann und seine Lehren, NZA 2000, 225-234.

ders./Lessner, Jan: Arbeitnehmer-Entsendegesetz, Nettolohnhaftung und EG-Vertrag, ZfA 2002, 29-89.

ders./Kolbe, Sebastian: Vom Sozialen Dialog zum europäischen Tarifvertrag, EuZA 2008, 453-481.

Riese, Christoph/Noll, Paul: Europarechtliche und verfassungsrechtliche Aspekte der Inländerdiskriminierung, NVwZ 2007, 516-521.

Riesenhuber, Karl: Europäisches Arbeitsrecht, Heidelberg 2009.

ders.: Europäische Methodenlehre, Handbuch für Ausbildung und Praxis, Berlin u. a. 2010. [zitiert: Riesenhuber-*Bearbeiter*, Europäische Methodenlehre]

Rodríguez-Piñero Bravo-Ferrer, Miguel/Rodriguez-Piñero Royo, Miguel: The Rüffert Case: Posted Workers, Social Dumping and the European Court of Justice, in: Dieterich, Thomas; Le Friant, Martine; Nogler, Luca; Kezuka, Katsutoshi; Pfarr, Heide (Hrsg.), Individuelle und kollektive Freiheit im Arbeitsrecht, Gedächtnisschrift für Ulrich Zachert, Baden-Baden 2010, S. 87-104.

Roth, Wulf-Henning: Drittwirkung der Grundfreiheiten?, in: Due, Ole; Lutter, Marcus; Schwarze, Jürgen (Hrsg.) Festschrift für Ulrich Everling, Band II, Baden-Baden 1995, S. 1231-1247.

Rödl, Florian: Transnationale Lohnkonkurrenz: Ein neuer Eckpfeiler der „sozialen" Union?, in: Fischer-Lescano, Andreas; Rödl, Florian; Schmid, Christoph Ulrich (Hrsg.), Europäische Gesellschaftsverfassung, Zur Konstitutionalisierung sozialer Demokratie in Europa, Schriftenreihe des Zentrums für Europäische Rechtspolitik der Universität Bremen (ZERP), Baden-Baden 2009, S. 145-160.

ders.: Bezifferte Mindestentgeltvorgaben im Vergaberecht, EuZW 2011, 292-296.

Röthel, Anne: Grundfreiheiten und private Normgebung – Zur unmittelbaren Drittwirkung der Grundfreiheiten auf Verbandsnormen, EuR 2001, 908-920.

Ruffert, Matthias: Vorrang der Verfassung und Eigenständigkeit des Privatrechts – eine verfassungsrechtliche Untersuchung zur Privatrechtswirkung des Grundgesetzes, Tübingen 2001.

Ryan, Bernard: The Charter and Collective Larbour Law, in: Hervey, Tamara; Kenner, Jeff (Hrsg.), Economic and Social Rights under the EU Charter of Fundamental Rights – A Legal Perspective, Oxford 2003, S. 67-90.

Ryan, Bernard: Trade Union Rights and European Community Law, IJCLLIR 1997, 305-325.

Sagan, Adam: Das Gemeinschaftsgrundrecht auf Kollektivmaßnahmen – eine dogmatische Analyse des Art. 28 der Europäischen Grundrechtecharta, Berlin 2008.

Sauer, Heiko: Grundrechtskollisionsrecht für das europäische Mehrebenensystem – Konkurrenzbestimmung – Kollisionsvermeidung – Kohärenzsicherung, in: Matz-Lück, Nele; Hong, Mathias (Hrsg.), Grundrechte und Grundfreiheiten im Mehrebenensystem – Konkurrenzen und Interferenzen, S. 1-69.

Säcker, Franz Jürgen; Rixecker, Roland (Hrsg.): Münchner Kommentar zum Bürgerlichen Gesetzbuch, Band 10, München 2010. [zitiert: MKBGB-*Bearbeiter*, Band 10]

Schaub, Günter: EG-Recht und Tarifvertrag, in: Festschrift für Hellmut Wissmann zum 65. Geburtstag, München 2005, S. 578-587.

Schermers, Henry: The role of comperative law when formulating the Charter and which human rights are to be applied, in: Heusel, Wolfgang (Hrsg.), Grundrechtecharta und Verfassungsentwicklung in der EU, Köln 2002, S. 99-109.

Schiek, Dagmar: Europäisches Arbeitsrecht, 3. Auflage, Baden-Baden 2007.

Schilling, Theodor: Bestand und allgemeine Lehren der bürgerschützenden allgemeinen Rechtsgrundsätze des Unionsrechts, EuGRZ 2000, 3-43.

Schindler, Dierk: Die Kollision von Grundfreiheiten und Gemeinschaftsgrundrechten, Berlin 2001.

Schlachter, Monika: Die Verhältnismäßigkeit von Arbeitskampfmaßnahmen gegen grenzüberschreitende Standortverlagerungen, in: Konzen, Horst; Krebber, Sebastian; Raab, Thomas; Veit, Barbara; Waas, Bernd (Hrsg.): Festschrift für Rolf Birk zum siebzigsten Geburtstag, Tübingen 2008, S. 809-821.

dies.: Grenzüberschreitende Dienstleistungen: Die Arbeitnehmerentsendung zwischen Dienstleistungsfreiheit und Verdrängungswettbewerb, NZA 2002, 1242-1248.

Schliemann, Harald: Zur arbeitsgerichtlichen Kontrolle kollektiver Regelungen, in: Festschrift für Peter Hanau, Köln 1999, S. 577-606.

Schmidt-Aßmann, Eberhard: Allgemeines Verwaltungsrecht in europäischer Perspektive, ZÖR 2000, 159-179.

Schmitz, Thomas: Die EU-Grundrechtecharta aus grundrechtsdogmatischer und grundrechtstheoretischer Sicht, JZ 2001, 833-843.

Schneider, Jens-Peter: EG-Vergaberecht zwischen Ökonomisierung und umweltpolitischer Instrumentalisierung, DVBl 2003, 1186-1191.

Schneiders, Benedikt: Die Grundrechte der EU und die EMRK, Baden-Baden 2010.

Scholz, Rupert: Der Verfassungsstaat im Wandel: Europäisierung der Verfassung im Prozeß der Verfassung Europas, dargestellt am Beispiel des Grundgesetzes, in: Battis, Ulrich; Kunig, Philip; Pernice, Ingolf; Randelzhofer, Albrecht (Hrsg.), Das Grundgesetz im Prozeß europäischer und globaler Verfassungsentwicklung, S. 21-35.
[zitiert: *Scholz*, in: Battis/Kunig/Pernice/Randelzhofer, Grundrechte]

Schönberger, Christoph: Normenkontrollen im EG-Föderalismus – Die Logik gegenläufiger Hierarchisierungen im Gemeinschaftsrecht, EuR 2003, 600-627.

Schroeder, Werner: Das Gemeinschaftsrechtssystem: eine Untersuchung zu den rechtsdogmatischen, rechtstheoretischen und verfassungsrechtlichen Grundlagen des Systemdenkens im Europäischen Gemeinschaftsrecht, Tübingen 2002.

Schubert, Claudia: Europäische Grundfreiheiten und nationales Arbeitsrecht im Konflikt – zugleich eine Besprechung der Entscheidungen des EuGH v. 11.12.2007 - Rs. C-438/05 - Viking und v.18.12.2007 - Rs. C-341/05 - Laval, RdA 2008, 289-299.

Schubert, Jens/Jerchel, Kerstin: Das europäische Arbeitsrecht (2009/2010), EuZW 2010, 687- 694.

Schulte-Herbrüggen, Elena: Der Grundrechtsschutz in der Europäischen Union nach dem Vertrag von Lissabon, ZEuS 2009, S. 343-377.

Schulten, Thorsten: Mindestlöhne in Europa, Hamburg 2006.

Schulz, Alexander: Das Verhältnis von Gemeinschaftsgrundrechten und Grundfreiheiten des EGV, Berlin 2005.

Schwab, Brent: Die vergaberechtliche „Tariftreueerklärung" im Spannungsfeld von Arbeitsrecht und Wettbewerb, NZA 2001, 701-707.

Schwarze, Jürgen: Die Entstehung einer europäischen Verfassungsordnung – Das Ineinandergreifen von nationalem und europäischem Verfassungsrecht, Baden-Baden 2000. [zitiert: *Schwarze*, Europäische Verfassungsordnung]

Schwarze, Jürgen: Der Schutz der Grundrechte durch den EuGH, NJW 2005, 3459-3466.

Schwarze, Jürgen/Hatje, Armin: Der Reformvertrag von Lissabon, Baden-Baden 2009.

ders./Becker, Ulrich/Hatje, Armin/Schoo, Johann (Hrsg.): EU-Kommentar, 2. Auflage, Baden- Baden 2009. [zitiert: *Bearbeiter*, in: Schwarze/Becker/Hatje/Schoo]

Schwarze, Roland: Die Grundrechtsbindung der Tatifnormen aus Sicht grundrechtlicher Schutzpflichten, ZTR 1996, 1-8.

Schweizer, Michael: Staatsrecht III. Staatsrecht, Völkerrecht, Europarecht, 9. Auflage, Heidelberg 2008.

Schwemer, Rolf-Oliver: Die Bindung des Gemeinschaftsgesetzgebers an die Grundfreiheiten, Frankfurt am Main 1995.

Sciarra, Silvana: Market freedom and fundamental social rights, in: Hepple, Bob (Hrsg.), Social and Labour Rights in a Global Context. International and Comparative Perspectives, Cambridge u. a. 2002, S. 95-122.

Sciarra, Silvana: Viking-Line and Laval: Collective Labour Rights and Market Freedoms in the Enlarged EU, in: Dieterich, Thomas; Le Friant, Martine; Nogler, Luca; Kezuka, Katsutoshi; Pfarr, Heide (Hrsg.), Individuelle und kollektive Freiheit im Arbeitsrecht, Gedächtnisschrift für Ulrich Zachert, Baden-Baden 2010, S. 105-124.

Seifert, Achim: Die vergaberechtliche Tariftreuepflicht vor dem Europäischen Gerichtshof – Urteil des Europäischen Gerichtshofs vom 3. 4. 2008 (Rechtssache Rüffert), EuZA 2008, 526-539.

ders.: Rechtliche Probleme von Tariftreueerklärungen – Zur Zulässigkeit einer Verfolgung arbeitsmarktpolitischer Zielsetzungen durch die Vergabe öffentlicher Bauaufträge, ZfA 2001, 1-30

Selmayr, Martin: Die gemeinschaftsrechtliche Entsendungsfreiheit und das deutsche Entsendegesetz, ZfA 1996, 615- 658.

Sittard, Ulrich: Voraussetzungen und Wirkungen der Tarifnormerstreckung nach § 5 TVG und dem AEntG: Zugleich ein Beitrag zur Debatte um staatliche Mindestlöhne, München 2010.

Skouris, Vassilios: Das Verhältnis des nationalen Rechts zum Europarecht gemäß der Rechtsprechung des Europäischen Gerichtshofs mit Beispielen aus dem Arbeits- und Sozialrecht, in: Müntefering, Franz; Becker, Ulrich (Hrsg.): 50 Jahre EU – 50 Jahre Rechtsprechung des Europäischen Gerichtshofs zum Arbeits- und Sozialrecht, Baden- Baden 2008, S. 15-21.

ders.: Stellung und Bedeutung des Vorabentscheidungsverfahrens im europäischen Rechtsschutzsystems, EuGRZ 2008, 343-349.

ders.: Das Verhältnis der Grundfreiheiten zu den Gemeinschaftsgrundrechten, RdA- Beilage 2009, 25-30.

Statistisches Bundesamt (Hrsg.): Sachverständigenrat zur Begutachtung der gesamtwirtschaftlichen Entwicklung, Jahresgutachten 2008/09, Die Finanzkrise meistern – Wachstumskräfte stärken, Wiesbaden 2008.

Steiff, Jakob/André, Tobias: Konsequenzen aus dem EuGH-Urteil zur Tariftreue, NZBau 2008, 364-367.

ders.: Das Spannungsfeld zwischen europäischem Gemeinschaftsrecht und deutschem Verfassungsrecht, EuZA 2009, 140-154.

Steiner, Udo: Beschäftigung und Beschäftigungsförderung aus grundgesetzlicher Sicht, NZA 2005, 657-662.

Streinz, Rudolf: Europarecht, 9. Auflage, Heidelberg 2012.

ders. (Hrsg.): EUV/AEUV. Vertrag über die Europäische Union und Vertrag über die Arbeitsweise der Europäischen Union, München 2012.

ders.: Der "effet utile" in der Rechtsprechung des Gerichtshofs der Europäischen Gemeinschaften, in: Due, Ole; Lutter, Marcus; Schwarze, Jürgen (Hrsg.), Festschrift für Ulrich Everling, Baden-Baden 1995, S. 1491-1510.

ders./Leible, Stefan: Die unmittelbare Drittwirkung der Grundfreiheiten – Überlegungen aus Anlass von EuGH Angonese, EuZW 2000, 459-467.

Störmer, Rainer: Gemeinschaftsrechtliche Diskriminierungsverbote versus nationale Grundrechte?, AöR 1998, 541-576.

Suerbaum, Joachim: Die Schutzpflichtendimension der Gemeinschaftsgrundrechte, EuR 2003, 390-416.

Sunnus, Michael: Arbeitskampfrecht in Bewegung?, AuR 2008, 1-11.

Szczekalla, Peter: Grundfreiheitliche Schutzpflichten – eine „neue“ Funktion der Grundfreiheiten des Unionsrechts. Zugleich Besprechung von Europäischer Gerichtshof (EuGH), Urteil vom 09.12.1997 – Rechtssache (Rs.) C-265/95 (Kommission./. Frankreich), DVBl 1998, 219-224.

ders.: Die sogenannten grundrechtlichen Schutzpflichten im deutschen und europäischen Recht, Berlin 2002.

Temming, Felipe: Das „schwedische Modell“ auf dem Prüfstein in Luxemburg – der Fall Laval, ZESAR 2008, 231-242.

Tettinger, Peter/Stern, Klaus (Hrsg.): Kölner Gemeinschaftskommentar zur Europäischen Grundrechte-Charta, Köln 2006. [zitiert: *Bearbeiter*-Tettinger/Stern]

Thüsing, Gregor: Europäisches Arbeitsrecht, München 2008.

ders.: Schulden statt Schulen? – Zu U.S.-amerikanischen Vorläufern und zum ökonomischen Sinn eines Tariftreuegesetzes, NJW 2002, 2071-2072.

ders.: Blick in das europäische und ausländische Arbeitsrecht, RdA 2007, 307-312.

ders.: Arbeitnehmer-Entsendegesetz: AEntG, München 2010.

ders./Braun, Axel: Tarifrecht, München 2011.

ders./Traut, Johannes: Die soziale Fortschrittsklausel – Verfassungslyrik oder rechtspolitische Notwendigkeit? – Eine Betrachtung mit Blick auf die Auswirkungen für Flächentarifverträge und Arbeitskampf in Europa, NZA-Beilage 2011, 69-73.

ders.; Granetzny, Thomas: Noch einmal: Was folgt aus Rüffert?, NZA 2009, 183-186.

Tomandl, Theodor: Grundprobleme des Arbeitskampfrechts in rechtsvergleichender Sicht, ZfA 1974, 187-206.

Tryfonidou, Alina: Further steps on the road to convergence among the market freedoms, ELRev 2010, 36-56.

Turpin, Fabienne: L'intégration de la Charte des droits fondamentaux dans la Constitution européenne, RTDE 2003, 615-636.

Valticos, Nicolas: Droit international du travail, Dalloz, Paris 1983.

Voßkuhle, Andreas: Der europäische Verfassungsgerichtsverbund, NVwZ 2010, 1-8.

Wagner, Christian: Der Arbeitskampf als Gegenstand des Rechts der Europäischen Union, Baden-Baden 2010.

Waldheim, Stephan: Dienstleistungsfreiheit und Herkunftslandprinzip – Prinzipielle Möglichkeiten und primärrechtliche Grenzen der Liberalisierung eines integrierten europäischen Binnenmarktes für Dienstleistungen, Göttingen 2008.

Waltermann, Raimund: Mindestlohn oder Mindesteinkommen?, NJW 2010, 801-807.

Wank, Rolf: Die personellen Grenzen des Europäischen Arbeitsrechts: Arbeitsrecht für Nicht- Arbeitnehmer?, EuZA 2008, 172-195.

Wank, Rolf/Börgmann, Udo: Die Einbeziehung ausländischer Arbeitnehmer in das deutsche Urlaubskassenverfahren, NZA 2001, 177-186.

Weber, Albrecht: Menschenrechte, München 2003.

Weber, Albrecht: Die Europäische Union unter Richtervorbehalt? – Rechtsvergleichende Anmerkungen zum Urteil des BVerfG v. 30.6.2009 („Vertrag von Lissabon"), JZ 2010, 157-164.

Weber, Claus: Die Freizügigkeit der Arbeitnehmer in der EG nach der Entscheidung „Bosman", RdA 1996, 107-110.

Wedl, Valentin: Gewerkschaftliche Arbeitskampfmaßnahmen versus Grundfreiheiten des Binnenmarktes – Grundsatzurteile des EuGH, DRdA 2008, 291-300.

ders.: Neues aus der Judikatur des EGMR zu gewerkschaftlichen Grundrechten, DRdA 2009, 458-463.

Weichselbaum, Barbara: Grundrechte, Grundfreiheiten und der Vertrag von Lissabon: Neues zum Thema Kollektivverhandlungen und kollektive Maßnahmen, DRdA 2011, 103-111.

Weis, Hubert: Inländerdiskriminierung zwischen Gemeinschaftsrecht und nationalem Verfassungsrecht, NJW 1983, 2721-2726.

Weiss, Manfred: Europa im Spannungsfeld zwischen Marktfreiheiten und Arbeitskampf, in: Maschmann, Frank (Hrsg.), Festschrift für Wolfgang Hromadka zum 70. Geburtstag, München 2008, S. 493-509.

Weiß, Norman: Von Paukenschlägen und steten Tropfen – Anmerkungen zur Bedeutung und Wirkung von EGMR-Urteilen aus staats- und völkerrechtlicher Sicht, EuZA 2010, 457-468.

Weiß, Wolfgang: Grundrechtsquellen im Verfassungsvertrag, ZEuS 2005, 323-353.

Wendeling-Schröder, Ulrike: Das soziale Ideal des Europäischen Gerichtshofs – eine kritische Untersuchung der aktuellen Rechtsprechung des EuGH zum Arbeitskampf- und Tarifrecht, in: Dieterich, Thomas; Le Friant, Martine; Nogler, Luca; Kezuka, Katsutoshi; Pfarr, Heide (Hrsg.), Individuelle und kollektive Freiheit im Arbeitsrecht, Gedächtnisschrift für Ulrich Zachert, Baden-Baden 2010, S. 147-161.

Wernicke, Stephan: Die Privatwirkung im Europäischen Gemeinschaftsrecht – Strukturen und Kategorien der Pflichtenstellungen Privater aus dem primären Gemeinschaftsrecht unter besonderer Berücksichtigung der Privatisierungsfolgen, Baden-Baden 2002.

Wesser, Sabine: Grenzen zulässiger Inländerdiskriminierung, Köln 1995.

Wiedmann, Ariane: Die Zulässigkeit sozialer Vergabekriterien im Lichte des Gemeinschaftsrechts, Baden-Baden 2007.

Wiedemann, Herbert: Tarifvertragsgesetz, 7. Auflage, München 2007.
[zitiert: *Bearbeiter*-Wiedemann, TVG]

Wiedemann, Herbert: Die Gestaltungsaufgabe der Tarifvertragsparteien, RdA 1997, 297-304.

Willemsen, Heinz Josef/Sagan, Adam: Die Auswirkungen der europäischen Grundrechtecharta auf das deutsche Arbeitsrecht, NZA 2011, 258-262.

Wimmer, Thomas/Müller, Thomas: Wirtschaftsrecht, Wien 2007.

Wisskirchen, Alfred: Der Soziale Dialog in der Europäischen Gemeinschaft, in: Die Arbeitsgerichtsbarkeit, Festschrift zum 100-jährigen Bestehen des Deutschen Arbeitsgerichtsverbandes, Neuwied u. a. 1994, S. 653-677.

Wissmann, Hellmut: Zwischenruf: Viking und Laval: EG-Grundfreiheiten über alles?, RdA 2009, 149-151.

Wittinger, Michaela: Die Einlegung einer Individualbeschwerde vor dem EGMR – Ein Leitfaden für die Praxis, NJW 2001, 1238-1243.

Wittjen, Martin: Tariftreue am Ende?, ZfBR 2009, 30-34.

Witzke, Stefanie: Das Verhältnis zwischen Grundfreiheiten und Grundrechten, Frankfurt am Main 2004.

Zachert, Ulrich: Aufhebung der Tarifautonomie durch "freiwillige Regelungen" im Arbeitvertrag?, DB 1990, 986-989.

ders.: Die Arbeitnehmergrundrechte in einer Europäischen Grundrechtscharta, NZA 2001, 1041-1046.

ders.: Auf dem Weg zu europäischen Arbeitnehmergrundrechten?, NZA 2000, 621-626.

Ziegenhorn, Gero: Kontrolle von mitgliedstaatlichen Gesetzen „im Anwendungsbereich des Unionsrechts“ am Maßstab der Unionsgrundrechte, NVwZ 2010, 803-808.

Zöllner, Wolfgang: Die Rechtsnatur der Tarifnormen nach deutschem Recht: zugleich ein Beitrag zur Abgrenzung von Rechtssetzung und Privatautonomie, Wien 1966.

Zwanziger, Bertram: Nationale Koalitionsfreiheit vs. europäische Grundfreiheiten – aus deutscher Sicht, RdA-Beilage 2009, 10-22.

Zwanziger, Bertram: Arbeitskampf- und Tarifrecht nach den EuGH-Entscheidungen „Laval“ und „Viking“, DB 2008, 294-298.

Schriften zum Recht der Arbeit

Herausgegebenvon Olaf Deinert / Rüdiger Krause

Das Arbeitsrecht regelt die Bedingungen, unter denen durch Kooperation von Arbeitgebern und Arbeitnehmern wirtschaftliche Werte geschaffen und die daraus entstehenden Erträge verteilt werden. Dabei muss sich das Arbeitsrecht in einem immer stärkeren Maße den Herausforderungen einer globalisierten Ökonomie einerseits und sich ständig verändernden gesellschaftlichen Anschauungen andererseits stellen. Das Arbeitsrecht nimmt daher eine zentrale Rolle in der Struktur moderner Industrie- und Dienstleistungsgesellschaften ein. Kein anderes Rechtsgebiet steht deshalb so stark im Spannungsfeld der politischen und sozialen Kräfte sowie zugleich im Blickpunkt der Öffentlichkeit. Die Reihe „Schriften zum Recht der Arbeit" soll die wissenschaftliche Auseinandersetzung mit dem Arbeitsrecht und dem betrieblichen Sozialrecht fördern, indem sie einen Rahmen für einschlägige Publikationen schafft. Sie vereint vorwiegend Dissertationen zu diesen Themen, die mit mindestens „cum laude" bewertet worden sind.

Manuskriptvorschläge sind in Papierform an die Herausgeber zu richten: Professor Dr. Olaf Deinert / Professor Dr. Rüdiger Krause, Institut für Arbeitsrecht, Georg-August-Universität Göttingen, Platz der Göttinger Sieben 5, 37073 Göttingen.

Band 1 Elisa Maria Wolf: Druckkündigungen mit diskriminierendem Hintergrund. 2012.

Band 2 Daniel Hader: Die Differenzierung nach der Gewerkschaftsmitgliedschaft durch Vereinbarung. 2012.

Band 3 Nils Seibert: Die Begründung und Beendigung von Arbeitsverhältnissen und Arbeitsverträgen. 2012.

Band 4 Maximilian Federhofer: Europäisches Tarifrecht? Zum Verhältnis von Grundfreiheiten und Grundrechten im Hinblick auf nationale Sachverhalte mit Tarifbezug. 2013.

www.peterlang.de

For the avoidance of doubt, input of the whole or any part of this publication into any generative artificial intelligence model, chatbot, program, software or technology is expressly prohibited without the prior written consent of the publisher.